教育部连锁经营管理国家特色专业建设项目成果
上海市连锁经营管理专业教育高地建设项目成果

上海市精品课程教材
上海普通高校优秀教材
商业营运管理系列教材

商业营运管理

(第二版)

主编　周　勇

副主编　张大成　池丽华

立信会计出版社
LIXIN ACCOUNTING PUBLISHING HOUSE

图书在版编目(CIP)数据

商业营运管理/周勇主编. —2版. —上海：立信会计出版社,2017.10(2024.2重印)
商业营运管理系列教材
ISBN 978-7-5429-5582-1

Ⅰ.①商⋯ Ⅱ.①周⋯ Ⅲ.①企业经营管理—高等学校—教材 Ⅳ.①F272.3

中国版本图书馆 CIP 数据核字(2017)第 248983 号

策划编辑　洪梅春
责任编辑　洪梅春
封面设计　周崇文

商业营运管理(第二版)
SHANGYE YINGYUN GUANLI

出版发行	立信会计出版社
地　　址	上海市中山西路 2230 号　邮政编码　200235
电　　话	(021)64411389　传　真　(021)64411325
网　　址	www.lixinaph.com　电子邮箱　lixinaph2019@126.com
网上书店	http://lixin.jd.com　http://lxkjcbs.tmall.com
经　　销	各地新华书店
印　　刷	上海万卷印刷股份有限公司
开　　本	787 毫米×1092 毫米　1/16
印　　张	16.75　插　页　1
字　　数	385 千字
版　　次	2017 年 10 月第 2 版
印　　次	2024 年 2 月第 2 次
书　　号	ISBN 978-7-5429-5582-1/F
定　　价	34.00 元

如有印订差错,请与本社联系调换

第二版前言

　　源自生产领域的营运管理方法与技术,其应用范围正在向商业服务行业延伸,尤其是在连锁与零售组织,营运管理体系与技术已成为核心竞争力的重要组成部分。

　　本书第一版于2010年出版,主要阐述实体连锁店的营运管理。商业营运模式与管理方式经过7年发展,发生了诸多变化:以移动互联网为基础的全渠道商业营运模式已经被消费者普遍接受,如2016年在上海创办的"盒马鲜生";无钞化消费成为商业的新常态,如支付宝、微信支付;出现了诸多形式的无人商店,如2016年美国亚马逊旗下的Amazon Go,2017年上海欧尚旗下的缤果盒子(binguo Box)和杭州阿里无人超市"淘咖啡"等。本书在实践变化与课题研究的基础上,邀请行业专家采编案例,撰写书稿,新增了零售革命、营运管理思维模式、全渠道营运、自有品牌开发、商品开发的六大要素、商品营运的六定原理,以及与互联网相关的数据分析方法等新内容。

　　本书共分3篇12章。第1篇为营运管理基础,有营运管理导论、营运管理原理2章,主要介绍营运管理的基本原理,包括营运管理的八大要素、营运管理的发展过程、营运管理思维模式、工作改进的五项原则等。

　　第2篇为战略营运管理,有全渠道营运、采购与商品开发、组织与绩效管理、店铺筹划4章,主要介绍商业营运模式与战略规划,包括商业营运模式、商品与店铺开发、组织体系与绩效管理等方面的内容。

　　第3篇为店铺营运管理,有营运督导、店铺营运管理基础、顾客服务、商品经营与促销管理、安全与防损管理、经营数据分析6章。本篇提供了大量来自商业营运一线的实践案例与数据,阐述了营运标准的执行与实践应变过程,介绍了顾客服务、商品经营、安全防范、数据分析、团队组织等一系列店铺营运管理实际操作的方法。

　　本书由上海商学院周勇教授担任主编,上海商学院张大成教授、池丽华副教授担任副主编,其他参编作者包括:张智强、章田侠、徐慧群、朱冉、陈雷、甘平忠、周庆、胡清顾、朱亚萍、许胜余等。

　　本书编写过程中,我们查阅了大量国内外公开出版或网络发布的文献资料,并得到了行业的大力支持。本书改版工作由周勇教授独立执笔完成,并采集编写了大量全新案例。我们特别邀请了中国自有品牌联盟执行董事张智强先生为本书撰写了有关自有品牌演变与发展的内容,他对我国自有品牌开发提出了宝贵建议;我们还引用了由王子威、云阳子、陆彦、鲍跃忠、王国平、钱睿荪、厉玲等行业专家撰写的案例资料。在此一并表示感谢!

  本书每章以"引导案例"开篇,有若干"案例资料"以及相应的点评、讨论等内容,反映了行业发展趋势或需要关注的现实问题。

  本书可作为高等院校工商管理、市场营销、连锁经营、物流管理、零售管理等专业的教材,也可作为商业企业、物流企业、连锁企业等从业人员的培训教材或参考书。

  我们希望与读者建立广泛的联系,共同探讨中国零售事业的发展,不断完善教材内容,并希望能邀请更多的专家、学者、职业经理人等参与教材修订。我们的联系方式:周勇(450266068@qq.com),池丽华(chilihua99@sina.com)。

编 者

2017 年 9 月

目 录

第1篇 营运管理基础

第1章 营运管理导论 ... 3
引导案例 店内定位技术 ... 3
一、营运管理的含义 ... 5
二、营运管理的发展过程 ... 8
三、竞争力与营运战略 ... 19
问题与探讨 ... 22

第2章 营运管理原理 ... 23
引导案例 盒马集市与百联RISO ... 23
一、生产运作原理 ... 24
二、生产过程组织 ... 27
三、生产计划与控制 ... 30
四、制造业与物流业营运管理变化趋势 ... 32
五、营运管理思维模式 ... 34
六、改进工作的基本原则 ... 36
问题与探讨 ... 37

第2篇 战略营运管理

第3章 全渠道营运 ... 41
引导案例 盒马鲜生颠覆了什么 ... 41
一、全渠道营运的起源 ... 43
二、全渠道营运的内涵 ... 43
三、全渠道营运的导向 ... 45
案例资料3-1 "线上下单,门店送货"的方式为什么会出问题 ... 45
四、全渠道营运的实践模式 ... 48
案例资料3-2 以"跑"(Run)为主题的体验店 ... 51

问题与探讨 ………………………………………………………………… 52

第 4 章　采购与商品开发 …………………………………………………… 53
　　引导案例　永辉超市收购达曼 ……………………………………………… 53
　　一、供应链管理原理 ………………………………………………………… 56
　　　案例资料 4-1　啤酒游戏与长鞭效应 …………………………………… 56
　　二、零售商供应链管理 ……………………………………………………… 58
　　　案例资料 4-2　全球最大贸易公司遭遇重创 …………………………… 58
　　三、商品采购 ………………………………………………………………… 62
　　四、自有品牌开发 …………………………………………………………… 69
　　五、商品开发的六大要素 …………………………………………………… 73
　　六、商品营运的六定原理 …………………………………………………… 75
　　问题与探讨 …………………………………………………………………… 78

第 5 章　组织与绩效管理 …………………………………………………… 79
　　引导案例　"两东"的零售革命说 ………………………………………… 79
　　一、零售革命 ………………………………………………………………… 80
　　二、零售业态的定义与分类标准 …………………………………………… 83
　　　案例资料 5-1　只放一只羊 ……………………………………………… 84
　　三、连锁经营组织体系 ……………………………………………………… 85
　　四、标准化营运管理要素 …………………………………………………… 89
　　五、绩效考评观念 …………………………………………………………… 92
　　　案例资料 5-2　搬运工如何考评 ………………………………………… 94
　　六、绩效管理体系 …………………………………………………………… 94
　　七、关键绩效指标 …………………………………………………………… 100
　　　案例资料 5-3　零售企业关键绩效指标 ………………………………… 102
　　问题与探讨 …………………………………………………………………… 103

第 6 章　店铺筹划 …………………………………………………………… 104
　　引导案例　家乐福选址 ……………………………………………………… 104
　　一、店铺选址 ………………………………………………………………… 105
　　二、投资评估与租赁合同 …………………………………………………… 108
　　三、店铺设计 ………………………………………………………………… 112
　　四、招商管理 ………………………………………………………………… 116
　　五、店铺筹建与开业 ………………………………………………………… 119

问题与探讨 …………………………………………………………………………… 120

第 3 篇　店铺营运管理

第 7 章　营运督导 ……………………………………………………………… 123
引导案例　从保险业务员到杰出店长 ………………………………………… 123
一、营运督导体系 ………………………………………………………………… 124
二、督导人员的任务与资格条件 ………………………………………………… 126
案例资料 7-1　特别的营运总监 …………………………………………… 128
三、督导作业体系 ………………………………………………………………… 128
四、沟通与交流 …………………………………………………………………… 138
案例资料 7-2　我国零售的六根"钉子" …………………………………… 141
问题与探讨 …………………………………………………………………… 143

第 8 章　店铺营运管理基础 ………………………………………………… 144
引导案例　人与商品 …………………………………………………………… 144
一、店铺管理概述 ………………………………………………………………… 144
二、店铺管理工作项目 …………………………………………………………… 147
三、店铺管理实例 ………………………………………………………………… 150
案例资料 8-1　如何将销售业绩提高 25% ………………………………… 163
问题与探讨 …………………………………………………………………… 166

第 9 章　顾客服务 …………………………………………………………… 167
引导案例　人性化服务 ………………………………………………………… 167
案例资料 9-1　做一个关爱员工的店长 …………………………………… 167
一、基本服务与增值服务 ………………………………………………………… 168
二、服务理念 ……………………………………………………………………… 169
三、人性化服务 …………………………………………………………………… 171
四、顾客服务管理 ………………………………………………………………… 172
问题与探讨 …………………………………………………………………… 182

第 10 章　商品经营与促销管理 …………………………………………… 183
引导案例　零售促销：离顾客有多远 ………………………………………… 183
一、进货管理 ……………………………………………………………………… 184
二、销售管理 ……………………………………………………………………… 187

三、库存管理 …………………………………………………………… 197
　　四、促销管理 …………………………………………………………… 201
　　问题与探讨 ……………………………………………………………… 212

第 11 章　安全与防损管理 ……………………………………………… 213
　　引导案例　沃尔玛的"资产保护部" …………………………………… 213
　　一、安全管理机制 ……………………………………………………… 213
　　二、损耗的预防与控制 ………………………………………………… 216
　　三、消防管理 …………………………………………………………… 222
　　四、突发事件的处理 …………………………………………………… 227
　　问题与探讨 ……………………………………………………………… 230

第 12 章　经营数据分析 ………………………………………………… 231
　　引导案例　信息部的起源、立足与未来 ……………………………… 231
　　一、数据分析与应用的目标 …………………………………………… 234
　　二、数据化管理的要求与流程 ………………………………………… 235
　　三、数据分析方法 ……………………………………………………… 238
　　四、销售分析 …………………………………………………………… 244
　　五、商品分析 …………………………………………………………… 253
　　问题与探讨 ……………………………………………………………… 258

参考文献 …………………………………………………………………… 259

第1篇 营运管理基础

第1章 营运管理导论
第2章 营运管理原理

凡是要做的,都要写到;
凡是写到的,都要做到;
凡是做到的,都要有效。

第1章 营运管理导论

2016年1月15日，上海金桥国际商业广场1座B1层（张扬路3611号）开出了一家名叫"盒马鲜生"的"支付宝会员店"，在其他生鲜超市散装出售的商品，在盒马鲜生都是包装销售。在很多消费者都喜欢"挑选"的大背景下，盒马鲜生为什么要采用"包装销售"的办法？这是一个典型的零售营运问题。

上海申通地铁集团宣布：原定于2017年1月14日开始的1号线和8号线的人民广场站封站改造，推延至1月17日启动，2月11日完工，工期时长25天。改造期间，1号线和8号线列车将在人民广场站采取"跳站"方式直接通过，不上下客。2号线人民广场站仍维持正常运营，但不能与1号线和8号线换乘。在地铁运行的情况下实施改造工程，涉及工程量、前后工序、工程进度、用工量、乘客安全等一系列生产作业计划与控制问题。这是一个典型的生产运作管理问题。

2017年1月17日10时45分，位于朔州市朔城区的山西中煤担水沟煤业有限公司在4203工作面胶带顺槽转载机头前方进行巷修时，距机头10～29米处突发冒顶，冒顶范围长19米。截至当日17时，井下10人被困。面对事故，抢险、救援、事故认定、后续事件处理、恢复生产等一系列问题需要去解决。这是一个典型的事故营运问题。

上述3个事例说明：营运管理是解决问题，并使工作更有序、更有效的一整套思路、方法与技术。

引导案例　店内定位技术

电商入侵零售市场，业界纷纷寻求应对之策，美国的梅西百货（Macy's）可谓是"技术性店商"的代表，2014年开始实施"店内定位技术"（iBeacons），给顾客带来了全新体验。

与店商相比，电商的重要优势是可以根据消费者的点击、浏览等信息分析个体用户的偏好和特征，而传统店商在这方面却无能为力，除了能通过交易明细数据进行单品分析，并结合会员资料进行消费行为分析外，很难提供更多的细节性数据。

随着智能设备，尤其是手机的普及，店商可以通过技术手段在手机上做文章。最基本的思路就是通过免费无线网络来了解到店顾客到底是谁，但这只是第一步而已。

梅西百货的核心思路是通过手机来判定每一位顾客在店内的具体位置，然后让相关的广告、兑换券出现在顾客的手机中，通过激发顾客"占便宜"的心理引诱其非计划性购买。

最早，这一切是和手机中一款名为"Shopkick"的应用程序相关。顾客只要完成一些相应的任务就会获得积分，如在某个店铺内激活软件、扫描某个商品的二维码等。事实上这一切几年前就开始了,全美顶级的零售商,包括百思买(Best Buy)、彭尼(J. C. Penney)、塔吉特(Target)和梅西百货等都是其合作伙伴。类似的软件还有RetailMeNot,其数据显示,早在2013年通过该软件发送的兑换券,就影响到了价值35亿美元的零售收入。所以,如果能更好地应用这些软件,将会给实体店带来巨大的收益。

随着技术的革新,仅仅通过手机提供兑换券的做法也显得落后了,毕竟这还需要顾客亲自来做一些事。顾客能走进实体店就已经很好了,你不能再奢望他们亲自来做更多的事情,而且这类合作的成本也不小。

为此,零售商们开始考虑为顾客提供一个根据其在店内位置的相关推送,将电商技术和实体感觉融为一体。Business Insider(美国知名的科技博客、数字媒体创业公司、在线新闻平台)报告指出,店内定位技术将会应用到全美顶尖零售商中,大约涉及40亿美元的业务(销售占比约0.1%);而2016年,这个数字实现了翻10倍,由此可见,与店内定位技术相关的一切正在广泛应用。

Business Insider作为一家新媒体,对新闻的报道方式也与传统媒体有所不同。它的创始人Henry Blodet说,他们用多张大幅的图片配以一定的说明文字来呈现一篇报道。Henry称这种方式为"Slideshows",与传统媒体的报道方式大相径庭。然而,实际上读者喜欢这种报道,"图文并茂具备难以置信的力量"。但是,也有人批评Business Insider的标题哗众取宠,与文章内容不符,中文俗称"标题党"。有人认为Business Insider这种做法是一种营销手段,叫"链接诱惑"(Linkait)。但也有支持者认为,Business Insider的做法实际上切合读者的需要,因为无聊的标题无法吸引读者。

2014年9月起,梅西百货用数周时间在其全美800余家实体店中安装了4 000个定位设备,其主要做法就是通过这些设备来确定顾客的具体位置,并根据这一信息向他们发送促销信息。

这套名为iBeacons的设备由苹果公司研发:2013年购物季,梅西在纽约和旧金山的旗舰店中对Shopkick软件和iBeacons技术进行协同性测试,效果相当好,因此,在2014年下半年就在所有店铺全面推广。

梅西百货所使用的iBeacons的具体做法是:只要顾客站在某品牌商品的柜台前,就会在Shopkick上收到一个视频,告诉顾客有关该商品的质量以及相关配饰可以在哪里找到等信息。梅西百货通过手机为顾客提供传统电商中才能找到的信息,也就使得整个服务更有价值。如果这件商品正在促销,梅西百货会通过Shopkick向顾客传递这一信息。也就是说,iBeacons技术为顾客提供更多具有增值性的免费服务,而Shopkick则推动消费者做出最后下单的决策。iBeacons技术也会和梅西百货的电商网站及后台数据打通,根据顾客在线上和线下的历史消费记录、浏览记录进行相关推荐,这一切在2015年春季已经开始实施了。

在美国,与中国的"80后""90后"相对应的一代消费者被称为"世纪一代"(Millennial)。他们都可以称之为"手机一代"。"手机一代"对于全球零售业都有着重要意义,他们的消费能力巨大,却埋头于电子产品中。因此,当他们走入实体店后,就必须为之提供如同网络般的"信息体验"。另外,由于iBeacons可以帮助店铺向消费者推荐更多相关商品,那么实际上就带来了关联营销。最后,当零售商通过iBeacons收集到大量消费者数据后,就形成了立体化的数据。零售商就可以进行大数据分析,给消费者贴上各类标签(Tagging),进而通过各个渠道进行个体化的商品、服务与优惠推荐。

"我们是一个巨型零售商,我们需要用实体店、技术、互联网以及移动端来服务我们的顾客",梅西百货首席执行官 Terry Lundgren 表示,"顾客是我们所有决策的依据,我们未来还会进行相关的研究,这些将让我们明白,如何能为每一个顾客提供个性化的服务"。iBeacons 的核心并不是让顾客去比价(尽管它可以),而是告诉消费者我的商品好在哪里、应该如何使用和搭配,进而提升商品本身的服务属性和价值,也就"技巧性地"让消费者忽略了价格因素。

(来源:微信平台"零售威观察",作者:王子威)

> **点评** 商业理念如何迎合消费需求?信息技术如何支撑商业理念的实现与消费模式的变革?商业活动不能对这些变化与挑战无动于衷,因为需求与技术的互动,将改变传统的、现有的规则,在新规则下将产生与以往截然不同的营运管理模式。如果说过去是分化,那么未来将是融合。

一、营运管理的含义

(一)营运管理的定义

营运管理(Operation Management,OM)是对组织中负责制造产品或提供服务的系统进行设计、运行和改进。这个定义,有以下几点需要特别注意:

(1)营运管理不同于管理定量方法。一般认为,企业有财务、营运和营销三项基本职能。财务部门通过发挥预算、会计、监督等功能,评估投资方案,筹措、提供与回笼资金,控制着企业的资金流向、流量与流速。营运部门负责生产产品或提供服务。营运管理属于管理范畴,是针对营运部门或营运系统的管理,是企业组织中的职能化管理活动。营销部门负责顾客需求管理,如调查与评估顾客需求的变化,销售产品或服务等。

管理定量方法,如运筹学(OR)、管理科学(MS)、质量控制(QC)等,是在管理活动中被广泛应用的"管理工具"。各种类型的营运管理工具,将在本书第4章详细介绍。

(2)营运管理的范围因组织而异。营运管理的工作包括产品和服务设计、工艺选择、技术的选择和管理、工作系统设计、选址规划、设施规划、质量管理、预测与计划、进度安排、库存管理、员工激励等。在一个以提供服务为主的组织中,如洲际集团旗下的"假日酒店",营运就是服务,其目标是"建造客人会面、放松和憧憬的场所"。而在商品零售组织中,开什么样的店、什么区域开店、店铺设计成什么样等战略问题确定以后,最关键的就两个问题:一是商品如何提供?二是在保证顾客满意度的前提下如何提高店铺营运业绩?前者称为商品管理,后者称为营运管理。当然,也有人将商品采购等活动也纳入"营运"的范畴。那就将"营运"的概念放大了。

制造型企业与服务型企业的营运管理,有一定的术语差异。营运管理的前身是"生产管理"(Production Management),后来演变为"生产与运作管理"(Operation and

Production Management),简称为"运营管理"(Operation Management)。本书采用"营运管理"的提法,主要有两个原因:一是区别于一般意义的生产与服务过程的"运作管理";二是在零售行业,服务过程的运作管理,一般称为"营运管理"。

在组织结构上,制造型企业与服务型企业也有所不同,制造型企业把营运活动集中到一个部门(如工厂),由部门经理负责管理产品生产,而服务型企业则是将营运活动分散到整个组织中。例如,航空公司的订票计划工作是由非营运部门来完成的,但它却属于飞行服务过程的一部分。又如,零售连锁公司,邮报(DM)计划由非营运部门(商品部或营销部)来完成,但邮报的执行情况直接影响到顾客的满意度,顾客常常会因为邮报商品缺货而投诉,所以,邮报计划是与营运管理密切相关的活动。

(3) 通过整体协调达到持续改进的目的。为了使顾客满意,必须把企业整合成为一个有机整体,不仅要协调营运部门内部的关系,还要协调营运部门与非营运部门的关系,使企业中的所有部门都具有强烈的"用户意识"。例如,在生产企业,上一道工序为下一道工序服务,生产为销售服务,销售为顾客服务;在连锁企业,则总部为门店服务,门店为顾客服务。

(4) 营运管理中的决策问题。既然营运管理具有整体性要求,那首先必须符合企业的整体战略,并制定相应的营运战略、营运计划和执行控制方案。营运战略问题如下:如何制造产品?如何选择厂址?如何确定生产能力?如何配置企业的设施与设备?营运战略的有效性取决于能否充分考虑与满足顾客需求。营运计划问题如下:企业需要多少员工?何时需要他们?加班还是安排第二个班次?何时运送原料?库存策略应该如何?营运计划的有效性取决于生产要素如何有效地组合。营运执行控制主要解决实际运作问题,这是一个不断反馈与改进的闭环控制过程。

(二) 生产系统

生产系统由输入、转换、输出构成,即利用资源将一定的输入转化为理想的输出。输入可以是原材料、顾客或产品,输出可以是产品或服务,如社会认可的大学毕业生、高质量的汽车、可口的饭菜等。转换过程包括不同类型:物理过程(如制造产品)、储运过程(如物流)、交易过程(如零售)、生理过程(如保健)、信息过程(如电信)。生产系统的输入、转换、输出之间的关系如表1-1所示。

表1-1 生产系统的输入、转换、输出之间的关系

系统	输入	资源	转换	输出
医院	病人	医生、护士、药品、设备	检查、治疗、护理(生理)	健康的人
大学	高中生	教师、书、教室	传输知识与技能(信息)	专业的人
汽车工厂	钢板、发动机、零部件	工具、设备、工人	装配与制造汽车(物理)	高质量的汽车
百货公司	顾客	展示、存货、服务员	吸引、促销、订货供货(交易)	销售商品使顾客满意
餐厅	顾客	食物、厨师、侍者、环境	食物与环境(物理与交易)	满意的顾客

(三) 服务性营运

无论是制造型企业还是服务型企业,都越来越重视服务部门。产品相对来说比较容

易被仿造,但服务体系则很难在短期内被模仿。其原因主要是:服务是无形的,在服务过程中,顾客与服务人员常常处于"互动"状态,服务的好坏很大程度上取决于服务人员的素养、服务精神以及企业文化等因素。产品与服务模式都可以模仿,但服务精神是难以模仿的,这正如东施效颦。

对任何企业而言,应该建立以内部顾客满意度提升外部顾客满意度的体系,并及时跟踪与发现问题,做到持续改进。

顾客满意度来自核心服务与增值服务。核心服务包括质量适用、送货及时、价格适当、需求可变等。需求可变是指供方满足需方的过程中具有"柔性",如戴尔公司可以根据客户的要求定制笔记本电脑,而不是把已经生产好的产品销售给顾客。提高柔性意味着对营运管理提出了更高的要求。增值服务包括提供信息、问题解决、销售支持、售后服务等。这两个方面的服务,同样适用于外部顾客与内部顾客。

(四) 营运管理要素

综上所述,可以将营运管理概括为以下八大要素:

(1) 过程。营运管理是对营运职能所包括的输入、转换与输出过程的管理。生产系统普遍存在于任何企业,尽管生产型企业与服务型企业存在差异,但都越来越重视发挥服务部门的作用。

(2) 资源。在早期经济学说中,常把资源分为三种:劳力、资金、土地;近代经济学家把人类生产商品及劳务所需的资源增加为四种:劳力、资金、土地及管理。资源三分法与四分法都是以农业经济为导向的思想。早期的工业管理学家创立了资源五分法:人力、金钱、原材料、机器设备、产销方法或技术。到了现代,又加上了时间、信息、企业形象三个要素,把企业资源分为七项:人、财、物、方法或技术、时间、信息及企业形象。

(3) 对象。资源常常被混淆,当作管理的对象。其实,资源是用于满足对象需要的各种要素,而对象则是指组织的服务目标,是目标顾客。营运管理不是单纯地对产品生产过程的管理,也不是单纯地对服务提供过程的管理,前提是要明确:为谁生产?为谁服务?这是以顾客为导向的营运。营运与顾客联系以后,问题就更复杂了。例如,餐厅的营运对象是"想吃饭的人",酒店的营运对象是"想住宿的人",商店的营运对象是"想购物的人"。但是,顾客的需要是变化的,餐厅可以是"聊天打牌的场所",酒店可以是"会面、放松和憧憬的场所",商店可以是"享受、体验的场所"。对象变了,需要变了,投入的资源与转换过程也都需要随之发生变化。这就是明确对象的重要性。

(4) 质量。过程控制的基本要求是保证产品或服务能符合要求。但符合质量标准的产品并不一定能满足顾客的特定需要,所以,质量还应具备"适用性"要求。适用性比符合性更难。同时,产品质量取决于工作质量,工作质量取决于人的质量,而人的质量取决于管理人的制度和体系。例如,绩效评估体系就具有很强的导向性。

(5) 需求。商业活动的关键是发现顾客的核心需求,只有这样才能使营运有价值。例如,经济型酒店的顾客的核心需求是:沐浴、睡觉、上网。所以,卫生间、床、宽带是核心需求所要求的设施,这三类设施出问题,就不是令人舒适的经济型酒店。事实上,酒店的问题也往往出现在这三个方面。设备一应俱全,就是不方便、不好使。例如,淋浴房中放置洗发水和沐浴露的地方高了 10 厘米;自来水龙头很好,水也大,但下水管道不配套,下水比较小、比较慢,沐浴时水会溢出淋浴房。类似的状况在多家宾馆都会遇到。细心、细节、细化,才能发现顾客的核心需求。核心需求满足得好,"适用性"质量就高。

(6) 时间。时间虽然是资源的一个重要因素,但这里所指的时间主要与客户相关。在商业活动中,交易条件明确以后,最关键的问题就是交货期。市场需求有时间要求,店铺促销有时间要求,顾客吃饭有时间要求,过早过晚都没有需求,所以,有时候时间决定一切。于是,零售商要求供应商"及时到货"就成为供销合同的必备条款,如果不能及时到货,供应商将被处罚。实际上,如果零售商不能及时供货,也将受到顾客的"处罚"——满意度下降,减少光顾。

(7) 效率。利用资源输入转化为理想输出的过程,是一切商业活动的基本特征。通过这一过程,输入的资源实现价值增值,主要应体现两个方面的价值:一是对顾客有价值,从而使营运有效;二是营运过程有效率,如耗费与成本能有效控制。可见,有效与效率是两个不同层面的概念。

(8) 标准。通过制定作业流程、作业标准与作业规范,使生产与服务活动保持统一,这不仅有利于提高效率,也是服务质量的基本保证。在生产制造领域,从泰罗时代(甚至更早)起就开始利用标准化来提高生产力,如人员的标准化、工具的标准化、操作的标准化等,现在发展到了数字化与自动化阶段。在服务领域,由于连锁组织模式的发展,标准化方式被应用到了零售营运管理,如店铺形象的标准化、商品展示与陈列的标准化、员工培训的标准化等。

总之,营运管理要关注过程、资源、对象、质量、需求、时间、效率、标准等八项要素,要以顾客的需求为导向,既要有效果,又要有效率。

二、营运管理的发展过程

管理理论与管理实践的发展推动了营运管理的发展,从20世纪50年代末60年代初开始,营运管理逐渐发展成为一门独立的学科。

(一) 管理的含义

1. 管理的必要性

(1) 共同劳动是管理的基本前提。在共同劳动过程中,为了保持各工种之间、工序之间、人与人之间、人与物之间、乃至物与物之间的前后相续、左右相连、上下相接、一切井井有条、交叉而不紊乱,就必然需要有人来协调共同劳动,变分散的意志为统一的意志,将单个的力量结合成一个整体的力量。这种协调活动就是管理的最基本内涵,其目的是维持劳动秩序,即劳动过程中各种因素之间的一种相对平衡。

(2) 分工与协作的深化扩充了管理的内容。共同劳动的规模越大,劳动分工与协作越精细、复杂,管理工作也就越精细、复杂和重要。手工作坊与家庭工业的生产规模比较小,家长和师傅既是生产劳动者又是管理者,管理工作也比较简单,一切都只要"心中有数"就可以了。工厂制度的建立对这种传统的管理提出了挑战,运用机器与机器体系的工厂生产,不仅生产技术复杂,企业内部分工精细,而且社会化程度高,企业与外部的联系也更为广泛。于是,管理便从生产劳动中分离出来,成为企业的一项独立的职能,从简单的协调活动发展成为由计划、组织、控制等一系列职能所构成的一个连续的过程。通过计划以明确生产活动的目标和任务,通过组织将各方面的力量集合起来以完成计划,通过控制找出计划与执行情况和执行结果之间的差距,以保证实际工作与计划的一致。

(3) 资源稀缺规律支配着管理工作重心的转移。在现实社会中,资源是稀缺的,为了获取资源就必须支付代价。由于资源稀缺,无论是个人、企业还是国家,都遇到同样的问题:不具备完成一切事情所需的足够资源,人们不得不把有限的资源分配给众多的、相互竞争的、难以满足的目的,每个人都必须作出这样或那样的选择。这种选择目标、分配资源的活动,在资源稀缺的情况下,便是管理工作的重心。

2. 经营职能

法约尔在《工业管理与一般管理》一书中,首次对经营职能与管理职能进行了系统的分类与描述。他认为,管理不同于经营,管理是六项经营职能之一。经营的六项职能活动是:技术活动(生产、制造、加工);商业活动(购买、销售、交换);财务活动(筹集和利用资金);安全活动(保护财产和人员);会计活动(财产清点、资产负债表、成本、统计等);管理活动(计划、组织、指挥、协调和控制)。这六项经营职能是企业组织中各级人员都共同具有的,但因职位高低与企业大小而各有侧重。基层的工人主要承担技术职能,阶层越高,管理职能的比重以及对管理能力的要求也随之提高。法约尔对管理的五项职能进行了详细的论述,并提出了14条管理原则,即分工、权力与责任、纪律、命令统一、指挥统一、个人利益服从整体利益、人员的报酬、集中、等级链、秩序、公平、职工工作的稳定、首创精神、集体精神等。法约尔还特别强调管理教育的重要性,认为可以通过教育使人们学会管理并提高管理水平。

3. 管理职能

在法约尔提出管理的"五职能说"以后,西方管理学者先后提出了不同的观点。如戴维斯1934年提出的"三职能说"(计划、组织、控制);古利克1937年提出的"七职能说"(计划、组织、人事、指挥、协调、报告、控制);特里1956年提出的"四职能说"(计划、组织、指挥、控制)。现代管理理论从伦理学、社会学观点提出了"领导职能";从社会系统论角度提出了"决策职能"。对管理职能认识的不断加深,反映了现代管理的内容更加丰富、更为复杂;反映了现代管理科学研究水平的不断发展和提高。在实践中,管理者往往同时执行以下几种职能:决策、计划、组织、控制和领导。

(1) 决策。决策是指作出决定、进行选择,即针对需要解决的特定问题,提出解决问题的备选方案,并从中选择行动方案的活动过程。这是一个动态的概念。不论管理者在组织中的地位如何,都需要做决策;管理者的地位越高,决策的作用和影响也越大。

(2) 计划。计划是决策的具体化,即把决策结果具体化为工作目标和任务,对未来的管理活动进行规划和安排,为达成工作目标和任务所采取的手段就表现为各种计划。计划的表现形式既可以是指标,也可以是规定。前者称为"指标性计划",如计划实施的内容、步骤、安排等;后者称为"政策性计划",如策略、程序、规划、规章等。两者相辅相成,才能使计划职能发挥更有效的作用。

(3) 组织。为了实施计划,需要建立相应的组织,并在组织内部进行任务的分解和资源的分配,将权力适当地授予计划任务的接受者。可见,组织职能的发挥实质上是平衡人与工作的关系,既要求关心人,也要求关心工作,人和工作(任务)构成了组织职能的横坐标与纵坐标。

(4) 控制。控制是指管理人员为保证实际工作与计划一致所采取的一切行动。控制职能的发挥应该是连续的,一方面,通过测定实际工作状况和结果是否符合计划的要求,以调节实际工作;另一方面,通过测定计划和工作标准是否符合环境条件,以修正计划和工作标准。这里有两个问题特别重要:一是对实际情况的判断与反馈,情况判断失误或反馈系统不灵敏,必将导致纠偏行动迟缓。二是控制方式因对象与环境而异,如有些管理者,常常会根据下属的反映,不同程度地修正自己的管理行为,这可以称为"自适应控制"(Adaptive Control);但有些管理者则比较强硬,不管下属是否有意见,始终如一地推行自己的主张,这种控制可以称为"鲁棒控制"(Robust Control)。

(5) 领导。领导是指激励、指导、引导、促进和鼓励。管理的领导职能涉及一个组织的人的因素。有些人认为:领导即管理。但是在管理实践中,人们经常遇到这样的问题:有些人虽然是组织任命的正式管理者,却不能有效地引导、鼓励和影响受他管理的人;有些人并不是组织任命的管理者,但他却发挥着领导者的作用,人们乐于跟随他、服从他。这说明"领导"与"管理"或"组织"并不同义。一般认为,所谓领导是指一个人向其他人施加影响的过程。有些人将领导解释为"在机械地服从组织的常规指令之外所增加的影响力"。简单地说,领导是一种影响力。

上述五项管理职能大致可以分为三大类:一是基本问题类(决策职能),管理各个方面都需要有决策,决策是最基本的管理职能;二是行政问题类(计划职能和控制职能),通过组织的行政体系来实施;三是人事问题类(组织职能和领导职能),主要解决管理中人的问题。

4. 管理实践

在管理实践中,应特别注意以下四个方面的管理问题:

(1) 明确管理目标。从管理目标来说,管理就是管得合理,主要取决于两个方面:① 管理者。管理理念与管理手段从两个层面影响管理者,管理手段是"实",是可以学习、借鉴的管理科学,由一系列管理的原则、体系、制度、方法、技术等构成;但管理手段受制于管理理念,这是"虚",由一系列人文特质构成,能够推动或阻碍管理科学的运用和发展。所以,管理从根本上来分析,应该实现"以虚控实"。② 管理环境。管理环境是企业内外部的客观条件及其变化态势。管理环境对企业经营活动具有制约作用,短期内企业难以改变环境,只能适应环境的变化。但企业又可以通过战略规划对未来环境产生影响,这就要求企业主动适应环境变化,使企业的经营活动与环境保持动态平衡,在环境制约下做到"以变应变"。管理的目标是工作业绩,或者说,效益由效果与效率两个方面组成,效果来源于正确的方向,即要求管理者"做正确的事",效率来源于正确的方法,即要求管理者"正确地做事"。"做正确的事"的核心是判断有效果的领域,"正确地做事"的核心是确定做事情的有效方法。管理的有效性目的就是效率与效果的统一。

(2) 适时跟踪验证。这是最重要的一项管理活动,管理者如果放弃了对计划执行情况的验证权,就难以达到目标。任何一项计划目标的实施,都离不开对实践过程的跟踪、检查与验证。实际上,人的良心与道德在金钱与利益面前是十分脆弱的,所以,对人的监控是必需的，管理者必须"有作为"而不能"无作为"。"走走看看"的管理方式之所以被广泛采用，很重要的一个原因就是便于跟踪验证。

验证需要有判断准则。例如，判断时间，可以通过亮度先确定是白天还是黑夜，古代用日晷判断时间，如果乌云遮日，日晷就会失效；现代用手表判断时间，如果发条松弛，手表就会不准。可见，管理者需要验证的不仅仅是各种指标，更重要的是要检验体系是否有效。经济学家用各种数学模型分析经济运行，财务分析师用各种指标说明公司运行状况，按照现有的指标得出的结论一切正常，但是，就是这些经过分析师证明是业绩优异的公司，一家又一家倒闭！问题出在哪里？关键是他们只追求时间的精确，却未能分清白天与黑夜，没有对赖以生存的运作体系加以"验证"，忽略了体系的有效性。他们似乎宁肯相信早已失效的手表，也不愿去遵循自然法则，已闻鸡鸣，太阳升起，还不肯承认白天到了。

验证是管理的最大作为，特别要通过验证发现容易"捣蛋"的人，并借助现代技术控制其不良行为。

（3）现场指导工作。验证可以通过汇报、沟通、检查与指导等方式来实现，管理者应该是业务高手，否则就不可能进行有效的现场指导。

（4）建立成功团队。从管理的核心与实质来理解，人是管理的关键，管理（尤其是领导）的核心职能可以概括为"组织与激励"，即把人妥善地组合好，并激发他们的工作热情与潜在的聪明才智。所以，建立成功团队是管理的第一要务，是最优先的管理任务，并且必须明确两个基本问题：如何看待自己管理的团队？希望建立一个什么样的团队？

（二）管理模式

在管理实践的发展过程中曾经出现过多种管理模式。

（1）家长制：没有成文的制度，直线领导，一个人说了算。这种方式特别适合小规模组织，是"前泰罗时代"的管理方式。

（2）承包制：这是一种根据经济指标来实施报酬分配的管理方式，产品的产量、质量与报酬直接挂钩，但对生产过程则没有系统的管理。这在手工生产领域如制鞋业特别流行。

（3）泰罗制：用严格的专业分工、操作标准、经济指标、奖励制度等来规范人的行为以及生产过程，这是一种比较全面的管理，所以被称为"科学管理"，泰罗也就被管理学界誉为"科学管理之父"。泰罗制实际上是利用了人们追求经济利益的本性，用"胡萝卜"和"大棒"来诱导与控制人的行为。

（4）福特制：美国福特汽车公司在20世纪20年代建成了世界上第一条汽车生产流水线，还创造出了标准化零部件体系和标准化分厂体系，在这个体系工作的员工完全受流水线速度的控制。它与泰罗制的最大区别是：前者是人为地执行标准，而后者是机械地执行标准；前者的工作效率往往取决于个人的心情、体能与技能，后者则完全取决于流水线的运行速度，生产效率不会受人为因素的影响。

（5）事业部制：1924年由通用汽车公司提出的一种旨在解决集权与分权问题的管理模式。它主要针对大规模、多品种、多经营项目的企业。事业部制是按企业所经营的项目或产品线，包括按产品、按地区、按顾客（市场）等来划分部门，设立若干事业部，各事业部实行严格的独立核算，并在经营管理上拥有自主性和独立性。事业部既是受公司控制的利润中心,又是产品责任单位或市场责任单位。这种管理模式的特点是"集中决策、分散经营",即公司集中决策,事业部独立经营。

(6) 人性化管理:20世纪30年代兴起并在50年代达到鼎盛的"行为科学",使上述传统的"制度化管理方式"受到了严峻挑战,由此在企业界普遍出现了人性化的管理趋向。例如,建立企业共同愿景,注重领导形象,强调职工参与,提倡共同发展等措施的出台,打破了管理者与被管理者的界限,使企业中的每一位员工都表现出双重属性,既是管理者又是被管理者,他们在相互制约、相互激发、相互关联、共同发展的环境中推动着企业的发展。有些企业把"人性化管理"发展到了极致:有一家公司,你爱几点上班就几点上班,公司非常温馨,公司设有幼儿园,公司里的妈妈可以带3岁的女儿一块儿吃饭,今天孩子生病了,你今天就可以不用上班,明天再补班,自由自在地加班。前天加班到凌晨3点就可以中午再来上班。然而,就是这家所谓"人性化管理"的公司,现在已经消失了。为什么"人性化管理"的公司会消失,而另一些按部就班的公司却依然活得好好的?在Intel,站在公司的大堂里看,早上8点50分,员工像蚂蚁一样涌进来,9点零1分的时候就一个人也看不见了。这家公司到现在依然强大。结论只能是:一个没有纪律的公司跟没有纪律的部队一样,是不能打仗的。管理不是"无为",更不能"无为而治",所以,人必须加以管理与控制。防人、控制人实际上是保护人、尊重人。总之,管理绝对是"有为"的。人性化的本质不是放任不管,尊重一个人的真正含义也不是表面的客气,不是报酬的多少,而是"人尽其用",给他提供发挥自己能力的空间,让他学会提高工作业绩的本领。

上述六种管理模式,大部分属于"语文管理"法,主要是依靠人的思想观念、管理制度、组织体系等来控制人、预防人或诱导人,其实质是制度管人。

随着企业规模的扩大,制度会越来越多,到最后制度简直要压死人,制度与制度之间也常常自相矛盾。最要命的是所有制度都存在两个致命缺陷:第一,为了使制度能够应付所有事情,制度中必然会有"例外条款"。这就为"制度应变"埋下了伏笔,到最后,最严格的制度也总有一条条小缝开着,某些人总是能够利用制度中的小缝缝,谋取自己的大利益。这不是制度的不健全,而是制度本身的缺陷。第二,所有制度都必须由人来执行,这是一个十分"主观"的过程。即使制度订得像技术标准那样严格,也不可避免地会受到人的主观局限性的影响。世界杯的裁判就是最典型的代表。裁判的行为是以公开、透明、标准的规则为依据的,但是,仍然有很多误判产生。因为人总是存在判断局限的。实际上,制度化管理是一种"语文管理",语文考试的好坏有很大的弹性。所以,制度不得不简化。

改变"语文管理"的办法就是"数学管理",用系统与技术来管理,这样做对人人平等,把人的主观随意性控制在最小范围内。如果足球裁判采用现代技术,按照"数学管理"的办法,用射频技术,在足球以及球员衣服上植入芯片,球门、边线等装上天线,越位、进球等判定就可以不要裁判,实现技术判定。这样的话,以后的足球裁判只要做"犯规判定"就可以了。"福特制"可以说是最早的"数学管理"的典范,但受当时技术条件的限制,还不可能实现严格的"数学管理"。

系统建设不能光依靠技术手段,要把"技术系统"与"业务系统"结合起来考虑,企业本身就已经存在着一个系统,如果传统的业务系统不能从根本上实现改变,再好的技术系统也无法充分发挥作用,反倒会因为采用新的系统而导致原有系统的混乱。

(三)营运管理的发展历史

1. 营运管理的发展阶段

表1-2概括了从20世纪初到21世纪初的100多年间管理学与营运管理技术的发展史。在这一发展过程中,应该注意的是以下几个阶段:

(1) 20世纪50年代末到60年代初:运筹学的进一步发展推动了定量方法的应用,营运管理开始发展成为一门独立的学科。

(2) 20世纪60~70年代:20世纪60年代中期,随着计算机技术的发展,短时间内对大量数据进行复杂运算成为可能,从而在订货点法(Order Point)的基础上提出了物料需求计划(MRP)。到20世纪70年代,在MRP的基础上增加了能力计划和执行计划的功能,进一步发展成为闭环MRP(Closed-Loop MRP)。闭环是指信息的闭环和管理运作的闭环。闭环MRP体现了一个完整的计划与控制系统,它把需要与可能结合起来,或者说把需求与供给结合起来。闭环MRP系统的实质是实现有效控制,只有闭环系统才能把计划的稳定性、灵活性和适应性统一起来。这一阶段的支撑技术是数控机床。

(3) 20世纪80年代:随着计算机网络技术的发展,企业内部各子系统之间的信息逐步实现了共享,传统的MRP发展成为集采购、库存、生产、销售、财务、工程技术等为一体的第二代MRP——制造资源计划(MRPⅡ),它除了信息集成外,还与管理会计的概念相结合,用货币形式说明了执行企业"物料计划"带来的效益。这一阶段的代表技术是计算机集成制造系统(CIMS)。准时生产(JIT)、看板(Kanban)管理、精益生产(LP)、全面质量管理(TQC)、大规模定制(MC)等成为营运管理的新概念与新方法。

(4) 20世纪90年代:由于市场竞争的加剧,主要面向企业内部资源的全面计划管理的思想,逐步发展成为有效利用和管理整体资源的管理思想,于是就产生了企业资源计划(ERP),除了传统的制造、财务、销售等管理功能外,还增加了分销管理、人力资源管理、运输管理、仓库管理、质量管理、设备管理、决策支持等功能,并支持集团化、跨地区、跨国界营运。全面质量管理以及国际标准化组织(ISO)颁布的ISO9000认证体系,对企业建立质量管理体系、提高产品质量等发挥了重要作用。与此同时,先进制造技术(AMT)、敏捷制造(AM)以及互联网信息技术(IT)被广泛应用,供应链管理(SCM)越来越受到重视,并成为营运管理的一项重要内容。此外,面临经济衰退,许多企业寻求对营运过程的革新,从而产生了业务流程再造(BPR)的思想。

(5) 21世纪:电子商务(EC)、业务外包(BO)、企业并购(M&A)以及经济全球化(EG)、社会道德等问题越来越受到关注。

1995年,当IBM公司发布电子商务战略时,许多计算机厂商和客户还没有意识到电子商务会带来什么影响,认为这只不过是一些概念性的东西。如今,企业不仅认识到了电子商务的发展潜力,而且利用电子商务拓展了新的业务(如网上销售),改变了企业组织管理以及与顾客和供应商相互交往的方式。如连锁零售店的营运督导员,可以通过无线终端查阅门店订货信息,以便更有效地指导门店经营。

企业通过业务外包,将一些重复性的业务外包给供应商,集中资源发挥自己的核心优势,这不仅有利于降低经营成本、提高核心竞争力,并能保持管理与业务的灵活性和多样性,从而提高服务质量。如物流企业将运输作业外包,大大降低了车辆购置、人员管理、运输安全等方面的管理成本,从而集中力量做好物流信息系统及其营运控制等工作。

企业并购是指企业之间的兼并与收购行为,如公司合并、资产收购、股权收购等。企业并购虽然是扩大经营规模的有效途径,但由于文化与技术基础的差异,并购的风险也非常大。

经济全球化是世界经济发展的重要趋势,也是企业创造竞争优势的重要途径。以服装企业为例,位于中国香港的某服装公司接到来自欧洲某零售商的成衣订单,该公司可能会从韩国买纱,运往中国台湾进行纺织和染色,同时会从中国内地的工厂购买日本的纽扣和拉链,然后考虑到配额与人工等情况,将所有物料送到泰国,并向泰国工厂下达订单。这条供应链的形成主要基于两个方面的考虑:一是质量,二是成本(价格),供应链的价值就由这两个方面决定。全球化营运也同样会面临各种风险,如文化、法律等环境条件。

1970年以后,西方社会对"商业的一切就是商业"的观念提出了全面挑战,兴起了一场商业道德运动,道德价值重新受到商业人士的重视与承诺。但是,很多企业仍然因涉及道德问题而受到舆论的谴责甚至面临法律诉讼。例如,某些零售巨头委托工厂为其代加工,纺织女工每天要工作12~14小时,月平均工资却只有70美元,而养活一家人至少需要240美元。加工厂的1个工人给衬衣上袖子,每天工作10小时,一共要完成1 200件衬衣,1分钟要上两件衬衣的袖子。又如,阿里巴巴上市时,马云遭受的"卖鱼翅"质问,也是一个道德选择的典型例子。

营运管理的发展历史如表1-2所示。

表1-2 营运管理的发展历史

年 代	概 念	工 具	创 始 人
20世纪10年代	科学管理原理	时间研究与工作研究概念的形成	弗雷德里克·W·泰勒(美国)
	工业心理学	动机研究	弗兰克和吉尔布雷斯(美国)
		活动规划表	亨利·福特和亨利·甘利(美国)
	经济批量规模	EOQ应用于存货控制	F·W·哈里斯(美国)
20世纪30年代	质量控制	抽样检验和统计表	休哈特·道奇和罗米格(美国)
	工人动机的霍桑试验	工作活动的抽样分析	梅奥(美国)和提普特(英国)
20世纪40年代	复杂系统的多约束方法	线性规划的单纯形法	运筹学研究小组和丹齐克
20世纪50年代和60年代	运筹学的进一步发展	仿真、排队理论、决策理论、数学规划、PERT和CPM项目计划工具	美国和西欧的很多研究人员
20世纪70年代	商业中计算机的广泛应用	车间计划、库存控制、预测、项目管理、MRP	计算机制造商领导的,尤其是IBM公司;约瑟夫·奥里奇和奥里弗·怀特是主要MRP革新者
20世纪80年代	服务质量和生产率、制造战略示例	服务部门的大量生产作为竞争武器的制造	麦当劳餐厅 哈佛商学院教师

(续表)

年　代	概　念	工　具	创　始　人
	JIT、TQC和工厂自动化	看板管理、计算机集成制造CAD/CAM,机器人等	丰田的大野耐一、戴明和朱兰以及美国工程师组织(美国、德国和日本)
	同步制造	瓶颈分析和约束的优化理论	格劳亚特(以色列)
20世纪90年代	全面质量管理	波里奇奖,ISO9000、价值工程、并行工程和持续改进	国家标准和技术学会,美国质量控制协会(ASQC)和国际标准化组织
	业务流程再造	基本变化图	哈默和主要咨询公司(美国)
	电子企业	因特网、万维网	美国政府、网景通信公司和微软公司
	供应链管理	SAP/R3、客户服务器软件	SAP(德国)和ORACLE(美国)
21世纪初	电子商务	因特网、万维网	亚马逊网,电子港湾,美国在线,雅虎

来源:[美]理查德·B·蔡斯(Richard B. Chase)等著,任建标等译:《运营管理》(原书第9版),机械工业出版社2007年版。

2. 营运管理发展过程的主要概念

过去50年营运管理的发展,大致有三个层面:一是制造技术,从数控机床到计算机集成制造,再发展到先进制造技术,发展方向是精益化;二是组织技术,从单一的生产制造过程的管理延伸到供应链管理,发展方向是全球化;三是信息技术,从MRP到MRPⅡ再到ERP,发展方向是集成化。信息技术与互联网改变了这个世界,当然也改变着营运管理。这些变化的根源是市场和消费需求的变化。企业为了适应市场,增强竞争力,才创造了一系列新概念、新方法与新技术,从而也增强了营运管理的柔性化。下面介绍营运管理发展过程的几个主要概念:

(1) 准时生产(Just In Time,JIT):1953年,日本丰田汽车公司的副总裁大野耐一,综合了单件生产和批量生产的优点后,创造了一种在多品种、小批量混合生产条件下高质量、低消耗的生产方式,这就是准时生产。JIT的基本思想是生产的计划和控制及库存的管理。即"只在需要的时候,按需要的量,生产所需的产品",追求无库存,或库存达到最小。JIT的目标是通过消除浪费、降低成本以获取更大的利润。在福特时代,降低成本主要依靠单一品种的规模化生产。在多品种、小批量生产的情况下,这一方法就行不通了。JIT生产方式力图通过"彻底消除浪费"来达到降低成本的目标,由此形成了JIT的三种支持手段,即适时适量、弹性配置作业人数以及保证质量,并要求做到:生产流程化、生产均衡化、资源配置合理化。

JIT是一种生产管理技术,而"看板管理"则是实现JIT生产的一种管理工具。在实现JIT生产中最重要的管理工具是"看板",它是用来控制生产现场的生产排程工具。看板其实就是一张卡片,上面记载着生产量、时间、方法、顺序以及运送量、运送时间、运送目的地、放置场所、搬运工具等信息,从装配工序逐次向前道工序追溯,各工序在"看板"的指引下作业。

精益生产(Lean Production,LP)是美国麻省理工学院国际汽车计划组织(IMVP)的专家对日本丰田所创立的 JIT 生产的赞誉之称。精,即少而精,不投入多余的生产要素,只是在适当的时间生产必要数量的市场急需产品(或下道工序急需的产品);益,即所有经营活动都要有益有效,具有经济性。

(2) 敏捷制造(Agile Manufacturing,AM):这是由美国通用汽车公司(General Motors Corporation)与美国里海大学(Lehigh University)的教授于 1988 年共同提出的一种战略。1991 年,美国在《21 世纪制造企业发展战略报告》中对敏捷制造的概念、方法及相关技术有全面的描述。此后,敏捷制造受到政府及工业界的广泛重视。按照美国学术界的定义,敏捷制造是指能在不可预测的持续变化的竞争环境中使企业繁荣和成长,并具有面对由顾客需求的产品和服务驱动的市场作出迅速响应的能力。敏捷制造的创立者认为,随着生活水平的不断提高,消费者对产品的需求和评价标准将从质量、功能和价格转为最短交货周期、最大客户满意、资源保护、污染控制等。市场由顾客需求的产品和服务驱动,而顾客的需求是多样的和多变的,因此企业需要具备敏捷性(Agility)的特质,即必须能在无法预测、不断变化的市场环境中保持并不断提高企业的竞争能力。敏捷制造模式强调三个基本要素:一是柔性的、先进的、实用的制造技术;二是熟练掌握生产技能的、高素质的劳动者;三是企业之间和企业内部灵活的管理。把这三者有机地集成起来,才能实现总体最佳,并对市场变化作出快速反应。美国的敏捷制造模式与日本的精益生产模式相比,更注重技术研发能力、生产的柔性能力、个性化生产、企业间的动态合作、新型的用户关系以及激发员工的创造精神。

(3) 业务外包(Business Outsourcing,BO):业务外包也称为外部委托、资源外包,其本质是把自己做不了、做不好或别人做得更好的事交由别人去做。业务外包是一种管理策略,它是某一公司(称为发包方)通过与外部其他企业(称为承包方)签订契约,将一些由公司内部人员负责的业务或机能外包给专业、高效的服务提供商的经营形式。业务外包被认为是一种企业引进和利用外部技术与人才的有效手段。

外包虽然是一种更为有效的模式,但衡量"有效"的标准,在不同时期、针对不同对象存在很大差异,有些业务虽然可以通过外包而降低成本,但会影响客户的满意度。有个大型连锁公司之所以不使用冷链设备制造商的产品,其理由有两条:一是该制造商有外包业务;二是售后服务不好。前一条是可以衡量的,后一条往往是主观的评估。

(4) 大规模定制(Mass Customization,MC):1970 年,美国未来学家阿尔文·托夫勒(Alvin Toffler)在《未来的冲击》(Future Shock)一书中提出了一种全新的生产方式:以类似于标准化和大规模生产的成本和时间,提供客户特定需求的产品和服务。1987 年,斯坦·戴维斯(Start Davis)在《完美的未来》(Future Perfect)一书中首次将这种生产方式称为大规模定制。1993 年,B·约瑟夫·派恩(B. Joseph Pine II)在《大规模定制:企业竞争的新前沿》一书中写道:"大规模定制的核心是产品品种的多样化、定制化急剧增加而不相应增加成本,范畴是个性化定制产品的大规模生产,其最大优点是提供战略优势和经济价值。"

我国学者祈国宁教授认为,大规模定制是一种集企业、客户、供应商、员工和环境于一体,在系统思想指导下,用整体优化的观点,充分利用企业已有的各种资源,在标准技术、现代设计方法、信息技术和先进制造技术的支持下,根据客户的个性化需求,以大批量生产的低成本、高质量和高效率提供定制产品和服务的生产方式。MC 的基本思路是基于产品零部件和产品结构的相似性、通用性,利用标准化、模块化等方法降低产品的内部多样性,增加顾客可感知的外部多样性,通过产品和过程重组,将产品定制生产转化或部分转化为零部件的批量生产,从而迅速向顾客提供低成本、高质量的定制产品。

大规模定制生产方式包括了诸如时间的竞争、精益生产和微观销售等管理思想的精华,得到了现代生产、管理、组织、信息、营销等技术平台的支持,因而就有超过以往生产模式的优势,更能适应网络经济和经济技术国际一体化的竞争局面。

技术的发展有可能实现"产品定制",让顾客参与产品设计,实现真正的个性化营销。我国台湾的出版业很发达,但很多图书的单本发行量却不多,甚至只有几百本发行量也出版,并且可以盈利。这其中有两个原因:一是出版发行的环节少,这样就降低了出版成本;二是印刷技术的改进。实际上,这两点也正是企业的发展潜力所在。

(5) 原始设备制造商(Original Equipment Manufacturer,OEM)、原始设计制造商(Original Design Manufacturer,ODM)、原始品牌制造商(Original Brand Manufacturer,OBM):OEM 是一种供应者为购买者"代工生产"的方式,又叫定牌生产或贴牌生产,购买者不仅用自己的商标,还提供产品的设计与技术、培训、资金等多方面支持。知名品牌由于不能够达到大批量生产的需要,或者需要某些特定的零件,因而向别的厂商寻求合作。这些伸出援手的厂商(原始设备商)就称为 OEM。如 CPU 的风扇,Inter 和 AMD 公司并不生产,而是找三洋等公司来生产。这种生产方式在国内家电行业也比较流行,如 TCL 在苏州三星定牌生产洗衣机,长虹在宁波迪声定牌生产洗衣机等。如果制造商设计出某产品后被别的企业看中购入,购买者要求将购入的设计用自己的品牌名称进行生产,以减少自我研发的时间。这种方式即 ODM。制造商经营自有品牌,即 OBM,要有完善的营销网络为支撑,渠道建设费用很大,而且常会与自己的 OEM、ODM 客户发生冲突。

(6) 供应商管理库存(Vendor Managed Inventory,VMI):供应商管理库存是与零售商管理库存(Retailer Managed Inventory,RMI)相对应的一种理念,与传统的库存管理模式完全相反。在整个流通过程中,从消费到零售再到供应商的需求信息,往往会被一再放大,最后导致供应与需求的不平衡,关键的问题是供应商库存、配送中心库存与店铺库存的信息不对称或不协调。在《第五项修炼》这本书中,揭示了一个关于"啤酒供应链"放大效应的问题。市场一旦发出商品销售见好的信号,零售商就开始不断订货,而这个时候也最容易发生缺货或延误送货,于是就不断追加订货,订货量从零售商逐级放大到批发商,再到生产制造商,甚至更上游的相关企业。后来发现,市场实际的需求量根本没有这么大,需求量在供应链中被人为地放大了无数倍。解决这一问题的基本办法是:信息共享与加强合作。VMI 试图通过用户和供应商的合作协议,由供应商管理库存,以达到供应与需求的相对平衡,使库存保持在一个合理水平。

(7) 特许经营(Franchise):特许经营的英文单词源于法文 Franc,原意是"不受奴役",有特许与自由的含义,即通过特许加盟使加盟者免受薪水阶层的劳役之苦,自由地开创自己的事业。

国际上对特许经营已经形成了标准定义和相应的法律规范,如国际特许经营协会、美国联邦贸易委员会、日本特许经营协会等。2007年2月15日,国务院485号令颁发的《商业特许经营管理条例》对特许经营的定义,是指拥有注册商标、企业标志、专利、专有技术等经营资源的企业(称特许人),以合同形式将其拥有的经营资源许可其他经营者(称被特许人)使用,被特许人按照合同约定在统一的经营模式下开展经营,并向特许人支付特许经营费用的经营活动。企业以外的其他单位和个人不得作为特许人从事特许经营活动。这是一种快速做大业务的生意方式,对没有商业经验、商业资本与商业品牌的投资者来说,特许经营更是一条生意的捷径,用他人的品牌、技术做"代工生产者",类似OEM但又不同,加盟者有自己独立的生意、独立的顾客、独立的市场。这是一种非常奇特的生意模式,它不论对供应商还是零售商,都产生了重大影响。

(8) 企业资源计划(ERP):ERP由美国加特纳公司(Gartner Group Inc.)首先提出,是基于计算机与信息技术的发展,以集成化管理理念为指导,通过对业务流程重组与再造,使业务流程规范化、条理化,从而建立起来的管理信息系统。现代企业必须密切关注环境变化对经营管理活动的影响,在信息技术的发展、规模化经营与全球化竞争的相互影响下,生产的专业化分工越来越显著,营运管理也从单纯的生产运作管理向供应链管理发展,从而使生产、采购、物流、销售等营运活动的分工与合作也更加紧密。ERP是管理实践与管理思想交互发展的成果,它虽然源于制造业,但目前已被广泛应用于零售业、金融业、邮电与通信业、高科技产业、能源、公共事业、工程与建筑业等众多行业。

ERP与互联网技术的融合,使新一代ERP产品正在向客户端和供应端延伸,客户端的延伸是客户关系管理(Customer Relationship Management,CRM),而供应端的延伸则是跨企业供应链的同步管理。这两个延伸又恰好嵌入到网上电子交易中,从而形成了一个从企业内部到企业外部的完整的电子商务解决方案。

从连锁企业信息化的发展水平来划分,实施ERP大致分为三个阶段:硬件基础设施建设阶段、软件基础设施建设阶段和核心业务系统建设阶段。大型连锁公司在实施核心业务重组以后,基本完成了商品管理系统、门店管理系统与物流管理系统的建设。这一阶段实际上是信息从私有化到全面公有化的过程,通过整合,业务层面系统运行的整体性得到加强,业务系统采集的基本数据将能在全公司内得以共享。接着就是管理业务整合,即在第一阶段基础上,财务管理系统、人力资源管理系统、办公自动化系统、电子商务系统等业务也被纳入了信息管理系统,企业信息化工作从核心业务延伸到管理业务。连锁企业在基本业务数据可靠采集并共享后,财务管理系统将能为管理控制层提供更为可信和科学的财务报表,公司对内对外账目均得到可靠的控制。人力资源管理系统以及办公自动化系统的实施,为公司实现电子办公进而实现知识管理奠定了坚实的信息资源基础。电子商务系统重点发展与企业外部合作伙伴之间信息共享,通过该平台,逐步整合企业供应链。目前有些企业正在向智能化管理阶段发展,这一阶段的重点是建立数据仓库(Data Warehouse,DW)、商业智能(Business Intelligence,BI)系统和客户关系管理系统。建立数据仓库是实施商业智能的基础,许多基本报表可以由数据仓库生成,并作为进一步分析的数据源。通过数据清洗、数据提取和数据集成建立面向主题的、集成的、稳定的、不同时间的数据集合,为在线分析系统和数据挖掘提供可靠信息。利用商业智能系统,分析人员和管理人员能从多种角度把从原始数据中转化出来的信息,进行快速、一致、交互地访问,从而获得对数据更深入的了解,协助决策层进行决策。客户关系管理首先要建立和收集客户基本资料,然后根据企业实际情况逐步开展其他业务,最终 CRM 必将与商业智能系统实现互动,为企业提供一个收集、分析和利用各种客户信息的系统,以便更好地为客户提供服务。

三、竞争力与营运战略

面对复杂多变的消费者与无穷无尽的竞争者,营运管理已成为企业竞争力的重要支柱。下面探讨竞争力、营运战略与生产率。

(一) 竞争力

企业在市场上销售产品和提供服务,必然会面临竞争。在竞争过程中,有些企业由小变大,另一些企业则由大变小,决定企业命运的重要因素是竞争力的强弱。企业的竞争力可能来自各个方面,但主要可以分为来自营销职能的竞争力与来自营运职能的竞争力。

1. 营销竞争力

营销职能通过定位与占位影响竞争力。

(1) 定位。定位就是要明确产品或服务的目标顾客群与市场地位,定位的结果是实现竞争的差异。其中,明确消费者的需求是最基本的环节,也是影响竞争力的核心。

(2) 占位。明确了目标顾客群及其需求以后,就要想办法占有市场,从营销的一般原理来说,这些活动包括产品、品牌、价格、渠道、促销等一系列策略的组合,即市场营销组合。但在众多的策略中,最普遍的策略是价格与促销,最能体现差异化的则是品牌。

在定位与占位过程中,有三点特别重要:一是要区分企业定位与顾客定位的差异,有些企业宣称自己能提供最好的产品与服务,但必须得到顾客的认同;二是要使企业定位与顾客定位的差异逐步融合,要通过品牌认知与营销沟通来磨合,这是一个长期的过程;三是竞争力最根本的来源是差异,但差异必须聚焦,也就是要集中在某些关键要素上。例如,7-Eleven 便利店与其他便利店的差异主要体现在供应商品的即食化。又如,大卖场与小超市相比,最大的特点是品种齐全与廉价,而折扣店则以就近便利与价格优惠体现其特色。

2. 营运竞争力

营运职能通过工艺、系统与组织影响竞争力。

(1) 基于工艺的竞争力。这是从劳动者利用生产工具对各种原材料、半成品进行加工和处理,最后使之成为预期产品的方法及过程演化而来的。好的生产工艺能够达到低消耗、低成本、高质量的要求,从而可以建立产品质量与成本方面的优势,这是竞争力的基本来源,也是产品被消费者认可的前提条件。如果产品成本高、质量差,就无法建立竞争优势,最终将被市场淘汰。

(2) 基于系统的竞争力。这是通过协调整个营运系统而产生的竞争力,如较短的订货周期,产品与服务的范围广阔,快速响应顾客要求的能力(敏捷性)以及库存管理、供应链管理等。基于系统的竞争力要依靠信息技术与生产组织管理方式的改进,如完善 ERP 系统,实施先进制造技术等。

(3) 基于组织的竞争力。这是最核心的竞争力,如设计和引进新产品的能力,把握未来发展态势并快速适应环境变化的能力,员工积极主动且富有创造力和执行力,各个部门普遍地尊重顾客并努力实践等。这些能力既有大的方面,也有小的方面,如接听客户电话的姿态、门卫保安对来访者的态度等都能体现出一个组织的文化。

(二) 营运战略

1. 营运战略的概念

一个企业为了在市场竞争中建立、保持自己的地位,就必须从战略高度来规划与计划生产经营活动。企业的所有决策和计划由使命、组织目标、组织战略、职能战略(财务、营销、营运)、具体的策略、具体的营运等构成。

组织战略为企业提供整体性发展的方向,它涵盖整个组织;营运战略是组织战略的重要支撑,主要涉及组织内的营运系统,它通过利用企业资源最大限度地支持企业的组织战略,与产品、工序、方法、资源、质量、成本、生产准备时间及进度安排紧密相关。

既然营运战略从属于组织战略,而组织战略会随着市场环境的变化而变化,所以,营运战略的规划应该预计到未来的需要与变化。

2. 营运竞争重点

在市场竞争中,不同行业、不同时期、不同国家的企业,树立竞争优势的侧重点往往存在很大差异。例如,第二次世界大战以后各国的消费需求都大幅度增长,在这一背景下,美国制造业所采取的是大批量生产方式,而日本制造企业则重点关注成本与质量。美国高耗能的大型车与日本低耗能的小型车之间的竞争,就是最典型的例子。营运战略成败的关键是明确竞争的重点,要考虑到每个选择可能产生的后果,并作出相应的战略抉择。

一般来说,营运竞争重点包括如下方面:

(1) 价格。价格始终是消费者关注的一个重点,因而也是营运竞争的重点。但价格优势来源于成本优势,所以,企业必须以低成本生产产品。低成本生产应该注意三个基本问题:一是把低成本作为生产的基本原则,即尽可能以较低的成本生产符合质量与市场需要的产品,这是一个普遍原则。二是把"低成本—低价格"的产品当作一个特定的细分市场来看待,并通过这种策略获得在该细分市场的生存空间。三是把低价作为一种新的经营模式挑战现有模式,如网店销售的商品价格比实体店更便宜但质量相同,所以网购吸引了越来越多的消费者。

(2) 质量。质量有两个方面的含义:一是指工艺质量,就是产品符合质量标准的程度。符合质量标准的产品是可靠的、没有缺陷的产品。二是指需求质量,就是满足消费者需要的程度。没有缺陷的产品,不一定是顾客需要的产品。顾客所需要的产品是适用的产品。所以,质量应包含符合性与适用性双重属性。

(3) 时间。时间包括交货速度与交货可靠性。交货速度迅速的企业往往更有竞争力,在服务提供领域,交货速度就是响应速度,如计算机系统的维护,有些公司提供全天候(7 天×24 小时)服务,软件系统的维护则通过"呼叫中心"(Call Center)提供"在线服务"(Online Serving)。交货可靠性是指在规定的时间送达。例如,在物流配送中如果采取

"越库配送"(Cross Docking)模式,对供应商及时送达商品的要求就很高,因为采用这种方式配送,收货后商品不经过储存就直接装运发货。但如果有些供应商未能及时将货物送到,就会延误整个配送流程与时间。又如,便利店的盒饭配送,如果不能按照规定时间在午餐前送到店铺,而是在午餐时间后送达,就会导致午餐前的缺货与午餐后的报废。

(4)灵活性。灵活性是指企业为顾客提供多种类型产品的能力,实际上是指适应变化的能力和特性,这种能力需要以生产体系的柔性为支撑。这取决于新产品开发以及建立新产品的工艺流程所需要的时间。从某产品的生产转向另一种产品的生产所耗费的时间越短,其灵活性就越好。

此外,顾客服务、地点的便利性等也都是营运竞争的重点,尤其是在零售服务行业,店铺选址与提供优良的顾客服务是营运管理的重要内容。

根据顾客的需求、自身条件、竞争对手的策略以及市场竞争环境等因素选择适当的竞争重点,这是一个权衡的过程。因为一个重点目标可能会与另一个重点目标相矛盾,如提高服务水平一般就意味着增加成本,也就是说,侧重一方面就会削弱另一方面。为此,应该注意两点:一是要集中资源,确保重点;二是要综合平衡,协同发展,如营运与营销必须紧密配合。

(三)生产率

生产率是衡量营运绩效的指标。营运绩效管理将在第7章详细介绍。下面主要介绍生产率的概念与生产率的计算。

1. 生产率的概念

生产率是反映产出(产品或服务)与投入(劳动力、原材料、机器设备、厂房、能源以及其他资源)之间比例关系的一个指标,即生产率=产出/投入。这个指标无论对国家还是对各类组织,都具有十分重要的意义。较高的生产率意味着较低的成本,而较低的成本则意味着更具有竞争力。所以,提高生产率是提升竞争力的基础。

衡量一个企业的生产率水平的方法有两种:一是横向比较,即与行业中同类企业进行比较,从而找出本企业的优势或差距。二是纵向比较,即从时间上来比较本企业的生产率发展水平,用本期的生产率与上期的生产率比较。

2. 生产率的计算

生产率的计算有三种方法,即单要素度量法、多要素度量法与总度量法。

(1)单要素度量法。这是指按照单一投入来度量的方法。产出与劳动工时比构成劳动生产率,如每小时的产值;产出与机器工时比构成机器生产率,如每机时的产值;产出与资本比构成资本生产率,如每元投入的产出;产出与能源比构成能源生产率,如每千瓦小时的产值。计算单要素生产率时,不一定要用总产出作为分子。

(2)多要素度量法。这是指按照两种以上的投入来度量的方法。如产出/(劳动力+资本+能源)或产出/(劳动力+资本+原料)。计算多要素生产率时,也不一定要用总产出作为分子。

(3)总度量法。这是指按照全部投入来度量的方法,产出则是指总产出,即总产出/总投入。

营运管理将提供一套以尽可能少的投入生产出尽可能好的产品与服务的思路、体系、方法和技术。这也是一种职业,在制造业、零售业以及专业服务业等一切商业领域,营运管理都提供了广泛的事业发展空间,包括直接从事营运督导工作或者从事供应链管理和质量管理工作,提供专业服务的咨询公司也需要资深的营运管理专家。

技术与需求的变革正在深刻影响企业的营运管理。在生产领域,生产运作超越了"制造加工"的过程,扩展到了供应链的上游与下游各环节,如原材料供应系统与产品供应系统;在商业服务领域,由于信息技术与盈利模式的创新,传统的商业运作模式已经发生了巨大变化,金融资本、商业地产与商业活动已密不可分,连锁经营与特许加盟不仅改变了商业运作模式,还改变着业务流程。所有这些变化都推动着营运管理的新发展。

问题与探讨

1. 什么是营运管理?营运与营销有什么区别?
2. 营运管理包括哪些决策问题?
3. 什么是生产系统?制造型企业与服务型企业的营运有什么区别?
4. 营运管理包括哪些基本要素?
5. 为什么说"验证是管理的最大作为"?
6. ERP与精益生产在营运管理的发展历史中各发挥了什么作用?
7. 为什么说"特许经营"是一种生意模式?
8. 什么是营运战略?与组织战略有什么区别?
9. 营运竞争主要有哪些重点?如何平衡营运竞争重点之间的关系?
10. 什么是生产率?如何度量生产率?

第2章　营运管理原理

在技术改进与互联网发展的背景下，制造业与流通业的营运管理发生了显著变革。生产过程从自动化发展到"智慧智造"，工业4.0发展迅速，生产与消费之间的环节被压缩，制造业开始突破产业边界发展成为"零售型制造业"；零售业也突破产业边界发展自制产品，开发自有品牌，演变成为"制造型零售业"，B2C模式向C2B或C2M模式转型。

所有这些变化都呈现出消费的个性化、产销的智慧化与流通的全渠道发展趋势，营运管理也正在发生一系列颠覆性的变革。

引导案例　盒马集市与百联RISO

2017年6月26日，百联集团打造的新零售业态RISO第一家店在上海浦东新区张杨路655号的原华联商厦内开张。RISO经营面积约3 200平方米。这是百联集团继东方商厦淮海店成功改造为小型城市购物中心之后的又一个存量资产改造升级项目。

从店面场景来看，盒马集市与百联RISO有不少相似之处，如海鲜蔬果主导，包装化销售，自助收银与敞开式人工收银相结合，使用电子牌卡，购物环境优于传统超市等。百联RISO的卖场布局比盒马集市更紧凑，但盒马集市比百联RISO更快捷。

盒马集市是从上往下走，店铺在地下，百联RISO是从下往上走，店铺从一楼到二楼。盒马集市是长条形铺面结构，两头都可以进出，确实给人一种逛集市的感觉，而百联RISO则把书店也引进了超市，是一种混搭的布局。

从营运逻辑来看，盒马集市强调的是既不同于传统生鲜超市，也不同于生鲜电商的做法。传统生鲜超市，是单线运作，"单维营运"，主要是"卖东西"，盒马集市做到了"多维营运"，不仅"卖东西"，更是吃货们"吃东西"的场所。盒马集市通过"店配"解决了生鲜电商难以解决的时效性与商品鲜度问题。

说盒马集市是店商，它其实更像电商；说它是电商，其实它就是实实在在的店商；说它是超市，它所做的则是餐饮的活；说它是餐饮，它还真的不是做餐饮的，而是卖各种各样你所喜欢的东西的店铺。就是这样一个"四不像"，消费者很喜欢。盒马集市茶饮、餐饮品牌，都似曾相识，但在一个地方集合，只有在盒马集市所见。也许这就是"集市"的魅力所在。

一个零售公司，能自己设计出客人喜欢的独特产品自然好，这叫"产品设计"，能采购到富有特色的商品也非常重要，但比产品设计（自有品牌）与采购（自主经营）更重要的是"项目设计"，只要项目好，不怕没有好品牌、好产品加入。

RISO 以"百联·新零售发现店"为背书。有顾客说："左边一个广告粗看还以为是日本的什么店广告。在没有进店之前看到电线杆上的这个广告牌，很奇怪为何写品鉴意大利。"那是因为：RISO 是意大利语：大米。

由此引申出：我们愿以"一粒米"的尺度去丈量食物的安全，忠于品位，回归初心，带给你美食的本味，生活的趣味与人情味。还进一步注解说：RISO 是你的餐厅，你的购物车，你的元气空间站，你的愉悦轻时光……仿佛置身哆啦A梦的神奇口袋，你想要的通通给你，这个空间下一秒又会蹦出什么呢？生活需要慢慢品味。

从 RISO 的含义注解来看，似乎很美妙，但不见得人人都能理解！其读音不便于传播。如果有一个中文名称，也许会更好！这个名称，要更接近消费大众的理解度！百联 RISO 更强调的是"回归"，这样的描述相对来说比较空洞，缺乏内容的支撑。

看"盒马鲜生"的前后场拣货袋传输系统，金桥店与浦东的盒马集市有很大不同。在金桥店，这个系统做得很张扬，明显的具有展示效果。在盒马集市虽然这个系统依然存在，但已经不放置在显眼的地方，比金桥店更隐蔽，也许就是为了缩短传输路径，提高前后台营运效率！

点评 外出就餐已经成为一种生活方式，满足这种生活方式构成了一个日益庞大的餐饮市场。传统的"人、货、场"三要素有必要进一步细分，实体店体验是一种场景，线上订货，送货到家是一种场景，堂吃加外带又是另一种场景。线上接单，门店取货，后场合流，快递到家，又是一种营运场景。总的来说，"人、货、场"可以分为：人、货、场、仓。如果1/3的餐饮面积能创造1/5的销售，1/3的后场面积能创造一半的销售，那么，商品售卖的场所就变得更宽敞舒适而具备了体验的条件。单线与单维地做零售的路子会越来越窄。零售在经历了百货、连锁、超市、无店铺四次革命以后，当前已经进入移动时代，这是零售业的第五次革命！接着必然进入"智慧零售"新时代。任何一家单线运作的零售公司，不一定死亡，但不可能做大！在消费需求升级，消费者已经从过去的"买东西"转变为"吃东西"的时代，零售也就变成了一种"娱乐业"，所以，没有故事，没有精神，没有念想，没有理由，单维销售商品的零售店，将会被多维运作的零售店压缩到一个越来越小的空间之中。

一、生产运作原理

（一）生产运作是任何企业的普遍过程

营运管理是一个投入、转换与产出过程。生产运作管理，即以生产系统中的生产过程为对象的管理，简称为生产管理。生产运作是社会经济活动的普遍过程，不仅在制造企业有生产运作过程，其他企业（如零售与咨询）也都存在生产运作过程。所以，生产运作管理的原理与方法，可以广泛应用于所有企业与其他组织机构或活动，如表2-1所示。

表 2-1　不同企业生产运作构成举例

企业	主要输入	转化过程构成	主要输出
制造企业	土地、设备、劳力、原材料、能源、动力、时间、信息等	制造技术：设备、工具、工艺 制造设施：厂房、布置、运输、服务 制造规模：能力安排、加工深度、任务安排、物流控制、质量保证、人员作业规定与培训	产品及售后服务
零售企业	土地、房屋、劳力、货物、能源、动力、时间、资金、信息	商业技术：货架布置、营销及作业规范；设施：运输、仓储 商品规模：服务深度、工作时间安排、货物与服务质量控制、员工素质培养、激励、选点与布局策略	商品与服务、使用指导宣传、咨询与导购
咨询企业	人员、时间、资金、信息、能源、设备	咨询技术：理论、方法、技巧 服务内容：规模、进度、效果控制、咨询人员培训	咨询意见、方案、战略、改进措施

（二）生产运作管理的任务与内容

1．生产运作管理的任务

生产运作管理的任务是将投入生产系统的各种要素合理地组织起来，形成一个有机的整体，通过计划、组织与控制，从时间上、空间上合理组织生产过程，使生产过程以最低的劳动消耗和劳动占用，准时地生产出符合市场需要的产品，并提供优质服务。具体表现为：

（1）依据企业经营目标和经营方略，将人力、物力、财力、技术、信息等生产要素投入到生产系统，并转化为符合顾客对产品品种、质量、成本、交货期、服务要求的产品和满意的服务。这是生产管理最基本的任务。

（2）不断降低消耗，降低营运成本，缩短生产周期，减少在制品，压缩生产资金，提高经济效益。

（3）提高生产系统的柔性。提高柔性就是提高适应性，通过系统再设计、设施重新布局、员工培训、计算机辅助管理、现场控制等多种方式提高生产系统的适应能力。

2．生产运作管理的内容

生产运作管理的内容包括三个方面：生产运作系统设计、生产运作系统运行、生产运作系统维护。

生产运作系统设计包括产品或服务的选择与设计、生产实施地点选择、运作设施布置、服务交付设计及工作设计。这些工作一般在企业设计建造阶段进行，并将直接影响生产经营活动的效果。尤其是服务业，一个门店位置的选择，决定了服务的成本及服务在价格上的竞争力，甚至直接影响到企业的兴衰。要注意的是，在生产运作系统运行期间，不可避免地要进行生产系统的更新，包括改建、扩建、增加新设备，或者由于产品和服务的变化，需要对原有生产运作系统的设施进行重新布局，这些都属于生产运作系统设计问题。

生产运作系统运行，主要是通过各种手段保证现行的生产运作组织适应市场变化，按照顾客需求提供合适的产品及满意的服务。因此，表现为生产运作的计划、组织与控制。计划方面就是依据企业战略决策与经营目标确定生产的品种与数量，确定交付产品的时间、地点、数量种类以及可提供的服务方式。组织方面就是依据计划将投入的各种生产要素有机地组织起来，组成不同的生产组织形式，如大规模的福特生产方式、准时化生产方式、定制生产等。控制方面就是指确保计划顺利实施的各种手段，如通过订货控制、投料控制、进度控制、在制品控制、库存控制、质量控制、成本控制等，以保证计划的顺利实施，从而达到高效、低耗、灵活、准时地产生合格产品和提供满意服务的目的。

生产运作系统维护是确保生产运作系统正常运行的辅助系统，包括设备管理、物流管理等。

（三）生产运作分类

生产运作按性质可分为物质生产和劳动服务两大类，这两类生产运作可进一步细分为更具体的生产类型。

生产类型是生产系统结构类型的总称，是产品的品种、产量和生产的专业化程度在企业生产系统的技术、组织、经济效果等方面的综合表现。生产类型不同导致生产系统结构及其运行机制、生产系统运行管理方法的差异。生产系统结构由结构化要素和非结构化要素构成。所谓结构化要素包括在生产系统中决定系统结构、性质或对其有重要影响的硬件部分，包括生产技术、生产设施、生产能力和生产系统集成。其核心是生产工艺和生产设备；特点是投资大，一旦形成，改变和调整较困难。非结构化要素是指在一定的结构要素框架基础上，起支持和控制系统运行作用的要素，包括人员组织、生产计划、库存控制和质量管理等，具有风险较小、难掌握的特点。因此，不同的生产系统结构产生不同的生产类型，亦产生不同的生产管理方式。

1. 物质生产

物质生产是通过物理或化学的作用将有形输入转化为有形产品输出的过程。这个过程能够制造自然界原来没有的物品，新产品被不断开发，丰富了整个物质世界。按不同性质划分的生产方式相互间存在一定的关系。

加工装配型生产是指物料离散，产品由离散零部件装配而成的生产方式，如汽车、家电、计算机、电子设备、服装等产品的制造，均属于加工装配型生产，其产品零部件可以在不同地区、不同国家制造。这种生产方式从生产的连续性来看属于间断式生产；从生产组织看，既可采用订货型生产也可采用存货型生产；从专业化角度看，加工装配型生产可采用大量、成批或单件的生产方式。这种方式由于零部件加工分散，加工单位地理位置也分散，零部件种类繁多，涉及多种加工单位、工人和设备，生产过程中的计划、组织、协调与控制的复杂，导致生产管理复杂化，也成为生产管理研究的重点。

流程型生产是指物料均匀连续地按一定工艺顺序，在产品加工中不断改变物质形态和性能，最后形成产品的生产方式，如塑料、药品、肥料的生产，冶金、炼油、食品、造纸等企业均属于流程型生产。从生产组织角度看，一般采用备货型生产。这种方式生产设施地理位置集中，生产过程自动化程度高，只要设备体系运行正常，控制好工艺参数,就能够生产合格产品,生产过程中的协作与协调任务少,生产管理相对简单,但对生产系统的可靠性和安全性要求较高。

2. 劳动服务

劳动服务又称非制造型生产,其生产的产品不是有形的物质产品,而是无形的"服务"产品。

按照是否提供有形产品划分的纯劳动服务型是不提供任何有形产品的,如咨询、指导、讲课等,而一般劳动服务型则提供有形产品,如批发、零售、邮政、运输等。按照与顾客接触程度单因素划分以及按劳动密集程度和顾客接触程度的双因素划分类型。

3. 物质生产与劳动服务特征比较

物质生产与劳动服务从过程到产品都有不同,主要表现在:第一,物质生产的产品是有形的、可存储,而劳动服务的产品是无形的、不可存储;第二,物质生产过程是不接触顾客的,只需要保证产品符合顾客要求,而劳动服务的过程是顾客直接参与的过程,在顾客体验中完成服务过程,体验的好坏直接反映在劳动成果上;第三,物质生产对产品数量、种类、质量、交货期、成本等的要求均可计量,而劳动服务强调的是顾客满意,顾客满意是心理感受,无法计量与测算;第四,物质生产过程及产品全部可以实现标准化,而劳动服务的质量水平难以标准化。

随着服务产业的兴起,提高服务运作效率越来越受到人们的重视。我们不能简单地把物质生产的管理方式搬到服务性生产中,而是需要研究服务性生产的特性,有针对性地采取措施,以提高服务营运管理的水平。

二、生产过程组织

(一) 生产过程的组成

生产过程是围绕产品生产的一系列有组织的生产活动的运行过程。广义的生产过程是指从生产技术准备至产出成品的全过程。狭义的生产过程是指原材料投入生产至产出产品的全过程。生产过程是一个复杂过程,表现在:生产过程是动态过程,市场的变化是无常的,需要随时调整生产的状态以符合市场的需要;生产过程的每一个环节、每一个步骤都需要人们付出劳动,因此它又是一个劳动过程;有的时候它又是一个自然过程,如油漆自然干燥、温度自然冷却等。生产过程的组成包括:

(1) 生产技术准备过程,即产品在投入生产前所进行的各种生产、技术、组织的准备工作过程,如市场调研、产品开发、工艺设计、新产品试制、计划和实验等。

(2) 基本生产过程,即直接对劳动对象进行加工,使之成为企业基本产品的过程,如机械企业中的铸造、锻造、机械加工和装配等过程,纺织企业中的纺纱、织布和印染等过程,钢铁冶炼、焦化、汽化、液化等过程。

(3) 辅助生产过程,即为保证基本生产过程正常进行所必需的各种辅助性生产活动过程,如机械制造企业中的动力生产、工具制造、设备维修等。

(4) 生产服务过程,即为保证基本生产过程和辅助生产过程的正常运行所必须从事的各种非物质生产活动的过程,如供应、保管、运输、技术检验等。

(二)生产过程组织的基本要求

生产过程组织是指对生产要素在空间上合理布局,时间上紧密衔接,使之形成一个协调的整体和有效运作的系统,以达到生产系统的目标。例如,制衣企业接受订单后制定生产计划、落实采购、加工、销售等工作。

合理组织生产过程要满足以下要求,即生产过程的连续性、比例性、均衡性、平行性、适应性。

(1) 生产过程的连续性,是指产品生产过程的各个工艺阶段、工序之间在时间上紧密衔接,连续进行。它表现为产品及其零部件在生产过程中始终处于运动状态,不发生或很少发生中断现象。提高生产过程的连续性,可以加快物流速度,缩短物流时间,减少在制品库存,提高资金的利用效率。

(2) 生产过程的比例性,是指生产过程的各工艺阶段、各工序之间,在生产能力和生产数量上保持一定的比例关系。它表现在人员、设备、生产面积之间达到能力协调和相互适应,料、物成比例。生产过程的比例性是实现生产过程连续性的必要条件。需要在生产系统设计阶段就要正确规定生产过程各环节、各种机器设备、各工种工人在数量和生产能力方面的比例关系。

(3) 生产过程的均衡性(节奏性),是指生产过程的各个环节的工作能按计划要求有节奏地进行,保证在相同的时间间隔内,完成相等或稳定递增数量的产品生产工作量,各个工作地的负荷保持均匀,不出现前松后紧的现象。有节奏地进行生产,能够充分利用人力和设备,防止经常性的突击赶工,有利于保证和提高产品质量,缩短生产周期,降低产品成本,也有利于安全生产。

(4) 生产过程的平行性,是指生产过程的各工艺阶段、各工序在时间上实行平行作业,使产品各零部件的生产能在不同空间同时进行,从而缩短产品的生产周期,在同一时间内提供更多的产品。当企业生产的品种较多时,平行地进行各种产品的生产,可以满足市场或用户对多种产品的需求。平行性是保证生产过程连续性的必要条件,可大大缩短生产周期。

(5) 生产过程的适应性又称为柔性,是指生产过程的组织设计能较好地适应市场多变的特点,不断满足复杂多变的社会需求。为提高柔性,企业可以采用各种先进的生产组织方式和方法。生产过程适应性是在新的市场环境下检验企业竞争力的一个重要标志,提高生产过程的适应性,可以增强生产系统参与市场竞争的能力。

(三)生产过程组织的基本内容

生产过程组织包括生产过程的空间组织和生产过程的时间组织。

1. 生产过程空间组织

生产过程的空间组织是指在一定的空间内,合理地设置企业内部各基本生产单位,如厂房、工艺、车间、设备布置等。一个企业的生产过程要达到高效率运行,就要实现生产过程中物流流动的合理化,因此需要根据物流流动规律,在生产单位内合理布置机器设备和运输装置,做好空间的布局。

生产过程的空间组织一般分工艺专业化形式和对象专业化形式。

(1) 工艺专业化形式，又称为工艺原则，即按照生产过程中各个工艺阶段的工艺特点来设置生产单位。

工艺专业化形式的特点表现为：加工对象是多样的，工艺方法是同类的，每一生产单位只完成产品生产过程中的部分工艺阶段和部分工序的加工任务。因此，这种空间组织形式能较好地体现生产过程的灵活性，提高生产过程的适应性，但生产过程运输路线较长，增加了产品等待与停放的时间，会延长生产周期，增加在制品，占用资金，增加计划与协调的工作量。

(2) 对象专业化形式，又称为对象原则，即按照产品（或零件、部件）的不同来设置生产单位。

对象专业化形式的特点表现为：在其生产单位里，集中了不同类型的机器设备、不同工种的工人，对同类产品进行不同的工艺加工，能独立完成一种或几种产品（零件、部件）的全部或部分的工艺过程，而不用跨越其他的生产单位。因此，这种空间组织形式能大大缩短加工过程的运输距离，提高生产过程的连续性，减少加工过程的停放、等待时间，减少劳动消耗，缩短生产周期，减少资金占用，有利于采用先进的生产组织形式，能简化各单位之间的协调关系，有利于按期、按量、成套地生产成品。但这种方式的适应性差，生产系统的可靠性差，设备管理复杂。

实际上，生产中往往将上述两种方式结合使用，以取两者的优点。如在工艺专业化基础上采用对象专业化，或是在对象专业化基础上采用工艺专业化。

2. 生产过程时间组织

生产过程的时间组织是指确定产品生产过程各环节在时间上的衔接和结合的方式，如生产工期、作业时间、工序时间等的确定，目的在于提高产品在生产过程中的连续性，缩短生产周期。产品生产过程各环节在时间上的衔接程度，主要表现在劳动对象在生产过程中的移动方式，移动方式不同，生产周期不同；不同行业、不同企业，移动方式也不同。以下介绍加工装配型企业劳动对象的移动方式。当一次投产的工件有两个或两个以上时，工件在工序间有顺序移动、平行移动和平行顺序移动三种移动方式。

（四）生产过程的组织形式

企业生产过程的组织形式是生产过程的空间组织与时间组织的结合，如流水线、成组加工单元、柔性制造单元等。

流水线（又称为流水作业）是指劳动对象按照一定的工艺过程，顺序地、一件接一件地通过各个工作地，并按照统一的生产速度和路线，完成工序作业的生产过程组织形式。它具有专业性、连续性、节奏性、封闭性、比例性等特点。

成组技术是以零部件的相似性（主要指零件的材质结构、工艺等方面）和零件类型分布的稳定性、规律性为基础，对其进行分类、归并成组并组织生产的技术。

成组加工单元是使用成组技术，以"组"为对象，按照对象专业化布局方式，在一个生产单元内配备不同类型的加工设备，完成一组或几组零件的全部工艺的组织形式。

柔性制造单元是指以数控机床或数控加工中心为主体，依靠有效的成组作业计划，利用机器人和自动运输小车实现工件和刀具的传递、装卸及加工过程的全部自动化和一体化的生产组织形式。它是成组加工系统实现加工合理化的高级形式。

三、生产计划与控制

如果体系有漏洞、过程控制存在薄弱环节、作业活动不按规程操作,事故的发生就成了必然。生产系统的正常运行是通过制定生产计划与作业计划来组织实施生产活动的,并通过作业控制保证生产计划的顺利执行。

(一) 企业生产计划体系

1. 生产计划的要素结构体系

生产计划是对生产活动过程的事先安排。它具有生产单位、生产时间和生产对象三要素,因而生产计划是一个三维结构体系。

2. 生产计划层次结构体系

按时间长短形成生产计划层次结构体系:长期生产计划、中期生产计划、短期生产作业计划。长期生产计划属于战略层计划范畴,涉及产品的发展方向、生产发展规模、技术发展水平等,着重于产品决策、能力决策以及竞争优势的决策。中期生产计划属于战术层计划范畴,一般称为年度生产计划或生产大纲,计划期通常为1年,它具体规定了企业在计划期内应该生产的产品品种、质量、产量、产值和出产期限以及生产能力的利用程度等,在这个计划体系中居于核心地位。短期生产作业计划则属于作业层计划范畴,也称生产作业计划,是将生产计划细化后的具体执行计划。

(二) 生产计划与生产作业计划

1. 年度生产计划

年度生产计划是对计划年度内的生产任务的统筹安排。

(1) 生产计划指标。年度生产计划的主要指标有产品品种、产品质量、产量、产值、出产期等,它们相互联系,形成体系,反映生产计划的内容。

(2) 生产能力。企业的生产能力,是指企业在一定的生产技术组织条件下,在一定的时期内(通常为1年),全部生产性固定资产所能生产某种产品的最大数量或所能加工处理某种原材料的最大数量。生产能力通常分为设计能力、查定能力和计划能力。影响生产能力的因素包括:固定资产的数量、固定资产的工作时间、固定资产的生产效率。

设计能力是企业在设计任务书和技术文件中规定的、在正常条件下应达到的生产能力。查定能力是指现实情况变化后,将原有设计能力进行重新调查和核定后的生产能力。计划能力又称现实能力,指在计划年度内,依据现有的生产技术组织条件以及年度内能够实现的技术组织措施而实际能够达到的生产能力。

生产能力是实现生产计划指标的保证与前提条件。

(3) 生产计划的编制。编制生产计划要根据企业的生产能力,合理安排企业年度生产品种、质量、产量、产值和生产进度等指标。编制的生产计划要与企业经营计划的其他各项专业计划协调平衡,同时生产计划的实施要有企业技术改造计划、技术组织措施计划的支持和保证。编制生产计划一般要通过调查研究、编制草案并反复修改、协调,最后达到综合平衡。

2. 生产作业计划

生产作业计划是年度生产计划的延续和具体化，是为实施生产计划、组织企业日常生产活动而编制的执行性计划。

生产作业计划从空间、时间、劳动对象三个角度把生产计划细分化，即把生产计划规定的任务，逐项具体分配到每个生产单位、每个工作中心和每个操作工人，规定了他们在月、周、日甚至每一个轮班中的工作任务，这样才能保证企业各部门、各环节之间达到互相配合，紧密衔接。生产作业计划对于实现均衡生产，按期、按量、按质地完成生产计划，及时提供满足市场需求的产品，提高企业生产效率和经济效益都具有非常重要的作用。

生产作业计划的一项重要工作是确定期量标准。期量标准又称作业计划标准，是对生产作业计划中生产期限和生产数量，经过科学分析和计算而规定的一套标准数据。确定合理的期量标准，就可以正确规定产品的投入与产出的时间和数量，实现生产各环节的紧密衔接。不同类型的企业，不同的生产过程组织形式，所采用的期量标准不同，主要的期量标准包括：批量和生产间隔期、生产周期、生产提前期、在制品定额等。

批量是一次投入（或产出）的同种产品（或零件）的数量，即耗费一次准备和结束时间生产相同制品的数量。生产间隔期是指相邻两批同种产品（或零件）投入（或产出）的时间间隔，批量＝生产间隔期×平均日产量。生产周期是指产品从原材料投入生产开始一直到成品出产为止的全部日历时间（或工作日数）。生产提前期是指制品在各工艺阶段投入或出产的日期比成品出产日期提前的时间。在制品是指从原料投入到成品入库为止，处于生产过程中所有尚未完工的毛坯、零件、部件和产品的总称。一定数量的在制品是保证生产连续不断进行的必要条件。但在制品过多，又会使工作场所拥挤，流动资金占用过多，保管费用增加，因此必须确保生产衔接所必需的最低限度的在制品储备。这个储备量标准就称为在制品定额。

生产作业计划的另一项重要工作是作业排序。作业排序是为每台设备、每位员工具体确定每天的工作任务和工作顺序的过程，解决的是不同工件在同一设备上的加工顺序、不同工件在整个生产过程中的加工顺序问题，以及设备和员工的资源分配问题。作业排序对于提高加工效率、缩短客户等待时间至关重要。作业排序就是要达到满足交货期的需要、缩短提前期、降低设备的准备时间和准备成本、降低在制品库存、加快流动资金周转、充分利用设备和劳动力的目的。对于服务业而言，作业排序主要是解决服务能力适应服务需要的问题。

（三）**生产作业控制**

生产作业控制是生产作业计划执行过程中，通过监督检查，及时发现差异，采取措施予以调节，减少或消除这些差异，保证生产作业有序进行的活动。实施生产作业控制必须具备三个条件：以生产计划和生产作业计划为标准；取得实际生产进度的信息以及偏离计划的信息；能够采取纠正偏差的行动。生产作业控制的主要内容包括生产进度控制、在制品控制、生产调度等。

1. 生产进度控制

生产进度控制是生产作业控制的中心任务之一。其主要任务就是按照预先制定的作业计划,检查各零部件的投入和产出时间、数量以及配套性,以保证产品准时交货。

(1) 产前控制,主要是指投产前的各项准备工作控制,以保证投产后整个生产过程能均衡、协调、连续地进行。

(2) 产中控制,是在投料运行后对生产过程的控制。具体分为投入控制和产出控制两个方面。

投入控制(又称为投入进度控制)是指按计划要求对产品开始投入的日期、数量、品种的控制,是预先性控制。

产出控制(又称为出产进度控制)是指对产品(包括零件、部件)出产日期、生产提前期、出产数量、出产均衡性和成套性的控制。

2. 在制品控制

在制品控制是指在制品占用量的控制,它是对生产过程中各个环节的在制品实物和账目进行的控制。生产过程中始终存有一定数量的在制品,以保证各生产环节的衔接,但过多的在制品流存到生产过程中,会因流动资金占用过多给企业造成经济损失。因此,需要严格控制各生产阶段的在制品数量。

3. 生产调度

生产调度是以生产作业计划为依据,及时了解和把握生产活动的进展情况,组织和动员各方面的力量,灵活、迅速地处理生产中出现的矛盾和问题,协调各环节的工作,使生产得以顺利进行的工作。

(四) 生产现场管理

生产现场管理是以生产系统的作业场所为管理范围的所有管理工作的总称,包括两方面的内容:一是对生产力要素进行合理配置;二是对现场生产全过程进行有效的组织、计划与控制,包括对人的思想行为、产品质量和工作质量、设备和物料、生产中的信息、工艺流程等方面的管理。

1. 目视管理

目视管理是以生产现场的劳动者为直接对象,利用视觉信息,调节人们的行为,控制生产物流的管理方式。

2. 定置管理

定置管理是以生产现场的物为主要对象,研究人、物、现场三者之间的结合关系,并对三者进行组织、设计、实施和完善的一种管理方式。

3. 5S 管理

5S 是指整理(Seiri)、整顿(Seiton)、清扫(Seiso)、清洁(Setketsu)、素养(Shitsuke)五个项目,因均以"S"开头而简称 5S。5S 管理活动是目视管理与定置管理的有效结合,它通过整理现场,实现良好的目视管理,最终解决生产系统难以避免的各种矛盾与问题,从而使生产系统不断改善,生产现场不断优化。

四、制造业与物流业营运管理变化趋势

2015 年 5 月 8 日,国务院颁发了《中国制造 2025》(国发〔2015〕28 号)。这一战略规划

基于应对全球新一轮科技革命和产业变革所需,也是未来迎合金融危机后制造业发展的新动向,更是为了提升"中国制造"的全球竞争力。

2014年9月12日,国务院颁发了《物流业发展中长期规划(2014—2020年)》(国发〔2014〕42号)。这一规划将物流业定义为:融合运输、仓储、货代、信息等产业的复合型服务业,是支撑国民经济发展的"基础性、战略性"产业。物流产业之所以被提升到"战略性产业",那是因为物流业在生产与流通中的地位正在发生根本性的转变,但我国物流业发展总体水平还不高,发展方式比较粗放,如物流成本高、效率低,条块分割严重,阻碍物流业发展的体制机制障碍仍未打破,基础设施相对滞后,不能满足现代物流发展的要求,政策法规体系还不够完善,市场秩序不够规范。

(一) 制造业营运管理的发展趋势

制造业新变化的基本特征是全球化趋势加强。全球化战略已成为跨国制造公司抢占世界市场的首选战略,曹德旺在美国开办工厂也可以理解为实施这一战略的一个样板。但是,从全球范围来考察,制造业全球化方式已经发生了新的变化。

传统的制造业跨国公司生产方式有两种:一是以母国为生产基地,将产品销往其他国家;二是在海外投资建立生产制造基地,在国外制造产品,销售给东道国或其他国家。其特点是:自己拥有生产制造设施与技术,产品完全由自己制造;在资源的利用上,仅限于利用东道国的原材料、人员或资金等。

但从20世纪八九十年代开始,由于信息技术革命,管理思想与方法发生了根本性的变化,企业组织形式也发生了变化,这些变化在跨国公司,特别是制造业跨国公司中得到了很好的发展与发挥,并将成为新型全球化方式而发展下去。这种变化的主要特征是:广泛利用别国的生产设施与技术力量,在自己可以不拥有生产设施与制造技术的所有权的情况下,制造出最终产品,并进行全球销售,如苹果公司。制造业全球化的现代方式主要形式有两种:一是制造业公司掌握产品设计、关键技术,授权国外生产厂商按其要求生产产品,自己则在全球建立营销网络;二是制造业公司在全球范围内建立零部件的加工制造网络,自己负责产品的总装与营销。

全球技术创新中心正与制造业中心分离,创新中心才是体现一个国家国力的关键,创新中心控制制造中心的趋势明显。跨国公司技术创新途径也越来越呈现出多样化趋势,不再局限于内部创新,也发展出多种外部联盟与合作创新模式。

由于互联网信息技术与智慧"智造"技术的发展,个性化定制已经成为可能,如海尔的"互联工厂"正在加快用户个性化定制的进程。

(二) 物流业营运管理发展趋势

物流业的发展不仅受物流技术、生产流通以及全球经济一体化的影响,在我国还与电商的发展密不可分。

在零售革命的影响下,我国电商物流逐渐发展出以京东集团为代表的自建物流模式,以淘宝卖家使用的"四通一达"的第三方物流模式,以及以亚马逊自建大规模物流中心以掌控关键环节并外包配送环节的混合物流模式。

冷链物流必须要有灵活满足冷藏或冷冻要求的配送车辆,有温控功能的周转设备以及"最后1公里"的冷链配送工具。阿里巴巴运营的菜鸟物流网络则力图在整合全国冷链物流的基础上，集合冷链公路货运、冷链中转中心、城市冷链配送公司等多种物流资源，开创"二段式配送"物流模式。

数字化、智能化、信息化，以及设备间、系统间，设备与系统之间的互联互通，将是物流行业在工业4.0大环境下的必然趋势。在此背景下，物流的标准化、物流供应链变革、冷链物流升级、多式联运与协同共享、物流中心内部效率提升等，都将成为物流业发展的重要方面。

五、营运管理思维模式

商业的本质是人、货、场有效融合，结果是获得一定的"财"。但在两线融合背景下，店铺后场的仓库也被当做"营业场所"，但它又不同于一般的营业场所，所以，有必要作为一个独立的要素来管理。

（一）人

每一个企业都有"三件"：硬件、软件与活件。人就是"活件"，是最活跃、最能动、最多变的因素。在营运管理的三要素中，虽然第一要素是人，但在实践中，人的要素始终没有受到足够的重视。

"人"主要指两个方面，一是指员工，二是指消费者。从员工来说，选好员工，激励员工，保持良好的服务状态，使顾客满意，这是一项持久的任务。从人员服务来说，三个方面缺一不可：一是和善的形象，让顾客容易接近，有亲和力；二是专业的导购与介绍；三是站在客人的立场，为客人提供适当的服务。三者具备，可以说是十分优秀的服务人员。

从顾客来说，我国消费者已经走过了以"计划消费"为特征的"消费1.0时代"，也经历了以"自由选购"为特征的"消费2.0时代"，目前正在分层向以"品质消费"为特征的"消费3.0时代"和以"个性消费"为特征的"消费4.0时代"升级与转型。

消费4.0时代的个性消费不同于以往求新求变的消费需求，需要满足的是个性化、情感化、社交化的需求，标准化的产品将逐步被"有温度"的定制化的"非标产品"所替代。要迎合这种个性消费，按照以往的生产方式，将会大幅度提高成本，但在智慧"智造"背景下，完全可以以较低的成本"智造"出完全个性化的高附加价值产品。

消费1.0时代的消费者追求的是"商品"；消费2.0时代的消费者追求的是"价格"；消费3.0时代的消费者追求的是"品格"（商品品质与服务格调）；消费4.0时代的消费者追求的是"人格"（情感化与连接感）。其结果是消费者主权时代的来临。

（二）货

货是指商品、价格等。在消费1.0时代和2.0时代，商品与价格是消费者最重要的诉求对象，在消费者主权时代，"货"呈现出定制化、IP化、情感化等特征。

定制化是满足个性化的需求，同时也将颠覆传统的囤货居奇的商业买卖规则。2015年被称为"IP元年"，IP是Intellectual Property的简称，普遍翻译为知识产权，或者知识财产。有人将它定义为，"有着独立人格魅力，并形成一个拥有相同兴趣或价值观的社群，用户的参与感最终转化为消费"。

IP化的核心是情感化,每一个产品,不仅要有用,更要"有趣"和"有爱"。产品IP化以后,消费链也将从"人找商品"转变为"商品找人",因为IP会赋予商品更多的价值内涵,聚集在这个IP背后的用户是一群具有共同认知的价值群落,而用户在没有接触这个IP之前不存在购买需求,这种"激发"会促使用户"转化率、购买频次、客单价"的提升。

货是消费者的基本诉求,如果没有好的"货",零售的版图就会沙漠化,就谈不上"体验"。货的集合方式多种多样,自营或招商,代销或经销,定牌或定制,都不是对立的,最重要的一点是商业项目的设计,商业规划如果能适应消费潮流发展的大趋势,其他的问题都可以实时调整。但如果方向错了,一切努力都是徒劳的。

货对零售商来说,不仅是商品,更是钱,是资产,是现金流。零售有庞大的现金流,如果现金流积压在不流转的死库存上,那就不会产生更大的现金流。而要使零售做到合适的库存(库存不是越小越好,也不是周转越快越好),贵在推行品类管理。过去,品类管理对零售商来说仅仅是"应该",而如今则是"必须"。这是2017年6月4日下午,世界品类管理之父布莱恩·哈瑞斯(Brian Harris)博士在安徽乐城超市总部与我们共同研讨我国零售业发展趋势时所说的一番话。

(三) 场

场是指购买渠道、购买方式、营业场所、消费场景、销售渠道、销售促进等。这是变化最大的一个要素。从购买渠道来看,多渠道已经成为消费趋势。消费者过去是看广告买东西,如今虽然还是会看广告,但还可以选择通过付费而不看广告。最大的变化有两点:第一,凭自己的购物经验并通过搜索收集他人的购物经验做购买决策;第二,分享购物体验,汇集成更为全面的购物经验。有些企业想在社区做服务居民的包罗万象的零售服务,但最后发现:只有家庭保洁生意最好。这个事例说明:特定的消费具有既定的购买品牌与购买渠道,一家公司想"通吃"几乎是不可能的。

从购买方式来看,移动化导致购物方式的碎片化、分散化,结果是店铺小型化,渠道下沉,满足便利性需求。所以,快送、就近便利的业态具有很大的想象空间与发展潜力。但另一方面由于购物中心、奥特莱斯等大型商业设施的快速发展,消费场景又出现了聚合化趋势,大家在一个几万、几十万平方米的大屋子里面,吃喝玩乐,吃撑了,喝高了,玩累了,乐疯了,顺便买点东西回家。

从营业场所来看,在传统零售场景中,通过柜台把零售服务场所分为三个空间:柜台内是商品空间,柜台外是顾客空间,柜台是服务空间。超市的出现彻底颠覆了传统零售场景,把三个空间融为一体。超市撤掉了柜台,依靠商品展示来促销,把商品、顾客、服务完全融为一体,大大提升了顾客购物的自由度,这对促进消费具有极大的推动作用。由此,零售业进入了一个"只有货架,没有柜台"的新时代,空间管理(如JDA® Space Planning)也就成为零售业的一项核心技术。如今,一切都在变化。超市餐饮化,卖场变成了餐馆,而餐饮超市化更是把餐馆变成了超市。营业场所中的货架区在缩小,看似毫无产出的展示区、休闲区、游乐区却在增加,货架变矮、变短、变薄,以及各种类型的技术服务设施,都是为了便利顾客、讨好顾客,让他们多停留、多关注、多消费。

从消费场景来看,更是五花八门。在消费3.0及以后时代,物品消费已经逐渐过渡到"场景消费"。这里所指的"场景",不仅仅是指物理场景,更重要是生活场景、心理场景,场景消费归根到底是一种满足心理需求的过程,每一位客人都像是在"演出"(Performance),是剧中的一员,享受其中。当前行业中谈得比较多的仍然是物理场景,如两线怎么融合,跨界营销怎么做,各种文化娱乐项目怎么搭配,以及各种移动设备、智能终端、VR设备等的有效使用等。

从销售渠道来看,零售业务不断渗透到更接近消费者的社区、购物中心以及一切有流动客群的区域,大城市的零售业态也通过渠道下沉向二三四五线城市和农村渗透,还出现了一系列业态混搭的跨界渠道,电影院开始卖鞋,宾馆开始做字画推广,小镇则在建造集装箱搭建的集散中心,商品、服务、休闲娱乐越来越混搭经营。电商渠道与电商品牌也早已向线下渗透,生产制造商在网上开旗舰店以及实体零售与电商的融合也早已有之。总之,相互渗透、交叉覆盖、跨界融合已成为发展趋势。

从销售促进来看,自从有了电商,更是越来越多样化,如打折促销、商品绑定促销、包运费促销、特价处理促销、返还现金促销、拍卖促销、团购促销、抵价券促销、会员制度促销、赠送红包促销、使用微信支付奖励促销等,尤其是品牌推广过程中的各种优惠、派送、免费等活动,把消费者带入了一个"福利满天"的消费场景。

(四)仓

仓在传统意义上仅指存放货物的仓库,但在网络零售背景下,仓库也是营业场所,是满足网上订购需求而配置的只有配货工作人员而没有顾客的营业场所,商品在卖场,配货在后场,派送在外场,场场相连相关,构成了人、货、场、仓四位一体的零售营运闭环架构,最终形成产出,即财,财务收益。

根据阿里巴巴CEO张勇的观点,围绕着人、货、场当中所有商业元素的重构是走向新零售非常重要的标志,而其核心就是商业元素的重构能不能有效,能不能真正带来效率。

几乎每一个商业问题都可以用"人、货、场、仓、财"思维导图来剖析。

传统商业与互联网电商企业相比,在货源控制与后场仓配方面有比较优势,实体店可以利用店铺优势实现就近快速"服务到家",特别是对生鲜食品来说,越快就越新鲜。这就是实体店+互联网做生鲜比纯生鲜电商做生鲜更有优势的原因所在。

但在人与场两方面,互联网电商企业则更有优势。互联网电商企业的强项首先在于人,他们从一个细分人群切入,对某一细分人群的理解比传统企业更深刻,并且在短时间内能集聚巨大的用户群。其次在于场,他们构筑的"场"首先是一个包罗万象的电商生态系统,从信息平台起步,逐渐扩张到交易、支付、金融、广告、物流、供应链、大数据应用等各个领域。电商还营造了与消费者高频交流与两线融合的"场景"。

从财这方面来说,传统零售商依靠终端渠道所建立起来的"渠道红利"正在逐步被电商分解,电商在融资方面也显得更有优势。

六、改进工作的基本原则

不断改进工作,应坚持五项原则:以用户为中心;有客观记录的过程管理;全员参与;沟通交流;决策与资源的支持。

1. 以用户为中心

以用户为中心是任何一个部门或机构的工作指导思想。用户可以分为：内部用户与外部用户，外部用户是产品或服务的最终使用者，内部用户是工作中的合作者和组织中的其他部门。提高外部用户满意度的一个重要前提是树立内部用户意识，提高内部用户的满意度。为此，不仅要建立外部用户满意度考评体系，还应该建立内部用户满意度评价体系。

2. 有客观记录的过程管理

过程改进连续步骤（PDCA循环），即计划（Plan）、实施（Do）、检查（Check）、处置（Act），这是一种很有效的过程管理方法。但实施过程往往流于形式。如厕所检查就是很典型的一个例子，一个厕所一张表，表上项目个个是"好"，实际卫生状况却不尽如人意。记录不客观，是影响PDCA循环失效的基本原因。为了使记录客观，首先应该使记录尽量有客观的指标，其次要让全员理解记录的重要性，再次要使用记录来改进工作，最后在改进工作中让大家感受到记录的重要性。

3. 全员参与

工作改进往往源自最细节、最基层的地方，所以，要支持、鼓励、激发员工的改进意识，建立良好的制度体系，如合理化建议制度，使他们有强烈的改进愿望，能积极参与项目小组的活动。

4. 沟通交流

沟通交流有利于及时制止不良状态的蔓延或使好的经验得以推广。在工作中，由于信息不对称导致有话语权的人不了解实情，了解实情的人却没有话语权，某些方案一出台就引起反感与抵制。一种比较有效的办法是建立"例会制度"，通过讨论制订与落实解决方案。

5. 决策与资源的支持

工作改进需要上层决策的支持，以确保资源的落实。如果上述四个方面都做得很好，而上层领导迟迟不做决策，就会使同样的问题在多个PDCA循环中重复出现。这种状态的危害极大：一是管理工作流于形式；二是全员参与意识日渐淡化；三是问题或困难加剧；四是管理体系失效。解决这一问题的基本办法有三点：一是要充分授权，让工作改进者有足够的自主决策权；二是要建立合理的申报与审批机制，实施下对上的管理，如果在规定期限内不予答复就视同批准；三是要利用现代信息技术，建立快速反应机制。

 问题与探讨

1. 阅读文献资料，探讨工业4.0对制造业营运的影响。
2. 阅读文献资料，探讨物流业的发展趋势。
3. 阅读文献资料，探讨新零售的发展趋势。
4. 阅读文献资料，探讨店配、仓配、库配等发展趋势。
5. 概述生产管理的内容与任务的相互关系。
6. 了解生产过程组织的要求、内容与形式。

7. 了解生产计划体系与过程控制的内容。
8. 根据特定的零售业态,画一张"人、货、场"思维导图。
9. 探讨改进工作的基本原则。

第2篇　战略营运管理

第3章　全渠道营运
第4章　采购与商品开发
第5章　组织与绩效管理
第6章　店铺筹划

成功品牌背后一定有好的商业模式；
商业模式背后一定有核心竞争能力；
总部不是警察局，是提供服务的机构；
供应商第一，员工第二，顾客第三；
内部满意度决定顾客满意度。

第3章 全渠道营运

在互联网背景下,各个产业之间的融合越来越紧密,不仅供应链上游、下游各环节之间的合作在加强,而且同业之间、异业之间的跨界合作也越来越频繁。例如,医院卖咖啡,家电连锁店卖服装,家具连锁店做餐饮,休闲食品店打算卖手机,大卖场变成了聚会场所,连"雕爷"也做起了美甲生意,小米做电视与汽车,乐视也曾试图做全产业链。零售业单纯注重连锁店扩张的传统模式也正在逐渐调整,向全渠道跨界合作转型。本章重点介绍全渠道零售的运作模式与实施要点。

引导案例 盒马鲜生颠覆了什么

2012年1月11日,天猫的诞生揭开了我国零售业进入"动物世界"的新篇章。首先是京东的吉祥物改为"金属狗",这似乎预示着"猫狗大战"不可避免,其后出现了大商集团的"天狗网"、大润发的"飞牛网"、步步高的"云猴网"。所有这些"动物"都是在实施O2O战略过程中推出的"小动物"。2016年1月15日,在上海金桥国际商业广场1座B1层(张扬路3611号)开出了一家名叫"盒马鲜生"的"支付宝会员店",主营生鲜,会员只能用支付宝结账,也可以在该店3公里范围内,通过APP手机订货,半小时送货到家。"盒马"与"河马"谐音,这可是大动物,张开河马大嘴,连鳄鱼都怕它。

支付方式的变革是流通变革的重要标志,对这家店的评价,一开始就集中在"把支付宝作为唯一的支付工具"这一点上。到该店购物首先必须成为会员,其次要用支付宝结算。《中华人民共和国人民币管理条例》第三条规定:"中华人民共和国的法定货币是人民币。以人民币支付中华人民共和国境内的一切公共的和私人的债务,任何单位和个人不得拒收。"第六条规定:"任何单位和个人都应当爱护人民币。禁止损害人民币和妨碍人民币流通。"不能使用现金购物可能会涉嫌违法。但联商网的网络调查显示,截至2016年1月17日下午9点半,在参与调查的342人中,对"支付宝会员店不能现金支付您觉得合法吗"的调查问题的回答是:认为"合法"的人约占48%,认为"不合法"的人占38%,认为"不好说"的人占14%。盒马鲜生负责人在开业后第二天表示:经过支付宝"双12"两年来的地推后,消费者已经适应和基本接受支付宝支付方式了。如今的盒马鲜生也能用现钞购物,这与当初没有会员卡的消费者到麦德龙购物用临时卡的方式有点类似。

以上海为例,市民购买食用农产品的渠道大致可以分为四个阶段或四种状态:第一阶段是计划经济时期的国营菜场,第二阶段是改革开放初期的马路菜场,第三阶段是2004年以后的标准化菜场,第四阶段是生鲜超市。第四阶段没有严格的时间界限,大致从

1991年创办超市开始,以后由于超市、大卖场、折扣店、高端超市等零售业态的发展,超市卖菜成了行业共识,也成了市民的购买习惯。但由于标准化菜场遍布全市,超市的生鲜经营始终没能有重大突破。

最早挑战传统菜场的是城市超市、久光超市等高品位的生鲜食品店,其后是2012年以后逐渐火热起来的生鲜电商。大佬们开始做农业与农产品,如丁磊养猪(丁猪)、褚时健种橙子(褚橙)、潘石屹代言天水苹果(潘苹果)、柳传志代言金色猕猴桃(柳桃)、任志强代言沙漠小米(任小米),并与电商相结合,衍生出"品牌农产品""概念农产品""地标性生鲜"。再后来有了向美国"Instacart"公司学习的"即买送""Dmall""叮咚小区"等快购快送到家服务的生鲜购买模式。这实际上是一种"代客采购"模式。调查发现:国内有部分消费者有即时性购买生鲜食品与其他杂货商品的消费习惯,如果上网购买,配送时间难以满足用户需求,但这些消费者又不愿意到附近店铺购买,于是,就产生了"代客采购"的商业运作模式。据Dmall创始人刘江峰介绍:我们自己不做生鲜买卖,其基本做法是:搭建一个网络平台;不同地区寻找店商合作伙伴;根据顾客订货,向店商代购商品;以自己的配送人员在1小时内免费配送到家;商品价格比店铺购买优惠5%。

从开业当天盒马鲜生的商品配置来看,陈列商品中只有少量干货类包装食品、饮料以及日用品,大部分是生鲜食品,而且除活鲜外都是包装出售;从价格来看,既有450元/千克的帝皇蟹,也有27.6元/千克的新鲜草莓;餐饮区整洁明亮,品种也比较丰富,装潢格调非常适合年轻人的品位,热饮每杯14~22元,咖啡每杯12~26元,茶每杯10~24元,品种丰富。这是一家能体面消费与体恤民情的富有创意的生鲜食品店。

生鲜食品的销售经历了"卖散菜""卖净菜""卖熟食""卖餐饮"四个阶段之后,如今已出现了"卖服务"的新阶段。盒马鲜生可以说是一家体验店,顾客到店体验之后,既可以光顾店铺,也可以在家订菜,"3公里范围,半小时送达",这对其他生鲜模式是重大颠覆,线上与线下相结合,将冲破传统零售业的坪效、劳效、时效等概念,从有限的零售空间创造出无限的销售额与净利润。例如,每当雨天,传统超市的生意都很不好,但盒马鲜生的网上订货量却猛增,总销售额有增无减。再如,卖场提供生鲜食材的烹饪加工服务,也吸引了不少食客光顾。关注盒马鲜生公众号以后,有APP下载、会员活动、店铺信息、盒马海报、预售拼团等线上栏目,消费者可以通过查看APP地图中的"蓝色部分",确认自己的住处是否属于盒马鲜生的"可配送范围"。消费者可以经常看到店铺推出的各种活动,如试吃、新品推介、会员活动,还根据消费数据分析,向消费者推送信息,以达到精准营销的效果。

4 500平方米的"盒马鲜生"店铺的设计也比较现代化,后台设置了300多平方米的合流区,前后台采取自动化传输系统据说是全球第一家,店铺接到手机APP订单以后,在店内取货,放入专用的保鲜袋,通过自动传输系统把商品传送到后台合流区,装入专用的配送箱,用垂直升降系统送到一楼出货,快捷、便利、安全的自动化前后台连接模式,是确保"3公里范围,半小时送达"的重要前提。这样的设备配置、商圈设定以及快捷配送,在国内生鲜零售圈,尚属首例,这是一种全新的生鲜经营模式。但能否持续,关键看两点:第一,生鲜供应链能否有效支撑前台需求;第二,经营亏损能否得到有效控制,并始终坚持品质第一。速度、损耗控制以及品类的多样性等方面是考验农产品零售生死存亡的关键性指标。

（来源：联商网专栏，作者：周勇）

> **点评** 盒马鲜生主营的是生鲜食品，体验的则是海鲜餐饮、移动互联网、APP、移动支付与快捷送货到家的服务，这是对传统生鲜经营方式的重大挑战，这是对所有其他生鲜模式的重大颠覆。如果以此为基础建立起品牌信誉，将冲破传统零售业的坪效、劳效、时效等概念，从有限的零售空间创造出无限的销售额与净利润。

一、全渠道营运的起源

全渠道实际上是在O2O(Online To Offline，即离线商务模式)基础上发展起来的一个概念。其背景是：社交网络化、用户信息化、沟通移动化。早在2010年8月亚历克斯·兰佩尔(Alex Rampell)在全球著名的美国科技类博客网站（Techcrunch）上首次提出了O2O概念并提示，O2O商务的关键是：在网上寻找消费者，然后将他们带到现实的商店中。它是支付模式和为店主创造客流量的一种结合，对消费者来说，也是一种发现机制。它本质上是可计量的，因为每一笔交易（或者是预约）都发生在网上。

可见，O2O是线上客流向线下引流，这就要求线下体验更富有人性，更周到体贴；交易全程实现了数字化，为跟踪分析消费行为，并实施大数据营销与个性化服务创造了便利条件；信息沟通与反馈快捷，用户在决定购买时更灵活应变，也处于更有利的地位。其核心是：O2O能提供贴身服务！

在电商日益强大但零售市场份额仍然以店商为主导的背景下，我国于2011年8月引入O2O概念，其主体是电商，基本目的有两个：一是线下往线上引流，二是线上与线下合作打造新的商业模式。到2012年下半年，我国媒体出现了"全渠道零售"(Omni Channel Retailing)概念。清华大学李飞教授由此提出了一个很经典的"零售渠道变革路线图"：1990—1999年是"砖头+水泥"的单渠道(Mono Channel)零售时代；2000—2009年是"鼠标+水泥"的多渠道(Multi Channel)零售时代；2010—2011年是"水泥+鼠标+移动网络"的跨渠道(Cross Channel)零售时代；2012年以后是"鼠标+水泥+移动网络"的全渠道(Omni Channel)零售时代。

就实体零售商来说，实施O2O或全渠道营运是被逼无奈，是电商倒逼的结果。在电商大发展的背景下，大部分消费者已经习惯于直接在虚拟渠道完成购物，实体店铺竟然连想当"试衣间"的机会都在逐渐消失。实体店如果不做一些改进去迎合新生代消费者的需求，就很难生存、发展下去。

二、全渠道营运的内涵

百度对全渠道零售的解释是：企业为了满足消费者任何时候、任何地点、任何方式购买的需求，采取实体渠道、电子商务渠道和移动电子商务渠道整合的方式销售商品或服务，提供给顾客无差别的购买体验。按照这个解释，全渠道零售就是O2O，确实也有不少企业把O2O当做全渠道。其实，全渠道的深度与广度都大于O2O，前者的内涵更丰富，主要包括前台、平台、后台、总台四个方面的内涵。

（一）全渠道营运的前台

全渠道营运的前台直接面对消费者，其核心是消费场景的互联互通。线上线下、自采自营、专柜平台等，对顾客来说应该是一个统一的、无差异的大平台，顾客进入一个大平台，犹如在一个没有隔阂的大游泳池游泳。这就需要打通所有消费场景，包括流量打通、会员打通、商品打通、体验打通和支付打通，使企业的经营活动能给移动化、数据化、信息化、网络化的消费者有更便利、更完善的体验。因此，全渠道的真正意义并不是多一条渠道做买卖，而是让消费者可以随心所欲地触达和享受各种服务，让顾客的购物体验更简单、更有趣、更周到！这是全渠道营运的终极目标。

（二）全渠道营运的平台

从营运模式来说，O2O营运偏重线上与线下的两线融合，而全渠道则具有更广泛的想象空间，不仅包括两线的纵向融合，也包括横向的跨界融合。跨界融合早在商业街、百货公司、购物中心、大型综合超市、社区商业中心、菜场等商业场景中就已经出现了，这些都是不同的商业服务平台，平台的大小以及各种业态的组合水平，决定了服务平台的吸引力与投资价值。在移动互联网背景下，一方面仍然延续传统的业态组合与跨界搭配的营运模式，另一方面则会借助技术手段衍生出许许多多新的跨界模式。

（三）全渠道营运的后台

为了保证前台与平台的有效运作，必须建设一个强大的后台。后台对前台服务与平台整合的支撑需要提供的保障有：一是系统保障，二是人员保障，三是流程保障，四是制度保障，五是资源保障。例如，库存系统必须满足实时、全时、精准的要求，并把不同渠道的库存整合起来，单品库存信息能够动态分享。又如，前台员工应该掌握移动互联网销售服务的基本技能，如利用APP、公众号销售商品，挖掘朋友圈消费潜力，熟练使用网感语言等，应该通过培训或替换人员等办法使前台服务人员适应移动互联网时代的消费者购物行为模式。

（四）全渠道营运的总台

任何一家企业，最难改变的并不是前台、平台与后台，而是总台。总台并不完全是企业的最高领导，包括投资者、决策者与执行者，甚至最基层员工的意识与做事态度，都有可能成为新营运模式的障碍。一项重大决策的落地，需要员工有变化，组织有变革，领导有革命。为了配合全渠道营运，公司总部上下必须适当改变营运思路和营运逻辑，一切工作都要以消费场景的互联为中心。例如，有些公司声称"全渠道""互联网+"与"O2O"了，但为了维护企业自身利益，常常给消费者的利益实现设置种种障碍，网上买的东西不能到实体店退货，A店购物获得的优惠券不能到B店使用，这样运作全渠道难以获得消费者的认可与支持。

三、全渠道营运的导向

案例资料3-1 "线上下单,门店送货"的方式为什么会出问题

在母婴专业店领域,线下的主要代表有2家,即"孩子王"和"乐友",线上的主要代表有2家,即"红孩子"和"妈妈100"。

"孩子王"属于"实体派",以线下实体店为主,线下终端不仅仅是实物商品,还有很大的娱乐场,这个黏性值得借鉴。但线上网站比较薄弱,可能是因为线下太强所以没有充分开发和利用线上资源。这是线下实体店做全渠道的典型案例。

"乐友"属于"中间派",线上线下的发展比较均衡,线下门店几百家,线上也不弱。但客观来讲,从历史来看,乐友一直太稳,10多年的经营,线上与线下都没有做到优秀级别。但乐友在母婴专营店的全渠道营运方面的许多经验是值得借鉴的。

"红孩子"属于"电商派",2016年苏宁红孩子开设50家自营实体店,3年内红孩子门店将达200家。红孩子目前最大的优势是网上商城,B2B2C模式,又有自营商品,最合适发展线下连锁。把握发展的"时间窗"很重要,3年搞个200家实在太小家子气,3年内红孩子各类大小门店目标应该提升到2 000家。

以上3家资源实力都很好,是做母婴店全渠道的重点观察对象。但"妈妈100"是个失败案例。它是"合生元"旗下的公司,2007年开始主做会员营销,有点像社区;2015年1月"妈妈100"购物平台正式成立,用O2O+B2B的创新模式打造母婴平台。它的基础很好,有2万多家合生元加盟门店,200多万活跃会员,IT系统也不错,至少吸引了上百个母婴品牌。

各类加盟门店统一使用POS机,对接CRM会员系统,建立了APP社交和购物工具,建设派单系统,实施"线上下单,门店送货"的O2O模式。反正看起来都觉得有水平,包括流程设计,当然主要是术的层面。

但不到一年,妈妈100就基本失败了!最大的原因是O2O实施战略不对,战术再好也是无用的,这是道与术的关系。

妈妈100定位是一个渠道平台,用"线上下单,门店送货"的O2O模式,这是完全错误的思路。"线上下单,门店送货",是淘宝、京东等网上渠道下单,通过派单系统,通知门店发货,门店接单后再送货。

问题在于:大量SKU商品,别说1万家门店的设置库存,就是100家门店设置大量商品库存,也是很难的。

即使是少量商品,只有几百个SKU,全部放到1万家门店,采用"线上接单,门店送货"的模式,也会导致一个巨复杂的运营流程,会发生诸如订单分配、库存同步、商品调拨等难点。

更何况2万多家都是加盟门店,利益问题,配合问题都更加难处理。

总的来说,妈妈100的CEO没理解实库与虚库的关系。渠道商的O2O全渠道有关

库存的关系,可以概括为16字:线上是总库,线下是分库,实库不够货,虚库来补充。

母婴市场很大,万亿规模,品类超级多,目前没有真正的强者,是一个有想象力的市场。

(来源:联商网专栏,作者:云阳子)

> **点评** 大约在15年前,上海有一家连锁超市公司就试图采取"线上下单,门店送货"的办法来发展电子商务。当时出现的问题主要是门店配合跟不上,究其原因有两个,一是利益机制没有建立起来,门店没有动力,二是门店人力资源有限,在营业高峰接到订单往往难以落实及时送货。当然,小门店经营品项有限,为了少量网上订单配全商品的做法显然会大幅度增加库存压力,降低商品周转速度。这样的全渠道是缺乏效率的,因此也就难以持久发展。如今的商业模式,更应该考虑库存问题,流通过程如果做不到"库存共享",配送环节的前端如果做不到"共同配送",就必然是低效率的营运模式。

从国际比较来看,全渠道营运有两种基本类型:引流导向与需求导向。

(一) 引流导向

国内实施的全渠道营运偏重引流导向,其基本特点是通过利益诱导实现客流导入的目标,早期的运营内容包括优惠、导流、移动支付、会员及管理等,后期会延伸到客户关系管理、数据分析、会员精准管理等,注重市场营销层面的问题,但在提升用户体验的营运设计方面还有较大缺陷。这种偏重引流与营销的全渠道营运有两种具体方式。

第一种是以移动支付为核心的业务设计。2014年阿里首推"双12":阿里以半价折扣50元或20元扣减为诱惑,将支付宝从线上推向线下,这是典型的以移动支付为特征的业务设计。2016年1月15日上海金桥国际商业广场开出了首家以"盒马鲜生"命名的"支付宝会员店",主营生鲜,顾客只能用支付宝结账,也通过APP手机订货,在该店3公里范围内,半小时送货到家。这个场景通常是由移动支付企业提供一个优惠或者返利的补贴,商家提供一些商品和运营环节的支持,双方共同进行营销和宣传。当顾客在实体店铺内决定购买某一商品后在支付时选择某种移动支付。在百货公司,通常是顾客拿着导购开具的交款小票到收银台统一收银,也有一些商店可以在专柜支付。但国内百货主流模式为联营,为了控制"跑单",基本上都是统一收银。这个场景最大的问题是难以培育顾客的忠诚度,业务效率也未能明显提高,当优惠和活动结束以后,因为缺乏能解决顾客真实需求问题的体验设计,往往很难持续。

第二种是虚拟商品墙二维码购买业务设计。这是一个相对闭环的业务设计,实体店铺将一些促销力度比较大的商品组合后生成二维码放在虚拟墙上。顾客在扫二维码,完成移动支付(这个场景下移动支付就是符合常识性的环节)后,需要选择自提或者快递。在百货店购物时,如果选择自提,则要到专柜出示已经支付的凭证提货。于是,必然在专柜配备移动终端或者固定终端设备,以及相应的后台系统。当然也可以设计成为到服务台统一提货,或者把这些促销商品集中在一个特定的柜台,但这个运营细节的成本和业务流畅性都不是很理想。另外应该思考:顾客在实体店选购商品的真实需求是什么?实体店购物场景的设计一定要符合顾客的购物习惯与真实需求。全渠道的核心价值是便利，而不是给用户添麻烦；全渠道应该更多地去挖掘年轻用户群体的新需求，而不是把老年人变成互联网用户；全渠道的落点应该是效率的提升，而不是成本的驱动。难以形成持续业务的全渠道场景设计都是无效的。另一方面，促销商品应该发挥诱导顾客购买其他商品的功效，所以，从商品有效展示与卖场营销角度来分析，促销商品应该分散展示和陈列，这样有利于带动整个商场的销售。

（二）需求导向

从顾客需求来观察，全渠道营运应该以满足需求为导向，IBM的一项调查发现，全渠道营运需要符合顾客的五种真实需求：保证跨渠道商品价格的一致性；在实体店发生商品缺码断货时，能够异店或者从仓库直接快递至指定地点；可以对各渠道订单进行实时跟踪；不同渠道有稳定的商品分类；能够在实体店内完成虚拟渠道订单的退货。这五个方面也是国外零售商实施全渠道营运时更为看重的问题。这是一种需求导向的全渠道营运。我国零售企业目前还很少能全部满足上述五种需求。可见，我国零售业的全渠道仍处于"学步"阶段。

国内零售商也有不少从顾客需求出发来设计的全渠道场景，如"顺丰嘿客"，他们建立的场景逻辑是：在下班之前或广场舞之前路过顺丰嘿客，到店里收发包裹，顺便交公用事业费，然后再在一个大屏幕上挑选一些家里可能需要的东西，下单支付。但这仅仅是"假想的"场景，这一场景不符合消费者的真实需求。下班以后一般都是急冲冲乘直通车回家，回家路上用手机已经完成订货，快递会送货上门，完全没有必要多此一举去"顺丰嘿客"，再说"顺丰嘿客"也没有多少商品可供挑选。从这个实例可以看出，需求虽然可以被开发，但不能凭空想象，更不能把"伪需求"当做"真需求"，需求需要观察、洞察、挖掘与维护。如果伪需求被过度开发，真需求却被扭曲或者被忽略，这注定是要失败的。

（三）差异分析

作者尹松撰写的《从美国零售的全渠道玩法看中国O2O弱在哪里？》的文章分析了中外全渠道营运模式差异的两个主要原因：一是推动力不同，二是经营管理基础不同。我国的全渠道营运主要由互联网平台推动，而国外全渠道营运的直接推动力是实体零售企业。以互联网平台为主导的全渠道营运较多考虑的是一般模式，难以个性化地考虑到每一家企业的用户需求，因此零售企业只能按照既定的模式设计业务场景和体验流程。而以实体零售企业自身为主导的全渠道营运，首先考虑的是自身的目标消费群、经营定位、商品组合等要素，并以提升消费者核心体验为目标来开展全渠道营运。作为零售企业，任何活动都要围绕商品来开展，"可持续运营"和"可盈利"是两个基本判断指标，不能把一切希望都寄托在"营销"上。纵观国内外全渠道模式的差异，我国注重"营销"，而国外注重"营运"。

我国零售商大部分采取代售与联营模式，单品管理能力非常薄弱，而欧美零售商大部分商品自有自营，单品管理能力比较强，经营管理基础不同，所以，国外实体零售商比较容易实施以商品为核心的全渠道营运。

四、全渠道营运的实践模式

就零售商来说,全渠道营运大致可分为五种模式:一是O2O模式,二是2B模式;三是跨界模式;四是微店模式;五是体验模式。

(一) O2O模式

从O2O的起源来看,这是从线上向线下引流,从而为消费者提供更好体验的模式。但在我国实践过程中,又产生了其他模式。例如,步步高提出了"O+O模式",第一个O是Offline,第二个O是Online,即店商+互联网,以显示实体店的主体地位。又如,大润发旗下的飞牛网则提出了"O×O模式"。它们把飞牛网与大润发的两线融合定义为O2O,而把飞牛网、大润发与其他电商平台和商户的全渠道业务定义为"O×O",这种合作关系是原有的"O2O"与跨界的在线之O(Online)和离线之O(Offline)的组合,它们试图做供应链的输出者,使自己成为全渠道的"主体",而不仅仅是BATJ(百度、阿里、腾讯、京东)的客体。从这个意义上来说,步步高的"O+O"与大润发的"O×O"是殊途同归,他们都想做市场的主导者。

从2012年起,我国各行各业都出现了O2O模式,根据2015年下半年的不完全统计,包括医疗、美业、婚嫁、房产、家居、出行、汽车、旅游、教育、餐饮、社区、零售、金融、服务商、殡葬、运动等16个领域已经挂掉的287家O2O企业中,2013年成立的约占四成多,其中死亡企业最多的是金融O2O,多达90家,其次是服务商28家、教育26家和零售22家,真是一片哀鸿。

零售行业较早实施O2O模式的是便利店。在2001年前,我国台湾的7-11、全家、莱尔福等便利公司就联合建立了一种目前在内地被称为"店送店取"的两线融合模式。其背景是:不少网购消费者担心网上支付不安全,店取也包括到店支付;另一个原因是便利店负责最后一公里的配送,比网商依靠快递公司配送的成本更节省,据测算能节省一半。但前提是:电商的物流中心与店商的配送中心必须对接。目前我国有两种形式:没有自己物流的电商,与快递公司合作,快递直接到店;有自己物流的网商,如亚马逊、京东、当当等,可以物流与物流对接,再由店商物流合流后送达门店。发展趋势应该是物流对物流,这样的配送效率更高,通过共同配送能够大大节约物流成本。这是一种整合线上线下优势资源,为解决最后一公里配送难题而实施的合作模式。比较普遍的是电商与便利店的合作,其实施要点是追求共同配送效应。

(二) 2B模式

这是一种大B整合小B的模式,即B2B2C模式,大型零售公司或商业服务企业(即大B)凭借自身的品牌优势、规模优势与技术优势,对众多的中小型零售商(小B)实施商品、服务、技术、资金等方面的输出,首先建立B2B架构,随着经营业务的发展,还可以继续延伸到最终消费者,发展成为垂直型的B2B2C模式,既为小B服务,也为终端客户C服务。

大润发飞牛网提出的全渠道"O×O"就是典型的B2B2C模式。大润发实施全渠道营运没有进入天猫商城,他们选择全渠道合作伙伴要看对方是共享流量还是分享流量,如果对方自己没有流量来大润发分享流量,那就很难合作,如果对方有自己的流量但缺乏供应链资源,那就可以分享大润发资源。由此发现:大润发全渠道战略的合作对象不是综合平台,而是垂直平台或分散的中小型零售商。这是一种典型的"供应链输出"模式。

例如,现有的手机专卖店,如果各种型号、各种款式都要陈列全品,即使售卖一个品牌的手机,品类也多达二三十种,库存商品价值达十几万元。但如果与飞牛网合作,就可以减少样机,并保证顾客约期取货或退换货。这样的售卖方式在若干年以前的家电商城中早已开始使用,但那时候店商与电商之间是局部的、点对点的合作。如今飞牛网借助自身的供应链优势和信息化优势,可以使中小零售商实现"库存虚拟化经营",大大降低他们的库存量与存货成本,提高流通效率,这是一种很有发展潜力并能提升我国零售业组织化程度的运作模式,以后有可能由此演变成为特许加盟或委托加盟模式。

(三)跨界模式

跨界是全渠道营运的表现形式,利用新网络、新技术、新模式,通过跨界合作,可以充分利用优势资源,开辟新的赢利空间。在竞争加剧的市场环境下,单兵作战越来越困难,大家都想到了"抱团取暖"与"携手合作",出现了各种形式的跨界合作,即利用现有资源,尽可能与服务提供商加强合作,开展多样化服务。如开设在广州地铁站的"天天洗衣",开展跨界合作以后,洗衣业务量仅占总量的很少比例,其他业务则成为主体,货架上没有菜,却可以卖菜,甚至还做起了奢侈品修理业务,这一切都是以电子商务平台为媒介的。同样的道理,位于特大城市的大型综合超市,以后如果单纯经营低毛利商品的话,肯定活不了,可以把大件商品撤下货架,减少商品陈列量,腾出空间发展其他业务,如在店铺内发展目录营销,顾客只要在家里上网选购好商品就可以约期到店铺取货,也可以作为网购的取货点。这样做就能够把电商的便捷与店商的体验很好地结合起来。如果叫店商去给电商送货,这实际上是一种经过实践证明很难实施的方案,店铺的人员因为成本原因会逐渐减少,再叫他们去送货,是很难保证快捷服务的。再如,烟草行业有个"七匹狼"香烟,其实这个香烟品牌真的是"七匹狼"男装品牌延伸出来的。全国有成千上万家烟草企业,年产30万箱以下的烟草企业都要关闭,但实际上很多都还没有关闭。大家纷纷寻找出路,与不同的企业合作,代它们加工香烟,如七匹狼、杉杉、华西村等。烟草行家透露:七匹狼开发的香烟是比较成功的,一个这样的品牌前期至少要投入500万元,如果这些钱砸下去以后没有获得市场认可,那就白投了。但"杉杉"香烟显然没有如"七匹狼"那样成功。

如"2015金罐加多宝淘金行动",扫描金罐加多宝二维码就可以参与互动,100%有奖,如京东礼品卡10元,滴滴顺风车10元乘车券,微信电影票20元代金券等。通过这一活动,几十亿罐金罐加多宝件件都变成了流量入口,加多宝免费开放几十亿流量让合作伙伴分享。这是一种互联网+消费场景互联的营运模式,是"1+X"的交叉销售模式,每一个地点交易结束,就是另十个交易地点的开始,每一个人交易结束,就是另外十个人的交易开始,一个交易的发生连接着未来两周的某个消费场景和生活场景,所以,当前对消费行为的研究要更强调关联性、细节性问题。

再如,美国好市多(Costco)超市卖车,也属于成功跨界的典型事例。这家美国超市2015年在《财富》500强排名第19位,销售1 126亿美元,2014年售出40万辆小汽车,而美国最大汽车零售商Auto Nation年销量也不过53万辆。可见老牌超市好市多已成为美国市场卖车主力。它的运作模式是与汽车经销商合作:Costco发挥着导流作用,形似汽车电商,用户在Costco下单之后,导流给经销商完成交易。结果是:对经销商威胁较少;通过Costco卖出的车,要交一定的入场会费;经销商节省成本,让利给消费者。

中国汽车电商的运作模式则完全不同,他们有全消费链的想象和布局,试图跳开经销商,与汽车厂商直接合作,把卖车、零部件供应、汽车金融、汽车保险等全部组合在一起,如果再加上上门保养服务,那就"去经销商"了。汽车电商的运作模式与经销商构成了对立格局,反而阻碍了汽车电商的发展。

值得注意的是,在跨界业务中,零售业与金融行业有天然的内在联系,因此零售进军的非同业业务很多是金融业务,有些企业还涉及房地产置业、物流等。零售企业通过参股设立银行、消费金融公司为消费者和小微企业提供金融服务。

我国从2012年开始鼓励民间资本进入银行业,到2016年终于落地,苏宁云商、永辉超市、红旗连锁均参与设立民营银行。2016年同时也是消费金融行业爆发的一年,抓住这一投资风口,永辉超市、合肥百货、天虹股份和重庆百货分别更深入地布局消费金融公司,广百股份则设立了基金理财公司。

在非金融类的跨界业务中,主要根据自身需求,在物流、房产置业等方面进行拓展。物流方面,苏宁云商以29.75亿元收购天天快递70%股份,物流业务加速,社会化物流收入增长320.33%,快递网点达17 000个。房产方面,中百集团全面完成中心百货、江夏中百广场两家门店物业资产的资产证券化运作。天虹股份有南昌和苏州两个城市综合体在售,2016年南昌项目结算1.56亿元。昆百大拟以发行股份及支付现金的方式收购北京我爱我家房地产经纪有限公司股东所持该公司的控股权。

跨界合作或自我拓展形式多样,关键是要迎合消费者的生活习惯与消费行为,并结合自身的资源优势。同时合作各方互信互惠互利也很重要。我国有家大型超市公司与大型家电零售商合作,把大型综合超市的家电业务委托给家电连锁企业经营,但由于双方的会员资源不能共享,阻碍了双方的深度合作,使合作成效大打折扣。

(四) 微店模式

富基融通是我国最早开发"微店"信息系统的公司,该公司于2006年在美国纳斯达克上市,富基融通微店系统旨在为消费者打造有体温的私人商店,加强与消费者互动、优化购物体验。比较具有代表性的是"永辉微店"和"天虹微店"。

"永辉微店"于2014年1月上线运行,有五大核心功能:一是会员电子化,永辉微店购物同样可以记入永辉会员卡,微店、永辉实体店共享积分;二是DM和重点精选商品展示,借助微店及时传递永辉最新的让利、服务咨讯;三是移动交易,消费者可以随时随地登录永辉微店选购商品,使用支付宝、中国银联等方式结算;四是电子优惠券,消费者获得电子优惠券,与线下的实体门店结合互换使用,让微店会员享受更多的优惠;五是手机快速支付,顾客在实体店购物,可以用手机自行在线上付款。

"天虹微店"于2013年10月上线,有四个特色:一是首次引入"私人定制",为顾客提供精准的个性化定制服务,顾客可在手机上随时随地订阅喜欢的商品,量身打造专属百货,做到一人一店;二是创造了一种娱乐方式,顾客随时摇一摇手机,就可以轻松获得各种优惠券,带来惊喜和娱乐化的购物体验;三是打破时空界限,随时随地让顾客与实体店店员在线沟通,实现在线一对一导购服务;四是注册天虹微店即获天虹会员资格,享会员特权,已有实体卡会员绑定后实现线上线下会员卡对接,购物从此无需带各种卡,出示天虹微店会员卡二维码即可轻松打折、积分。

微店模式推出以后,也发展出一大群"微商",他们利用朋友圈,以微店模式做起了各种商品的批发与零售业务,有些逐渐演变成一种与线下传销类似的业务。正值《禁止传销条例》《直销管理条例》颁布实施十周年之际,2015年11月12日,2015年全国工商系统网络传销监测查处工作座谈会在重庆召开。会议分析了"WV梦幻之旅""云在指尖""商务商会""中绿资本运作"等网络传销案件定性及查处的有关问题。

(五)体验模式

体验既可以是上述各个方面的组合,也可以是一种相对独立的模式;体验也可大可小。大到如位于广州最繁华的天河路商圈的正佳广场,建筑面积达30万平方米,在2014年中国内地购物中心销售额TOP30排行榜中,排名第二,销售额达64亿元。正佳广场开业以来已三次调整定位,"家庭时尚超级体验中心"的定位仍在完善中。2015年正佳广场有史以来最大的改造升级项目是"正佳极地海洋世界"(海洋馆),投资6.5亿元,规模达5.8万平方米。正佳极地海洋世界拥有500种逾30 000只极地海洋生物,注入12 000吨海水,项目拥有金色海洋音乐厅、亚特兰蒂斯之梦、极地部落、海狮海象大咖秀、白鲸养生馆、5D环幕影院、企鹅反斗乐园等19个主题展区,其中包括世界上最长的44米亚克力水族展示缸、全球最长的幻彩水母大道、360度超大广角星梦海底隧道、全球唯一的金色海洋音乐大厅、中国首个盲人水族馆、全球唯一的海洋氧吧,更有精彩逗趣的海狮海象大咖秀、乌克兰国家级水上芭蕾舞团带来的殿堂级美人鱼秀,力求为每一位游客创造全感官沉浸式蓝色海洋梦幻之旅。

体验也可以小到一杯咖啡。"大悦城"打造了一个会员体验中心——良食局!线下体验中心中的"良食体验区"设有米仓、现磨咖啡和种子博物馆。在咖啡区,则将一杯咖啡打造出完整的体验流程,不是简单地卖给顾客一杯咖啡,而是在他购买咖啡之后,让其实现自助了解咖啡知识,学习器具使用方法,并为自己冲泡一杯咖啡。用整个体验流程的服务,来区别于一般的咖啡馆,以提升竞争力。

案例资料3-2 以"跑"(Run)为主题的体验店

上海淮海路上的耐克旗舰店(Nike),已设计成为以"跑"(Run)为主题的体验店。体积巨大的专业跑步机,占用了整个门店的很大面积。在使用跑步机前,消费者必须要先登录自己的NIKE App,以此来记录和保存跑步测试所得到的数据。在跑步过程中,门店专业指导人员从侧边、后端等多角度拍下跑步姿势。专业指导人员通过拍下的跑步视频,测量跑步姿势的习惯,使用专业软件对记录的数据进行分析,推荐出适合跑步习惯的跑鞋。这是一个非常完美的专业体验过程,不仅让消费者体验到了跑步的乐趣,更让消费者选购到了专业的跑鞋。这是一种"场景式的全渠道"。Nike App的下载使用是先决条件,门店指导师在拍摄体验者跑步姿势后,上传视频到体验者的Nike App是整合了门店和线上应用系统;体验数据的纪录和保存以及鞋款的推荐,又为消费者在以后购买鞋子的过程中增加了品牌粘性。在这种场景式的全渠道中,线上线下仍需要被打通。整个过程中,手机不仅仅是跑步的"记录者",更多的是一种对自己身体特性的了解以及对购买商品的理解。在电商冲击下,开发自有门店是耐克的重大战略调整。

(来源:联商网专栏,作者:陆彦)

> **点评** "体验营销"(Experience Marketing)的口号已经喊了好多年,大部分传统店铺转为"体验店"后,突出顾客的感官体验,这些感官体验有时候还弄得顾客无所适从,如过于强烈的"声光电",不少顾客就很反感。移动互联网普及以后,也就加上了一个可有可无的"APP",顾客首次关注之后往往就没有后续效应。淮海路耐克旗舰店把卖场的情景体验、参与体验、技术体验与网络体验、情感体验有机结合在一起,给顾客创造了新的实际价值与虚拟价值,是一种很有效的体验模式。总的来说,体验可以分为三种:卖场实景体验,纵向两线融合体验,横向跨界联动体验。但归根到底是情感的体验。

问题与探讨

1. 全渠道的本质是什么?为什么要做全渠道?
2. O2O、O+O、O×O与全渠道有什么联系与区别?
3. 电商全渠道与店商全渠道有什么区别?
4. 我国全渠道还存在哪些有待改进的问题?
5. 全渠道零售有哪些类型?需要具备哪些基本条件?
6. 关注行业实践,收集相关案例。

第4章 采购与商品开发

在实体店连锁营运体系下,采购是一种零供博弈关系;在互联网背景下,不仅要探索竞争之道,更要谋求合作之道。

零售商需要修炼两种核心能力:商品资源掌控能力与平台服务能力。上海财经大学工商管理学院晁钢令教授指出:未来的大型零售商主要可以分为两类:一类是集成商,要具备商品资源掌控能力,能集成各类供应商,做好供应链管理,能把握顾客需要什么商品与服务,具有自我开发、自我经营的能力与独立品牌;另一类是平台商,要具备平台服务能力,搭建一个能吸引供应商与用户的大型平台,让别人来唱戏。

传统零售商之所以失利,关键并不是电商的冲击,而是自身缺乏商品自营能力与平台服务能力。本章主要涉及供应链、商品采购、自有品牌、商品开发等问题。

引导案例 永辉超市收购达曼

TechWeb 报道 2017 年 1 月 18 日消息,永辉超市发布公告称,全资子公司拟受让达曼国际公司 40% 股权。达曼公司 40% 股权的交易对价约 1.65 亿美元,公司拟通过永辉控股现金出资约 0.94 亿美元。

公告内容显示,拟通过全资子公司永辉控股有限公司(下称永辉控股)参与贝恩资本集团旗下 Bain Capital Asia Fund III, L. P.(贝恩亚洲三号基金,下称"BCA III")的投资主体 BC Eagle Holdings, L. P.(贝恩资本老鹰控股有限合伙,下称"BCE")对美国公司 Daymon Worldwide Inc.(达曼国际公司)的 100% 股权收购。永辉控股拟与 BCE 按 40%、60% 的持股比例在开曼设立 Daymon Eagle GP Holdings Limited(达曼老鹰普通合伙人控股有限公司,下称 DE. GP)及 Daymon Eagle Holdings, L. P.(达曼老鹰控股有限合伙,简称 DE. LP;DE. GP 作为 DE. LP 的普通合伙人,同时永辉控股及 BCE 为 DE. LP 的有限合伙人),并通过 DE. LP 在美国全资设立的 BC DaymonCorporation(贝恩资本达曼公司,下称"BCD")100% 收购达曼公司。上述 100% 股权收购交易总对价(含承担净负债)约 4.13 亿美元,其中永辉控股 40% 的持股比例约为 1.65 亿美元,除境外银行贷款及其他类债工具融资外,永辉控股拟现金出资约 0.94 亿美元。

对于此次交易的目的,永辉超市在公告中也有表述,达曼公司是全球最大的零售商服务企业,在自有品牌开发、全球采购和零售端执行方面,具有专业能力和丰富经验。通过品牌开发、伽利略咨询、SAS、Omni,以及 Interactions 五大业务线,达曼公司帮助全球 51 个国家的超过 100 家零售企业达成优秀零售业绩,所服务的客户来自 14 类零售渠道。公司不仅看好其在全球定制方面的资源优势,以及领先的零售技术和服务,更认同其科技内涵和先进管理理念。本次交易不仅将为公司构建全球供应链平台起到关键作用，更可结构性提升公司零售技术和服务能力，并能推动公司变革以及支持新业态、新业务的发展。

2016年8月，京东集团宣布与永辉超市达成战略合作，以总价值约为43.1亿元入股永辉超市。通过这一交易，京东集团将拥有永辉超市10%的股份。

（来源：TechWeb.com.cn 作者：王卡卡）

从卖鱼肉开始，到卖牛肉，卖花，再到永辉第五业态"超级物种"，从引入今日资本再到收购达曼，永辉一连串的花式动作践行着其供给侧改革的方向。

超市平台仅作为一个简单的搬运工角色已经无法适应社会发展的需求，消费者需求无法得到有效释放，只能通过其他渠道来达到自身的消费升级。

上游供给端对于消费端需求的不敏感，或者说无法准确把控，仍旧寄希望于渠道覆盖来完成销售对接，效果已经越来越弱。一些有生命力的供给端对于超市渠道往往又不大感兴趣。不感兴趣取决于超市引流能力下降和客群老化严重，无法给予这些商品定档和刺激消费。这些好的品牌往往更愿意寄生于好的销售平台。

超市平台经常把希望寄托于品类组合之类的概念，现阶段的核心问题是，既有的商品不论你怎么整合，怎么组合，还是那么几样，玩不出什么新花样。外部好的商品又不屑于与超市为伍。超市因此陷入自己给自己"画地为牢"的境地。

国外优秀的超市运营模式已经被模仿得所剩无几，全球实体超市几乎同步进入了迷失状态，沃尔玛、家乐福、特易购等一连串的传统巨头日子都过得紧巴巴的，传统模式全线没落。

永辉红标客群是非常老化的，大清早一群大妈大爷在里面挑，当年轻人起床到超市买菜的时候，很多都是大妈们挑剩的，体验度极差。红标升绿标改变的是购物体验，拉低消费客群的平均年龄。绿标升级过程中又遇到各种问题，客群年轻化后并没有对供给端产生吸引力。寄希望于供给端自身改变来服务消费客群的幻想几乎破灭，剩下来的方法通常是组织"团练"对抗现有供给端，或者从境外引兵入关。

永辉第三驾马车开始出现，也就是近来频频发力的永辉云创。永辉如果自营这些商品跟其他超市自营几乎不会有什么区别。现有的超市自营都是与供给端争利，厂商卖8块钱的东西，超市自营就山寨它，然后定价3块，利用平台优势走量。这种自营说白了就是食利阶层，本身对商品没有什么创新，所以超市自营也没有被外界认可的案例。

超市自营应该选择市场有需求，厂商又不愿意做、不愿意投入或者暂时找不到合适的商品时，超市肩负起改变这个痛点的责任。

要改变痛点往往意味着可能犯错、需要烧钱、需要有人扛起责任等，改变痛点远没有山寨别人来得轻松，这也暴露出现阶段很多超市企业想赢怕输、不敢闯、不敢拼的一面。平台自营如果只想与厂家争利的话，搞再多山寨，而没有突破的话，也难获得社会认可。

永辉没有把创新寄生在原有体系里面，而是新开发出永辉云创，永辉云创体系相较于第一、第二集群会更加灵活。特别是在股权方面，表现得更加分散。通过永辉云创投资的花店等，都给原有团队更大的空间。通过入股，利用外部团队来实现产品升级，成效明显更优。原有团队长期在超市行业运作，思维很容易被限制在一个框架里无法突破，这也是很多超市用原班人马创新却不容易取得成功的一个原因。

永辉云创自己入股的企业,未来一旦孵化成功,永辉开到哪里,这些企业基本就会跟到哪里,解决了永辉快速扩张带来的招商能力不足的问题。

除了组织自己的"团练"部队外,引兵入关冲击现有供给端,是永辉的另一手法。不论通过与牛奶国际的合作或者是韩国CJ合资等,都是为了把境外商品引入境内。可惜,永辉的国际视野不足问题也在不断暴露,比如韩国CJ是走量型的,对于永辉的实际贡献并没有理想中那么好。永辉如何打开国际供应链,成为重要一课。

永辉联手贝恩收购达曼是其试水国际市场的另一步棋。在达曼的收购当中,永辉并没有多少主动权,比较依赖贝恩。永辉与贝恩亚洲三号在开曼设立壳公司DE. GP和DE. LP,通过DE. LP收购美国达曼100%股权。GP与LP的区别在于投钱后是否参与管理,或者简单理解为LP出钱,GP出力。DE. LP这家公司的性质就是永辉只管出钱不参与管理。可以理解为永辉没有什么话语权。

当年贝恩为永辉规划了两条战线,一条拿下华中重镇武汉中百,一条拿下华东巨头联华超市。其中联华超市很好地帮永辉完善了当地的供应链,激活了整个长三角战局。随着永辉在长三角站稳脚跟,联华超市的价值已经很小了。永辉也从以前的需要低价供应链调整为优质供应链。这次应属于顺势腾笼换鸟。

永辉把这次收购原因归结为:不仅看好达曼在全球定制方面的资源优势,以及领先的零售技术和服务,更认同其科技内涵和先进管理理念。

很明显永辉看重的就是其资源,引兵入关意图非常明显。虽然我们知道达曼在国内运作很多年了,但成绩并没有广告做得好。这其中有达曼对中国市场理解得不够深入,跟现有企业合作不够深入等原因。现有的零售服务企业既懂国际市场又懂中国市场,可供并购的标的也相当难找。永辉拿下达曼,应该是希望一起改变现有商品内容,领先于其他零售企业一步。

不论永辉现有构建的鲑鱼工坊、波龙工坊、盒牛工坊、麦子工坊、咏悦汇、生活厨房、健康生活有机馆、静候花开花艺馆等,还是通过引兵入关的外界强势商品内容,都是为了改变传统超市的商品生态,打造出优质的商品内容。

高质量的商品矩阵,又会吸引新的强势商品内容进驻。内容的增强会与流量形成良性互动,从而构建出完整的高质量生态圈。

(来源:联商网零售资讯 作者:联商网百人荟成员 王国平)

点评 达曼国际是全球最大的零售商服务企业,在自有品牌开发、全球采购和零售端执行方面的服务等,具有专业能力和丰富经验。通过品牌开发、伽利略咨询、SAS、Omni,以及Interactions五大子公司,达曼国际在全球51个国家服务了超过100家零售企业,所服务的客户来自14类零售渠道。达曼国际品牌开发事业部管理着来自1 700个自有品牌的超过16.5万个SKU,且每年新开发的SKU数超过2万个;与全球8 000家供应商具有合作关系,在自有品牌商品价格方面具有竞争力。业内有些行家并不看好永辉收购达曼,如张智强先生就认为:一行吃一行的饭,达曼是专门靠服务零售商生存的,永辉的收购让达曼失去生存动机,达曼靠服务多家零售企业获得生存空间,永辉的收购让其他零售企业忌惮,会失去进一步拓展业务的机会。这一收购,可能会毁了达曼,坑了永辉。

一、供应链管理原理

供应链问题由来已久。正如民谣所说：丢失一个钉子，坏了一只蹄铁；坏了一只蹄铁，折了一匹战马；折了一匹战马，伤了一位骑士；伤了一位骑士，输了一场战斗；输了一场战斗，亡了一个帝国。在商业营运体系的供应链全过程中，也存在类似的"放大效应"，如果对微小变化不重视，往往会危及整个商业营运体系。供应链的核心问题是信息链，信息不对称将导致供应链缺乏效率，甚至发生供应链危机。

案例资料 4-1 啤酒游戏与长鞭效应

啤酒游戏是一个研究供应链库存管理的游戏。游戏的规则十分简单，由几个人分别扮演用户、零售商、分销商、仓库和厂商——这是一个从产品生产到用户的流程。啤酒制造商生产啤酒，首先要采购大麦、啤酒花等原材料，并进行酿造。酿造出来的啤酒为了保持鲜度，需快速地通过各种流通渠道运送到零售商店。小规模的酒类专卖店向批发商进货，大型连锁零售商则不通过批发商，直接从制造商进货。

市场一旦发出商品销售见好的信号，零售商就开始不断订货，这时也最容易发生缺货或延误送货，于是就不断追加订货，订货量从零售商逐级放大到批发商，再到生产制造商，甚至更上游的相关企业。后来发现，市场的实际需求量根本没有那么大，需求量在供应链中被人为地放大了无数倍。

啤酒游戏是一种针对单一啤酒品牌生产和销售的模拟试验。从这个游戏中可以发现供应链信息真实性的重要意义。供应链管理者的任务是协调供应商、采购代理商、市场营销人员、渠道成员和用户之间的关系。

在供应链中的需求信息常常会出现扭曲传递，这种现象被称为长鞭效应或牛鞭效应（Bullwhip Effect）。其含义是：当供应链上的各个参与者只根据来自相邻的下级企业的需求信息进行生产或者决策时，需求信息的不真实性会沿着供应链逆流而上，产生逐级放大的现象。当信息达到源头的供应商时，其所获得的需求信息与实际消费市场中的用户需求信息会发生很大的偏差。由于这种需求放大效应的影响，供应方往往维持比需求方更高的库存水平或生产准备计划。

> **点评**　主要的问题似乎有三个：鞭子太长，环节太多；信息不全，传递误导；各自为政，缺乏协同。为此应该：减少环节，建立信息链，加强战略联盟。但也不能排除另外一种可能：市场存在人为炒作。从国际市场的黄金、石油到国内市场的股票、房产、普洱茶、大蒜头，都因为炒作而疯狂，凡是被炒作的商品最终必然会退去泡沫。

在实践中，解决这一问题的一种有效方法是供应商管理库存（Vender Managed Inventory，VMI）。VMI 与零售商管理库存（Retailer Managed Inventory，RMI）的传统库存管理方式完全相反，它把供应商库存、配送中心库存与零售门店库存能够有机地组合，有效地管理。

(一) 供应链与供应链管理

按照物流术语国家标准,供应链(Supply Chain,SC)是指生产及流通过程中,涉及将产品或服务提供给最终用户活动的上游与下游企业所形成的网链结构。供应链概念提出,使企业的生产经营活动向前延伸至原材料与设备供应商,向后延伸至消费者。

供应链的基本架构由原材料和零部件供应商、产品制造企业、运输和分销公司、零售企业以及售后服务企业,它们向最终消费者提供产品和服务。

在供应链中包含两种移动方向:通常流向供应链底端的物料实体移动(物流)、价值转移(价值流)以及在供应链中双向移动的信息交换(信息流)。

供应链与物流既具有关联性,又存在差异性。供应链是在物流基础上发展起来的,是物流概念的发展形态,但它并不仅仅是指物的组织、流动和联系,更强调企业上下游之间的战略合作与伙伴关系。

对于供应链管理(Supply Chain Management,SCM),有许多不同的定义和名称,如有效客户反应(Efficient Consumer Response,ECR)、快速反应(Quick Response,QR)、虚拟物流(Virtual Logistics,VL)或连续补充(Continuous Replenishment)等。反映了管理的层次与角度不同产生的认识不同,但都要求通过计划和控制实现企业内部和外部之间的协调与合作,实质是集成了供应链和增值链两个方面的内容。

供应链管理就是指对整个供应链系统进行计划、协调、操作、控制和优化的各种活动过程,注重企业间的合作。它是一种集成的管理思想和方法,即把供应链上的各个企业作为一个不可分割的整体,使供应链上各企业分担的采购、生产、分销和销售的职能成为一个协调发展的有机体,突破了部门或企业之间的本位主义,促进相互合作,以实现资源的优势互补以及物流、信息流和资金流在企业间的合理流动,提高整个供应链的效率。

供应链管理的目标是要将用户所需的合适的产品(Right Product)能够在合适的时间(Right Time)、按照合适的数量(Right Quantity)、合适的质量(Right Quality)和合适的状态(Right Status)送到合适的地点(Right Place),并使总成本达到最佳。

供应链管理的特征如下:

(1) 以用户满意为核心。让最终用户满意是供应链全体成员的共同目标。用户满意的实质就是用户获得了更多的有价值的产品与服务,其价值增加源于供应链中的供应商与制造商、制造商与销售商彼此之间建立的战略合作伙伴关系,供应商直接将原料运送给制造商,制造商直接将产品运送给销售商,企业间原有的采购与销售成本被大大削减,包装和管理等成本也随着物流环节的减少而降低。因此,通过供应链管理能以更低的价格向用户提供更优质的产品和服务,提高了用户的满意度。

(2) 以新型合作竞争模式为主导。供应链管理是集成式管理,不仅要考虑企业内部的管理,更注重供应链上各节点企业间的资源利用与合作,实现合作与博弈的"双赢"格局。供应链是一个整体系统,各企业成为该系统中的一个子系统,相互间组成动态联盟,彼此信任,共同合作开拓市场,追求供应链整体系统效益的最大化,并分享供应链带来的成本节约和创造的效益。

(3) 以网络信息技术为支撑。供应链管理是现代网络信息技术与战略联盟相结合的产物,高度集成的网络信息技术是其运行的技术基础。ERP技术为实现供应链管理提供技术保障,如零售企业建立的总部商品管理系统、门店销售管理系统、财务管理系统、物流管理系统、自动补货系统、办公自动化系统、数据分析系统、预付卡结算系统、会员管理系统、呼叫中心等,通过企业内部网络和数据交换系统,将门店、总部、配送中心、供应商等信息实现集成化管理。

(二) 供应链管理的内容

供应链管理的内容包括:供应(Supply)、生产计划(Schedule Plan)、物流(Logistics)、需求(Demand)。供应链管理的目标主要表现在两个方面:一是提高服务水平;二是降低营运成本。

企业供应链管理还可以细分为作业领域和决策领域。作业领域主要包括采购、库存控制、仓库管理等。而决策领域包括客户服务、选址、网络设计等内容。所以,企业的供应链管理不仅仅是实物在供应链中流动的作业管理,还应包括:战略联盟关系和客户关系管理;供应链中商品的需求和预测计划;供应链的设计,具体包括供应链节点企业的选择、资源设备的评价、选址和定位等;企业内部与企业之间供应与需求管理;帮助供应商基于供应链管理的产品设计与制造管理、生产集成化计划、跟踪和控制;基于供应链管理的顾客服务和物流作业(运输、库存、包装等)管理;基于网络技术的供应链交互信息管理等。

二、零售商供应链管理

供应链管理有三种基本模式:一是以制造企业为主导的供应链管理;二是以零售企业为主导的供应链管理;三是以集成物流供应商(Third Party Logistics,3PL)为主导的物流服务供应链管理。

案例资料 4-2 全球最大贸易公司遭遇重创

由于电子商务的增长以及诸如 H&M、Zara 等快时尚模式的扩张,全球最大的服装及玩具供应商利丰集团(0494.HK,下称利丰)2015 年 3 月份公布其 2014 财年净利润同比下滑 11.8%,从 2013 财年的 6.12 亿美元降至 5.39 亿美元,较 2011 财年下滑 21%,与此同时,营业额停滞在 190 亿美元左右。自 2011 年触及最高点以来,该公司股票价格下跌逾 70%,市值仅为 62 亿美元。

20 世纪末,随着中国经济的发展,利丰经历了 20 多年的快速增长。然而 2010 年金融危机后,这家公司的境况日趋艰难。利丰行政总裁冯裕钧(Spencer Fung)透露,全世界的需求受到经济危机的冲击,中国内地的劳动力成本也在迅速上涨,让这家主要依赖内地供应商的传统采购企业叫苦不迭。

与此同时,过度依赖发债收购让利丰有些吃力。据报道,过去 20 年利丰完成了 100 笔收购。在 2008 年到 2012 年期间,利丰斥资约 50 亿美元,进行了 33 宗收购,然而收购带来的业绩数字背后到底有多少实际贡献,投资人似乎并不照单全收。

香港利丰集团是香港历史最悠久的出口贸易商之一,历史可以追溯到 1906 年,主要业务包括消费产品的贸易、物流及分销。该集团旗下子公司包括利丰贸易有限公司、利亚零售有限公司、利邦时装有限公司、利越时装有限公司以及利和物流集团,经营的品牌包括玩具反斗城和OK便利店等。

冯裕钧呼吁投资者给予这家战略调整中的公司更多耐心。9月中增持后,冯氏家族持有利丰约30%的股份。该公司已经剥离了如今被称为利标品牌有限公司(Global Brands Group)的品牌商品业务,后者如今在香港挂牌,市值约18亿美元。利丰正在继续调整结构,同时向电子商务和物流等新的增长领域扩张。

同时,利丰也开始向中国内地以外的市场采购商品,如劳工工资更低的孟加拉国和越南。冯裕钧称该公司70%~80%的耐用品(如家具)仍然采自中国内地,但采自内地的服装仅占35%~40%。

尽管利丰的亚洲业务不断增长,但目前仍然仅占其销售额的12%,与美国的63%及欧洲的17%仍有差距。目前,利丰希望可以进一步提高在中国内地的销售额。

(来源:界面网,作者:钱睿荪)

点评 利丰遭遇重创是受互联网影响,还是受中国内地用工成本上涨的影响?大量收购却没有带来预期的收益,这又是为什么?如果大家都往电子商务与物流等新的增长领域扩展,这些行业的未来竞争也将更为激烈。

(一)解决长鞭效应问题的途径

长鞭效应很大程度上归因于供应链上各成员之间信息沟通不畅,合作不紧密。解决长鞭效应问题,主要有六种途径:

第一种途径:用信息换库存。不用上一级的订单来估计需求变化,利用信息技术将市场需求信息提供给供应链的各级,使各级能根据市场需求确定订单的大小和安全库存。这个途径通常称为用信息换库存。最直接的途径就是采用POS系统数据,使供应链各级成员能够准确了解最终市场的需求信息,过滤掉中间环节预测所带来的信息干扰。

第二种途径:减少供应链的级数。供应链级数越多,整个供应链所需的安全库存就越大,商品流通时间越长,长鞭效应越明显,减少供应链的级数能使"长鞭"缩短,以致"长鞭效应"不明显。采用电子商务和联合库存控制,能减少流通环节。联合库存控制是一种风险分担的库存控制模式。采用地区分销中心的库存方式,可减少各经销商不必要的库存量,各销售商只需要保持少量库存,商品库存主要由地区分销中心储备,从而减轻了各销售商的库存压力。分销中心发挥了联合库存控制的功能,既是商品的联合库存中心,同时也是需求信息的传递枢纽。

第三种途径:缩短提前期。信息收集提前期的缩短,能减少信息预测与传递的误差。采用现代信息技术能实现这一目标,如使用决策支持系统可以加速物流决策过程,利用现代先进制造技术、并行工程、对现有产品构造和生产流程重新设计等手段能缩短产品制造周期,采用现代集成化物流技术及第三方物流能缩短物流运输时间,通过协调供应链上各成员间活动能缩短等待时间。这些方法的使用有利于缩短提前期,减少预测误差,消除长鞭效应。

第四种途径:利用"天天低价"(Everyday Low Price,EDLP)营销策略。天天低价策略的实施有利于减少价格波动,从而减少顾客需求的波动,从而能使需求预测相对稳定。

第五种途径:建立战略合作伙伴关系。在供应链中建立战略性伙伴关系可以减小甚至消除长鞭效应。供应商管理库存,是一种供应链集成化运作的决策代理模式,即把用户的库存决策权授权给供应商,由供应商或批发商实施库存决策,让供应商确定零售商的安全库存和补充库存,从根本上消除长鞭效应。

第六种途径:建立多级库存控制。多级库存优化控制是对供应链资源的全局性优化控制方法,它是在单级库存控制的基础上形成的。多级库存控制的方法有以下两种:① 中心化策略。中心化策略是将库存中心放在核心企业,由核心企业对供应链系统进行控制,协调上游企业与下游企业的库存活动,核心企业同时成为供应链上的数据交换中心,担负着数据的集成与协调功能。在多级库存控制策略中,可采用"级库存"取代"点库存",每个库存点不但要检查本级库存点的库存数据,而且还要检查其下游需求方的库存数据(级库存),以掌握下游企业的库存状态为基础,因此能避免信息扭曲现象,较好地解决需求放大的长鞭效应问题。② 非中心化策略。非中心化策略将供应链的库存控制分为三个成本中心,即制造商成本中心、分销商成本中心和零售商成本中心,各个中心根据自己的库存成本优化原则制定库存控制策略。

(二) C2B 电子商务模式

在多级经销体系中,很难从根本上解决长鞭效应问题。但在互联网背景下,通过 C2B (即消费者对企业,Customer to Business)电子商务模式,让产销直接见面,能够做到"需求在先,生产在后",消费者根据自身需求定制产品,并主动参与产品设计、生产和定价,产品、价格等彰显消费者的个性化需求,生产企业进行定制化生产。这是一种真正以用户为中心的商品流通模式。C2B 的应用模式目前主要有四种:

一是聚合定制,即通过聚合客户的需求组织商家批量生产,让利于消费者。团购、聚划算、"双 11"预售等都属于这种形式。其流程一般是在提前交定金抢占优惠价名额,然后在约定日期交尾款。这种方式后来甚至被应用到便利店预购,生鲜农产品预购等。

二是模块定制,考虑到完全个性化的定制会增加供应链成本,实施模块定制是为消费者提供模块化、菜单式的有限定制。模块定制与聚合定制的区别在于:聚合定制的重点是消费需求的聚合,不涉及供应侧产品的定制,而模块定制则是供应侧 B 端根据消费者的模块化选择定制产品。海尔是这一模式的率先践行者。2000 年 8 月,海尔推出"定制冰箱"只有 1 个月,就从网上接到了 100 多万台订单。1995 年海尔冰箱的销售量首次突破 100 万台,不到 5 年时间,定制冰箱 1 个月就刷新了这个记录,相当于海尔全年产销量的1/3。

三是专属定制,这是用户参与的定制方式,厂家可以完全按照客户的个性化需求来定制,每一件产品都是一个独一无二的个性化产品。深度定制比较成熟的行业是服装鞋类、家具、家电等行业。以定制家具为例,每位消费者都可以根据户型、尺寸、风格、功能完全个性化定制,对于现在寸土寸金的户型来说,这种完全个性化定制最大限度的满足了消费者对于空间利用及个性化的核心需求,因此正在蚕食成品家具的市场份额。而深度定制最核心的难题是如何解决大规模生产与个性化定制相背离的矛盾。专属定制的代表企业如家具行业的尚品宅配新居网、家电行业的海尔。

四是众创定制,这是用户之间通过相互交流与跨界合作所实施的定制方式,由海尔首创"众创汇"平台,提出了"众创定制"方式,用户可以在"众创汇"平台(diy. haier.com)上提出自己的创意,并与所有其他用户进行交互,也可以和设计资源交互,同时将它放在线上平台,由全球的设计师或者发起跨界合作完成设计,最终由海尔来实现专业化的生产。

3D打印等技术的广泛应用以及移动互联网的发展,必将迎来一个全新的"定制时代",定制的范围会不断扩展,定制的内容会不断深入,定制将成为消费者日常生活的一种习惯,这将是对传统流通方式与服务方式的颠覆,零售营运方式也将发生根本性变革。

(三) 零售商供应链管理优化途径

就零售商来说,供应链管理的优化是一个渐进过程。

1. 确定供应链管理系统的目标

供应链管理模式应该根据市场情况、企业目标与经营发展阶段及时调整和优化,从连锁企业供应链管理目标来分析,有以下几种选择:

(1) 以提升商品价值为目标。如连锁公司与供应商共同研发新产品,开发出成本更低、效用更好的商品。

(2) 以降低库存量为目标。如把供应商库存、配送中心库存、门店库存的信息实现共享与协调,做到三类库存的合理分布。

(3) 以加快周转为目标。如由供应商直接向门店供货改为由配送中心向门店供货,可以大大减少配送路径,减少商品配送的延误,从而加快商品周转。

(4) 以提升服务质量为目标。如零售商向消费者承诺商品质量先行负责制,一旦出现商品质量问题,首先由零售商负责处理,事后零售商再向供应商索赔。

(5) 以跨渠道合作为目标。为了在跨界合作中实现"供应链输出"的目标,首先需要打通库存数据,并有实力担任供应链链主的角色。

上述这些途径,归纳起来就两个方面:一是提升顾客满意度;二是降低营运成本。

2. 通过供应链再造以提高零售商的生存能力

供应链再造的目的是要提高分销效率,实现供应商与零售商的信息充分共享。为了提高分销效率,零售商与供应商应该紧密合作,零售商不仅要积累和分析销售信息,还要关注消费者的购物体验与需求反馈信息,供应商应及时分享来自零售终端的需求信息。

我国连锁企业在供应链管理方面,目前正面临着两大战略问题:一是工商合作关系的改善,尤其是农副产品供应链的建立与完善;二是信息技术的提升,尤其是完善供应链中的信息链。

3. 工商合作模式的调整

对待供应商,零售商规模越大,优势地位就越明显。部分供应商与舆论媒体指责零售商利用优势地位压榨供应商,实际上,我国零供关系具有双重属性。对中小供应商,零售商确实很强势,但对国际品牌供应商,零售商则又常常处于劣势地位。总体来说,以通道费为主导的盈利模式与以"争利"为核心的工商合作模式,有待改进。姜汝祥在《差距》一书中有这样一段关于沃尔玛与宝洁之间关系的描述:"比如沃尔玛的早期阶段,实力强大的供应商如宝洁公司是很强硬的,但当沃尔玛强大之后,并没有反过来对宝洁强硬,而是与宝洁结成伙伴关系。它告诉宝洁,我们可以共享沃尔玛的电子信息来改善双方的业绩,结果宝洁公司成为通过计算机与沃尔玛联网的第一批厂商。宝洁还在本顿维尔设立了一个 70 人的小组来管理其出售给沃尔玛的产品。"

4. 实现供应链的一体化

供应链的一体化是指零售商与合作者要整合为一个整体,像一个企业那样来运作,让主要的供应商去管理和操作供应链的主要部分,如供应商管理库存、供应商自动补货等,供应链的任何一个改变都需要通过网络快速、及时、准确地地传递信息。但是零售商并不一定要用股份去控制供应商,这种控制往往是无效的。当一个供应商完全依靠一家零售商而生存的时候,它就会越来越没有竞争力。像英国的马狮百货,用统一的品牌销售产品,但它自己却没有工厂,而合作工厂的合作期却已经长达几十年,于是该百货公司成了"没有工厂的制造商",而工厂则成了"没有店铺的零售商"。OEM 模式也是处理供应商与零售商关系的一个发展方向。恒源祥通过这种模式把产品销售到全国各地,它主要就做两件事情:一是如何提高品牌价值;二是如何充分实现品牌价值。这是值得零售商借鉴的。

5. 信息系统的动态共享

供应商应该实时获得零售商的销售系统、库存系统和订货系统的数据,并能及时获得与商品流相适应的账款信息。零售商要做的事情是:一是建立一个可以整合内部数据的平台,实现内部数据的标准化整合与动态共享;二是建立一个可以与供应商实现动态共享的信息平台;三是要充分挖掘消费需求和业务营运信息,改变数字堆积的报表模式,使各类报表、报告与提示更直观、更简单与更有用。

三、商　品　采　购

连锁公司把商品经营业务中的采购与销售分离开来,分别由总部与门店来负责。总部负责商品采购、配送以及制定相应的政策,门店执行总部政策,负责销售与服务。连锁企业的采购组织有多种模式,采购流程因采购模式不同而有差异。

(一) 采购界面

采购是供应链管理中的一个重要环节。采购负责获得生产产品或提供所需的物料、零件和补给。采购不仅有成本问题,还涉及商品与服务的质量、交货期控制等。可见,有效采购对企业营运会产生重大影响。连锁企业的采购是一种"代理行为",即代理顾客采购他们所需要的商品,包括:选择供应商、合同谈判、建立合作联盟、及时有效地获取能满足消费需求的产品或服务等。

作为企业的一项服务职能,采购与其他许多职能部门和外部供应商都存在接触的界面,采购是连接供应商的重要纽带。

营运是采购的主要需求源;合同谈判、采购标价等需要法律部门援助;供应商付款、票据结算、监督卖方履约、数据处理等则由会计部门负责;采购物料规格说明、采购物料改进信息等则由设计部门负责;收货部门负责检查运入的外购货物,以确定是否达到预定的数量、质量与时间目标;供应商只有和采购部门密切联系,才能根据质量、数量与运送情况获知需购物料及规格说明等信息。

（二）采购利润杠杆效应

采购的利润杠杆效应是指采购成本较小幅度的下降可以较大幅度提高公司利润。

假设某企业，销售额为2亿元，采购成本为1亿元，利润为1 000万元。如果该企业通过加强采购管理使采购成本降低了10%，保持销售额不变，则税前利润就增加了1 000万元，利润的增长率为100%，即采购成本10%的下降导致税前利润100%的增长。如果不采取降低采购成本策略，为了实现税前利润2 000万元的目标，销售额必须达到4亿元。

可见，采购成本对企业绩效具有直接的贡献作用。控制采购成本，是大型连锁企业提高营运业绩的基本途径之一。

（三）采购功能

商品采购是代顾客购买商品的行为，采购必须对销售负责，采购人员与采购部门不仅承担着商品引进与淘汰的任务，而且也负责诸如商品陈列与促销，订货与库存管理等工作。所以，采购并不是单一的商品买卖行为，而是一个相互交叉的业务体系。

大型连锁企业的商品采购部门有四项主要功能：

（1）日常采购业务。如选择供应商、发出或征集报价单、分析报价、与供应商进行采购业务谈判、决定供货量、交货期、付款方式、送货方式、查核门店申购单、收货及核查、查验发票及批准付款、负责退货及向供应商索赔等。

（2）新商品开发与滞销品淘汰。随着社会经济发展和人们收入水平的提高，消费者需求呈多样化趋势，消费者对商品的要求越来越高。在买方市场条件下，作为流通业主导者的连锁企业，应主动承担起引导消费、引导生产的重任，不断开发出能满足消费者需求的新商品。同时，为了更有效地利用有限的卖场空间，提高销售业绩，采购部门在开发新商品的同时，也应认真做好滞销商品的淘汰工作。

（3）市场调查与分析。包括：研究商品的市场价格走势及供求状况；价格及成本分析；新货源、新商品的开发分析；自制、定牌监制或买入的决策；总代理、总经销业务的可行性分析；竞争对手货源及渠道的调查与分析；商品别、门店别、供应商别的排行榜分析等。

（4）促销策划。采购部门应根据门店前台POS系统和后台MIS系统提供的销售及其他信息资料，制定企业年度（或季度、月度）促销计划，策划由供应商配合的节日、店庆等大型促销活动，设计与指导门店的商品配置与陈列，决定促销商品的价格优惠幅度等。

（四）采购的组织模式

上述采购功能的发挥，依赖于采购组织的建立与完善。为了充分发挥采购各项功能，国内外大型连锁企业的采购组织，一般由以下三个部门组成。

（1）日常采购业务部。它是公司采购部的核心，负责公司绝大多数商品的采购业务。其下还可依据各种标准进一步将组织细分。例如，按商品类别细分，超市公司采购业务部可下设生鲜食品部、一般食品部、日用杂品部等；又如，按商品来源地区细分，采购业务部可下设本地采购部、外地采购部、国外采购部等。

（2）新品开发部：该部门负责开发和引进新产品。

（3）市场调查部：该部门负责连锁公司内外各种与采购业务有关的资料的收集、分析，为采购决策提供依据。

（五）采购与其他业务的衔接

处理好采购与其他相关业务之间的衔接关系，对保证商流、物流、资金流、信息流的畅流有着十分重要的意义。

（1）采购业务与门店销售业务的衔接。一方面，采购是连锁企业经营的基础，门店根据总部提供的商品目录下单订货、陈列商品、销售商品，实施促销活动，门店无权自行采购商品；另一方面，总部采购人员应根据门店各种商品销售信息反馈情况，区分畅销品和滞销品，及时制订和调整采购计划。

（2）采购业务与商品配送、存货管理的衔接。采购作为商业企业购、销、存基本环节中的重要一环，还与商品存货管理、商品配送密切关联，采购数量要与企业配送能力相适应，保证供应商送货及时，收货验货到位，与商品最高库存量、最低库存量及安全库存量相适应，保证门店在不缺货的前提下，尽可能降低门店和配送中心的库存水平。

（3）采购业务与财务的衔接。采购部与财务部分别是商流与资金流的实施主体。采购部门在制订采购计划及与供应商签订采购合同后，应将所需商品资金的总体计划和向各供应商支付货款的计划，通知财务部门，以便财务部门准时准额地向供应商支付货款，既保证连锁企业的利益，又不损害与供应商的合作关系。

（六）采购方式

商品采购方式是指与供应商采购谈判时所确定的商品价值转移方式，如经销、代销、专柜经营等，采购方式不同，采购合同条款、库存结算、商品管理、盈利模式等都会发生相应的变化。因此，商品采购方式是决定采购管控模式的基本影响因素。

1. 经销

经销是指商品记入存货，并按照合同条款执行付款，在收到发票后，作发票核对后转入应付账和总账。系统一般能提供如下查询：商品到、发票未到的进货；发票到、商品未到的发票；商品到、发票到、发票核对有差异的发票；发票到、商品到、发票核对无差异的发票。

2. 代销

代销是指商品进货时需要下订单，验收后只作库存记录，在财务账上并不属于自有库存，其成本和应付款在销售后结算。

合同条款：一般代销方式可分为：① 倒扣率：指经销者根据销售额，依据扣率抽成；② 顺加率：零供双方按照约定的商品进价，由经销者加上毛利率（顺加率）后作为销售价，结算时按照约定的付款期，先进先出，分批结账。

代销商品的管理：代销商品依据合同条款，零售价格与成本保持固定的关系：

顺加：售价＝进价×（1＋顺加率）

倒扣：售价＝进价÷（1－倒扣率）

代销商品在采购、验收、销售时，按先进先出的原则记载库存流动。一般规定：同一间门店、同一代销商品同时只能有来自一个代销供应商。

代销结算：① 代销成本采用先进先出计算法；② 代销供应商结算实行定期结算，一般为月结；③ 系统月结时会根据供应商的销售业绩，产生临时发票，与供应商的发票核对后，转入应付账。

3. 专柜

专柜是指商品的库存管理及进货责任由供应商全权负责，经销者只是按照销售额的一定比例抽成，其他费用按合约或实际发生扣除。

专柜合同条款：专柜合同最核心的内容是：抽成比例、保底数、其他费用（如水电费）。

专柜商品管理：① 专柜商品由供应商管理经营，其销售记入POS系统，但库存不记入系统；② 系统允许用户设定专门的专柜商品代码，这类商品代码在POS销售时，允许用户输入售价；③ 同一供应商可以依据不同分类确定不同的销售扣率，设置多个专柜商品代码；④ 系统也可以每个单品设一个代码。

专柜结算：① 专柜供应商实行定期结算，一般为月结；② 系统月结时依据供应商的销售业绩，结合保底金并扣除其他费用产生临时发票，与供应商发票核对后，转入应付账。

4. 其他代理

其他代理经营项目，如代售机票、洗衣店、代售电话卡、照片冲洗、药店。用户可以在系统中设定专门的代码，这类代码允许收银员输入售价。例如：货号 999999 代售机票，每出售一张机票，可将收银额录入代码 999999。系统可提供销售明细表，财务部可以根据累计销售额，计算佣金，扣回佣金后的销售额返给代理厂商。

值得注意的是：我国不少连锁企业目前所实施的采购方式，既不是经销也不是代销，而是一种变异的方式。经销是一种买断的方式，简单地说是买断商品以后约期付款。实际操作中的经销方式是：像经销但不是经销，像代销却又不是代销，合同中写代销，但发票随货，进货验收后记入存货，是代销与经销的混合方式。

（七）采购流程

采购流程有广义和狭义之分。广义的采购业务流程是指采购规划、采购实施与采购评估的全过程，包含六个步骤：收集相关信息，制定企业采购策略，拟定采购计划，采购计划修订，采购计划执行，结果评估与分析。狭义采购业务流程是指采购计划的具体执行程序。即连锁企业与供应商开展交易活动的规范程序，具体业务流程包括：制定采购计划与供应商文件，采集供应商的信息，填写供应商报价单，协商交易条件，审核交易条件，签订合同，建立供应商主档与商品主档，订货配送，收货验收，支付货款。

一般来说，在具体操作过程中，完成一个采购流程需要各个部门的配合：

第一步：采购业务员接待供应商业务员，初次洽谈（采购部）。在初次洽谈过程中，供应商一般会提供样品以及相关的资质证明。经过初次洽谈，双方如有合作意愿，采购员便要求供应商提供更详细的材料。在实际操作中，这个过程会要求供应商填写供应商登记表与商品登记表。

第二步：索证验证，资质评审，质量检测（质监部）。供应商资质证明主要包括：营业执照、税务登记证、卫生许可证、特种食品卫生许可证等；产品合格证明（如食品）：卫生检测部门出具的检测合格报告、进口食品出入境检验检疫合格证明等；产品标识：品名、厂名厂址、产品标准、产品检验合格证明、保质期、计量、警示说明、质量认证标志及商品条形码等。连锁企业还根据需要，如基于食品安全的考虑，对供应商进行实地考察，跟踪调查，从多方面评价供应商的质量保证体系与质量保证能力。如果产品质量、企业资质等不符合要求，则一票否决。如果符合要求，质监部出具综合检测报告，产品采购进入第三步。

第三步：综合评审（采购委员会）。有些连锁公司采取采购委员体制，采购委员会成员由商品部、营运部等相关人员组成，通过对供应商与其所提供的商品进行综合评估，提出相应的意见。

第四步：再次洽谈，签订合同（采购部）。采购人员根据综合评审意见，与供应商再次洽谈，这个过程有时候需要经过多次谈判，才能最后达成协议。采购合同一般分为两种：一种是框架性的合作协议；另一种是商品交易的具体合同。

第五步：建立主档，录入信息（信息部）。洽谈达成一致后签署相关采购合同，然后把供应商信息与商品信息录入电脑信息系统，建立供应商主档信息与商品主档信息，以便于信息化管理。主档信息是开展商品采购、商品配送、门店订货、商品销售、货款结算、销售分析、采购洽谈等商品经营活动的基础。

第六步：首次订货，组织配送（门店、采购部、配送中心）。只有建立主档信息，并将相关信息发送至连锁门店，才能实施订货、配送与销售。

第七步：跟踪评估、单据核对、货款结算（采购部、信息部、票据中心、财务部）。商品进入销售环节后，按照合同约定，对销售情况进行评估，以决定下一阶段的零供合作关系，并作为制定营销策略的重要依据。

商品引进以后，日常商品采购主要有两个环节：完成人工或自动补货；完成门店订货或总部订货。补货是指确定要货量的过程；订货是指向特定的供货部门确定采购量的过程。

商品只有通过订单采购，才可以验收进入配送中心或门店。订单可以分为：

（1）总公司（连锁总部）订单：是指总部采购员所发出的订单。此类订单可订购给仓库、一间或多间门店。

（2）门店订单：是指门店所发出的订单。

（3）海外订单：是指总部采购员所发出的订单，此订单只能用于订购海外商品，在进行采购时，采购员一定要指定外币种类。

（4）代销订单：是指向代销供应商发出的订单。

（5）多次送货订单：是指一次订货分批送货的订单，可以根据每次实际送货数量验收，在验收时，当操作员指定为最后一次送货时，此订单失效。

采购要加强控制，主要包括四个方面：一是采购政策控制；二是采购计划控制；三是采购执行过程控制；四是库存控制。

（八）零售采购转型

我国规模化经营的零售企业，外表很强势，内在很虚弱，买与卖这两项核心技术都很弱，关键是零售商缺乏独立思考与判断能力。粗放型规模扩张使管理体系出现了"官僚化"趋势，销售服务等营运管理部门不仅未能充分挖掘用户的核心需求，甚至藐视用户，使消费者对商家越来越丧失信心，采购、物流、营销、质监等商品管理部门不仅对供应商"唯我独尊"，对公司内部的营运管理部门也越来越缺乏"内部服务"意识。结果是：营采关系失衡，零供矛盾激化。我国零售采购正面临五大转变。

1. 营采体系：从制衡转向耦合

自从我国零售企业实施连锁化组织模式以后，商品管理与营运管理成为连锁公司的两条主线,商品管理偏重总部,营运管理偏重区域与门店。大部分连锁公司出于管理上相互牵制的目的,分别设置商品总监与营运总监,上层管理也相互牵制。其实,这是两个需要紧密配合的系统,尤其是在以通道费为主导的盈利模式下,就更需要相互支持。所以,商品总监与营运总监应该从属于一个上层领导的管理,这样更有利于协调两者关系,使强势的商品管理系统更多地考虑营运管理系统提出的要求,使整个连锁体系从"商品导向"逐渐转变为"营运导向"。我国台湾统一集团的"统一超商股份有限公司"的组织架构就与我国内地很多连锁公司不同,一个副总统管"营销群"(商品管理)、"营运群"(营运管理)、"加盟部"(特许加盟),这是因为这三个部门的相关性多于牵制性。国内连锁公司应该重新考虑组织机构的调整问题,加强商品与营运这两个部门的协调,有利于提高经营业绩。应该改变零售业两大体系互为制约的组织架构,建立更有利于两者协同配合的新的组织架构,如两大体系同属于一个次高层领导负责,以避免两者互不买账、相互抗衡、能量相互抵消的不良状况。

2. 采购政策:从供应商转向消费者

我国部分外资大型综合超市公司声称,通道费约占其综合收益的20%,而大型连锁超市上市公司年报显示,这个比例已超过40%。这一事实表明:通道费已成为我国零售业利润的重要组成部分,所以,在制定商品采购政策中往往更多地考虑如何从供应商获取更多的收益,并忽视了消费者的实际需求。这也是零售业的品类管理难以深入彻底实施的关键原因所在。通道费导致可有可无的商品越来越多。当前我国零售商看似很强势,实际上常常被供应商牵着鼻子走。商品价格制定与促销活动的安排,在很大程度上受供应商支配,因为零售商缺乏独立思考能力,仍然是一个没有长大成人的"孩子",而他们面对的却是经历了几十年甚至上百年的"国际豺狼",这是我国零售业最危险的现象。若想改变这一状况,最基本的是采购政策与营销计划的制定,要从关注供应商转向更关注消费者。一是要加强品类规划,根据业态特征以及自身的经营定位,从目标顾客群的消费需求出发,结合自身的成本构成与盈利目标,制定商品组合规划。这好比给企业的商品构成设计一个"模版",如商品类别的划分、各类商品细化(如品项选择、供应商选择、品牌选择等)、不同门店的商品组合、不同类别商品的促销组合、商品布局与陈列等空间规划。品类界定不仅为商品采购提供一个方向,更重要的是为商品营销提供策略导向。二是要做好盈利目标规划。商品毛利、通道费用以及资源性收益要相对平衡。采购环节的毛利水平控制虽然很重要,但零售商所需要的是"有销售的毛利",所以,实际毛利水平应该成为采购控制的主要指标之一。三是商品引进与商品淘汰应同步实施。目前的状况是:商品引进远远快与商品淘汰。结果是:商品配置与商品台账图的实施在营运环节就会失控,新品常常被积压在仓库里,无法快速上架销售。

3. 商品营销:从客数导向转向客单导向

客数导向注重客流量与广告拉动。在市场竞争日益加剧以后,零售营销模式渐渐转变为客单导向,即通过提升客单价来实现零售业绩,注重零售卖场营销、顾客体验与面售服务。为此必须实现两个基本目标:有销售的毛利与有毛利的销售。目前的很多零售店,商品进场以后价格虚高,卖场陈列的商品有50%~60%一两个月都不动销,这就是"没有销售的毛利";另一种情况正好相反,价格战把前台毛利消耗殆尽,虽然有销售,但毫无毛利,这是"有销售无毛利"。虽然盈利模式制约着商品结构的更新,但如果营运管理体系能与商品管理体系更配合,上述两个方面的问题就会有较大的改善,坚持若干年,一定会从根本上改变企业的盈利结构与盈利模式。除商品外,店面布置、商品陈列与服务人员素养,将成为未来零售业店面竞争的核心能力。如商品陈列,专柜模式是"品牌陈列",自营模式是"品类陈列",按照消费者使用习惯与商品的关联性来陈列即"关联陈列"或"交叉陈列"。但对某些折扣商品则可以采取"尺码陈列",如鞋类与服饰的折扣商品,就可以用这种方式来陈列,把所有不同款式、不同品牌的同尺码商品陈列在一起,让顾客去发现自己喜爱的商品,这种陈列方式能够让顾客有一种"淘宝"的感觉。

4. 采购流程:从内控转向外控

采购过程存在"利润杠杆效应",即采购成本的小幅下降可以较大幅度提高利润,采购成本与利润之间存在 1∶10 关系,采购成本上升 10%,有可能导致利润下降 100%。所以,大型零售商都非常注重对采购人员的管控。有些公司使用了很多先进的仪器和设备,如每一个采购人员的电话号码都是公司发放的,而且公司一再重申采购员的业务电话必须使用公司的电话,上班时间只许讲与业务有关的内容,公司会经常不定时地对采购员的业务通话进行信号拦截,并审查对方的电话号码。如果说内部管控是为了防止损失,那么,外部管控就不仅仅是防损的问题,更能创造价值。这可以从四个方面着手:

(1) 加强品类管理。自有品牌开发应该以品类管理为基础,不断提升品质管理和对上游货源管理的能力,并提升市场营销的综合能力。

(2) 自由品牌开发要从低端向优质转变。我国目前的自由品牌商品以低端商品为主导,自有品牌应该给消费者提供一个"购买的理由",品质保证应该成为消费者购买自由品牌的主导性"理由"。为了保证品质,零售商可以提高采购价格,同时对供应商提出更高更明确的质量要求,从而能够给消费者一个安全放心的承诺。这也是扩大零售业盈利空间的必由之路。

(3) 厂商联动,运用成本分析、价值工程等方法,降低产品成本与营运成本。例如,过去的驻厂员,与工厂的技术人员一起探讨生产成本的下降;又如,加强零售商进货与退货的计划性,以减少供应商的实际损失,这些企业间成本的降低,应该成为提高绩效的主导方向。

(4) 品质管控应该从商品审核转向供应商审核。由于视频安全问题频发,零售商为了从体系上保证商品品质,不仅需要对产品本身进行审核,更重要的是对供应商的审核,审核他们的质量保障体系与能力。

5. 生鲜采购:从单一转向多样

在我国农产品流通中,批发市场仍然是主渠道,全国 4 500 多家农产品批发市场,承担着约 70% 的农产品流通任务,城乡集贸市场、标准化菜场,甚至部分连锁超市和其他零售网点的货源,大部分来自农产品批发市场。这一基本事实谁也无法回避,而且在短期内不会改变。如果说农产品批发市场的质量没有保证,那超市生鲜食品的质量同样也无法保证。发达国家农产品流通的模式虽然有一定的差异,但农产品的"批发市场通过率"仍然在 50% 以上。在美国,由于超市和零售店的冲击,批发市场交易在蔬菜水果流通上所占比例有所缩小,但仍有 40%～60% 的蔬菜水果流通是在批发市场上实现的,仍起着主导作用。在日本,蔬菜等鲜活农产品在批发市场的通过率曾经高达85%,但目前的通过率仍然保持在65%。连锁超市的规模化经营虽然有利于建立"产加销一体化"经营体系,但农产品批发市场能够为大型连锁超市提供稳定的现货货源,即使在直销主导的经营模式下,超市仍然需要农产品批发市场的现货补充。在法国伦杰斯就设有欧尚的配送中心,欧尚销售的农产品大约有15%来自该市场,主要是为超市补充现货,起到拾遗补缺的作用。因此,生鲜食品的采购,并不是单一的"农超对接"模式,应该寻求更多的采购渠道与采购模式。既可以直采直销,也可以是向批发市场采购,既可以是经销,也可以是代销。如面向地产商品,就可以采用代销方式。这一点,日本的直销店模式可以借鉴。农民自行组织或由专业零售商组织开办"直销店",一般是同城农民直接进店"寄售"农产品。在日本,这种店叫"直销所",其背景是1991年日本农林水产省将农民分为销售型农户与自给型农户,自给型农户在统计与政策扶持上从此被排斥在外。为了生存,自给型农户联合起来自建了直销所,销售他们的消费剩余产品或在大规模销售系统无法销售的产品。在九州有一家名为伊都菜彩的直销所,店铺面积2 500平方米,拥有400个停车位,位于离九州岛的中心城市福冈市中心驾车30分钟的郊区。该店大约有1 000户会员制的供货农户,其中自给型农户占到60%。采取农户委托直销所代销的形式,但产品由农户(生产者)自行包装,自由定价(店员根据市场行情给予相关的定价等方面的指导)。店铺收取销售额的15%(农产品)到20%(加工产品)的手续费。销售的产品及比例分别为:蔬菜瓜果花卉大米40%;畜产肉类15%;水产15%;加工产品(盒饭,点心,咸菜等)20%。本地产品比率达到90%以上。平常工作日的顾客为当地顾客和市区顾客各占一半,而到了周末假日市内客人可达到70%以上,在10 000人次左右。人均消费单价为2 500~2 600日元,一天最高达到过1 200万日元销售额。零售企业也可以在店内开辟"直销专区",代理销售地产农产品。

有人说:"价值型连锁经营方式的本质是自主经营","代销会丧失零售精神"。自主经营或代销,这些都是属于零售业发展方略层面的问题。自营不会淘汰代销,代销也不可能一统天下,这两种经营模式会在零售行业长期并存。

坚持代销的零售商,其实并不缺乏零售精神。因为他们知道,在特定环境条件下,在自身实力还不是很强大的情况下,在消费者的需求还不是很挑剔的前提下,代销是能够推进快速扩张的最有效方式。这好比"独裁的管理方式",虽然受到各种指责,但仍然是"最有效的管理方式",其有效性来源于高效率的决策与执行,条件是"独裁者具有大德大能"。

衡量连锁的价值,或价值型连锁的本质,也不是"自营或代销"。但有一个问题涉及连锁价值——把一切都标准化以后,连锁组织有点像一个塑料机器,传统零售的优雅、人性与便利日渐褪色。关键的问题还在于有不少零售商缺乏"用户意识"。

四、自有品牌开发

自有品牌(Private Brand,简称PB)一般是指零售商通过收集、整理、分析消费者的需求后所开发的新品牌,拥有自设的生产基地,或委托合适的生产企业,且独立控制销售渠道。可见,自有品牌商品是零售商从设计到经销全程控制的商品。

自有品牌是与制造商品牌(Manufacture Brand)相对应的处于分销渠道中间环节的中间商品牌(Intermediary Brand),批发商、零售商、代理商和经纪人等中间商使用自己开发的品牌生产与销售商品。因此,自有品牌又被称为私有品牌(Private Label)。

(一)零售自有品牌的发展历程

零售自有品牌,是零售商用自己的商号对其经营的商品做背书,并以此获取顾客信任的一种有效经营方法。这种经营实践的历史,可以上溯数百年甚至上千年之久,并在过去半个世纪得到了快速发展。

20世纪五六十年代以后,欧美国家在经济、社会、技术等领域的高速成长,使企业家们个人和企业组织的经营能力得到了广泛提升,造就了众多持续成长,并最终形成具有世界规模的企业。其中,在消费品供应与零售终端经营者之间,形成了一种特殊关系。为追求长期经营效益,两类企业基于各自的专业立场,发挥独特优势,逐渐发展出了相互呼应、彼此衬托、影响消费者的两种有效方法。

因为掌握生产环节,在产品创新方面占尽先机,消费品供应商在"产品品牌"经营上狠下工夫,获得了突出优势,涌现出了保洁(P&G)、可口可乐(Coca Cola)、雀巢(Nestle)、联合利华(Unilever)、百威(Budweiser)、强生(Johnson & Johnson)等一批优秀的消费品"品牌商"。它们在深入了解消费者购物习性的基础上,创造性地应用一系列营销手段(Marketing Practices),让消费者对其提供的品牌商品(Branded Products)产生心理依赖,愿意付出比产品制造加上流通成本高很多的价格购买并消费,从而创造了显著的品牌附加值(Brand Premium),并随着生产规模的扩大,获得了巨额利润。

在这些掌握了"品牌经营"密码的消费品供应商快速进步与成长的同时,反应敏捷的零售企业家们发现了巨大的商机,他们纷纷以那些有影响力的知名品牌商品(National Brands)为招牌,在功能、品质和价格上与其他商品做搭配,通过固定的店面为自己商圈内的顾客提供组合起来的商品(Merchandise Assortment),获得综合利润。这种经营方法的一个直接结果,就是零售企业通过一部分消费者信任的消费品品牌吸引顾客,不断复制同样的门店,造就了大规模连锁企业的涌现与快速发展。

作为交易对手,零售企业和消费品供应商之间,既有共同的利益,又有独特的矛盾,在平行成长的过程中,双方始终在争夺利益分割的比例以及对消费者影响力的最终决定权。零售自有品牌是在这个争夺决定权的过程中,由零售企业不断发展与完善的工具。发达国家市场的零售企业使用这个工具的历程,大致经历了三个阶段,早期专注于价格,后来注重品牌内涵,目前普遍把自有品牌作为差异化的核心。

大多数零售企业开发自有品牌最早的动机是价格。在自由竞争的发达市场中,制造端的产能过剩是一个普遍的经济问题。与大多数知名品牌的商品对照,都可以找到功能一致,质量一样或接近的替代品。有产能没销路的供应商往往会很愿意为零售企业提供这样的产品,代价仅仅是制造成本加上适当的利润。这样,零售企业就有机会向自己的顾客提供比知名品牌更有价格竞争力的商品,而且自己得到的毛利(Gross Margin)更高。强势的零售企业以自己的商誉为这种更便宜的商品做背书,通过把自己的商号或所控制的品牌等标识(Logo)直接打到产品的包装上,并以"公平的价格"对顾客发出号召,这就是零售自有品牌发展之路的第一个阶段。这个阶段,零售企业经营自有品牌商品的能力,主要表现在对商品制造过程的技术、原料和工艺的把握,其采购的目标往往不是产品(Products),而是过剩的产能(Production)。

在以更优惠的价格为主要目标发展自有品牌的过程中,零售企业会发现,仅仅靠"公平的价格"往往难以说服消费者从知名品牌转向同质的自有品牌。顾客对知名品牌商品的依赖,有着各种非理性因素,而优秀的消费品品牌经营商,都有成套的"品牌经营"(Brand Management)体系和一系列有效的操作手段,不断强化消费者对其品牌的心理依赖。积极进取的零售商开始吸取品牌经营商的方法和手段,把自己的零售门店品牌和自有品牌像"真正的品牌"一样经营。这个时候,零售企业会在目标顾客定位、产品价值塑造、产品包装设计等方面下工夫,甚至在自有品牌的推广上,采用诸多被品牌经营商惯用的推广和传播手段。这个阶段,零售企业经营自有品牌的能力,主要表现在综合的市场营销能力(Marketing Management Proficiencies)上。

最近十多年,零售企业所处的竞争市场又有了突出的新变化,出生于互联网时代的新消费者逐渐长大成人,移动互联网技术催生了各种新的传播方式与社交形态,消费者本身的生活习惯也快速变化着,很多零售企业认识到,培养顾客对自己零售门店/终端品牌的忠诚度比以往任何时代都更加重要,而自有品牌是创造并维护顾客忠诚度的最核心手段,优秀的零售企业纷纷加大投入,走到供应商的前头,在产品概念的塑造和营销推广方面不断创新,积极发展对顾客有特殊吸引力的自有品牌,并通过这些独特的自有品牌商品,进一步强化自己的零售门店/终端品牌。这个阶段,零售企业经营自有品牌的能力,是在战略、开发、营销等各领域的综合能力,融合为企业核心竞争能力的重要组成部分。

(二)中国零售企业的自有品牌困境

现代零售在中国的发展,始于20世纪90年代。那个时候,在政府的鼓励和支持下,富有探索精神的企业家们积极学习,认真模仿,把从日本、欧洲、美国学来的各种经营方法,结合自己的理解与中国市场实际,灵活地应用在经营实践中,创造了中国现代零售快速发展的20年。客观上,各种连锁业态的出现,配合着日益提高的消费水平和高速增长的消费市场,成就了一大批企业家和他们快速成长的企业。这种普遍性的快速成长,需要企业家们的粗放型管理,如此也产生了一些发展性的问题,而当前普遍遇到的自有品牌困境,就是这类问题的突出典型。

首先,中国零售企业的自有品牌困境,体现在理解与认识上的诸多错误。很多业内人士在提到"自有品牌"的时候,喜欢引用一个英文缩写词"OEM"。实际上,这个词跟零售自有品牌没有什么直接关系。在国际上,它原本主要用在品牌服装、汽车配件和电子产品领域,指那些超大型的跨国企业把设计好的产品,以及与其相关的设备和生产工艺通过许可证委托给第三方完成制造的方式。OEM是Original Equipment Manufacturer的缩写,专指接受委托的制造企业,是个名词。可是在国内零售行业当下的流行语境中,这个词可以是名词,也可以是动词,还能是形容词。这个看起来微不足道的小事,反映的是国内零售学术研究者和经营者与国际企业在根基上的差距,也直接把经营实践引入了歧途。类似的情况还有"贴牌"这个词。

其次,国内零售企业在营运管理(Operations Management)上的不完善,也是造成自有品牌经营困境的重要原因。商品构成管理（Assortment Management）是国际上成熟的零售企业日常经营管理中的一个基础环节，以确定在门店中究竟要卖哪些商品。商品构成管理的简单结果就是每一个商品都在货架上有自己的位置，同时又承担一定的财务指标。很多国内企业根本没有这项工作，"采购"与"销售"被硬性割裂开来，采购来的商品在门店找不到陈列位置，商品的经营指标没有分解到具体 SKU 上。在这样的混沌状况下，由于自有品牌缺乏清晰的营销目标（Marketing Objectives），很容易沦落成无足轻重的"又一个"多出来的商品。

缺乏长期战略目标，是零售企业自有品牌困境的第三个重要原因。很多国内零售企业积极投身自有品牌开发的动力是"毛利高""东西好"，或者有"特殊的货源关系"等领导者个人的见解、喜好和资源，关注的是眼前利益，缺乏长期规划，没有从了解顾客需求和发展战略出发，将提升自有品牌开发与经营的能力，当成一个需要当下投入，未来受益的事情来做。

在综合的市场营销能力不足的情况下，一个企业很难在自己的零售品牌与顾客之间建立牢固的联系，自有品牌的"品牌塑造"就更无从谈起。

（三）零售自有品牌在中国市场的发展展望

中国零售企业发展自有品牌的前景广阔，空间巨大。但要在这条路上达到成功，需要跨越三个台阶：品类管理、商品控制和综合营销。

入门的台阶是品类管理，企业要在运作体系上增加与完善"卖什么商品是对的"这个职能。品类管理创始人布莱恩·哈里斯博士（Brian Harris）曾解释说，好的零售门店就是用商品为顾客做一幅生动的图画。在已经做了品类管理的成熟企业的门店中，每一件商品都必然有自己的市场定位和经营指标，没有哪一个商品是可有可无的。这个时候，当零售经营者希望这幅画有不同的画风时，每一个自有品牌商品也都能找到相应的位置，承担一个具体的、在顾客面前表现不同画风的角色。反之，如果一个零售企业没有认真做过品类管理，自有品牌出现的理由不过是更低的价格或更高的毛利，却找不到它在给顾客看到的那幅用商品做出的图画中，到底是哪一笔哪一划。这样开发出来的自有品牌商品，不论其价格多便宜，其成功的可能性几乎为零。

从品类管理再上升一个台阶，是零售企业控制自己所经营商品的能力，包括对品质的把握和对上游货源管理的能力。在当今这个高度发达的商品市场中，任何功能的产品，都会有多种层级的不同替代品。这些替代品大都是品质与价格在不同水平上相互让步与折中取舍的结果：品质好的往往价格高，价格廉的常常品质不佳。但这些差别，在消费者眼里，其实没有绝对的"好"与"差"，不同的消费者群体会有自己的最佳"价值"选择。欧美成熟的零售企业，自有品牌的产品规格和原料成分大多数由企业的市场部门（Marketing Department）提出，其依据是企业的目标顾客和产品定位。在此基础上，商品的获得过程，分为"采购"与"货源优化"两种紧密关联却截然不同的工作，"采购"（Buying），是专业解决商品物权转移过程中的各种条件；而"货源优化"（Sourcing）是专业解决"同样的品质，更有效的供应"。一个零售企业的采购能力与货源优化能力综合起来，就是其控制商品的能力。

零售企业需要跨越的最高一个台阶，是综合市场营销能力。这个能力是认知消费者，并把对消费者购物行为的深层次洞察,与企业的发展目标、体系架构、运行机制等有机地结合起来,在经营实践中不断修正与创造,通过商品和服务,让自己的零售品牌在特定顾客群体的心目中,造成心理依赖感,达到顾客忠诚。只有到达了这个高度,不论是零售门店、终端品牌,还是零售自有品牌,才是真正的"品牌"。

五、商品开发的六大要素

回顾我国零售业三十多年的发展史,都是以模式创新为主导,连锁模式、食利模式、城市综合体模式、小业态模式、电商模式、到家模式、O2O模式、全渠道模式等,2015年我们曾把这些模式概括为"商毛八型",即后毛、狗毛、尾毛、雁毛、商毛、地毛、金毛、数毛。

乐城股份总经理王卫则认为:几乎所有成功的企业,无一例外都是模式的开创者,或者是在某种模式中迅速成为领先者,如沃尔玛是折扣店的开创者,麦德龙是仓储超市,7-11是便利店,亚马逊是电商。所以他在开发"生鲜传奇"新模式过程中致力于标准化建设,把开店速度提升到了7天,把陈列布置速度提升到了2小时。这是标准化的力量!

名创优品的创始人叶国富从实践中总结了商品开发的六要素,即品牌、产品、市场规模、物流、IT资讯化系统、商业合作模式,并称之为"六驾马车"。

1. 品牌

品牌是产品开发的第一要素,但品牌必须依靠商业模式的推广才能有效发展,企业应该把"品牌"建设得像大树那样根深叶茂,才能有永续的发展。在商业社会,每一个产品与生俱来就会有一个牌子,牌子是产品的自然属性。依靠投入与传播,甚至轰造爆点,往往能使"牌子"升级为"名牌"。但如若想把"名牌"锻造成"品牌",则需靠耐力和形象维护,"品牌"是富以后的贵,是知名度、美誉度与偏爱度的综合。

20世纪最伟大的发明是把水变成了饮用水。因水而致富:一个新的产业出现了,卖水的、运水的、水处理的、贴标的、做包装的、做广告的纷纷兴起! 水——饮用水——有牌子的饮用水——熟悉的饮用水——偏爱的饮用水。这就是品牌建设的全过程。聪明的人又把水变成了无数有趣的故事:在水里加点树叶,现代人称之为茶饮料;在水里加点橙汁,现代人称之为鲜橙汁;在水里加点颗粒,现代人称之为珍珠奶茶;所有人都看到了水,可又有多少人能发现其中的价值? 当水越来越成为稀缺资源时,水的故事还在延续。

2. 产品

产品是内容,是满足需求的一种载体,更是产品开发的核心要素。在与上海城市超市(City Shop)创始人崔轶雄交流中问起:城市超市小而专做得这么好,有哪些招数?他说:"就一招,把商品做好!"他还介绍说,"我们的定位就是卖好东西,卖好吃的东西"。接着问他:你卖场里现做的一份蛋卷要卖20元,比马路小摊上现做的蛋卷贵一倍还多,有什么讲究? 他说:"没有什么特别的讲究,我们用黄油,路边摊用精制油。当然,还有鸡蛋是否足量。做食品不要偷工减料就行了,道理就这么简单! 老板的出发点不一样,结果就不一样!"这不仅仅是一个商人的"良心"问题,更是一个立场问题,立场站错了,一切都会错。

到底是模式重要还是产品更重要? 名创优品全球联合创始人叶国富的回答是:不在产品的模式,而在设计的力量! 他说,2015年互联网创新项目的95%都死亡了,但他却做了 50 亿元。为什么？靠产品发力！靠设计的力量，用质量、价格、美观树立了产品信誉，用环境好、服务好、产品好、价格好"四好"踩到了消费热点，10 元一支的眉笔居然能卖出 10 亿元。足够的差异化才是做产品的王道。

3. 市场规模

市场规模是市场化开发产品必须冲破的一个坎，一个没有规模的产品可能是一个非常优秀的产品，也可能是一个有生命力的产品，但这样的产品终究无法成为一个大众化品牌。一个局部市场的品牌如果要推广到全国乃至全球，则需要更大的资本推动，所以，有不少公司选择了"上市"。在零售行业，许多区域性零售公司通过上市获得了更多的资源，从而实现了全国发展的目标，如永辉超市就是很典型的一个例子。

但有些企业就是不想走"规模化"的道路。上海红宝石食品有限公司就是最典型的一个例子。从 1986 年成立中英合作的"红宝石食品有限公司"到 2016 年整整 30 年，只开了 60 家门店。上海面积约 7 000 平方千米，南北长约 120 千米，东西宽约 100 千米，60 个店铺显然未能覆盖所有消费人群。不是因为租金太高，更不是因为业绩不好。红宝石每家门店的投资额约为 30 万元，比内资便利店的投资额高，比外资便利店的投资额低。但其销售额远远高于便利店，大多数门店的年销售额高达 700 万元，有些门店的年销售额超过 1 000 万元。利润率保持在 11% 以上。与面包房相比，其业绩也比较好，如 85℃ 日均销售额一般为 2 万元。

它们只用"慢功夫"来做市场。公司决定：在未来 10 年再开 40 家直营连锁店；仍然坚持稳步发展战略，不上市、不急速发展；严控产品质量；基本不改变现有的门店经营模式。这是一种稳健的营销战略。

与"红宝石"形成鲜明对照的是在第一章介绍过的"盒马鲜生"，创业第一年就试图覆盖全上海，并将连锁店拓展到了北京、宁波、杭州等地。快慢之道，各有千秋。

4. 物流

商品流通中的商流、物流、信息流的结构，在电子商务与移动化背景下正在发生革命性的变革，商流与信息流越来越虚拟化，但物流终究无法"虚拟"，必须一件件、一包包、一箱箱，实实在在递送到用户家里。所以，物流已经从"后勤""辅助""配套""服务"等功能上升为流通的主体功能，甚至可以说，流通即物流。

物流甚至具有颠覆传统零售的功能。如果电商企业能以更低的成本将商品配送到家，包括大卖场在内的很多实体店将面临更严峻的挑战。

5. IT 资讯化系统

2014 年，我国移动端用户首次超越 PC 端，移动化才使零售业有条件实施大数据营销，因为当数据从传统桌面计算机（PC）转到移动终端时，便能实现数据的实时（Real Time）、适时（Right Time）与全时（All the Time），即 3T。这就是移动大数据的核心所在。传统的数据是结构化的数据，而且主要是事后的交易数据。如零售行业以往的经营分析以 POS 数据（即店铺每日生成的交易明细）为基础，核心是"单品、单店"数据分析。如今有了手机，可以把握消费者全时信息，获取消费者的实时信息，再适时把有关商品和服务推送给潜在用户。可见，最大的数据来自最小的设备（手机）。这方面一个很典型的例子就是"盒马鲜生"，线上订货只开通手机 APP，不考虑 PC 端。

移动大数据营销,也使电商与店商之间的战斗从"引流战""支付战"直接过渡到了"阵地战",零售业进入了一个新时代。开医院的引进咖啡店,做酒店的卖床上用品,每一罐加多宝都成了另一个平台的流量入口,买休闲食品的甚至想卖手机,零售的边界似乎越来越模糊,零售的视角也越来越新锐,从前始终认为1 000平方米以上的铺面才具备做好生鲜的基本条件,如今在安徽合肥有一个叫"生鲜传奇"的品牌,300平方米的生鲜超市就做得风风火火。

6. 商业合作模式

传统商业是"闭环商业",把主要精力集中在商品采购与商品销售这两件事情上。其商业逻辑是:开更多的店,树立更强的市场优势,实现更大的销售额,获得更多的供应商的支持。互联网背景下的商业是"网联商业",商业主体与消费者、竞争者、相关或不相关产业之间,处于一个网状的多维结构之中,相互依存,相互融合。所以,商业合作变得越来越频繁,包括线上线下的融合,纵向一体化融合,横向跨界融合,这一切都预示着商业合作模式越来越多样化。

从产品来说,混搭成为一种时尚。皮草混搭薄纱,晚装混搭牛仔,男装混搭女装,这是个性化穿着风格的混搭。另一种混搭是不同身价的品牌的混搭,价格低廉的优衣库品牌与顶级品牌的混搭,柳井正把优衣库定位于"服装的零配件",优衣库把店开到了法国巴黎老佛爷百货公司隔壁、美国百老汇的对面,在伦敦最繁华的商业街开出了三个楼层的旗舰店,在日本则在爱马仕对面开店。个性化演变成"消费混搭",从而导致了"店铺混搭""品牌混搭",也促成了许多企业开始实施"多品牌战略"。

同时,还出现了跨界混合营销,如品牌联合,英国超市 Waitrose 通过印度零售商 K Rahejade HyperCity 销售其自有品牌,智利超市 D&S 销售美国零售商 Safeway 的高端自有品牌商品,还有多样化选择的例子,如在英国比萨饼速递也为零售商供货,麦当劳的土豆薯条在德国的超市也有销售,沃尔玛在美国以自有品牌名义销售冷饮等。在国内,2015年6月份,上海百联集团、北京王府井百货与香港利丰集团发布新闻,决定联合开发自有品牌,利丰集团重点负责品牌设计开发,百联与王府井重点负责渠道开拓,三者联合是我国自有品牌跨界混合营销的重大举措。

六、商品营运的六定原理

商品营运的六定原理旨在建立起一套商品管理的标准化模式。乐城股份总经理王卫在开发"生鲜传奇"新模式过程中,首先提出了"五定",即定位、定数、定品、定价、定架。"生鲜传奇"实施"五定"的结果是:开店速度提升到了7天,把陈列布置速度提升到了2小时。这是标准化的力量!但作为定架的基础是"定区",所以,应该是"六定"。

1. 定位

就零售业而言,定位就是确定自己的经营功能,明确目标顾客群的需求,给他们画像,并通过有效的传播获得消费者的认同。如"生鲜传奇"把自己定位于小区居民的"家庭厨房",满足的是"中产阶级家庭的一日三餐"之需。所以,他们认为:社区店≠便利店,而应该把"生鲜店"作为社区的主力店。与此定位相关的基本数据是:店铺面积300平方米左右,面向 2～3 口之家,家庭年收入 8 万元以上,家庭年餐饮及相关支出 2 万元以上,客群主体是 25～65 岁家庭人群,日均销售 3～4 万元,每天 1 200～1 500 交易笔数。从而确定店铺的格调:装修简约(符合审美),凸显科技(符合知识),品质商品(符合身份),卫生环境(符合习惯),田园风格(符合情趣)。可见,定位不是一句口号,更不是一个概念,而应该有实实在在的数据与表现形式。

我国超市经过 20 多年的发展,早已呈现出差异化格局,业界普遍认为生鲜化与餐饮化是基本的发展趋势,但具体如何实施,有待实践探索。

由于食物结构与制作方式不同,国内外的超市面积有所差异。从前最赚钱的标准超市已经开始亏了,也许是租金高,也许是空间不够,粘性差,可有可无,所以难以吸引顾客。那么,在中国,到底多少面积的超市更有发展前途?

乐城股份总经理王卫认为,开小业态,发展不错,比标准店小,比便利店大,类似上海从前开的伍缘折扣店。但是王卫的店更注重生鲜品类与休闲品类,亲近顾客。

城市超市总裁崔轶雄则表示,最麻烦的是 500 平方米的店,建不了厨房,讨好不了顾客的口感,粘性差就没前途,至少得有 1 000 平方米的面积。

《零售 O2O 心法、招法与实战》作者张陈勇表示,1 000 平方米的精品店,强化鲜食的超市有前途。国外确实有很多小店,但是中国人口多,2 000 平方米的社区店还是不能满足消费者的需求。

雨润集团电商项目负责人、前大润发店总王剑峰认为,小超市或便利店不受电商影响,反而能有大发展,甚至利用电商与周边的居民互动,1 500 平方米左右"不大不小"的店最危险。

联商网 2016 年调查显示:34%的行业人士选择 1 000～2 000 平方米的店铺;300 平方米占 25%;2 000～5 000 平方米占 17%;500 平方米占 14%;5 000～10 000 平方米不到 8%。

上述数据可以得出三个结论:第一,不看好超市大店,主要是大卖场和综超(大卖场 6 000 平方米以上,综超 2 000～6 000 平方米);第二,普遍看好小业态,但到底是 300 平方米还是 500 平方米有争论,有待实践;第三,1 000～2 000 平方米的店铺有人认为是未来的主力店,但也有人认为还是小业态、小商圈的社区小店更有吸引力。不过,由于中国地域广袤,消费差异巨大,各种业态都会有一定的生存空间。

2. 定数

每一家店铺能承载的商品品种是有限的,而且并不是品种越多就越吸引人。国际上著名的连锁公司,商品的品种都有"定数",如美国山姆会员店(Samsclub),好事多(Costco),营业面积都有数万平方米,但品种数都控制在 4 000 种左右。德国阿尔迪折扣店(ALDI)经营品种 1 500 种;美国乔氏超市(TraderJoe's)经营品种 2 000 余种。日本卖场经营品种 10 000 种。

3. 定品

定品是一个"选品"的过程,是品类管理的一个重要组成部分,但选品策略或品类管理不等于"销售排名"。按照销售排名所确定的品类,不能反映消费者的真实需求,应该从销售数据之外去挖掘消费者的真实需求。有四点特别重要:

(1) 要形成系列。例如,被业界誉为最美乡镇超市的河南巩义"金好来超市",根据乡镇消费市场特点,将品类压缩到传统超市的1/4,以类似店中店的形式展示陈列,形成了金妍美妆馆、家居用品馆、金宝贝婴童馆、金大嘴零食馆、生鲜馆等五个模块。

(2) 要适应消费趋势。如为了迎合爱玩一族,厦门见福便利店专门设置了"玩具城"货架,罗森便利则开发了"动漫便利",为了迎合吃货一族对休闲食品的需求,"生鲜传奇"在店铺内设置了"乐大嘴零食公园",就是因为他们发现:零食主食化是全球性趋势。中国消费者,除了关注收入以外,最关注的就是健康与便利,具有健康概念的产品,以及能迎合消费者便利化渴求的产品,更能获得消费者的追捧。

(3) 要差异化,但不能过度差异化。核心商品要厚,差异化商品要足。

(4) 要不断更新。在依赖通道费的商业模式影响下,该进的商品进不来,该出的商品出不去,商品管理长期处于"肠梗阻"状态,零售业的很多"病痛"其实都源于这个结症。只有及时淘汰商品,才能快速引进商品。

4. 定价

定价有两个基本原则:第一,不能忽悠消费者;第二,不能跌破进价。但如今,很多商家已经违背了第一条原则,如促销前提高"原价"。尤其是在资本的推动下,以补贴为主导的营销活动,也常常突破第二条原则。所以,当前的某些零售商是不穿底裤而狂奔的"裸奔商"。尼尔森的研究显示:迎合品类高端化的趋势,高端的创新产品拥有更多机遇。但在大众消费领域,商家们更关心消费者对价格的敏感性,所以,迎合"低价诉求"是他们的基本策略。例如,"生鲜传奇"坚守"必须最低价"的经营理念,所有商品全部现款从厂家直采,保障最低的进价,也保证不高于任何大型卖场的售价。每月对大润发、沃尔玛、家乐福、永辉等大型卖场进行价格调查,公示采价结果,确保每一款同样商品不高于任何一家大型卖场。并且欢迎消费者的监督,如发现有价格高于其他卖场的商品,将退返差额并赠送礼品。

5. 定区

定区就是要确定不同商品在卖场的区位。任何卖场,从大的方面来说,一般都可以分为前场、卖场、后场三个部分,前场是收银机以外的区域,包括停车、服务台、招商区等,后场是办公、生活、加工、内仓等区域。这里所指的"定区"是指卖场区域的划分,一般按照商品来划分,如超市划分为:生鲜区、干货区、家电区、百货区等,便利店则划分为:收银结账区:后壁柜、收银机架前架、收银机;橱窗区:出版品、报纸、复印机、传真机;跨界合作区:如彩票销售、火车票取票等;食品服务区:蒸包机、熬点机(关东煮锅)、甜点箱、茶叶蛋锅、热罐机;杯装饮料区:豆浆机、咖啡机等;冰箱区:冷藏冰箱Reach-in(啤酒、饮料)、冷冻冰箱Reach-in(冰品、冷冻食品)、卧式冰箱CD5000(冰品)、风幕柜Open Show Case(乳品、速食)等;货架区:165 cm高货架,135 cm低货架(食品、用品);餐台区:顾客堂吃餐饮区;通道区:顾客购物动线,分主动线及次动线;仓库区:办公室、库存商品区、退货区等。

6. 定架

定架就是要确定商品的货架位置,一般可以用台账图来实现,就是商品配置表,一个货架就需要一张配置表,表示货架类型、层高、层面、位置、样面等信息,还可以计算一个货架的目标销售额、毛利率、毛利额等相应指标。这是实施商品采购、商品陈列、商品订货、商品配送、商品淘汰与引进等商品管理的最基本工具,商品台账不能随意变更,任何变更都必须按照规定的流程操作。但实践中,这样一个有效的商品管理工具往往难以持久运作,总部引进商品与门店上架陈列完全脱节,导致商品管理混乱。

 问题与探讨

    1. 掌握以下基本概念:供应链、供应链管理、物流托盘化、托盘标准化、托盘共享化、托盘集装单元、托盘作业一贯化、啤酒游戏、长鞭效应、供应商管理库存。

    2. 供应链管理与物流管理有什么区别和联系?

    3. 解决长鞭效应有哪些途径?

    4. 如何优化零售供应链?

    5. 什么是采购利润杠杆效应?

    6. 我国连锁公司的商品采购有哪些基本形式?具体如何操作?有哪些特殊性?

    7. 采购考核主要有哪些指标?

    8. 有效控制库存必须具备哪些条件?

    9. 什么是自有品牌?

    10. 自有品牌开发的基础是什么?

    11. 如何理解商品开发的六大要素与商品营运的六定原理?

第5章 组织与绩效管理

零售业经历了多次革命,以往的变革主要以零售业态与组织模式为核心,在互联网时代,技术进步与消费升级对零售变革的影响越来越大。

引导案例 "两东"的零售革命说

京东集团 CEO 刘强东 2017 年在《财经》杂志发布署名文章《第四次零售革命》认为:新技术正在给各行各业带来巨大冲击,也把零售业推到了风口浪尖。但技术的应用从来都没有在根本上改变零售的本质。零售业的本质就是:成本、效率、体验。下一个 10~20 年,零售业将迎来第四次零售革命。这场革命改变的不是零售,而是零售的基础设施。整个零售系统的进化说到底就是信息、商品和资金流动效率的升级;信息、商品和资金服务的提供者在一步步走向社会化、专业化。零售的基础设施将变得极其可塑化、智能化和协同化,推动"无界零售"时代的到来,实现成本、效率、体验的升级。

刘强东的"四次零售革命论"有三个核心要点:① 外部化,把专业的事情交给专业的人去做;② 智能化,那些做专业事情的人具有投资智能化算法、算力、数据的能力与实力;③ 高效化,这是终极的内部目标,只有效率提升了,才有条件谈顾客体验的改善。我觉得这是一个比较靠谱的零售业发展逻辑,更具有京东集团的战略意图在里面。

在 2017 年苏宁云商投资者交流会上,苏宁云商集团董事长张近东对投资者们表示:"我们正在经历的虚实融合的智慧零售就发生在中国,而苏宁正是创新者和引领者。"他认为:智慧零售发生在中国:零售的前两次变革,分别是实体零售和虚拟零售,都是率先发生在海外。虚实融合的智慧零售就发生在中国,苏宁正是创新者和引领者。智慧零售提升效率与体验:智慧零售培育数据牵引的供应链机制;贯通线上线下,实现互联网化运营;为企业和用户构筑数据化、科技化的服务能力和体验。智慧零售拓展新业务:智慧零售加速了苏宁物流、金融等核心能力的开放,变革了盈利结构。

点评 张近东先生与刘强东先生所说的零售革命,虽然有三次与四次之分,但核心都是"智慧"两字。智能化从当前来看,不过是涓涓细流或是萤火点点,但最终必然汇集成汪洋大海与缤纷世界,成为水电煤气那样普遍与必备。正如盒马鲜生创始人侯毅所说:"今天的人类还很幸福,仅仅是人和人的竞争,未来是人和机器的竞争,人基本没有胜算。所以未来最大的能力就是不断学习的能力,否则一夜之间你的专业给机器替代了。"其实,现在已经是人和机器在战斗!所以,对于大企业来说,怎么重视商业智能

> 都不过分。就这一点来说,2016年联商网十佳专栏作者鲍跃忠的观点是很有价值的:零售业的发展总是以高投入、高成本的业态取代低成本、低投入的业态。零售业是一个需要不断追加投资的行业。但我国零售业长期以来只有短期负债而没有长期负债,这也是我国零售业投资不足的具体表现之一。

一、零售革命

零售,是一个古老的行业,其历史可以追溯到公元前17世纪我国商朝。经济学家普遍认为,自19世纪中叶开始,零售业先后爆发了百货商店、连锁商店、超级市场、无店铺销售"四次革命",但这四次革命都是先在西方国家兴起的。

(一)零售革命观点概述

1. 李飞的八次零售革命论

2003年9月,清华大学教授李飞的学术专著《零售革命》由经济管理出版社出版。该书认为:从20世纪90年代中期开始,中国爆发了一场综合性的零售革命,西方150年以来爆发的百货商店、一价商店、连锁商店、超级市场、购物中心、自动售货机、步行商业街、网上商店等八次零售革命,几乎同时在中国出现。对世界八次零售革命进行了较为完整的论述,对中国的零售革命进程进行了整体回顾,对中国零售行业各业态的发展趋势进行了推断,同时提出了较为系统的发展建议。

"一价商店"虽然没有繁荣发展,但对零售业发展的影响不可估量。一价商店是百货公司经营的延伸,是指所有商品按同一零售价格出售的商店。如美国的1美元商店、10美元商店。一价商店大多以经营日用小商品为主,并采取廉价促销策略。

一价制作为一种销售方式,起源于英国。于1884年由英国马狮百货公司的创始人米高·马格斯(Michael Marks)发明,马氏从中领悟到了商业经营的两条简单的定律,即让顾客自选货物和自助购物。其实,自20世纪30年代开始,这两条定律已成为经营零售业的基本原则。也许正是由于这个原因,李飞教授才将"一价商店"作为一次零售革命。

2. 颜艳春的三次零售革命论

2014年3月,颜艳春先生的专著《第三次零售革命:拥抱消费者主权时代》在机械工业出版社出版。清华大学经济管理学院教授、中国零售研究中心常务副主任李飞的推荐语写道:"世界和中国零售业正在发生着巨大的变革。作为零售学的研究学者,我经常思考零售业明天究竟会变成什么样,但还没有清晰的答案。《第三次零售革命》给了我们很好的说明和启发,值得一读。"

颜先生认为:过去50年零售业已经发生了两次革命,第一次零售革命是沃尔玛创始人山姆·沃尔顿(Sam Walton,1918.3.29—1992.4.6)发动的全球地面店互联,是连锁商店革命,其背后是"全球私人卫星网络技术";第二次零售革命是亚马逊创始人杰夫·贝索斯(Jeff Bezos,1964年—)发动的电商革命,其背后是"PC互联网技术"。第三次零售业革命的发起者是每一个消费者,因为我们将进入消费者主权时代。颜先生对此的注解是:"如今消费者已经成为世界的中心,他们通过移动互联网、社交网络和物联网实时连接起来,正在形成一股巨大的看不见、却又能真实感受的力量。每一个消费者都可能是下一次零售的发起者。"

3. 王成荣的四次零售革命论

2014年8月,《北京财贸职业学院学报》第30卷第4期发表了王成荣(1958生,男,北京人,北京财贸职业学院院长,二级教授,管理学博士,享受国务院政府特殊津贴专家,中国商业联合会专家委员。研究方向:流通理论、品牌价值与企业文化)和黄爱光(1974生,男,云南昆明人,北京财贸职业学院副研究员,研究方向:商业经济)合作撰写的论文《迎接第四次零售革命》。2014年11月由王成荣等著的《第四次零售革命——流通变革与重构》一书在中国经济出版社出版。

他们认为:由信息技术变革所催生,以电子商务和移动电子商务为表现形式,正在爆发一场继百货商店、连锁商店和超级市场之后的新的零售革命。这场零售革命就是第四次零售革命。第四次零售革命很难用一种新的零售业态如"网上商店"的出现来标识,这场零售革命不仅推动了零售新业态的诞生,而且渗透到零售每一个细胞中,推动了每一种传统零售业态的变革,是一次零售全业态、全渠道的革命,它改变着零售模式以至于整个流通生态。

(二) 零售革命的动因

从历史演变视角来分析,以往零售变革的基本驱动力有两个:支付方式与技术改进。而零售的未来发展有七个思考维度:需求、技术、传播、效率、物流、数据、资本。

1. 支付方式是推动零售变革的基础

经典学说从社会大分工视角分析了商品交换的发展历史后认为:第一次是农业和畜牧业的分工,出现了"物物交换";第二次是手工业和农业的分工,出现了以货币为媒介的商品交换;第三次是专业商人与生产者的分工,出现了以商人为媒介的商品交换。在古代,纸币的出现使商业跨越了时空的限制;在现代,信用卡、预付卡、支付宝等电子支付方式是实现电子交易的必要条件。所以,支付方式创新是推动零售变革的基础。从携带不便的金银等实物货币到纸币,这是流通的重大转折,从纸币到信用卡,又是流通的一次飞跃,未来必然是"无钞化"社会。所以,我国《人民币管理条例》有必要尽快修订,要重新定义"人民币"的内涵与外延。

2. 技术改进是推动零售变革的动力

当今的一切创新,都与技术相关。如果没有宽带,信用卡根本没法普及,宽带技术是推动信用卡普及的动力。但对商业营运具有实质性推动作用的是条码的使用与普及。在销售环节,由于EAN码在大部分商品中的使用,使零售业的前台POS系统得以建立,并开始实施以进价为合算基础的单品管理,也为品类管理的应用奠定了基础。在物流以及进货验收管理等领域,由于储运存单元条码(如14位交叉二五条码,ITF-14)、射频技术(Radio Frequency)、射频识别(Radio Frequency Identification,RFID)技术,以及当今流行的二维码等信息技术的普及,使信息记录传播收集等越来越便捷与复杂,这一技术发展线路,推动零售的科学化、人性化与效率化。

对零售营销与商业模式具有实质性推动的则是电脑、智能手机、互联网、移动互联网等的出现与普及,这一切把消费者数据化、移动化、网络化,由此全社会零售业进入了一个

"任性化"时代(随时随地,任性消费)。电子零售的发展也颠覆了传统的物流方式,从提货制(现金交易,店头自提,自带回家)到送货制(网上订货,电子支付,送货到家)。

总的来说,零售业是沿着支付手段、信息技术、运作模式三条线路发展起来的,这三个方面的变革又会衍生营销战略与策略、管理制度与方式、合作空间与方式的变革。这六个要素的融合促进了零售业的持续发展。

(三) 零售变革的七个维度

在我国,从消费者视角来看,从2014年移动端用户超越PC端用户开始,实际上已经进入了"移动零售时代","移动化"+"无钞化",为智慧零售提供基本条件。所以,如果把"移动零售"作为第五次零售革命的标志,那么,第六次零售革命就是:"智慧零售"。这一变化过程,起码有如下七个维度。

第一维度:需求。有消费升级,才有新需求。

第二维度:技术。零售前四次革命(百货、连锁、超市、无店铺),技术的影响逐渐扩大,第五次零售革命是以移动零售为特征,完全由技术导致。

第三维度:数据。从2012年的O2O开始到2016年的盒马鲜生,以及阿里与百联结为战略联盟,再到2017年无人便利店实名购物,一切都可以归结为一个核心问题:数据聚合。我们有全世界最多的人口、最多的方言、最丰富的生活习惯、最复杂的流通渠道、最多层的生活水平、最不可思议的意想不到的心理需求,所有这一切聚合以后,是全世界最为强大的消费数据库、语音数据库、购买行为数据库。当然,从数据到智能还需要有算法的创新以及强大的算力(芯片)的支撑,这一切我们也正在努力赶上发达国家。总之,一切为了数据,数据可以创造一切。这就是未来。

第四维度:传播。过去是平面传播、单向传播,现在是网络传播、社交传播、多中心发散传播,这对零售营销逻辑是颠覆性的变革。

第五维度:效率。新的零售模式与营销模式可能会花费更多的金钱,但最终会是更高的效率! 商品分销体系,原来是层级制,以后可以削减全部或几个中间环节,税费都可以大大节省。再看生产环节,个性化敏捷化生产,可能会增加一些成本,但没有想象中那么高,个性化所创造的价值要远远高于成本提升。

第六维度:物流。物流从后勤服务部门早已转变为主导部门,从成本中心转变为利润中心,从人工搬运逐渐过渡到机器人、自动化。

第七维度:资本。资本的能量是巨大的,资本对零售的影响越来越大。

未来零售一定是大集团引领,未来零售一定是主流+差异,未来零售一定是技术领先,未来零售一定是吃货经济,未来零售一定是便利经济。但归根到底是智慧零售!

零售的发展史本质上是"消费识别"的变革史,最初的零售是一种"熟人服务",服务半径很小,客人都很熟悉,依靠服务人员的"人脸识别"提供服务,所以,赊销在零售服务中十分普遍。后来,零售发展成为一种"生人服务",企业与客人之间靠"会员卡""信用卡"建立相互信任,于是,消费识别由"人脸识别"发展到"电子识别"。自从有了智能手机,"手机识别"加上手机APP,已经成为主流的"消费识别"方式。接下去用什么识别? 两个基本趋势:一是语音识别(或语纹识别),手机APP升级为语音APP;二是"人体识别",完全采用人自身的手掌动脉识别,无需手机、无需安装APP,扫手进店即可购物、拿了就走、无需结账、自动扣款。最好的支付方式就是人本身,人体识别是零售业回归自然的趋势。如果真能实现,这将超越亚马逊模式。

从流通发展来看,理论上说货币的出现是一次大变革,但古代的贝币、金银铜币,对流通发展的作用并不是很大,真正推动流通大发展的是携带方便的纸币以及票据。支付,实现营运的闭环,所以,任何一次零售革命,归根到底都与支付相关。

二、零售业态的定义与分类标准

(一) 零售业态定义

一个行业可以从三个方面来认识:一是业种,即按照经营商品分类确定零售业的类型,它缺乏综合服务功能,其经营者关注的是"卖什么",重点在商品;二是业态,即零售业为满足消费需求而确立的经营形态,其经营者关注的是"怎么卖"才能更好地满足消费需求,重点在需求的满足;三是业制,其核心是产权问题。

从事一种业态的经营必须明确回答以下八个问题:

(1) 业态的社会功能是什么? 例如,超市是满足"家庭的每日所需",便利店则是满足"个人的即刻所需"。社会功能的差异形成不同的业态。社会功能其实就是满足顾客需求的能力,顾客的核心需求会派生出新的需求,从而使零售业态不断细分化。

(2) 有没有足够的需求规模? 一种需求能不能演变成为一种特定的业态,由许多因素决定,但最基本的就是"有效的需求规模",如果需求规模不足以支撑基本的"规模经济",这种业态就无法长期维持下去。但任何一种需求总有一个培育过程,而且需求很容易受外部环境的影响。这是一个十分艰难而富有挑战的阶段。

(3) 有没有广泛的需求? 这一点与需求规模相关。如果需求是区域性的,那么需求规模就会受到很大的限制,这样的业态也就难以大规模地推广连锁经营方式。如果没有地区的限制,就可以采用连锁经营的组织模式把生意做到无限。

(4) 业态的生命周期是否大于业态的投资回收期? 如果某种业态的投资回收期需要3年,但这种业态不到3年就会被市场淘汰,这样的业态就没有投资价值。

(5) 顾客是谁? 顾客可以分为现实顾客和潜在顾客,现实顾客是指现在就有购买需求和购买能力的消费人群;潜在顾客是指可能成为现实顾客的未来消费人群。例如,便利店的顾客以12~35岁的消费群为主,包括上班族、丁克族、钥匙族、单身族、青少年、部分家庭主妇及其他户外活动者。

(6) 顾客需求如何? 顾客需求不是一个"常量",应该是一个"变量"。之所以说是一个变量,主要有两个原因:一是在特定时期的顾客需求会受到各种外部因素的诱导而发生显著的变化;二是随着社会环境和生活方式的变化,需求会呈现出明显的变化趋势。所以,经营零售业态必须活用各种诱导方式,并时刻关注消费需求的变化趋势。消费需求的变化应该关注的是:生活方式(S:Life-style);何时发生需要(T:Time);需要时的动机是什么(O:Occasion);在何地消费或购买(P:Place)。锁定上述四个方面(STOP),就能够锁定顾客需求。

(7) 如何做"商品化计划"? 满足顾客需求的东西都可以称为"商品",当然也包括服务、环境等。商品必须经过"计划和营销"才能被顾客接受,为此必须记住六个"正确":选择正确的"商品";制定正确的"价格";安排正确的补货"时间";陈列正确的"数量";陈列正确的"位置";正确的"表现"(包括告知、气氛、服务等)。

(8)怎样才能持之以恒地关注细节?零售是一种细节化的产业,对细节的关注与不折不扣地执行是连锁成功的基础。任何一个著名品牌的形成都是作业精细化、管理精细化、凡事细节化的结果。总之,细节创造优势,细节决定成败。而细节要依靠全体员工的共同努力,店铺管理人员应该成为细节化的带头人。

(二)零售业态分类

2000年,我国颁布了《零售业态分类》国家标准,即 GB/T18106—2000。2004年,国家质量监督检验检疫总局、国家标准化管理委员会联合颁布了新的国家标准《零售业态分类》(GB/T18106—2004)(国标委标批函〔2004〕102号),于2004年10月1日起实施,并替代了原 GB/T18106—2000 标准。该标准与 GB/T18106—2000 的主要差异是:增加了折扣店、无店铺销售等业态,并对购物中心进行了细分。零售业态从总体上分为有店铺零售业态和无店铺零售业态两类。具体分为食杂店、便利店、折扣店、超市、大型超市、仓储式会员店、百货店、专业店、专卖店、家居建材商店、购物中心、工厂直销中心、电视购物、邮购、网上商店、自动售货亭、电话购物等17种零售业态。

案例资料 5-1　只放一只羊

有一本叫《只放一只羊》的书,写的是德国的阿尔迪(Aldi)折扣店。阿尔迪是一家以经营食品为主的连锁折扣店。它的前身是1948年阿尔布莱希特兄弟接管其母在德国埃森市郊矿区开办的食品零售店。1962年,该店进行了改组,第一家以阿尔迪命名的食品店在多特蒙德诞生。阿尔迪取自 Albrecht 和 Discount 的前两个字母,意为由阿尔布莱希特家族经营的廉价折扣商店。至今,阿尔迪仍属于阿尔布莱希特家族的泰欧和卡尔兄弟两人所有,分别经营阿尔迪在北德地区的北店和南德地区的南店。多年来北店又逐步扩展到丹麦、法国、荷兰、比利时和卢森堡,南店进入了英国、爱尔兰、奥地利、澳大利亚和美国。

这家公司以简单、高效、品类集中、单品销售规模大而著称。店铺曾经不装电话,老板的观点是:装电话多废话!几百平方米的店铺就两个服务人员,一个收银一个上货,货架上全是整箱陈列的商品,便于出样,可减少人工成本。

放一只羊还是放一群羊?阿尔迪选择了"少而精模式",沃尔玛选择了"大而全模式"。10年前,德国人还认为像 Aldi 之类的商店是穷人商店,而如今开着奔驰、宝马到 Aldi 购物已不足为怪。就在沃尔玛宣布退出韩国不到2个月内,又宣布退出德国。沃尔玛总裁在退出声明中不得不承认对手的实力。

Aldi 的商业逻辑非常简单,一切围绕"最低的价格"。Aldi 创始人卡尔坦陈:"我们唯一的经营原则就是最低价格。"为了便宜的价格,Aldi 简化了自己的一切,从选址、商品品种、商品采购、店铺经营、机构设置、人力资源各个方面进行简化,甚至达到了简陋的程度,给人的感觉就是"穷人店"。正是由于 Aldi 的简单,给了目标顾客以真正独特的价值,那就是"中档质量、最低价格"。店铺只销售大约700种商品,但是每种商品的采购额都很大。商品价格低廉,一般比其他超市便宜10%～20%,有些甚至便宜50%。德国一般商业企业的销售利润率为0.5%～1.5%,但Aldi的销售利润率却在3%～5%之间,主要得益于"节流"意识。店铺以600～800平方米为主,选在中低收入者居住区、郊区小城镇,有停车场,装修简单,布点密集,德国平均每2.5万人口的地区即有一家分店。门店周围至少要有15 000名居民,以确保有足够的客流。日常营运中想尽办法降低成本,公司总成本控制在9.5%左右。设备简陋,一般只设两三个收银台,营业人员仅为4～5人,人员身兼数职。只使用最简单的收款机,只收现金,不接受任何电子付款手段或支票。每个地区公司设有五个部门:采购、销售、管理、物流、新店发展。地区公司对下属分店的管理采用值班监督检查和业绩检测相结合的考评制度。选人标准注重管理者的品格甚于文凭,要求具有俭朴、自律、坚守原则的性格特点。重视员工的职业培训,用人原则是能力加高薪。重视员工队伍的精干和年轻化。阿尔迪所有部门,包括分店店长等的负责人都不从外部聘请,只从本公司选拔。所以,与其他零售企业相比,年轻员工在阿尔迪只要努力工作,不仅晋升机会多,而且薪水也高出同业10%～20%。

Aldi以节俭与低成本著称,商品采购价格也是一压再压。但就是这样一家公司,有一次发现供应商报错了价格,将价格报低了,即主动向供应商指出,并按照高于供应商报价的实际价格接受了货物。

点评 阿尔迪是折扣店的代表,案例说的是经营商品需优选,经营品项不在多,关键要有"定数"观念,即特定的商店应该有商品经营数量的合理标准。

三、连锁经营组织体系

连锁公司(Chain Corporation)一般由总部、配送中心与门店组成,每一个部门都有明确的工作职责,但部门之间又要保持良好的团队合作。只有分工与协同相结合,才能有效地发挥连锁经营的规模效应。

(一) 连锁经营体系的组织划分

1. 总部

总部(Headquarters)是连锁公司经营管理的核心,具有战略规划、市场开拓、网点开发、采购配送、营销策划、质量监控、财务管理、经营指导、市场调研、商品开发、人员招聘、人才培训、物业管理等职能。总部的主要职能是决定方向、完善体系、服务门店、实施管控。凡是门店做不了做不好的事情,总部就应该负责,并达到专业水平。

2. 门店

门店(Outlet)是连锁经营的基础,主要职责是按照总部的指示和服务规范要求,承担日常销售服务工作。"门店"是与"总部"相对应的一个概念,"店铺"这个概念则是泛指一切零售店。

3. 配送中心

配送中心(Distribution Center)是连锁公司的物流机构,承担着商品的集货、库存保管、包装加工、分拣配货、配送、信息提供等职能。

总部是管理职能,门店是销售职能,配送中心是服务职能。

(二)总部与门店的相互关系

总部与门店作为功能互补的两个对等部门,应受制于最高层管理机构。最高层管理机构由董事会、监事会、总经理、战略规划部门以及必要的协调机构组成,主要负责公司发展的重大决策,决定年度营销计划,并监管计划的有效实施。

总部负责执行最高层的决策与计划,并通过设计使决策与计划具体化为行动方案,完成除门店销售以外的一切营运与管理工作。门店负责销售服务与现场管理。

门店应向顾客提供良好的服务,门店的服务状态与总部对门店的服务水平直接相关。因此,不仅要强调门店为顾客服务,还必须加强总部对门店的服务,总部各部门必须急门店所急,通过计划、沟通、有效的信息反馈、配备必要的资源、加强专业管理人才的引进等手段,向门店提供良好的服务。根据这个要求,有些连锁公司用"内部顾客满意度"指标来衡量总部各部门为门店服务的水平。

当连锁公司的经营规模较大时,由于总部难以直接管理众多的连锁门店,就需要在总部与门店之间建立一个区域分部,在总部的统一指挥下发挥服务指导、监督控制、组织协调的功能。当连锁门店发展到跨地区的规模时,区域分部往往转变成为分公司或子公司形式,相对独立地开展区域发展业务。同时,配送中心也向区域延伸,成立分配送中心。这种配送中心的主要功能是转送总部配送或供应商直送商品。当然也有连锁公司主张在扩大配送分中心的功能,使其具备储存功能,其结果可能适得其反。

(三)连锁总部的部门划分

总部的部门划分没有一个统一的标准,主要是看业务模式与经营规模。公司战略确定以后,承担店铺开发任务的发展部是先导;然后是两个相互牵制的核心业务部门:商品部与营运部;再次是保障部门:管理部、电脑部、其他部门等。

1. 发展部

发展部主要负责店铺开发工作,这是公司经营的基础,但也是目前很多连锁公司比较薄弱的环节。由于开店前很少采用商圈考察,店铺开张以后很快就成了经营业绩很差的"烂店",为了挽救烂店,往往又投入大量的营销资源,结果造成更大的资源浪费。工作职责包括:商圈资料的收集;选址标准的确立;店铺的寻找、洽谈与签约;店铺的投资评估;店铺工程设计、审核以及工程招标、监督与验收;店铺平面配置规划;店铺设备采购、维修与保养;开店流程安排及进度控制等。店铺开发的常规流程可以分为七步:店铺寻找、商圈调查、投资评估、店铺购租、店铺规划、开业准备、开业后评估。每一项工作都应该有操作规则和相应的流程与表单。

2. 商品部

商品部主要负责商品管理。商品管理是连锁公司的核心业务,其目的是在适当的时候,以适当的价格,购买适当品质、适当数量的商品,并通过快捷的配送和有效的促销,把商品销售给顾客,以满足消费需求,获得经营利润。因此,从广义来说,商品管理包括从商品计划、商品采购到商品销售以及售后服务的全过程。从狭义来说,商品管理主要包括商品开发与采购,并对销售负责。连锁公司的软肋集中表现为总部缺乏专业化的管理,而总部最大的管理问题就在于缺乏有效的商品管理。这主要表现为：没有清晰的商品政策，没有实施品类管理，没有有效的商品组合、推广促销与空间管理，信息资源与报表体系不健全，商品管理不是依据数据分析而是主要凭个人感觉，配送、库存、补货、价格等方面没有实施必要的监控。这些都是导致商品经营业绩低下的根本原因。商品部的工作职责主要有三项：制定商品政策、采购商品、存货控制，其核心是必须对销售负责。

3. 营运部

营运部要面向门店，通过督导提高经营业绩。营运部与商品部相互牵制，两者常常处于矛盾之中，商品部责怪营运部销售不力，营运部则责怪商品部所提供的商品不畅销、促销活动缺乏足够的吸引力、供应商的支持力度不够等。两者通过有益的冲突达到共同提高与完善的目的。所以，这两个部门一般由不同总监来负责，商品总监负责商品管理，营运总监负责营运管理。

营运部的主要工作是新店筹建和营运督导，如图 5-1 所示。但有些企业的新店筹建工作由总部的营销策划部门负责，各相关部门协作完成，在这一体制下，店长往往要较早进入角色，在店铺筹建过程就入店实施管理。

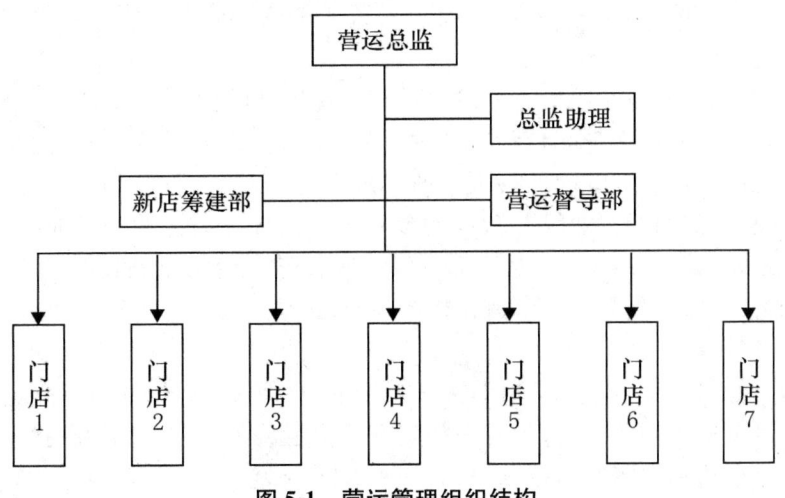

图 5-1 营运管理组织结构

新店筹备工作包括：在营运总监的领导与授权下，全面负责新店筹备的各项营运工作；根据已制定的年度新店开设计划，筹备各家新店的开业工作；在新店合约签署后，由新店筹备部组建新店筹备委员会，全面负责新店筹备工作，新店筹备部派人担任筹备委员会负责人；筹委会负责人负责与发展部、商品部、人力资源部一起拟定新店开业计划，实施新店开业倒计时；筹委会负责人负责定期（每周）召集总经办、采购部、人力资源部、店务拓展部等部门召开新店筹备进展会议，推动新店开业前期计划的有效实施；新店筹备部与人力资源部一起，共同选拔新店的管理人员，确定新店管理架构；与商品部沟通确定新店的商品结构、品项数；与人力资源部沟通确定新店的人员架构、招聘、培训等工作；与发展部沟通决定卖场布局、设备安装、货架布置、电脑系统安装等工作；与营销部讨论新店开业促销活动及开业典礼仪式；负责新店的卖场布置、商品陈列等开业前的营运工作；负责新店开业后一个星期的营业工作，直到与新店店长完全交接。

营运督导工作包括:在营运总监的领导与授权下,直接监督营运部门的各项工作;根据已制定的年度营运目标及考核指标,监督各门店完成公司的业绩指标;定期组织营运工作培训,针对督导工作中发现的问题及时纠正和改进;与各店进行密切地交流与沟通;每月组织采购部与各门店店长举行"营采沟通会",交流日常工作中的各种问题;监督各店的营运工作是否按规范流程操作;负责监督及检查店面执行岗位工作职责和行为规范状况;定期巡店,督导店面的商品管理、商品陈列及顾客服务状况;负责检查门店生鲜区域的卫生控制及生鲜商品的品质管理状况;根据巡店情况提出店面营运过程中的整改意见;负责每个季度盘点工作的计划与组织。

有些公司专门成立开店小组,专事新店筹建工作,待店铺开张以后再交由店长管理。有些公司没有这样一个专业的部门,新店开张的工作由各部门分工负责,并由营运部协调。一般而言,连锁公司都设有工程部与总务部,工程部只负责工程项目的过程管理,总务部负责设备用品的采购和工程项目的招标,这两个部门也是相互牵制的,但联系紧密。几乎所有的连锁公司都十分重视消防安全方面的工作,所以,在总部往往设有安全保卫部门,并负责防损方面的工作。营运部门内部一般可以分为:营运督导部、新店筹备部、安全保卫部等。营运督导部是主体部门,一般会因店铺区域的扩大和店铺数量的增加而设立区域督导。

连锁公司的发展一般会经历三个阶段:第一阶段是以规模为中心,发展部成为公司的核心部门,营运的中心任务是配合新店开发;第二阶段是以商品为中心,商品部成为公司的核心部门,试图通过有效的商品管理来改善经营业绩;第三阶段是以营运为中心,试图通过有效的管理来提高经营业绩。营运的核心目标是提高店铺的经营业绩,它的两个重点是商品与服务。这一目标通过营运部、区经理、督导三个层面来实现,其工作依据是营运标准,常用的方法是巡视、沟通、分析、指导与整改。

4. 管理部

管理部是为业务部门服务的部门,其工作职责包括:财务与资产管理;企业组织制度的确立;人事制度的规划及执行;员工福利制度的拟定及执行;人力资源规划与人员招聘;人才培训;奖励办法的拟定及执行;各种合同文本的制定及公司权益的维护;公共事务关系的建立与维护;各类工作会议的组织与安排;特许经营业务的组织与发展;其他各类管理制度的拟定与执行。管理部是一个不断分化的部门,如法务部、公共事务部、加盟部,甚至电脑部与培训部等部门都是从办公室或管理部中分离出来的。

5. 电脑部

信息化是连锁企业核心竞争力的重要标志,没有信息技术的现代化也就不可能有连锁企业的现代化。所以,信息化已经不是可有可无的"补品",而是每日必需的"食品"。然而,从管理信息系统(MIS)到企业资源计划(ERP)再到供应链管理(SCM)等,业内不乏失败的例子。失败的重要原因是高估了"技术系统"的通用性而低估了"业务系统"的复杂性,错误地认为:只要引进一套技术系统就可以彻底改变企业的面貌,变传统企业为现代企业。

连锁公司的电脑部有两种基本类型:一类自己不开发软件,所有开发工作全部外包,这样,公司内部电脑部的主要工作职责就是系统的日常维护;另一类是承担系统开发任务的电脑部,其职责非常宽泛:负责电脑系统软件的开发及应用管理,门店电脑设备及销售点终端(POS)系统的配置、安装、维修及管理,配合培训部对门店电脑操作人员的培训及使用指导等。

6. 其他部门

随着连锁经营规模的扩大和信息技术的发展,以下部门越来越显得重要:

(1) 呼叫中心(Call Center):这是一个利用现代信息技术而建立的中介性、即时性服务平台,包括顾客热线、保修呼叫、网络销售、在线服务等都可以利用这个平台来完成。

(2) 票据中心:在业务与财务系统之间,建立一个内部供应链与外部供应链相连接的系统平台,目的是让公司总部、门店、供货商、配送中心之间采用电子网络传递订货、送货、验收等信息,采用电子方式对账,产生结算信息。这一系统的建立将简化业务流程,并对传统的订货与结算方式产生重大变革。

(3) 信息部:连锁公司达到一定经营规模以后,建立了比较完善的信息系统,如何有效地挖掘与利用信息数据,将是下一轮竞争的核心。建立信息部,就是要加强对企业内外部信息资源的收集、加工、分析与利用,以指导经营业务。

(4) 投资部:大型连锁公司如何进一步发展,如何有效利用现金流量,如何开拓新市场新业务,这些问题不可能通过"发展部"来解决,这就需要有一个专业的部门来主管投资业务。

(5) 加盟部:特许经营是国际上普遍采用的一种连锁经营方式,当连锁公司的管理体系与经营技术都比较成熟的时候,可以成立加盟部发展特许经营业务。

(6) 法务部:公司越大,法律事务就越重要,需要建立独立的法务部对经营活动实施事前把关与事后处理。

随着公司规模的进一步扩大,多业态发展的大型连锁公司开始实施集团化管理模式,推行大财务、大物流、大采购模式,那就必须面临商品编码的统一,从而有必要在集团总部成立编码中心、订单中心、结算中心等。

对于小型的连锁公司或跨区域发展以后成立的区域公司,可以设置简化的"五部一室"组织体系。即人力资源部(含培训)、财务部、开发部、营运部(含店铺筹建、营运督导、系统维护等)、商品部(含商品开发、订货与配送、营销等)、办公室,并按照业务规模配备相应的业务与管理人员。

四、标准化营运管理要素

标准化管理是现代商业营运的必然要求,其目的是为了确保统一形象,稳定商品质量和服务质量,简化管理工作,提高管理效率,并控制人为因素对经营管理可能造成的不利影响。

(一) 标准化的概念

标准化(Standardization)是指:为持续性地生产、销售预期品质的商品而设定的既合理又较理想的状态和条件,并能反复使用的经营系统。标准化运作推动了专业化,其结果是简单化。

专业化(Specialization)是指：企业或个人等在某方面努力追求卓越，将工作特定化，并进一步寻求强有力的能力和开发创造出独具特色的技巧及系统。这种专业化既表现在总部与各成员店及配送中心的专业分工，也表现在各个环节、岗位、人员的专业分工，使得采购、销售、送货、仓储、商品陈列、橱窗装潢、财务、促销、公共关系、经营决策等各个领域都有专人负责。如采购的专业化、库存的专业化、收银的专业化、商品陈列的专业化、店铺经理在店铺管理上的专业化、公关法律事务的专业化、店铺建筑与装饰的专业化、经营决策的专业化、信息管理的专业化、财务管理的专业化、教育训练的专业化。

简单化(Simplification)是指：连锁系统整体庞大而复杂，必须将财务、货源供求、物流、信息管理等各个子系统简明化，去掉不必要的环节和内容，以提高效率，使"人人会做、人人能做"。为此，要制定出简明扼要的操作手册，职工按手册操作，各司其职，各尽其责。

一般来说，标准化程度以及所产生的效益与企业规模成正比，规模越大就越需要推行标准化管理，由此带来的效益也更高。但对中小企业来说，掌握标准化营运管理的基本原理，并努力践行，将有助于企业的发展壮大。

（二）标准化营运管理的核心要素

标准化营运管理方式有四层含义：一是建立标准；二是选择合适的人员；三是按标准对人员进行培训；四是把标准与掌握标准的人结合起来，以创造出效益。简单地说，标准化管理＝标准＋执行标准的人。标准化管理有以下两个核心要素。

1. 建立标准

建立标准的过程是一个持续改进的过程，大型连锁公司应该设立专业机构以推进标准化营运管理的发展。营运管理的标准，主要表现在两个方面：一是企业整体形象标准化，二是作业、流程与管理的标准化。总部、门店及配送中心对商品的订货、采购、配送、销售等各司其职，并且制定规范化规章制度，整个程序严格按照总公司所拟定的流程来完成。商店的开发、设计、设备购置、商品的陈列、广告设计、技术管理等都集中在总部，总部提供连锁店选址、开办前的培训、经营过程中的监督指导和交流等服务，从而保证了各连锁店整体形象的一致性。

食品连锁店为了确保食品安全卫生，营运标准的制定越来越细致，连洗手的方法也作了规定，如作业人员在作业前要洗净或消毒手部，并保持干净。手部的细菌有两种：一种是永久性细菌，须戴手套方能阻止其污染；另一种是暂时性细菌，附着于皮肤表面，可以用清洁剂洗去。手部清洁的方法是：水润湿手部；擦上肥皂或清洁剂；两手掌到手指相互摩擦；两手背到手指相互摩擦；用力搓两手的全部，包括手掌及手背；做拉手的姿势以擦洗指尖；用刷子除去指甲内的污垢及细菌；以手肘打开水龙头用水冲洗干净；以纸巾或已消毒的毛巾擦干或以热风吹干；以手指消毒器消毒手部残留细菌。手部清洗完毕后，进入作业场时不能用手推门，而应以手肘或脚部推门进入作业场。为了帮助员工快速掌握这些标准，往往通过图示的方法来解释作业标准。

2. 执行标准的人

企业由硬件、软件与活件三项基本要素组成。硬件是指物资设备与设施等有形要素，软件是指系统、程序、文化、制度等无形要素，活件是指人的要素。制定了标准以后，最关键的是要通过人去实施标准，人是最活跃的要素，比"硬件"与"软件"更难管理。

首先,要基于适当的教育、培训、技能和经验,使各类人员能够胜任工作。包括:① 确定各类人员的能力要求;② 上岗人员必须经过培训,并开展持续的岗位培训(复训),或采取其他措施(如调离与引进)使员工符合要求;③ 评价所采取的措施的有效性;④ 确保员工认识到所从事的工作的相关性和重要性,以及如何为实现目标作出贡献。

其次,要在执行标准的过程中持续改进:要把个人的经验上升为集体的经验,即从实践中积累经验,并用科学的方法将经验上升为可形成文字及可传授的标准;标准化管理应该与信息化相结合,依靠信息技术把标准固化在信息系统中,并强调适用性、渐进性和实践性,使标准的合理制定与有效的贯彻实施相结合。

(三) 标准化营运管理体系的构建要素

构建企业的标准化营运管理体系,需要把握以下要点。

1. 理念

实施标准化,需要树立流程化理念,凡是要做的,就必须写到;凡是写到的,就必须做到;凡是做到的,就必须有效。写到、做到、有效,这实际上就是推行标准化的简化过程。关键是要有科学的业务流程,要注重实际与实效,站得高,看得远,想得多,做得细,在实践中观察是否有多余的动作,然后建立新的科学的业务流程。企业高层有了标准化理念,进一步通过制度来推进标准化工作,持之以恒,才能见实效。

2. 目标

企业的市场定位、目标顾客、经营项目以及经营承诺,直接影响到标准化的要求。例如,企业如果以经营生鲜产品为主导,向顾客作出了"新鲜安全"的承诺,就必须建立与此相适应的质量目标以及质量监控标准,每一个理念都有数量化配套措施相对应。

3. 组织

推行标准化的组织保证,包含三层含义:一是要建立标准化研发机构,以专业化团队推动标准化运作。二是要建立有序而相互牵制的组织体系,如总部制定标准,区域督导,门店执行,人事考评,制定标准与实施标准的分离、执行标准与检查的分离、相关部门交叉监管等;三是组织要提供充分的资源,以确保各项标准化工作的有效开展。

4. 标准

营运标准是标准化管理的核心要素之一,一般都会涉及岗位职能、职位要求、工作流程、作业细则、技术标准、考评制度等问题。制定营运标准必须考虑国家法律法规、标准以及行业特征、顾客需求、企业承诺、自身条件等各方面的因素,切实可行、提高效率、提升满意度应该作为最基本的判断准则。标准的具体表现形式可以各不相同,但有一个基本要求:形成可以传授的工作手册与培训手册,如程序文件、作业手册、技术文件等。

5. 培训

培训是为了确保员工技能达到岗位要求,并使他们掌握标准要求与操作方法,以确保服务提供符合顾客的要求。另外,培训不仅仅是操作技能的训练,它包括对企业文化的认同与团队精神的培育,以增强凝聚力与对工作的热情。值得关注的一个基本趋势是部门化培训。所谓部门化培训,是指部门主管把培养下属作为自己的基本职责,采取"师傅带徒弟"与"标准化"相结合的培训方法,这是一种十分有效的培养人才的方法。大型公司一般都实行统一培训与部门培训相结合的方法。

6. 检查

检查是对执行情况的验证，是评估执行过程与执行结果符合标准的程度。人非机器，开关一开就能按照标准要求自动工作，即使已经通过培训且掌握了操作要求与技能的员工，其工作状态也会受内外部各种因素的影响。检查是为了预防与纠正，并为下一轮培训以及人力资源安排提供依据。常用的方法是通过各种量化的检查表，来评估工作的符合程度以及工作业绩。为了保证检查的独立性与公正性，检查工作外包也是很多大型公司所采取的一种办法，如沃尔玛的第三方食品安全审核。沃尔玛在全球范围内进行的食品安全审核项目，聘请了庄臣公司作为第三方检测机构负责实施。庄臣公司介绍，沃尔玛还委托其不定时地到供应商的生产车间进行检测，以便对供应商有更为客观、全面的了解。食品安全审核以食品安全承诺为依托，共涵盖个人卫生、清洁消毒、温度控制等28个检查项目。

7. 考评

考评是对执行者的评价，通过评价给予奖惩处分，以便改进工作。如前述的检查，庄臣审核员每月会依据食品安全审核检查表对沃尔玛商场的7个部门（肉类、面包、熟食、海鲜、果蔬、杂货、员工餐厅）展开突击性审核，并以红灯、黄灯、绿灯（红灯：一个或多个检查项得到危险的审核结论；黄灯：一个或多个检查项得到"潜在危险"的审核结论；绿灯：所有检查项得到"通过"或"需改进"的审核结论）三个级别将审核结论直接汇报给总部。通过沃尔玛全球数据库系统（IMAP），可以及时追踪全球任何一家沃尔玛商店的食品安全审核结果及其所在国家的平均分。针对商场的食品安全审核结果，会有具体的跟进计划及奖励措施。据介绍，商场总经理如果在一年中被认定有5个红灯项，就须自费到美国接受相关的培训。

8. 控制

控制是为了纠正偏差，并使其执行符合既定目标的要求。控制的理论与方法已成为人们认识和改造世界进程中不可或缺的基本手段。最简化的控制系统是由控制器和控制对象两部分组成的开环控制，它的优点在于简单稳定，缺点是精度低。例如，夏天用电风扇降温，它的转速由档位决定，不能根据环境温度自动调节。闭环控制则是系统的输出也参与控制，所以也被称为反馈控制，它的优点是控制精度高，但是容易产生自激震荡。

控制是非常重要的管理职能，为了防止重大安全事件的出现，企业会制定一系列预防措施，以控制风险。各部门都必须遵守公司安全和风险控制标准，以及地方法律或有关公共安全方面的规定，如最低通道宽度、出口通畅、商品展示安全、喷水装置、叉车使用程序、锁定贴封、事故报告程序等。在日常检查中，发现轻微的非普遍性的不符合项，常常采取现场指导与纠正的办法。对普遍性的问题或优良的实践经验，则通过纠正措施或相互交流得以纠正、推广。总之，控制是实现持续改进的基本手段。

五、绩效考评观念

绩效管理从绩效考评发展而来，绩效考评是绩效管理的一个核心环节，没有绩效考评就没有绩效管理。但绩效管理比绩效考评的范围更广泛，更注重管理过程，进而能对绩效考评结果加以应用和改进。以下事例反映了绩效考评的不同观念。

1. 程序

有人认为：绩效考评来自西方，自然带有非常浓厚的西方背景。西方企业在进行绩效评估的过程当中，首先追求的不是有效，而是合法。主管提拔了张三而没有晋升李四，如果这样的情况在国内的企业发生，李四一般心里会痛骂上司一顿，但在西方的企业，李四很有可能向法庭起诉，理由是公司搞歧视。为了应付可能的法律诉讼，带有员工签名的绩效考核表格将成为重要的证据。

2. 肯定

老师在讲了有关快乐方面的课题以后，请来自企业的经理们自由提问。第一个问题是：老师，你在什么时候最快乐？老师说：最近我在美国的儿子离开公司的时候，老板发了他3个月奖金。我觉得，我儿子的工作很出色，他成长了。尤其是老板发了3个月的奖金，这说明我儿子确实很好，老板也很好。这里有个观念问题：一般的公司认为，主动离职就是背叛。但有越来越多的公司将员工离职视为"毕业离校"，而他们就是"毕业生"的母校。一个名叫高建华的人，2006年写了一本《笑着离开惠普》的书，讲述了他在中国惠普的经历。他说，离职后他的上司还经常打电话约他出去一起吃饭，询问他在新公司的情况。让员工笑着离开公司，这也许正是未来人力资源管理的重要原则。哪怕是敌人，只要杰出就应肯定！经营者应该有这样的气度。

3. 责任

有员工从国企离职被外企录用。在外企工作了一段时间以后，人力资源主管问来自国企的员工：你觉得工作中最重要的是什么？员工答：责任心！此时有人说：看看，这就是国有企业的观念！我们以前一直太注重意识形态的东西。在现代企业，评价人应该有两个基本原则：第一，评价的标准以业绩为上，尽量不要以"观念、理想、信念、忠诚"等主观判断为依据。人的意识分为显意识与潜意识，显意识只是冰山的上半部分，而潜意识则是水下看不见的那部分冰山。第二，大公司应该建立业绩评价体系，不能一切由领导说了算，这样做不仅是为了公平，也是对领导的保护，避免领导判断失误对公司造成损失。我们生活在一个资源稀缺的社会中，企业占用了社会资源，就应该合理使用这些资源，如果浪费资源，那不仅仅是浪费，更是侵犯了他人的生存权。经营者或老板不仅要对投资回报与效率负责，更要对社会与员工负责。所以，做现代的老板应该学习更多的东西，有更远大的理想与更宽广的胸怀。财富只是成功的一种象征，人类创造了如此庞大的财富，个人的财富与社会财富相比，永远是社会财富的一小部分，但是，个人的精神思想往往可以超越时代。

4. 压力

绩效管理实际上就是事先制定一个"压力框架"，在压力下就会产生动力，由于个体的差异，在同样的压力下，员工的表现会有所不同，而差异主要由个体的素质来决定，这当中除了后天的职业知识技能以外，员工的先天因素也不能忽视。每个人都有自己的性格，而且许多时候会受潜意识控制，本能地喜欢某些东西和不喜欢某些东西，当组织没有明确的衡量标准时，每个人都按自己的标准在衡量和工作，其结果必然会导致无序与个体间的矛盾，"凭什么要我做？"就是常见的疑问。这就需要建立一种公认的工作标准，并和报酬联系在一起,这就是"压力框架",常见的就是岗位职责和职位说明书,根据这个来设计绩效指标并在特定时间段内考核和评价,通过衡量员工的价值,调动其工作积极性,创造效益。这个过程就是绩效管理的工作内容。

5. 基层

很多零售一线的管理者常年的工作境遇是女人当男人、男人当牲口!不少店长尤其是远离家乡的女店长,工作上孤军奋战,生活上孤独无奈,心理上承受着对爱人、孩子、父母的歉疚。店长不仅用他们的智慧与辛劳支撑着店铺的业绩,而且还搭上了家庭生活。很多店长因无暇顾及家庭,使子女的学业受到严重影响。2009年中国零售业店长薪资状况调查显示:95.46%的被调查者每周工作时间超过50小时,他们从来就没有"加班与加班费"的概念。其中,有21%的被调查者每周工作时间超过70小时,以7天计算,日均工作10小时以上。企业管理者一谈绩效考评,就将指标往基层压,却不太会为基层工作的员工考虑完成指标的可行性条件。

6. 务实

无论用什么思路去评价人,最关键是要实用,不能搞形式主义。有位师长的父亲从农村来探亲。每次开饭的时候,师长总是抓起电话,吩咐食堂送一些饭菜过来。临走的时候师长问父亲要带点什么,他指着电话说我要这个。师长虽然有些不解,但还是把电话摘下来让父亲带走了。老先生一回到家里就迫不及待地跟老伴得意地说,这下好了,我带回个宝贝,只要抓起来对着它说几声,一会儿工夫就会有人大鱼大肉地送来!企业利用管理工具和手段不能只做表面文章。绩效考核的工具大多来自西方,企业在运用过程中,往往没有掌握要义,只是学到了形式和表面,如繁琐的表格、员工上班签到等,只会搞得员工怨声载道。

案例资料 5-2 搬运工如何考评

有五个搬运工一起搬圆桌,有人反映存在怠工现象,因此进行考核,先是考核工作一段时间后是否出汗,结果有人天生就不出汗,有人稍微动一动就出汗,不公平;于是考核搬动过程中的表情,结果有人演技很好,搬的时候龇牙咧嘴的,但就是没出力;最后干脆买来一套先进的机器,大家搬的时候每个人都戴一副手套,指尖有压力传感器,这样考核的人员看着先进的机器就知道大家是否用力了!眼下很多企业盲目追求量化管理,量化考核,殊不知在条件不具备的情况下,过度追求量化造成管理成本的上升,往往超过获得的收益,因此需要谨慎对待。

点评 绩效考评不管采取何种指标与方法:一要符合规定动作;二要符合组织目标。在做到这两个符合的前提下,尽可能简单化和低成本。

六、绩效管理体系

现代企业绩效管理主要包括绩效计划、绩效辅导、绩效考评、绩效反馈等环节。在长期的企业管理实践中,管理者们逐渐认识到,光靠对目标或者指标的最后实现加以考评已不能全面反映出员工的真实能力,特别是员工的潜力,而这些又是一个企业持续发展的基本动力。在管理学家的不断总结和推广中,基本形成了以考核行动过程、行动态度和行动结果为主要内容的绩效考评体系,并且在这个核心基础上拓展至包括绩效计划、绩效实施中的管理以及考评后的反馈等环节,形成了一个完善的绩效管理的理论体系。

有的学者将沟通作为绩效管理的主线,认为在整个绩效管理过程中,沟通起着重要作用,所以将绩效沟通作为绩效管理的核心步骤与内容。

(一) 绩效考评与绩效管理的定义

1. 绩效与绩效考评的定义

绩效(Performance)是指组织目标或员工任务完成的程度。即效率与效果(效率是以正确的方法来做事,而效果则是指做正确的事),绩效是工作结果和工作过程的统一(绩效是结果,是行为)。

绩效考评(Performance Appraisal),又称绩效评估、绩效考核、绩效评价,是一种对工作表现与工作成果进行正式的测量与评定的制度化体系。在如何管制人这方面,中国历代建立了非常完整的思想体系与众多的管理方法,但主要以主观的经验判断为主。现代企业的绩效评估体系与方法基本上来自西方国家。在传播过程中,存在两种倾向:一是理想化,追求理念、工具、方法的完美,照搬照抄脱离企业实际情况;二是美化,人力资源总监在介绍成功经验时,对自己的工作实践进行了粉饰和包装,多谈成功而回避失败与问题,还掺杂着一些"应该是"而非"目前是"的东西,过滤了失败、郁闷和苦恼等情节,人们很少能听到真实的发展故事。对这些经过"艺术加工"的"成功经验",应当要有自己的判断。

实际情况是:不少企业都普遍存在对绩效评估不满的情绪,有调查表明,只有不到5%的经理和员工对其公司现有的绩效考评流程感到非常满意。常见的抱怨有:让员工对不能控制的结果负责;数字化考评,评分完全依靠主管的判断,数据未能反映实情;业绩不是靠做出来,而是靠评出来;奖惩设置不公平,苦乐不均,等等。

2. 绩效管理的定义

绩效管理(Performance Management)是依据员工和他们的直接主管之间达成的绩效协议来实施的一个双向式互动的沟通过程。"绩"是工作结果;"效"是达到结果的行为表现;"管"是设计绩效协议(指标);"理"是考评过程。它们的集合就是绩效管理。

英国的理查德·威廉姆斯在《组织绩效管理》一书中指出:绩效管理是把对组织的绩效管理和对员工的绩效管理结合在一起的一种体系。这是对绩效管理比较完整的表述。有一种观点认为,绩效管理是指组织绩效的管理;另一种观点认为,绩效管理是员工绩效的管理。

现代企业的绩效管理体系,是指以企业战略为导向,通过绩效计划、绩效辅导与绩效考评等一系列活动,提高员工能力,改善员工绩效和组织绩效,并体现组织目标、部门目标与个人目标的有效平衡,如图5-2所示。

绩效管理的实质是追求一种优化的方式,这种方式不是组织单方面的要求,而应该成为全体员工的习惯与作风,成为企业文化的一个重要组成部分。有效的绩效管理能发挥以下作用:① 组织的战略目标与计划落实到部门、员工;② 在组织与个人之间建立良好

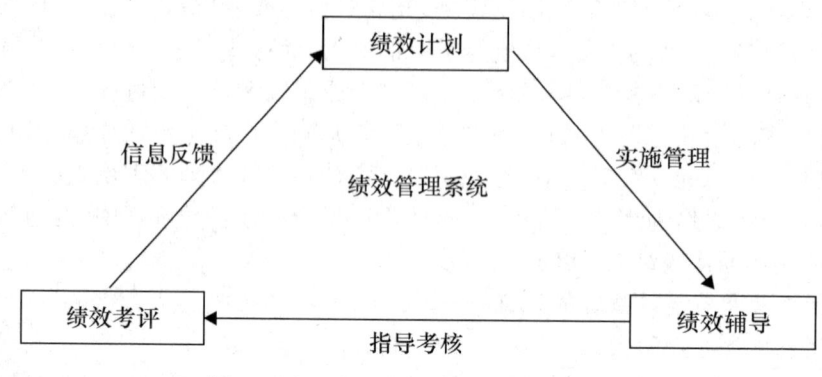

图 5-2 绩效管理体系

的沟通机制；③ 绩效考评指标成为员工的行为导向；④ 员工的贡献获得客观的评价与奖励；⑤ 绩效辅导促进员工能力提高；⑥ 有助于确定合适的任命与晋升方案；⑦ 发现问题，持续改进。

（二）绩效管理与绩效考评的区别

绩效考评是事后评估工作的结果；绩效管理则是事前计划、事中管理、事后评估。从两者的过程看有七大区别。

1. 人性观不同

传统的绩效考评都基于人等同于工具或人是可利用的资源。考评就是评价，要"奖勤罚懒"，因为人都是"懒惰的"。而现代绩效管理是以人为本，把人当成人而不是工具，积极开发人力资源，力求个人与企业的利益一致，创造信任、授权、激励、民主的工作环境，激发员工的积极性与创造性。

2. 作用不同

传统的绩效考评主要为了确定绩效工资和晋升资格。而现代绩效管理是要有效地改进个人的行为表现，引导员工在发展企业的同时发展自己。

3. 涵盖的内容不同

绩效考评与绩效管理是局部与整体的关系。传统的绩效考评只是管理过程中的一个环节，并且只在特定的时间进行，强调事后评价。而现代绩效管理是一个完整的管理过程，并且是连续的，伴随着管理的全过程，强调全程沟通与事后反馈。

4. 考评结果使用的主要目的不同

传统的绩效考评输出结果主要用于薪酬的调整与分配。而现代绩效管理中，考评结果最重要的用途是员工培训与发展，即通过绩效管理员工认知自己的优点和不足，并且在主管的帮助下制定个人的改进和发展计划。

5. 侧重点不同

传统的绩效考评侧重于考评过程的执行和考评结果的判断，考评往往以下达命令的方式进行。而现代绩效管理侧重于持续的沟通和反馈。

6. 参与方式不同

传统的绩效考评主要由管理层和人力资源部门制定绩效计划和评估标准，是自上而下的考评。而现代绩效管理更注重员工和主管的参与,自觉地从自我提升的角度积极参与目标的制定、绩效沟通和绩效反馈。

7. 达到的结果不同

传统的绩效考评达到的结果只是对员工工作结果的奖惩,所以整个考评过程对员工来讲会感到紧张、焦虑和压抑,往往还会产生反感,不积极参与,有时甚至提供不真实的绩效信息,干扰考评过程等。而现代绩效管理的结果主要用于员工的绩效改进计划和员工职业规划,帮助员工认识自己,提高自己,从而提升未来的绩效。

(三)绩效考评系统

绩效考评系统是测评员工职业能力的一个考评体系,包括业绩、态度、能力(性格)潜力、适应性等方面,如图5-3所示。

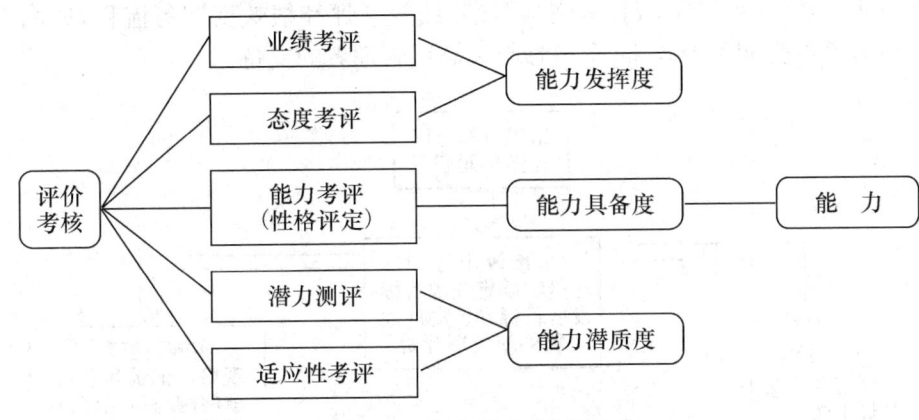

图5-3 职业能力考评体系

1. 业绩考评

业绩考评主要考评工作结果,如任务完成度、工作数量、工作质量等,包括工作效率,指标达成率,处理事物的效率和正确度,勤于整理、整顿、检视自己的工作等。

2. 态度考评

态度考评主要考评工作行为,如积极性、热忱、责任感、纪律性、独立性、协调性等,包括很少迟到、早退、缺勤,工作态度认真,工作从不偷懒、不倦怠,做事敏捷、效率高,遵守上级的指示,遇事及时、正确地向上级报告等。

3. 能力考评

能力考评主要考评个人特征,如经验、知识、技能熟练度、判断力、理解力、创新能力、改善力、企划力、研究能力、理解判断能力、计划能力、领导能力、协调能力等,包括工作的胜任度,精通职务履职内容,具备处理事务的能力,掌握个人工作重点,善于计划工作的步骤,积极做好准备工作,严守报告、联络、协商的原则,在既定的时间内完成工作等。

4. 潜力测评

潜力测评主要考评人的潜能,如工作能力、职业经历、考察发现、教育背景等,包括完成新工作的潜力,责任感强,确实完成交付的工作,即使是难的工作,身为组织的一员也勇于面对,努力用心地处理事情,避免过错的发生,预见并预防过错,做事冷静、绝不感情用事,学习力强、有挑战意识等。

5. 适应性考评

适应性考评主要考评人的适合度，如人与岗位、人与人、性格匹配、其他因素等，包括与同事配合、和睦地工作，重视与其他部门的同事协调，在工作上乐于帮助同事，积极参加公司举办的活动，经常评估自己的能力并学习新的业务知识和职业技能，以开阔的视野来看自己与公司的未来，积极虚心地听取他人建议、意见并积极改正自己的缺点，表现热情向上的精神状态、自我舒缓工作中的压力，即使是分外的工作，也能提供积极的支持和协同。

如果在绩效考评中再加入性格评定及心理测试等，就能较全面地衡量被测者的胜任能力。

（四）绩效管理系统

绩效管理系统包括绩效计划、实施与管理、绩效考评和绩效反馈等流程，如图5-4所示。绩效管理系统强调两个要素：全员参与和高层管理者的支持。

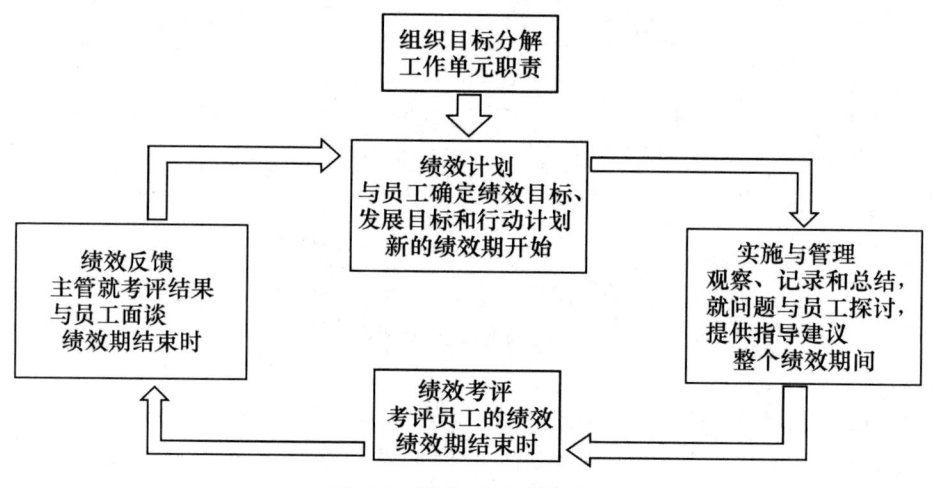

图 5-4　绩效管理系统流程

1. 绩效计划

绩效计划是绩效管理系统的第一个环节，制定绩效计划的主要依据是工作目标和工作职责。绩效计划是主管与员工关于工作目标和工作标准的契约，在帮助员工找准路线、认清方向方面有一定的前瞻性，是整个绩效管理系统中最重要的环节。

绩效计划的主要内容包括：分解公司战略经营计划、本部门工作计划、员工的职责分工；依据本年度的工作计划，就员工在本次绩效周期内所要达到的工作目标展开讨论；对目标如何达成形成共识，确定达成的程度（量化指标值）；明确这些结果的衡量指标；确认员工工作结果的信息来源；确定员工的各项工作目标的权重；明确员工在完成工作时可以拥有的权力与可以获得的资源；预测员工在达到目标的过程中可能会遇到的困难和障碍；承诺直接主管为员工提供的支持和帮助；明确绩效周期内主管与员工的沟通等。

绩效计划主要工作包括：

（1）制定绩效目标计划及衡量标准。绩效目标分为结果目标与行为目标。结果目标是指"做什么"，要达到什么结果，结果目标来源于公司的目标、部门的目标、市场需求目标以及员工个人目标等。行为目标是指"怎样做"。目标的制定要符合SMART原则：

S：具体的（反映阶段的比较详细的目标）

M：可衡量的（量化的）

A：可达到的（可以实现的）

R：相关的（与公司、部门目标的一致性）

T：以时间为基础的（阶段时间内）

（2）对目标计划的讨论。在确定SMART目标计划后，组织员工进行讨论，推动员工对目标达到一致认同，并阐明每个员工应达到什么目标与如何达到目标，共同树立既有挑战性又有现实性的目标，主管与员工之间的良好沟通是达成共识、明确各自目标分解的前提，同时也是有效辅导的基础。

（3）确定目标计划的结果。目标计划会议使主管与员工双方达成共识，在主管与员工之间建立有效的工作关系，员工意见得到听取和支持，从而确定监控的时间点和方式。

2. 实施与管理

制定绩效计划之后，在执行计划过程中会出现各种变化，对计划实施过程进行跟踪、记录、反馈、沟通、纠正、辅导、咨询、回顾，全程不间断管理，才能达成预期的目标与计划。

（1）发现三类问题。过程管理中应该反映三类问题：一是计划执行情况，可以用工作进度、活动符合标准的程度等来衡量，这也是人们最关心的问题；二是客观环境的变化，如零售店周边竞争格局、交通状况的改变；三是制度性不合理，如指标与权重设计不合理、考评方法选择不当等，这类问题常常被忽视。2009年中国零售业店长薪资状况调查显示：有55%的被调查者表示公司的薪资制度不合理或非常不合理，说明在绩效考评上存在制度性不合理，数据本身并未告诉我们哪些方面不合理，但约有10%的被调查者已经意识到：在工作中最需要的（或最缺乏的）是"沟通的机会和渠道"。这部分人虽然不足1/10，但反映了总部有话语权的管理者不了解实情，了解实情的店长却没有话语权的状况，信息不对称是导致政策偏差的重要原因。关键是要变革管理流程与业绩考评体系。

（2）做好四项工作。有四个方面的工作是至关重要的：一是深入基层才能了解实情；二是坚持记录才能展现实情；三是保持沟通才能发现实情；四是实施辅导才能提高业绩。其核心工作是要做好业绩辅导。

（3）实施四类辅导。常用的辅导分为四类：一是方法指导，对完成工作所需的知识及能力较缺乏的员工，常常需要给予较具体的辅导，将做事的流程与方法分步传授并跟踪完成情况；二是方向引导，对具有完成工作的相关知识及技能但偶尔遇到特定的情况不知所措的员工给予适当的指点；三是鼓励，对那些具有较完善的知识及专业化技能的人员给予一些鼓励或建议，以提升他们的工作热情；四是做导师，指导员工解开企业组织中的种种难解之"谜"，要引导员工度过企业组织中的种种危机，帮助他们培养处世能力，做导师需要源源不断地就企业组织的目标与经营观为员工提供信息和见识，教导员工如何在企业组织内发挥作用，在员工遇到个人危机时，还要充当他们的知己。

3. 绩效考评

绩效考评是一个动态的、持续的过程，要系统地看待考评内容。考评不但是对员工在特定期限内的工作表现和工作结果给予一个评价,更重要的是在公司要求与员工胜任能力之间寻找"缝隙",并帮助员工去填满这些"缝隙",接近或满足岗位对他的履职要求。在这期间还可以发现员工在某些方面的个人特质和潜力,为员工的职业发展提供个人素质信息,为拓展职业宽度做好预备,主管也有责任帮助和提供更适合员工施展才能的平台,在企业对员工能力的需求和员工可能提供的能力之间找到平衡点,在实现企业目标的实践中实现员工个人的职业价值。

在阶段性工作结束时,必须对阶段性业绩进行评价,以便能公正地、客观地反映阶段性的工作业绩,目的在于不断总结经验,促进下一阶段业绩的改进。

在对阶段性业绩评价之前,要进行信息收集,尤其是对实现目标过程的信息收集,在沟通和综合员工与管理者双方所掌握的资料后,通过会议的形式进行阶段性业绩的评价,包括对实际业绩与预期业绩的比较、管理者的反馈、支持与激励、业绩改进建议、本阶段总结、确定下阶段的计划等。

4. 绩效反馈

在整个持续的绩效管理过程中,沟通和反馈无处不在。要使沟通更有效,我们必须巧用各种沟通渠道和沟通技巧。按渠道分,沟通分为正式沟通和非正式沟通,正式沟通的方式主要有:书面报告、专题会议、正式面谈、信函等。非正式沟通的方式主要有:走动式管理、开放式办公、工作间歇时的沟通、非正式会议等。主管与员工应在整个绩效期的每一阶段进行沟通,并在绩效期结束时,就考评结果进行面谈。

对个人的回报应以绩效考评为基础,其形式包括工资、奖金、股权、福利、机会、职权等。设定员工业绩衡量指标,评定职位的输出业绩,对关键的业绩进行考核,综合工作能力、工作态度等,并将它们与报酬相结合。

七、关键绩效指标

(一)关键绩效指标及其特点

1. 关键绩效指标的含义

关键绩效指标(Key Performance Indicators,KPI)是反映个体与组织关键业绩贡献的评价依据,是通过对组织内部流程的输入端、输出端的关键参数进行设置、取样、计算、分析、衡量流程绩效的一种目标式量化管理指标。关键绩效指标不是能力或态度指标,主要是用于衡量工作人员工作绩效表现的量化指标,并且是关键性的量化指标。例如,从获利能力出发,企业的价值树一般从净资产收益率指标开始,然后层层分解到每个岗位。这些指标包括以下几项:

(1) 常规指标:与岗位职责相关的任务完成时间、质量和成本等指标。

(2) 短期重点指标:依据企业战略在近期必须重点关注和实现的指标。

(3) 集体指标:需要各职能部门共同完成的指标(如总销售、总利润、总成本)。

(4) 流程性指标:为保证企业内的有序运行,对上、下游有制约和影响的岗位任务设置约束性指标(如确保完好率、及时率、支持率)。

(5) 防范性指标:主要指难以完全避免的差错率、事故数等(用惩罚性手段威慑)。

2. 关键绩效指标的特点

关键绩效指标应体现如下基本特点：

(1) 关键绩效指标取决于公司的战略目标，是对公司战略目标的进一步细化和分解，并要随公司战略目标的发展演变而调整。

(2) 关键绩效指标体现员工工作可控效果的衡量，剔除他人或环境造成的其他方面影响。

(3) 关键绩效指标是对重点经营活动的衡量，而不是对所有操作过程的反映，是对公司整体战略目标影响较大，对战略目标实现起到关键作用的工作进行衡量。

(4) 关键绩效指标建立与实施的过程也是目标管理的过程，关键绩效指标不是由上级强行确定下发的，也不是由本职位自行制定的，它由上级与员工共同参与完成，是双方所达成的一致意见的体现。

(二) 关键绩效指标设计的基本步骤

设计关键绩效指标是为了抓住主要问题，解决主要矛盾。编制关键绩效指标的基本步骤如下。

1. 明确战略目标

企业的战略目标由使命决定，这是对企业根本属性与发展方向的描述，包括利用资源、环境变化、顾客服务等方面。例如，家乐福的使命是："家乐福所有努力的最大目标是顾客的满意。选择、提供最佳品质及最低价格的商品，来满足顾客多变的需求"。但有些企业并没有制定"使命声明"(Mission Statement)，这并不影响它们同样能建立具体的目标。

以零售业为例，主要的业绩目标包括两个方面：一是市场绩效目标，主要指标是销售额与市场份额，从竞争角度评估企业的市场地位与盈利能力；二是财务绩效目标，可分为盈利性目标与生产率目标，盈利性目标如净利润、销售利润率、净资产回报率等，生产率目标体现每单位的资源投入所获得的产出，如空间生产率(地效＝销售额÷面积)、劳动生产率(劳效＝销售额÷全职员工数量)、商品生产率(销售存货比率＝销售额÷平均存货)，这些都是决定利润的关键因素，所以应该纳入关键绩效指标体系。零售业的五大财务指标如下：

$$净利润率 = 净利润 \div 净销售额$$
$$资产周转率 = 净销售额 \div 总资产$$
$$资产回报率 = 净利润 \div 总资产$$
$$财务杠杆 = 总资产 \div 净资产$$
$$净资产回报率 = 净利润 \div 净资产$$

上述指标的相互关系如下：

$$净利润率 \times 资产周转率 = 资产回报率$$
$$资产回报率 \times 财务杠杆 = 净资产回报率$$

2. 确定各支持性业务流程及目标

企业的总体战略目标是依靠一系列业务流程来达成的，每一个业务流程在总目标指导下应该建立相应子目标。企业高层确立公司的总体战略目标；由企业（中）高层将战略目标分解为主要的支持性子目标（可用鱼骨图方式）。

3. 确认各业务流程与各职能部门的联系

企业的每一项流程都会涉及其他相关部门，所以，企业的主要业务流程、支持性子目标、部门职能与相关各部门之间必须建立关联，从而在更微观的部门层面建立流程、职能与指标之间的关联，以保证企业总体战略目标和部门绩效指标之间的有序链接。

4. 部门级关键绩效指标的提取

从流程重点、部门职责之间的联系中提取部门级的关键绩效指标。

5. 目标、流程、职能、职位目标的统一

根据部门关键绩效指标、业务流程以及确定的各职位职责，建立企业目标、流程、职能与职位职责统一的指标体系。

案例资料5-3　零售企业关键绩效指标

关键绩效指标在企业管理中，应用于各个环节，如财务方面的资金周转周期、持股价值，销售方面的客户满意度、退货率、销售周期等，许多方面都会有相关的绩效指标来衡量企业的运作状况。可以说关键绩效指标是创造价值的基础，策略实施的脊柱。但是由于没有单一一套指标能对每一家公司都适用，所以必须基于行业特性和公司状况来选择衡量标准。

对于零售企业而言，关键绩效指标主要表现在如下几个关键点上：采购绩效，又分为采购人员绩效和供应商绩效；物流配送绩效；卖场空间绩效；商品管理绩效；宣传营销绩效；服务绩效；财务绩效。在这些纲要下再细化订出各项指标，如订货取消率、毛利控制、交货时间差异、完成程度、供应商贡献度、信用评定、成本差异、耗损率、货架使用率、配送流动率、缺货重复率、价格结构、质量关键值、退货损耗、工时产能、人均产值、分类地效、存货周转、覆盖范围、费用分配、现金流动、利润结构……绩效指标应先确定总体性指标，在每一项绩效指标下再细化订出各部门、流程的绩效指标。

关键绩效指标并不是一种全新的概念，早期主要应用在人力资源的绩效评估上，目前已经成为企业整体绩效管理中主要的绩效评估方法，并且国外许多专业咨询公司也成功地将此方法应用在ERP理论中。它的核心观念是：设定与企业流程相关的标准值，定出一系列对企业经营有提示、警告和监控作用的标准衡量指标，然后把实际经营过程中产生的相关指标实际值与预先设定的标准值进行比较和评估，并分析其原因，找出解决的方法和途径，从而再相应地调整和优化企业的流程，以使未来的实际绩效指标值可以达到令决策者满意的程度。

［来源：联商网，作者：方讯科技（中国）资深行业顾问　吕芳源］

点评　销售额和采购成本是零售企业不能放弃的两个基本指标，这两个指标的小幅波动都会对企业的利润产生重大影响。当然，在互联网，尤其是移动互联网的背景下，也需要建立新的绩效考评体系。

问题与探讨

1. 互联网对零售革命产生了什么影响?
2. 未来零售有哪些基本特征?
3. 互联网背景下的零售组织与零售业态将发生哪些变化?
4. 零售绩效管理应树立哪些基本观念?
5. 零售业绩效管理有哪些基本模式?

第6章 店铺筹划

店铺发展始终是一项长期的战略性任务,店铺也是零售业最基本的资源,应该作为零售企业投资的重点。

经营任何业态,在正式营业前,一般都要经历三个阶段:寻找店铺、规划建设、开业筹备。此前需要有正确的业态定位,此后需要对新店营业状况进行评估。

引导案例　家乐福选址

家乐福1995年进入中国市场,短时间内便在北京、上海和深圳三地开出了大卖场,各自独立地建立并发展了自己的供应商网络。

顾客群:60%的顾客在34岁以下,70%是女性,54%是已婚。

主要理念:低价、一次购足、高周转、新鲜、品质好;卫生、舒适、店内通道进出方便、国际标准。

选址标准:Carrefour的法文意思就是"十字路口",而家乐福的选址也不折不扣地体现出这一标准。

位置要求描述:交通方便(私家车、公交车、地铁、轻轨);人口密度相对集中;两条马路交叉口,其一为主干道;具备相当面积的停车场,如在北京至少要求600个以上的停车位。

建筑物要求:建筑占地面积15 000平方米以上;最好不超过两层;总建筑面积2万~4万平方米;转租租户由家乐福负责管理;建筑物长宽比例10:7或10:6。

商圈内的人口消费能力:利用GIS人口地理系统或借助市场调研公司的力量来收集这方面的数据。方法一:以某个原点出发,分别测算5分钟的步行距离会到什么地方,接着是10分钟步行会到什么地方,最后是15分钟会到什么地方。方法二:根据中国的本地特色,还需要测算以骑自行车出发的小片、中片和大片半径,最后是以汽车行驶来测算小片、中片和大片各覆盖了什么区域。计量参数:计算这片区域内各个居住小区的详尽人口规模,调查其特征,计算不同区域内人口的数量和密度、年龄分布、文化水平、职业分布、人均可支配收入等许多指标。家乐福的做法还会更细致一些,根据这些小区的远近程度和居民可支配收入,再划定重要销售区域和普通销售区域。注意事项:如果有自然的分隔线,如一条铁路线,或是另一个街区有一个竞争对手,商圈的覆盖就需要依据这种边界进行调整。

区域内商业环境(包括城市交通和周边商圈的竞争情况):

指导原则一:如果一个未来的店址周围有许多公交车,或是道路宽敞、交通方便,那么销售辐射的半径就可以放大。例如,家乐福上海古北大卖场周围的公交线路不多,家乐福就自己租车定点在一些固定的小区间穿行,方便离店较远的小区居民购物。

指导原则二:未来潜在销售区域会受到很多竞争对手的挤压,所以需要将未来所有的竞争对手计算进去。例如,传统的商圈分析中,需要计算所有竞争对手的销售情况,产品线组成和单位面积销售额等情况,然后将这些估计的数字从总的区域潜力中减去,未来的销售潜力就产生了。但是,这样做并没有考虑到不同对手的竞争实力,于是,家乐福重点调查其他商店的不足之处,如环境是否清洁,哪类产品的价格比较高,生鲜产品的新鲜程度如何等,然后依据这些调研结果制定具有"杀伤力"的营销策略。

持续性商圈微调:依据目标顾客的信息微调自己的商品线。

实例一:家乐福的一份资料指出,顾客中有60%在34岁以下,70%是女性;有28%的顾客步行,45%的顾客乘坐公共汽车。

实例二:家乐福在上海的每家店都有小小的不同。在虹桥店,因为周围居住的高收入群体和外国侨民比较多,其中外国侨民占到了家乐福消费群体的40%,所以虹桥店的进口商品特别多,如各类葡萄酒、泥肠、奶酪和橄榄油等。那都是家乐福为了这些特殊的消费群体特意从国外进口的。

实例三:家乐福南方商场店因为周围的居住小区比较分散,就开了一个"迷你销品茂",并设了一家电影院和麦当劳,增加了吸引较远处人群的力度。青岛的家乐福做得更到位,因为有15%的顾客是韩国人,干脆就做了许多韩文招牌。

家乐福的停车场要求至少有600个机动车停车位,非机动车2 000平方米以上,供家乐福公司员工及顾客使用。

> **点评** 店铺资源是零售业的第一资源,这是零售业经营成败的先决条件。选址并不是简单的技术问题、商圈调查问题或数据分析问题,它首先是一个战略问题,没有明确的业态定位与清晰的战略目标,就难以实现科学有效的选址。

一、店 铺 选 址

店铺选址是零售经营的基础,也是目前很多零售企业比较薄弱的环节。由于开店前很少采用商圈考察,店铺开张以后很快就成了经营业绩很差的"烂店",为了挽救"烂店",往往又投入大量的营销资源,结果造成更大的资源浪费。

(一) 商圈及其环境

1. 商圈

商圈就是店铺对顾客的吸引力所能够达到的一个空间区域或边界范围,也就是商店的来客范围。一般而言,店铺越大商圈范围就越大。但这也不是绝对的,最关键的并不是店铺的大小,而在于店铺的品牌形象。由于业态与商店定位不同,其商圈大小也会有差异。依照业态特征,可以将商圈分为"推的商圈"与"拉的商圈"。拉的商圈如市级购物中心,凭借其知名度能吸引全市甚至全国消费者前来消费,如王府井商圈、南京路商圈等。推的商圈如社区商业中心,其主要顾客是社区内的消费者与一部分流动客,这类商圈一旦饱和,就要通过"复制"向外拓展。

2. 商圈要素

不管企业的具体要求如何,开店必须具备三个条件:一是可有效地持续经营若干年;二是有足够的集客能力;三是进出容易,包括卖场与停车场。但也存在变化要素,商业环境的变化能够使死店变活店,也能够使活店变死店。影响店铺"死活变化"的三个要素是:客流、竞争格局与道路交通。

3. 市场环境

市场环境分析包括商圈属性分析、商圈规模分析、商业容量与竞争态势分析、物业价格分析、业态配比与适宜性分析、业主情况分析等。通过分析,对商圈的现状与发展趋势作出判断,为选择店铺决策提供依据。

(二)店铺开发原则

店铺开发也可以简称为"展店"。连锁公司应该在总体的区域规划下发展店铺,切忌单打式的盲目发展;应该进行商圈调查并根据业态标准进行评估,切忌"毛估估"的领导拍板。

展店应该坚持三个原则:一是要符合战略布局原则,着眼长远发展规划,符合公司发展战略,可采取分区布局、集中布局、与物流配送相匹配、弱竞争市场优先进入等策略。二是用地、物业与配套设施要确保合法有效,有关适合的地点选定之后,要展开用地确保的工作,查明新建分店或改建旧店是否符合城市规划及建筑方面的规定,特别是要了解各种限制性规定,通过谈判并依据法律文件获得相关物业的租赁权,并确保水、电、气、通讯等公共设施畅通。三是经济上可行,投入与产出要保持平衡。

(三)选址原理

1. 三角理论与心理竞赛论

了解生活在"住处—工作—购物"这个三角模式中的现代都市人,需要问:你住在哪里(Where do you live)? 你在哪里工作(Where do you work)? 你在哪里购物(Where do you shop)? 早上当人们起床出门,要赶到公司上班或学校上课,那种心理状态,与由公司下班或放学回家的心态绝不相同。下班或放学就没有赶时间的心理压力。通过三角理论与心理竞赛论,可获知店址选择应特别考虑两个途径:在回家的路线设店(From work to home);在购物的路线设店(From home to shop)。

2. 前门/后门论

一个社区有多个出入口,有些出入口专门为小车通行,有些出入口则只是步行通道。社区还有前门与后门的区别,前门位置是主通道,客流量大,后门位置是次要通道,客流量小。前门位置的店铺商圈比较大,覆盖整个社区。后门位置的店铺商圈比较小,只能覆盖局部社区。所以,店铺应该尽量选择在前门。

3. 心理障碍论

顾客在选择消费时对各种不方便要素会产生心理障碍。

(1) 消费者前往购物喜欢走捷径,不喜欢绕道。
(2) 大马路、高速公路、铁路、河流等都是构成阻碍消费者购物的障碍,障碍可将一个大商圈阻隔成两个或更多个小商圈。
(3) 斜坡路、有阶梯的房子不宜设店。
(4) 双向道比单行道好。
(5) 十字路口比 T 字路口好。
(6) 阳面比阴面好。
(7) 有骑楼比没有骑楼好。

4. 三角布点论

军事策略中指出:直线排列的点,容易被敌方阻断运输路线,导致失败。为了和友军保持联系和合作,应确保至少三点成鼎足之势,这样三点成一个三角形,就能守住中间地带。开店道理也一样,如果店铺呈三角形配置,三角形内居住的市民就会方便来店购买。"三角布点"是很有效的一种店铺选址法。

5. 十字路口布点论

家乐福选址以十字路口为标准,这其实也是店铺选址的通用原则。十字路口店铺的透视性、可接近性与便利性都比其他位置更好,所以,经营业绩也就比较优良。尤其是像便利店等小型零售业态,选址更强调"街角"位置。商圈会因竞争店出现而改变,但如果选择了最好位置,就会在竞争中更有持久的优势。店铺开发人员的责任是把商店开在最正确的位置,而不是把商品放在正确位置,把商品放在正确位置是营销人员的责任。可见,获取十字路口的咽喉之位,乃店铺开发的第一要务。

6. 漏斗论

店铺应设立在漏斗漏水之处,漏斗漏水处一般具备以下几个基本特性:位于主干道上(Main Street)、交通流量大(Traffic Count)、腹地大(House Count)、公车站牌多(Bus Stop)、接近消费者回家动线(From Work to Home)。店铺开发人员要利用地图找出真正的漏斗漏水处。

7. 地心引力论

不同的商圈对顾客的吸引力也不同,如便利店商圈的集客力一定比百货公司的集客力小;商业区集客力一定比混合区强,混合区一定比住宅区强;不同商品亦会有不同的集客力商圈;24 小时店的商圈要比 16 小时店商圈大;深夜的商圈要比白天商圈大;地铁车站的集客力要比一般车站附近的集客力大。

(四) 店铺开发流程

1. 店铺开发的主要工作职责

店铺开发一般由发展部负责,但以下店铺开发的各项工作则需要各专业部门分工负责:商圈资料的收集;选址标准的确立;店铺的寻找、洽谈与签约;店铺的投资评估;店铺工程设计、审核及工程招标、工程监督、工程验收;店铺平面配置规划;店铺设备采购、维修与保养等;开店流程安排及进度控制等。

2. 店铺开发的常规流程

店铺开发的常规流程可以分为七步:店铺寻找、商圈调查、投资评估、店铺购租、店铺规划、开业准备、开业后评估。每一项工作都应该有操作规则和相应的流程与表单。

3. 店铺开发的"套装概念"

店铺开发涉及连锁总部的各个部门,即使是店铺开发本身的职能,不同的公司也有不同的操作办法。例如,店铺平面配置与商品陈列,可以由企划营销部负责,也可以由营运部甚至商品部来负责。总之,店铺开发工作不可能由任何一个单独的部门来完成,所以,工作越是标准化,像组配零部件那样,就越能够有条不紊。

值得关注的是:

(1) 选址已经从走走看看凭经验决定店铺位置发展到利用系统进行评估、试算、对比、分析等店铺开发的全方位管理。如上海瑞星软件已开发了一款选址与店铺开发软件,并创办了"选址评估网"(http://51xuanzhi.rezin.com.cn)。该公司已经为天虹微喔便利店、喜满客影城连锁、85℃咖啡烘焙连锁等企业提供选址服务。如85℃的店铺开发选址软件的核心应用包括:结合目标管理流程,落实市场开发人员每日、每周、每月、每季、每年的工作计划,协助网点开发主管抓好个人的工作饱和度、完成率等过程管理;将KPI指标进行量化而形成开店策略:可分为竞争店、商圈评估、开发基准、店址评估、客流采点、初年度营收月展策略、损益成本调整、投资费用、营业日等策略;开店人员只需根据既定的策略进行勾选,系统自动给出选址评价,能简化开店人员日常作业,提高工作效率;主要管理流程包括:新增店址、有效店址、有望店址、待开店申请、待开店作业及新店作业;形成立地报告申请书:可分为立项申请、店址会审、店铺位置图、商圈评估、竞争评估、客流采点、开发基准评估、建设事项、营收预测评估、损益试算评估等;租约管理:租约维护、租金作业、租金作业历史查询。

(2) 利用人工智能方法,结合历史数据、常住与移动人口及其活动数据,经济与居民收入支出数据、竞争者数据等信息可以建立一个全新的选址模型。过去的选址单纯强调店铺的位置,由于技术的发展,可以跟踪到潜在消费者移动位置与活动位置的信息,这样的选址模型就从静态的存量客流分析发展到动态的流量客流与需求分析。

二、投资评估与租赁合同

(一) 投资评估

店铺通过商圈调查可以估算其营业额,但该店铺是否值得经营,还必须把营业额与投资额相比较,评估出损益状况。这项评估要注意长远性的考虑,如10年以上。

1. 开店投资预估

开店投资主要包括以下内容:

(1) 设备,如冷冻冷藏设备、空调设备、收银机系统、水电设备、车辆、后场办公设备、内仓设备、卖场陈列设备等。

(2) 工程,如内外招牌、空调工程、水电工程、冷冻冷藏工程、保安工程等。

(3) 包装材料,如消耗品等。

(4) 设计费用,对连锁公司来说,这笔费用可大大节约。连锁公司总部应事先制定店铺开发标准与预算控制标准。

2. 销售成本预估

销售成本会随着店铺规模扩大而降低,如采购能力扩大使销售成本降低,损耗会因管理技术的提升而降低。全公司应有一个长期的毛利率目标,作为努力的方向。

3. 经营费用预估

在日常经营中开支最大的是租金、工资、折旧、电费这四项费用。计算费用应该注意以下事项:

(1) 房地产取得成本的计提,必须按有关法律规定操作。一般土地不列折旧,房屋则须提列折旧。

(2) 租金按照租屋合同规定作调整。

(3) 开店成本(贷款)的利息应包含押金利息负担。

(4) 保险费用(产物保险)依承保金额按月计算每月保费。

(5) 有些店铺附属于大楼地下室,需按使用面积数提列管理费用。

(6) 依税法规定,材料及办公设备皆有不同的折旧年限,这些也应列入管理费用。

(7) 薪资费用按调薪幅度调整,但需注意薪资在管理费用中所占的比例有限,超过时生产力将出现危机,故薪资水准的管理和职员、兼职打工的比例需依年度调整,以保持生产力的提高。

(8) 水电费用也有调升的可能,因为在长达 10 年内难保没有能源危机事件。

(9) 单店促销费用较高,多店则较低,但促销费用以不超过营业额 1.5% 为宜。

(10) 新开店可少列修理费用,而 3 年以上旧店则需多加预提。

(11) 其他,如电话、教育培养、文具、印刷、制服、包装、损耗品标签、油墨、差旅、劳保、伙食津贴、员工奖金、交通和杂项费用等。

4. 损益平衡分析

损益平衡点是指店铺收益与支出相等时的营业额,销售额超过此点,店铺即有盈利,低于此点即表示亏损。其计算方式如下:

(1) 固定费用:将前述每月固定支出项目累加起来即为固定费用,包括员工固定薪资、公用事业水电费、电话费、固定租金、折旧、押金利息、开店贷款利息、保险费用、修理保养费等。

(2) 销售毛利率:即销售毛利额占营业收入的百分比。

(3) 变动费用:包括直接营运成本、包装费、广告促销费、绩效工资等。随营业额变动的项目累加,其占营业额的百分比,称为变动费用率。

(4) 损益平衡点销售额计算方法如下:

$$损益平衡点销售额 = 固定费用 / (销售毛利率 - 变动费用率)$$

(5) 经营安全率计算方法如下:

$$经营安全率 = (1 - 损益平衡点销售额 / 预期销售额) \times 100\%$$

这一比例是衡量店铺经营状况的重要指标,测定标准见本书第 15 章。

(二) 租赁合同

店铺一般以租赁为主,应该依法签订租赁合同,获得合法的物业使用权。租赁合同要包括以下基本内容。

1. 基本资料

租赁合同基本资料包括合同名称如"某某店合同",出租方(甲方)与承租方(乙方)的地址、法人代表、邮编、电话、传真等。

2. 房屋的位置、面积

(1) 租赁物的具体方位、占地面积、场地、辅助设施等,以及出租后的用途。用地范围应在附图上用红线画出后双方盖章确认。

(2) 商场用房的楼层、每层建筑面积、层高,以及办公用房、商场后仓、局部生活设施、配套用房(包括配电房、空调机房、水泵房、门警室等)及停车场的合理布置。

(3) 如有土建项目,建筑设计以及平面布置方案,由甲、乙双方认可,并经规划部门批准后最终确定。

(4) 商场用房按设计规范建造,所需费用全部由甲方(或乙方)承担,施工单位由甲方公开招标选定(须由乙方派员参加评标),也可按约定操作。

3. 租赁期限、免租期及转租

我国法律规定,房屋最长租赁期限为20年。甲方于规定日期全部完工交付给乙方作营业前准备,交房之日起若干个月为免租期,如甲方提前或延期交房,上述免租期的起始之日应按实作相应调整,租赁期自免租期届满之次日起算。甲方允许乙方将部分营业用房转租给第三方,租金收入归乙方所有或规定甲方可分享部分租金。

4. 租金、支付办法及保证责任

(1) 租赁物总租金:按年计算,约期支付。

(2) 预付租金:乙方也可以按照工程进度向甲方提前支付部分、年度或若干年租金。甲方须在乙方支付上述预付款前提供经乙方同意的第三人书面保证或担保、抵押。

(3) 租金递增:一般在3年以后,租金每年按一定百分比递增,可以是环比递增,也可以是定基递增。也可以按照约定的规则通过商议而变更租金。

(4) 租金支付:年租金一般按季支付。并明确具体的付款期以及手续。如付款日期定为当季第一个月前15天内,甲方在收款日前15天,先向乙方提出结款申请,并向财务提供税务统一票据,乙方财务凭有效票据付款。法定假日顺延。

5. 租赁物交付使用标准

(1) 规定甲方将租赁物有效交付乙方的日期,双方办理书面交接手续。

(2) 明确"有效交付"的含义:指该租赁物交付乙方使用时至少具备的条件。例如:① 甲方提供按设计要求完成的房屋、场地及辅助设施;② 甲方按设计要求建造给排水工程以及隔油池、化粪池等设施,并正常供水;③ 所有建筑物外墙面砖、内墙涂料粉刷按设计要求由甲方施工完毕,绿化土建部分围护由甲方完成;④ 甲方负责完成全部地坪交付乙方使用;满足乙方商业用电要求等。这些条件应尽可能详细、无遗漏。

6. 公用事业费

(1) 乙方在该租赁物施工期间及营业中所发生的水费、电费及电话费等均由乙方根据单独设置计量读表数,凭甲方税务统一票据,按国家规定的标准直接交纳给甲方。开业后,由甲方办理转户变更手续给乙方,使乙方能够享受增值税的抵扣,由乙方直接交付。

(2) 租赁期间"门前三包"(卫生、绿化、治安)费用由乙方承担。

7. 保证和责任

甲方：

(1) 甲方必须严格按图施工,确保工程质量。

(2) 全部工程竣工后甲方应提供全套工程竣工资料给乙方,并办好书面交接手续。

(3) 在甲方进行项目筹建期间,乙方可派员参与。在主体建筑施工期间,甲方应协助并配合乙方有关工程的施工及设备安装。

(4) 甲方提供的租赁物须通过规划、环保、消防、质监等部门的验收,取得相应的批准文件,甲方应拥有租赁物的完全产权和出租权。

(5) 甲方负责向当地政府(部门)办理租赁许可、租赁登记等有关手续。甲方应确保出租行为有效成立,且不存在任何可能导致上述行为无效或被撤销的事实。

(6) 租赁期间未经乙方书面同意,甲方不得重复出租、转让、抵押该租赁物,若发生上述情况造成乙方损失的,由甲方承担全部责任。

(7) 租赁期间因甲方原因发生的债权、债务,影响、妨碍乙方使用租赁物,并造成乙方损失的,由甲方承担全部责任。有关执法部门以生效的法律文件要求乙方协助扣付甲方租金的,乙方应予协助,甲方不得有异议。

(8) 甲方应协助乙方办理经营必须的有关证照。

(9) 甲方协助乙方办理享受税收优惠政策的手续。

(10) 租赁物交付使用之日起的2年内,由甲方承担租赁物的保修责任,保修期届满后由乙方承担租赁物的日常保养和维护责任。但在整个租赁期间,甲方应对租赁物建筑的主体结构质量缺陷承担维修责任。

(11) 房屋租赁期届满,在同等条件下,乙方享有优先承租权。

乙方：

(1) 在租赁期满后,或合同提前解除后,乙方可搬移、撤走安装、放置在租赁物内的经营设备、设施(电梯、空调可由双方另行协商处理方式)。但是乙方实施上述搬移、撤走行为时,不应影响建筑物主体结构和建筑物安全。

(2) 乙方对房屋结构进行重大变动时,应事先征得甲方的认可。

(3) 乙方应对甲方正常的房屋维修和检查给予协助。

(4) 乙方在承租期届满后应按时将房屋移交给甲方。如需继续承租的,应提前3个月书面向甲方提出要求,经甲方同意后,甲、乙双方续订房屋租赁合同。

(5) 乙方承诺：在租赁物内开办的企业依法向当地工商行政管理部门注册登记,并申报纳税。

(6) 未经甲方书面同意,乙方不得将租赁物整体出租给他人。

8. 违约责任

(1) 不履行合同的违约方必须赔偿守约方的损失。

(2) 如果甲方未按照合同规定逾期交房,则须按乙方已预付租金额的日5‰计算违约金,直至甲方有效交付租赁物为止。但是经甲、乙双方商定,乙方已进入租赁物场地进行装修的除外。

（3）乙方逾期缴付租金的，按应付租金额的日 5‰ 计付违约金。

9. 免责条件

（1）甲乙双方的任何一方由于不可抗力的原因致使不能履行合同时，应及时向对方通报不能履行或不能完全履行的理由，并提供有关证据，协商延期履行、部分履行或者不履行合同，免除违约责任。

（2）如果出现城市规划变更的事由，导致本合同不能履行，则可予以免责，并由双方就相关事项另行协商。但是在双方达成一致意见之前，任何一方不得解除本合同，否则视作违约。

10. 争议的解决

合同在履行期间若发生争议，甲、乙双方应友好协商解决。协商不成，任何一方均有权向人民法院起诉。

11. 合同生效的条件

合同由甲、乙双方法定代表人签字加盖公章后生效。未尽事宜双方另行商定签订补充合同。补充合同与主合同具有同等效力。

12. 附件的效力

合同附件均为主合同组成部分，与主合同具有同等效力。

此外，还包括签约人、签约时间、签约地点等。

三、店铺设计

店铺由店面、卖场、后场三个部分组成，店面与卖场是店铺设计的两个主要部分。店铺设计是技术与艺术的结合，还要符合需求与管理等方面的要求。

（一）卖场磁石点理论

卖场中最能吸引顾客注意力的地方称为"磁石点"。

1. 第一磁石点：主力商品

第一磁石点位于主通路的两侧，是消费者必经之地，能拉引顾客至内部卖场，也是商品销售最主要的地方。应配置的商品为：消费量多的商品和消费频度高的商品。消费量多、消费频度高的商品是绝大多数消费者随时要使用的，也是时常要购买的。所以将其配置于第一磁石点以增加销售量。

2. 第二磁石点：展示观感强的商品

第二磁石点位于通路的末端，通常是在卖场的最里面。第二磁石点商品负有诱导消费者走到卖场最里面的任务。在此应配置的商品有：最新的商品，将新商品配置于第二磁石点，能吸引消费者深入卖场；具有季节感的商品，具有季节感的商品必定是最富变化的，因此，可借季节的变化做布置，吸引消费者的注意；明亮、华丽的商品通常也是流行、时尚的商品，由于第二磁石点都较暗，所以配置较华丽的商品来提升亮度。

3. 第三磁石点：端架商品

第三磁石点指的是端架的位置。端架通常面对着出口或主通道，第三磁石点商品的作用是要刺激和留住消费者。通常情况可配置如下商品：特价品、高利润的商品、季节商品、购买频率较高的商品、促销商品。端架食品需经常变化(如一周两次)。其变化的速度快,就可刺激顾客增加来店采购的次数。

4. 第四磁石点:单项商品

第四磁石点指卖场副通道的两侧,主要是让消费者在陈列线中间引起注意的位置,这个位置的配置,不能以商品群来规划,而必须以单品的方法,对消费者表达强烈诉求,包括热门商品、特意大量陈列商品、广告宣传商品。

5. 第五磁石点:卖场堆头

第五磁石点位于结算区(收银区)域前面的中间卖场,可根据各种节日组织大型展销、特卖,是非固定性售卖区域,以堆头为主。

(二) 店面设施

店面设施的主要功能是诱导及宣传,以引起消费者的注意并产生兴趣,继而迅速联想。要诱导顾客,就先要让顾客"很容易地走进来",即没有障碍和阻挡,这是店面设施最重要的功能。店面设施如能引起消费者注意,继而产生兴趣,然后联想到要进来购物,其设施便算成功。

店面设施主要包括:店前诱导设施,如停车场、店前空地等;门面构成,如外装、招牌、门面、商品陈列窗等。

1. 店面外观

店面外观设计应注意:① 店铺外观与行业特征相关,外装设计应适度表现出行业特点,使消费者容易辨别。② 要在店铺外设立引人注目的标志,以吸引过往行人。为了达到这一目标,不仅在店铺前要设立"看板",而且在预定的商圈范围内都要设置引导性的"看板",如十字路口、公交车站、住宅区出入口等。③ 为促进晚间的生意,要利用有照明设备的外观。④ 店面要尽量保留向顾客展示商品及店内陈列的空间和视线。⑤ 要考虑附近店铺的格调以及环境的变化,不要令人有落伍的感觉。⑥ 注意店面的清洁卫生。⑦ 不要使店面有强烈的反光。

2. 招牌

招牌具有广告作用,其种类很多,主要包括店名和店标(店徽)。应注意事项有:① 招牌的高度应适当,应以各类行人的视觉效果最佳为原则。眼睛离地的垂直距离为1.5米,以该视点为中心的上下25度至30度范围为招牌设置的易见位置。例如,招牌与眼睛视点的距离为10米,那么离地面2.5米左右的高度为最佳位置。② 既要与周边环境相适,又要有自己的特色。③ 要考虑经济、耐久和便于保养、清洗。④ 色系选择以温馨、明亮、能清楚表示、容易记忆为原则。

3. 停车设施

停车设施不仅包括停车场地,也包括类似"代客泊车"之类的服务,一切以便利顾客为原则。只有便利才能吸引更多的顾客。国外有一家购物中心,从一楼到四楼都配置了停车位,顾客可以从停车场直接进入卖场。这种设计非常人性化,顾客就会感到满意。

4. 出入口

招牌吸引消费者的目光,入口引导消费者进入店内。"人的腿是最肥的",只有先引导顾客进店,才有可能促成生意,所以入口的设计十分关键。其基本原则是"让消费者很容易地走进来"。具体应注意的要点有：① 仔细观察行人的动线，选择行人经过最多或最接近的方向与位置作为入口。② 入口应比较宽畅、明亮，不要设置人为的障碍。③ 入口应有明显的标志，以利引导消费者走入店中。④ 入口一般设在右侧，能让顾客自由使用右手的卖场，便会成为顾客的第一卖场，整个卖场贯彻这种方针来服务，将成为优良卖场。

（三）中央设施

中央设施就是卖场，是消费者的购物场所。中央设施的主要功能为商品展示陈列、宣传推广及促进销售。

1. 店内设施

店内设施包括陈列设施、标识设施和待客设施。

（1）陈列设施。陈列设施与商品互为一体，货架与冷链设备是最常见的陈列设施。还有各式各样的陈列平台，以及各种辅助器材，也可视状况采用。有关陈列设施，最需要考虑的是让商品易见易取，并且安全可靠。

（2）标识设施。良好的标识能引导并便利顾客，还具有促进销售的作用。标识设施主要包括进门的商店配置图、自助导购设备、商品别指示牌、POP海报、招贴、装饰用的照片等。

（3）待客设施。服务台、自动寄包柜、收银台、购物篮、购物车等为顾客提供服务的设施都是待客设施。

店内的空调、色彩、照明、音箱等属于建筑设施。

2. 空调设施

空调设施是现代店铺的必备设施，适宜的温湿度能提高购物的舒适度，也有助于商品鲜度的保持，空调设施应与冷冻冷藏设备同时考虑。

3. 色彩

（1）色的三要素。物体的色是通过色的三要素的组合而表现出来的，一是色调，是指色彩外观的基本倾向，如红色调、蓝色调等。二是亮度，是指亮色、暗色等表示色的明亮度的要素。其中可设定以黑色的亮度为0，白色的亮度为10。三是彩度，是指艳色、浊色等表示色的鲜艳度的要素，有无色彩（从白到黑的灰色系列）和彩色（红、蓝、黄色等系列）两类。

（2）色的特性。色有三性：辨别性，最易辨别的颜色，如底色为黑色、图形色为黄色，最难辨别的颜色，如底色为黄色、图形色为白色。联想性，如金银白黑为高贵色，粉红淡黄象征天真幸福。寒暖性，暖色是指：红、黄、橙；寒色是指：青、青绿、青紫；中性色是指：绿、紫、红紫。

（3）店铺色彩。店铺各部分的色彩要求：外装——与商品行业有关，超市及便利商店一般都采用明亮、清新、彩度高的色彩；店内地板——采用反光性低的色调，如灰色、黑色等无彩的颜色；店内壁面——使用较淡的颜色，依照营业面积的大小，可以采用的色彩有前进色（暖色、亮度高的颜色）、后进色（寒色、亮度低的颜色）来相互搭配；天花板——应采用反射率高的色彩；窗户——必须考虑颜色的醒目度，并有效地利用色彩（红、橙、黄绿、绿等颜色）。此外，还要注意商店类别与色彩的配合，如超市的主色用黄色、橘色，便利店翠绿；不同商品与色彩的配合，如药品，诉求目的是可靠与安全，商品颜色（色相）为白、青，配色(背景色)为白、橙、象牙白,突出颜色为红、绿。

4. 照明

(1) 亮度。店铺照明设计的基本要求就是要达到一定的亮度。亮度可由三个指标来反映:① 光束,即来自光源的、眼睛可见的光流,是指单位时间内某一指定面所通过的光的能量,用 lm 表示。② 照度,即一个单位面积所接受的光束,也称为光束密度,它的单位是勒克司,用 lx 表示,照度(lx)=光源(lm)/面积(m^2)。③ 照明率,即照到某一平面的光束与全部光束的比。它因照明灯具、室内状况而异。

(2) 照明方式。照明方式有:① 直接照明——使光线直射商品,会使特定商品特别鲜明,富有立体感。② 半直接照明——主光线照射对象物,并兼照其周围。③ 间接照明——使光线射向天花板或墙壁,利用其反射光,创造安定、柔和的气氛。④ 半间接照明——与半直接照明相反,使上部比下部更加明亮。

(3) 照明方法。照明方法有:① 基本照明——为了使整个店铺及各个部分获得基本明亮而设置的照明,需要比较均匀的、范围较广的照明。② 重点照明——为了使商品产生明亮可见的效果,以提高商品吸引力的照明,关键在于把光线集中在商品上,如聚光照明、陈列器具内部照明、吊灯照明等。③ 装饰照明——为求得装饰效果或强调重点区域而进行的照明,如枝形吊灯、弧形灯、连接性闪烁灯、霓虹灯等。

(4) 照明度分配。店内照明度分配的目的:一是引起过往行人的注意,诱导他们进入店内;二是把店内顾客进一步诱导到商店的深处。

5. 音响

适宜的背景音乐可以创造良好的商店氛围,能给顾客产生愉悦的心情。背景音乐的选择应区分不同的营业时段,如开店前、上午、下午、晚间以及打烊前。一般而言,以轻快的轻音乐为主,很少选用歌唱类乐曲。

6. 店内布局

(1) 店内布局应注意事项。① 合理安排动线和通道,使顾客购物方便。② 要营造良好的卖场气氛,如明亮、整洁、宽敞的卖场空间,各种安全设施的设置,温度的控制等。③ 店内卖场布局因店址条件、经营商品、季节、促销等因素而有所差异,应具有一定的可变性。

(2) 动线规划。顾客动线是指顾客在店内的行走、购物路线,其基本的规划原则是"单向道设计"(One Way Control),让顾客购物过程中尽可能依货架排列方式,将商品以不重复、顾客不回头走的设计方式陈列。应注意的问题是:① 收银台与入口要有适当的间隔,一般将收银台设于出入口的左侧,引导顾客往右走进入卖场内,这样可避免进出碰撞。出口与入口分离是国外通用的设计。② 应避免收银台与顾客购物动线的冲突,收银台与货架距离应根据卖场面积保持一定距离。③ 流畅的动线以大圆或椭圆环绕为佳,且由右方向左方环绕卖场。④ 顾客流动线、营业流动线应避免交叉。⑤ 顾客从入口进入卖场,在店内步行一圈后应能自然通过。

(3) 平面配置。以经营主副食品为主的超市,在进行商品的平面配置时,主要应考虑消费者平时的购买习惯,以及商品本身对顾客的吸引力。据调查,消费者到市场的购物顺序通常是这样的:果菜→鱼肉→冷冻食品→调味品→糖果饼干→饮料→速食品→嗜好品→面包→日用品。根据美国农务部的调查,新鲜蔬果如能放在进口处,则其营业额较高,日配品中的牛奶与果汁,由于购买频率高,所以多数超市已逐渐将该类商品往动线前端移动。此外,商品配置也要注意关联性,落地式货架的两侧,不得陈列关联性的商品,因为通常顾客是依货架的陈列方向行走的,很少再回头选购。所以,关联性的商品应陈列在通道两侧,而不应陈列在货架两侧。

(四) 后勤设施

后勤设施的主要功能为员工劳动、生活以及商品的加工处理与进货等。后勤设施也就是后场,大部分是员工以及厂商等活动的空间,担负着对前方支援补给以及指挥服务的责任。

1. 工作场

工作场是从事商品化的场所,也就是将原材料加以分级、加工、包装、标价的场所。例如,在大型超市卖场,通常设有果菜、水产、畜产以及日配品的加工处理场所。生鲜食品的作业场应注意温度的控制以及排水的处理,符合卫生条件。同时,要注意位置的安排与店面的连接。

2. 生活设施

有关员工的生活设施,主要有:休息室、食堂、化妆室、浴室等,优良的生活设施不仅有利于员工的招募,短暂舒适的休息,更可提高工作效率。清洁的维护是非常重要的一环。

3. 办公室

通常,办公室是店长或店内主管办公的场所。此外,店内的会计、出纳、人员管理以及监视系统、背景音乐播放系统等,也都设在此处。

4. 仓库

不同业态根据需要设置仓库。需注意的是后场的仓库仅作为进货至陈列间短暂储存的场所,而非长期的存放,其周期较短。由于物流公司的功能越来越强,对卖场可提供较佳的服务,因此后场的仓库面积有逐渐缩小的趋势。有关仓库,最应考虑的是出入是否方便。

5. 器具

后场器具,主要有搬运器具、通信器具、计量器具、保鲜设备、商品化处理设备、包装器材等,其规格及种类繁多,可视实际需要采购与配置。

四、招商管理

招商是商业经营的一种模式,无论是大卖场、百货公司、购物中心,都要加强招商业务管理。一般的运作模式是总部统一招商,但店铺也必须加强日常管理。

(一) 招商部门的职责与工作模式

(1) 招商部门的职责是寻找租客,作有关租金方面的市场调查,与租客就价格及合同进行谈判,安排客户进场监督租客装修,配合门店商铺管理、收取租金,关注客户动态,安排推广活动,挖掘潜在的租客资料等。

(2) 招商部门的工作模式可以分为反应式和主动式。反应式表现为:等待信息,接受市场,经营无意识,注重租金,强调客观,任务观念。主动式表现为猎取信息,开发市场,经营最优化,具战略眼光和价值观念。

(二) 招商目标

招商的目的有两个:一是完善店铺功能,满足顾客的多样化需求;二是降低经营成本,转移部分经营风险,甚至可以实现零租金经营。通过招商可以实现以下目标:

(1) 购物功能:日常生活必需品一次性购足,如生鲜、副食、非食品等。

(2) 服务功能:生活配套,享受人生,如冲印、美容美发、配镜等。

(3) 餐饮功能:调剂和改善家庭伙食,如小吃、快餐、咖啡等。

(4) 娱乐功能:提升生活质量,愉悦、放松,如翻斗乐、网吧、游戏机等。

(5) 维修功能:应急处理,解除后顾之忧,如提供维修服务。

(6) 社区功能:节约时间,方便居民,如交费、家政、家教等。

(三) 招商步骤

招商是一个持续的过程,招商前需要介绍与谈判,招商后需要管理与服务。

(1) 招商前作业的主要步骤包括:了解商圈及商场布置;寻找并选择租客;推荐位置,进行谈判;签预定书并收定金;租客提供装修设计方案及水、电、煤气要求;签合同。

(2) 招商后作业包括:为商户提供信息与物流方面的支撑;对商户的统一管理和统一营销;招商以后,门店负责招商区的管理工作,包括招商区现场管理、租金及水电费的收取、新客户的引进及与公司招商部门沟通等。

(四) 商家选择与商户管理

(1) 商家的选择应该注意:商圈顾客的生活习性和生活方式,尽量照顾周边消费者的实际需求;招租的品牌具有一定的知名度和市场占有率,具有良好的市场营销和推广经验;优先考虑代表流行趋势、风格独特的商家和商品,吸引消费者的目光;店中店可以逐渐向百货公司和专卖店靠拢,缩小档次间的距离,给人以高档的感觉。

(2) 商户管理包括:基本服务;维修、清洁与保养;公共区域;法律和法规;保持和配合;保险与赔偿;招贴与促销广告;联合策划与行动;营业时间;保安;客户投诉;业主的承诺;租户的保证等。

(五) 招商收费与招商谈判

(1) 招商收费的高低取决于店铺的经营人气与成长潜力。最基本的收费方式有三种:① 租金方式:按照租赁面积支付租金,独立经营,责任与税负自担,承租户营业收入的高低与店铺无关。② 扣点方式:店铺按照承租户营业额的一定比率收取费用,独立经营,责任与税负自担。③ 联营方式:承租户按照销售情况向店铺交纳一定费用,不再缴纳租金,纳税等事项由店铺负责。如果是扣点方式,出租方为了保证自身利益,往往会确定一个保底销售额,如果销售额低于保底销售额则按照保底销售额计算。

(2) 招商谈判主要考虑:租赁场地,租金、定金、履约条款,场地条件和其他设施,甲、乙双方的权利和义务,合同期限等。

(3) 招商合同基本条款有:① 租金:一般由基本租金和管理费两部分组成。管理费是门店为承租户提供管理和服务的费用,包括在店铺规定的营业时间内向公共区域提供中央空调、照明、清洁、保安、园艺及提供厕所、电梯、停车场等服务和管理所需的费用。如果管理费标准是:0.7元/平方米·天,则月管理费＝管理费标准×租赁铺位的面积×365天÷12个月。② 公用事业费:包括电费、水费、煤气费、电话费等公用事业的费用。③ 押金:包括公用事业费押金、预付租金及商品质量保证金。④ 租赁期限:租赁期限原则上均为1年,但对于某些大型知名餐饮承租户或有特殊要求的,租期可适当延长。

(六) 新承租户的引进

(1) 对有意向承租的商户,应填写"承租户入驻意向书"。

(2) 与商户进行洽谈时,应出示"承租户须知"交承租商户,并索取对方的营业执照等相关资料。

(3) 新引进商户经营的业态及租金参照原铺位的状况,若有调整须与相关部门及时沟通。

(4) 承租户应提供营业执照、税务登记证、食品卫生许可证等相关证照(个体承租户需提供身份证复印件,经营品牌商品须提供品牌证明及品牌授权书)等材料。

(5) 合同签订后,总部签发"招商承租户进场通知单"给门店,由门店与承租商户签约,合同一式四份,返还承租户两份,公司招商部和门店招商各执一份。

(6) 承租户进场前需缴纳合同中约定的租金、押金等相关费用,店铺收费后出具发票和收据。

(7) 承租户进场前需进行房屋交接,让承租户确认水、电表的初始数据及现有设备情况。

(8) 要把承租商户营业员纳入店铺人员管理范畴,进行必要的岗前培训。

(9) 督促承租商户及时办理食品卫生许可证、工商营业执照、税务登记证等相关证照。

(七) 日常管理

(1) 招商区巡视。每天不同时段巡视招商区域,观察了解承租商户的经营状况,记录承租商户的销售额,填写日销售统计台账,报相关部门。

(2) 客诉处理、促销活动、经营评估。要妥善处理招商区域的顾客投诉;适时组织招商区促销活动,提高承租商户的承租稳定性;定期对承租商户的经营状况进行评估,预测承租户承租趋势。

(3) 收款、催款。在合同约定的付费日前10天门店发出缴款通知,如承租户未按时付款,门店即日发出催款通知单,通知单须由承租户签收。承租户必须按合同约定及时缴纳租金及水电费,不可用押金抵充租金。管理人员每月按时填报"招商租金及费用收缴情况汇总表",门店留档,同时发送到总部相关部门。要跟踪催款通知发出后的缴款情况,与承租商户保持及时的沟通和联系,限其在一定期限内还清欠款。最后期限到期时,承租户还未支付欠款,可依法终止合同,并追究其违约责任。

(八) 合同的续约、调整与终止

(1) 续约:合同到期后承租户意欲续约,应及时沟通,办理与承租商户续约手续。

(2) 租金调整:合同执行期间,承租户书面提出调整租金要求的,应根据承租户经营状况及时沟通,商定调整方案后,及时签订补充协议。财会人员凭租金变更通知单,核对补充协议后,收取变更后的租金和押金等费用。

（3）合同终止：① 自然终止：合同到期后承租户不再续约，则合同终止；② 非自然终止：承租商户可提前 30 天递交提前撤场申请报告，经协商同意后可办理终止合同手续，并签订提前终止租赁合同的协议。

（4）撤场：撤场的承租户，到工商管理部门注销以该租赁铺位申领的营业执照。承租商户质量保证金的押金不可用来抵充租金，承租商户须缴清各项应付款项后方可撤场。已被同意撤场的承租户必须于合同或协议规定的终止日或之前撤场。

（5）退质保金：商品质保金原则上在合同终止 3 个月后，该商户无商品质量问题发生，可退还承租户。

五、店铺筹建与开业

（一）店铺筹建与开业的基本要求

店铺筹建是指租赁合同签订以后的装修、开业准备、试营业等活动。基本要求是程序化、系统化、工具化。

（1）程序化。从工程进场开始装修到店铺开业，工作任务繁杂，涉及部门众多，情况变化频繁，需要建立一套严格的体系，一切按程序执行，做到既分工又协调。例如，合同签订后，相关部门与人员，如工程部、企划部、开店组或店长等必须共同去勘察门店，勘察内容包括：核实建筑平面图尺寸，进行商圈、竞争门店调查等。企划部门根据商圈调查资料、租赁合同、政策法规、开店计划、建筑平面图等相关资料，设计商场平面布置图、门头效果图，并编制新开门店计划任务书。新店计划任务书上的内容如下：开张日期、所属区域、门店流水号、门店地址、总面积、价格体系、负责人、联系电话等。根据商场平面图确定货架、收银台、冷冻设备、厨房设备、不锈钢制品、木制品道具、仓储设备等商用设备的配置，编制设备配置清单，形成设备添置申请表，分发到办公室和总务部，由他们下发订单，确保按时供货。企划部门根据门头效果图，出具广告施工任务单，分别交施工单位、工程部及门店（包括初始图纸尺寸），并负责施工期间变更的确认。企划部门根据门店实际情况，制定开张营销方案，包括广告宣传、DM 制作、促销活动等。

（2）系统化。上述所有工作都必须制定相应的计划，如开店计划、试营业计划、开店日计划等。

（3）工具化。把需要完成的工作作适当分类，如办理证照、硬件工程、水电工程、消防工程、设备验收、货架安装、人员招聘、岗前培训、促销安排等，每一项工作都涉及企业内外部不同的部门，各项工作可以通过表式来规范，实现工具化操作。

（二）开店计划

开店计划可以按照开业日期倒计时来确定，涉及的工作可以归纳如下：调查、商品、证照、工程、设备、广告、货架、人员、客户、供应商、清理与清洁、电脑与系统、安保、资产、物业、招商、财务。上述项目按开店计划实施，有前后关联也有交叉关联，有些项目如结算收银系统、消防系统、电梯、照明系统等都必须经过严格的测试，有些项目或设备必须通过政府监管部门的验收或检测，如消防、卫生、电梯、电子秤等。

(三) 试营业计划

试营业主要的目的是为了发现问题,以便正式营业时能够更有序。

(四) 开店日计划

开店日计划与试营业计划类似,但正式开业由于促销宣传等方面的原因,来客数会比试营业多,要做好各方面的预案,尤其是要做好安全、应急等方面工作预案。开张日的重点工作包括:员工定岗定位,重点岗位把守;卖场安全防范,包括顾客安全、员工安全、商品安全、现金安全;外来支援人员的定岗定位;零币准备;促销商品与赠品的到位与及时补货;把握商品销售动态与及时报告;现金及时解缴;交通停车安排等。

零售业最基本的理念是注重选址以及开业前的准备。从选址到开业有一系列繁杂的工作,这是营运管理的基础工作。店铺筹划就是要为正式营业做好一切安排。如果"先天不足",事后往往难以弥补,即使能补救,费用成本也很高。所有安排都应该建立一套标准化的流程,形成开店的"套装模式",如台账图的应用,只有这样才能快速复制店铺。

问题与探讨

1. 店铺选择应该考虑哪些基本要素?
2. 店铺选址如何与战略规划相适应?
3. 如何把握店铺选址中的原则性与灵活性?
4. 选择一个店铺投资项目,进行店铺投资评估。
5. 店铺租赁合同应该考虑哪些基本因素?
6. 新店筹建与开业应坚持什么原则?应做好哪些主要工作?
7. 理解三角理论与心理竞赛论、前门/后门论、心理障碍论、三角布点论、十字路口布点论、漏斗论、地心引力论、卖场磁石点理论、单向道设计原则。

第3篇　店铺营运管理

第7章　营运督导

第8章　店铺营运管理基础

第9章　顾客服务

第10章　商品经营与促销管理

第11章　安全与防损管理

第12章　经营数据分析

不仅要做管理者,还要做被管理者;
不仅要执行标准,还要创造新标准;
不仅要发出声音,还要把声音发对。

第7章 营运督导

营运督导是指对营运过程实施监督、指导与辅导。首先要建立营运标准、组织体系与执行程序,其次要通过检查、监督与指导使执行符合标准要求,再次要善于从基层发现问题、挖掘经验、及时沟通、推广应用、纠正预防。

引导案例 从保险业务员到杰出店长

宋念桃入道便利店不到1年就夺得2004年莱尔富超商组杰出店长奖牌,这是一个关于如何经营便利店的好例子。

2004年2月底,宋念桃从任职10年的安泰人寿,转换跑道,加盟莱尔富。她在安泰人寿已是主管,在保险业,她对于如何"服务",如何面对人群极有心得。在决定自行创业后,她毅然决定转换跑道,走入同样以服务取胜的超商,并选择在市场排行超商老三的本土品牌莱尔富。她带着自信说:"老三比较有弹性,容许我贡献自己的想法和创意。"

(1) 动脑筋想办法:高顶店是干道型门市,住户不多,多半要靠不稳定的流动客。经营初期她曾非常失望。不过,除了遵循前辈教诲,配合总部政策之外,宋念桃把保险业学到的技能运用在超商管理上,她会动脑筋设计问卷,到附近住家进行消费型态与需求问卷调查,随问卷附上饮料兑换券,调查结果作为订货参考,饮料兑换券也拉动不少客人上门。

(2) 积分活动:在信息公司上班的先生,也帮她设计出消费集点活动,满88元可集一点,集满20点兑换一张100元莱尔富礼券,计算毛利之后,仍有利润空间,却成功带动住家型消费者上门。

(3) 叫卖:进入夏日饮料旺季之后,宋念桃带着员工到店门口外面叫卖牛奶,炒热门市气氛,甚至,积极对着红灯停车的消费者"拉客"促销。

(4) 留客:为了经营高顶店的干道型门市,她要求总部设计出流水、绿树、坐椅等景观,并且加设厕所,吸引过路客愿意暂停休息,上门消费。

(5) 激励:宋念桃认为,每个员工都应该得到合理报酬,所以她针对三个班次,设定营收目标,再制定目标达成利润分享奖金,以合理的报酬,激励员工把工作当成事业。

(6) 体会:宋念桃认为,店长不能什么都靠总部,必须有自己的经营理念和想法,只有不断学习,并且把自己的点子应用于店务经营,才能有好成绩。她说,现在的情况毕竟是好店难求,大多数店长要面对的课题,就是如何把营收普通的店经营成好店。最基本的,则要具备五力:财力、体力、竞争力、复原力、能力,一样都不能缺。

(来源:联商网2005年1月26日转载经济日报陈慧敏的报道)

> **点评** 服务顾客的道理是相通的,无论是店长还是督导,既要执行统一的营运标准,又要有自己的经营意识,只有统一性与灵活性相结合,才能获得良好的经营业绩。从保险业务员到杰出店长的发展经历也告诉我们:一流品牌与三流品牌都有竞争力;不能什么都靠总部,积极进取是做生意的根本,要教育训练门店员工灵活掌握公司规则。有三点特别重要:一是不能缺货,不缺货是最基本的服务要求,进一步要求就是"人无我有";二是从规范服务走向温馨服务、个性化服务,从顾客角度考虑,进行"换位思考",才能做到细心热情、发自内心和纯朴憨厚;三是差异化服务,包括产品、服务项目、服务形象等都应有独特的个性特点。

一、营运督导体系

大型连锁公司一般分区域实施营运督导管理,总部营运部下设若干营业区域,各区域设若干督导员对店铺实施指导与监督。这样就构成了总部→区域→督导→店铺的营运督导体系,但总部与店铺不应该是上下级关系,而应该是功能互补的两个对等部门,受制于最高管理机构。

公司总部必须设定清晰的组织架构,建立营运部,明确营运部的职责,授予营运部相应的职权,明确总部各部门与营运部的工作接口,合理采纳营运部的意见和建议。

(一)营运部的职责

公司营运部负责监督与指导店铺全面落实公司的决策,制定相应的计划,最大限度地达成各项计划指标,并对执行中的问题以及终端顾客意见及时反馈。其具体职责如下:

(1)确保各连锁店处在正常的经营状态。

(2)制定各项工作流程和标准等,并确保店铺操作的规范性和一致性。

(3)负责公司年度预算的分解,制定实施方案,带领店铺达标。

(4)建立考核体系,使之有效帮助连锁店铺实现目标。

(5)为顾客提供良好的服务,反馈顾客意见和建议。

(6)建立高执行、高效率、可持续发展的员工队伍,培训和培养团队。

(二)营运部的管理工作

根据图7-1对营运部的职责描述,可以将营运部的管理工作归结为如下几类:

(1)店务管理:主要是对店铺日常基础运作环节的管理。例如,按时开门和关门,店铺的清洁、服务、环境、考勤、排班、耗材、费用,其他行政工作的管理,突发事件处理,社会关系维护等。

(2)销售管理:主要是对店铺整体销售指标的管理以及围绕销售的一系列操作重要环节的管理,如商品陈列、库存控制等。

(3)安全管理:指对店铺商品、资金、财产、环境、人员等的安全管理。

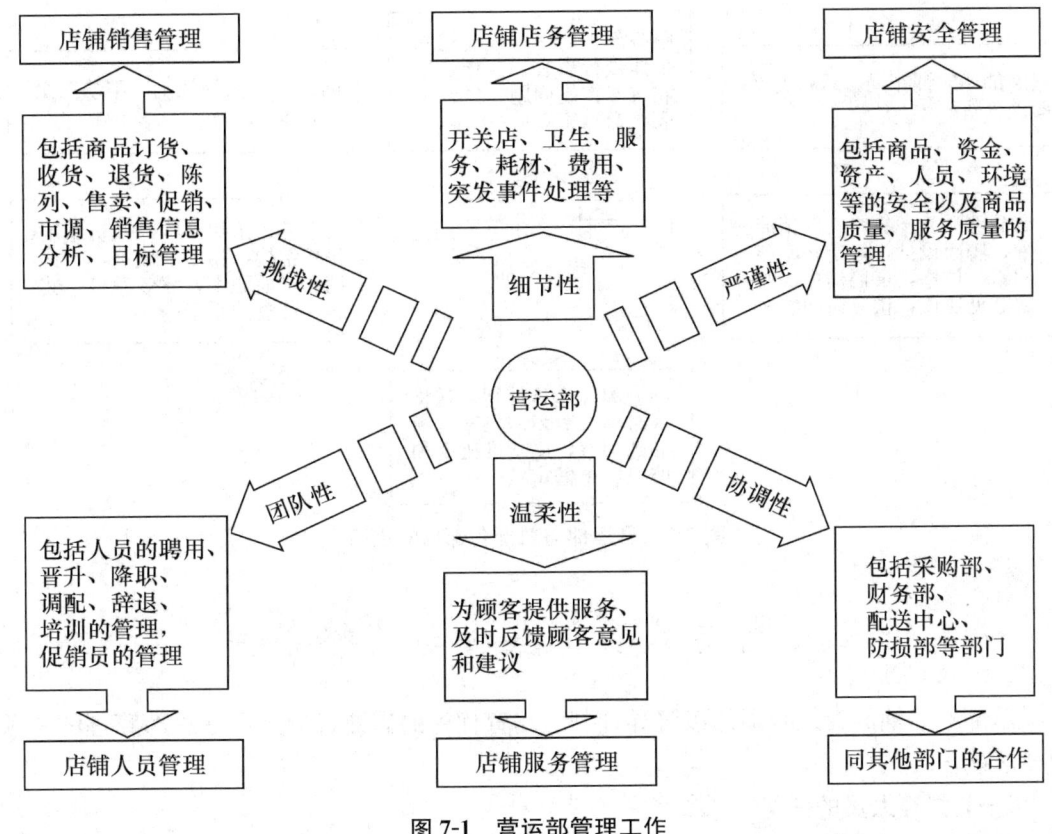

图 7-1 营运部管理工作

(4) 服务管理:指为顾客提供良好的符合公司标准的服务、收集顾客意见和建议,及时反馈给公司等方面的管理。

(5) 人员管理:指人员的编制、架构、岗位责任、培训等以及对厂家促销员的管理。

(6) 接口管理:主要是同其他职能部门的衔接、合作、配合的管理。

(三) 营运部各岗位的职责和关系

营运督导最重要的工作是持续改进,建立报告与沟通机制对改进工作具有特别重要的作用。营运部各个岗位的职责和关系如下:

(1) 营运部经理:全面负责营运部工作,协调营运部同总部各部门关系。上级汇报至营运总监。

(2) 营运督导:负责制定营运流程和标准等,并负责针对店铺的培训、监督、指导、考核、评估。上级汇报至营运经理。

(3) 生鲜督导:除负有针对生鲜的营运督导职责外,还更多地负责同商品部(采购部)等各部门沟通协调。上级汇报至营运经理。

(4) 客服专员:除负有针对客户服务的营运督导职责外,还肩负解决店铺重大客户投诉,维护、整合各相应社会关系的职责。上级汇报至营运经理。

(5) 文秘:负责帮助营运经理处理文案和联络等日常事宜。上级汇报至营运经理。

营运部与总部各部门的接口关系如图 7-2 所示。

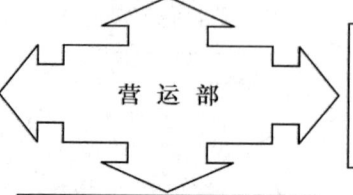

图 7-2　营运部与总部各部门的接口

二、督导人员的任务与资格条件

总部对店铺的营运必须加以督导,因此,培育优秀的店铺督导人员是总部管理的一项重要职能。

(一)督导人员的任务

督导人员原指制造业及建筑业的现场指导人员,后来被连锁店系统导入。督导人员是总部与门店的桥梁,其基本任务是贯彻总部的政策和规范,指导和监督门店的业务营运。每位督导员平均负责6~8家店,一星期至少巡店2次。督导员的具体任务如下:

(1)传达信息,即将加盟店、直营店或市场的情报及时传回总部,同时将总部情报正确地传达到加盟店或直营店。

(2)业务查核,即根据总部所制定的标准营运规范,查核门店是否按公司规定来运作,或是加盟店是否有违背合约的情况发生。总部应事先印制督导人员工作检查表(见表7-1和表7-2),以便督导人员在对门店进行查核时使用。

(3)促进销售,即通过督导人员及时发现门店在商品销售过程中存在的问题,并根据外部环境的变化,辅导门店采取有效的措施,以提高营业额,创造更多的利润。

(4)经营分析,督导人员要根据门店的日报表、月报表及年度报告,计算出各项营业指标及异常点,以便及时采取应对措施。

(二)督导人员的业务项目

(1)店铺指导,如招牌是否清晰、四面的玻璃是否清洁明亮、POP的张贴位置是否合适、结账台是否整齐清洁、店内的通路是否畅通、卖场的灯光是否明亮、后场的管理是否有条理、服务是否亲切快速等。

(2)商品管理,如商品品质的检查、不适合商品的及时撤换、库存商品的盘点、畅销品的引进以及滞销品的淘汰、防止缺货现象的发生、商品陈列的指导等。

(3) 通过经营分析,找出造成不良业绩的原因,并提供应对措施。造成不良业绩的可能原因有:选址不当、卖场设计不当、商品陈列不当、缺货情况严重、库存量过高、来客情况不佳、服务态度差、卖场清洁卫生不佳、营业时间不当等。

(4) 根据竞争店的经营情况提出竞争性应对策略。

(5) 做好总部与门店的信息沟通工作。

(三) 督导人员的资格条件

(1) 有基层工作的经验,督导人员大多从基层做起,这样才能深入了解门店的运作,做好督导工作。一般需要有2~3年的门店实务经验,从清洁、服务、理货、收银到账务处理、业绩分析、人员调配等都必须全面了解。

(2) 有丰富的专业知识,督导人员面对的是来自各方面的问题,小至简单的门店业务操作,大至整个店铺的经营分析,因而只具备门店管理经验是不够的,还必须有丰富的专业知识,如电脑知识、商品知识、分析知识等。

(3) 有良好的沟通技巧,督导人员的一项重要工作是扮演好"桥梁"的角色,因此运用良好的沟通技巧,与门店建立良好的人际关系并获得信任,是十分重要的。

(4) 有强烈的责任感,督导人员工作的好坏不仅取决于其工作能力,还与其工作责任心紧密相关,缺乏责任心的督导人员,即使每日忙忙碌碌也难以使工作有实效。

(四) 不同业态的督导职权

(1) 大卖场督导只对公司授予的业务职责负责,不参与行政人事管理。他对连锁店的相关业务有重要的评判权,对连锁店人员评估有重要的建议权。除督导的职责中绝大部分是经营业务以外,营运部一般不对其进行经营业务指标的考核。

(2) 便利店的督导对管辖店有绝对的业务评判权以及相应的人事评估、任免以及费用审批权。全面参与业务指标以及其他经营标准的考核。

(3) 加盟店督导对公司根据加盟合同的内容而制定的督导职责负责,其职责随各公司的加盟重点的不同而不同。一般没有店铺人事和财务的审批权。

(五) 督导人员的配备

(1) 大型综合超市:一般会按地区设立督导,各地区督导统一归属于总部营运部管理。每一个督导管理若干家连锁店,分管店铺数量完全取决于公司授予的职责。

(2) 便利店:由于门店数量多,通常按区域设立督导,各督导由地区经理或地区督导经理统一管理。每一个督导管理若干家连锁店,分管店铺数量视店长能力和区域范围而定。

(3) 加盟店:按店铺分散情况设立督导,各督导由地区经理或加盟经理统一管理。每一个督导视店铺间距离管理若干家连锁店。

(六) 督导人员的培训课程

公司总部对督导人员必须加强训练,具体项目有:门店管理重点;工作职责与行动计划;商圈调查与分析;店头常用促销活动及做法;消费需求分析;情报系统应用与分析;督导人员应具备的法律常识;督导人员应具备的会计税务常识;各项管理报表的阅读及分析能力;商品管理;损益分析与对策;督导人员应具备的营销技术;谈判策略与技巧;督导人员领导能力及沟通技巧;时间管理;门店经营评估;顾客资料的建立。

案例资料7-1 特别的营运总监

北方的一家企业花几十万美元聘请了一位美国专家来主管营运业务,他每周6天工作,有5天在卖场,所有办公设备全部自带,还自己出钱给督导购买相机用于工作。这样敬业的专家可遇而不可求!在市场中打拼了十多年甚至几十年的创业者与老总们,应该坐下来静心反思,问一问自己:过去的经验仍然那么顶用吗?那些经验其实已经远远不够用了,有些甚至是根本不适用了。怎么办?营运管理交给专家来做,商品管理由一套体系来保证,单纯的信任关系已经无法保证不出事情。只有监管体系健全了,才能从制度上来保证采购人员的清廉与基本业绩。如果信息、采购、营运这三个总监专业化了,整个企业的专业化程度就会大大提高,经营管理团队也将更有活力。

> **点评** 零售正在从"以商品为中心"向"以营运为中心"转变。无论是计划经济时期还是改革开放以后,商品的毛利率基本上维持在25%以下。过去是批发10%,零售15%,现在25%的毛利率集中在"批零一体化"的大型连锁公司,但仍然分为两大部分,前台和后台各半。因此,如果把零售业绩提升的重点放在对供应商的"压榨"上,零售的生命力将会越来越退化,只有不断提高零售营运管理能力,主动与供应商保持并改进战略互动合作关系,才是零售发展的必由之路。这是一项长期的战略任务,"零售效率化进程"需要更快捷、更细化的信息系统以及数据管理的支撑,这是零售发展的唯一方向。

三、督导作业体系

营运督导作业以巡店为中心工作,巡店前要做好信息收集与计划等工作,巡店过程要做好现场整改、辅导等工作,巡店后要做好沟通协调与纠正、预防、改进工作。督导作业的四大基本工作是:巡店、信息处理、人员管理、事务协调。督导的设立与工作开展一般以区域为单位。

(一) 区督导的功能与职责

1. 功能

区督导负责所管辖店铺的营业计划及执行,使店铺达到良好的商店形象,并创造良好的经营业绩。

2. 职责

业态不同,督导的职责也不尽相同,以便利店为例,其主要职责如下:

(1) 维护商店形象:协助店长塑造门市整洁、舒适的购物环境;确保门市机器设备受到正常的保养及维护;确保门市商品具有丰富感及处于不缺货状态;确保顾客得到亲切及快速的服务。

(2) 确保商品销售:确保门市商品品质新鲜;确保商品价格正确及充分告知消费者;确保门市商品陈列的正确性,指导门市按商品部的平面规划及商品台账图陈列商品;报告厂商缺货问题,并追踪改善情形;协助并督导门市执行促销活动;门市POS情报应用及商品订货辅导。

（3）开发维护人力：确保门市雇佣适当人员及人员受到充分训练；推荐有才能的职员晋升为副店长、店长或区督导；负责门市职员的调动安排，以调配区组内人力；指导店长管理门市并完成公司交付的目标及任务。

（4）报表分析审核：确保门市制作报表的正确性，并能运用报表掌握、解决门市问题；分析财务报表、提出行动计划、以协助门市进行费用控制、增加利润；辅导门市执行合理的存货标准与盘损金额控制。

（5）完成区组及部门作业：负责区组内新开店、门店改造的筹备及营业安排事宜；负责区组内门市结束营业的作业安排；协助区组作业、以完成营运部整体目标及任务；完成区经理、营运部经理、总经理室交办的工作，并维持好沟通渠道；遵守公司规定、政策及程序，以发挥最高的工作效率。

（二）巡店的目的和内容

巡店是督导人员的基本工作，有资料显示，大卖场督导有30%的工作时间用于巡店（见图7-3），便利店督导有35%的时间用于巡店（见图7-4）。

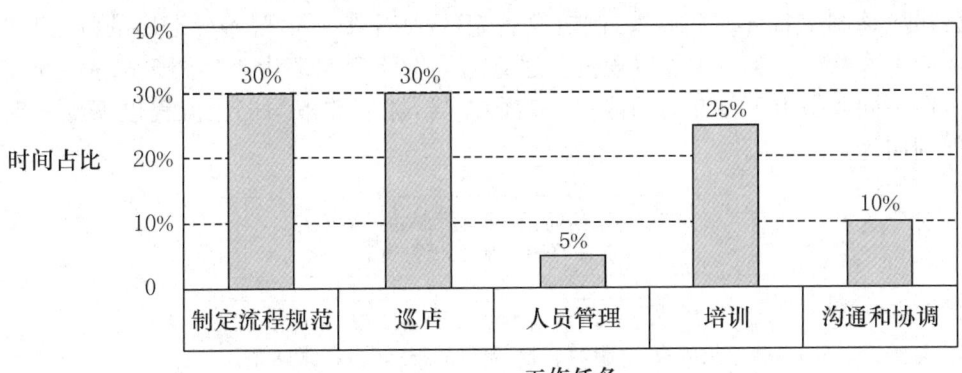

图7-3　大卖场督导工作时间安排

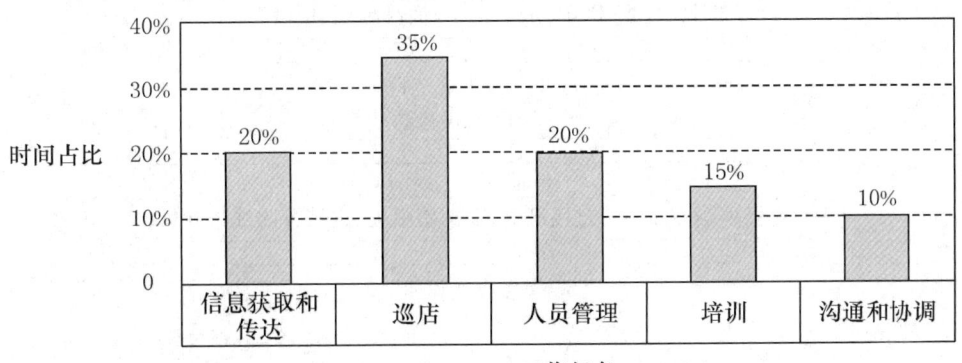

图7-4　便利店督导工作时间安排

1. 巡店的目的

为保证巡店质量，必须事先确定每一次巡店的目的。

（1）按公司要求例行检查。检查前必须准备好空白巡店报告，以便巡查时填写。督导不能养成不用报告的习惯,那样必定会遗漏例行检查的必须内容。例行检查是督导保证所辖连锁单位保持正常的基本操作规范的最根本的方法,必须认真对待。

(2) 检查重点问题的整改结果。这种检查具有强烈的跟踪性,必须事前回顾上次发现的问题细节以及当时提出的要求内容,以便本次跟踪。

(3) 突击检查。这种检查意在发现一些平时不易发现的问题,需严格避免任何形式的事前通知。

2. 巡店的内容

(1) 检查店面的各项工作是否符合标准。

(2) 检查各部门员工是否在按照要求进行工作。

(3) 检查店内的规章制度以及公司的指令是否得到真正的落实。

(4) 同顾客沟通,了解顾客的意见和建议。

(5) 同基层员工沟通,对员工进行培训。

(6) 完成督导的日常店面操作流程。

(三) 巡店政策与流程

公司应该制定督导巡店政策,制定巡店表(巡店手册),对区督导巡店的频率与时间,以及巡店工作的准备等事项加以规范。巡店的一般流程与巡店表如图7-5、表7-1、表7-2所示。但不同业态由于督导的功能有一定的差异,巡店政策与巡店流程也不尽一致。以下以便利店为例加以阐述。

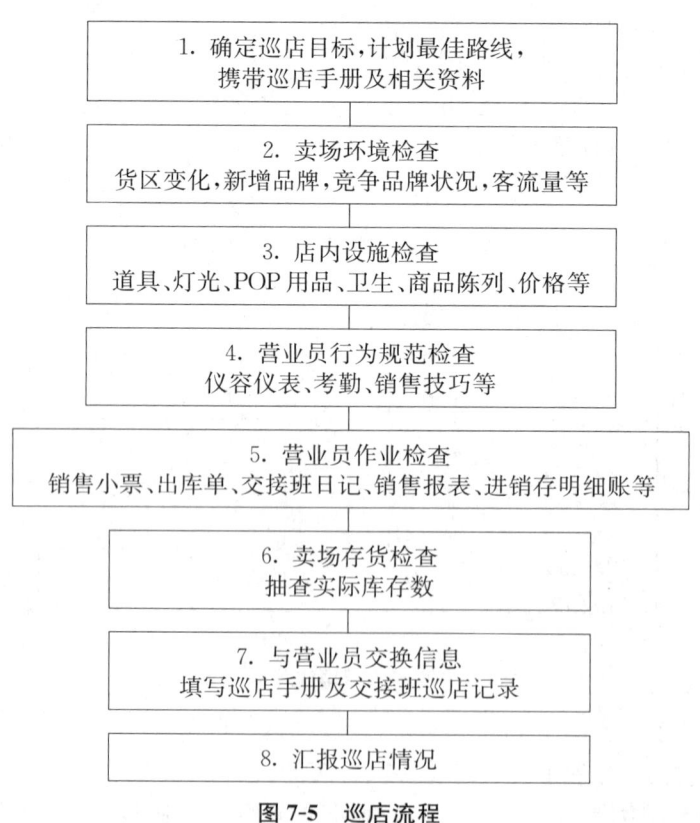

图 7-5　巡店流程

第7章 营运督导

表7-1 巡店手册

店名：　　　　　　　　　　　　　　　　　　　　　　巡店时间：

巡店事项			情况	摘要
卖场环境	1	客流量		
	2	灯光		
	3	POP用品		
	4	卫生		
	5	商品陈列		
	6	价格		
行为规范	1	仪容仪表		
	2	考勤		
	3	销售技巧		
卖场作业	1	销售小票		
	2	出库单		
	3	交接班日记		
	4	销售报表		
	5	进销存明细账		
卖场库存	1	货品摆放		
	2	抽验库存		
其他	1	营业员反馈信息		
	2	其他信息		

表7-2 门店检查表

门店：　　　　　□区域自查　　　　　□公司抽查　　　　XYZ/ZJ-0705-10

项目	序号	检查项目	扣分标准	分值	得分
环境设施	1	环境卫生	脏乱全扣，一般扣2分	10	
	2	设备整洁、完好	严重不洁扣6分，一般扣2分	6	
	3	通道畅通	乱堆放一处扣1分，严重全扣	5	
商品陈列	4	出样丰满规范	一组货架有一商品样面不符合扣1分，开天窗全扣	8	
	5	POP：统一规格、张挂整齐	有一张不符合扣1分	3	
价格执行	6	标价：一货一卡、七标规范	有一张不符合扣0.5分	5	
	7	价格正确	执行公司价格制度，有一种商品未执行全扣	3	
	8	变价规范	变价有申请、有记录、有审批，有一种商品变价不规范全扣	3	

(续表)

项目	序号	检查项目	扣分标准	分值	得分
商品质量	9	保质期控制	有一种商品不合格全扣	3	
	10	鲜度控制	严重变质全扣,一般扣1分	3	
	11	计量准足	有一商品计量不准足全扣	3	
	12	包装完整	有一商品包装不完整扣1分	3	
规范服务	13	劳动纪律:不聊天、不串岗、不干私活等	聊天、串岗扣5分,干私活全扣	10	
	14	规范操作:站立姿势正确,主动热情,有问必答	有一人不规范扣2.5分	5	
	15	礼貌用语	有一人不用扣2.5分	5	
	16	仪容仪表:佩戴工号牌,衣服整洁,不染彩发,男性不留长发	有一人扣2.5分	5	
商场管理	17	盘点管理、赠品管理	管理不到位全扣,一般扣2分	5	
	18	台账、记录齐全,服务项目齐全	有一项不全扣2分	5	
	19	后场管理(含办公室、生活区、内仓)	杂乱扣3分,一般扣1分	5	
	20	其他(发票管理、便民服务)		5	
合计		注:不能跳栏重复扣分		100	

检查人(签名): 　　　　门店(签名): 　　　　年　月　日

1. 巡店政策

(1) 巡店次数:正常上班时段,每家门市每周至少巡店2次(含早上7:00~8:00);大夜班时段每月每店至少1次(23:00~7:00);晚班时段每月每店至少2次(非正常上班时段)。

(2) 正常巡店需有计划地进行安排。

(3) 巡店时需依照一定的先后顺序,以最有效率的方式进行。

(4) 巡店后需解决店铺问题,无法解决时需回馈区经理、营运部经理协助处理。

2. 巡店流程

(1) 巡店日程及安排计划:每月底依据区经理的工作日程,将下月工作重点进行安排,填入本月工作日程内;每周周五将下周巡店安排填入工作日程,形成工作计划;巡店前一日,与店长完成巡店时间的确认。

(2) 巡店前准备:查看总部端POS情报,收集门市经营重点资料;准备巡店查检表及查检时所需的资料;准备门市所需的报表、资料;区督导会议、区经理、营运部经理的工作重点指示。

(3) 巡店:依查检表的项目,检视门市各项执行状况,找出缺失并完成评比;将查检结果记录于表上,并立即辅导门市改善未达标的项目;将门市所需报表、资料交给门市人员,并给予说明;与店长研讨门市作业并给予指导,如商品种类、库存及品质管理,服务态度及顾客关系,POS情报分析应用等;将讨论重点摘要填写在区督导巡店沟通记录表内;与门市人员交谈解决门市反映的问题,无法解决或需记录于区督导巡店沟通记录表内;区督导每月每店至少完成4份区督导巡店沟通记录表,及商店形象评分查检表;区经理可视任务状况,作弹性调整至每月每店各2份。

(4)巡店后:解决门市无法解决的问题,必须与相关部门加强沟通,协调办事;将无法解决的问题及回馈事项,向区经理、营运部经理报告,紧急问题立即报告,一般问题以工作周报形式书面汇报;下次巡店工作的准备。

(四)巡店前的准备

1. 制定巡店计划的必要性

为更好地完成巡店任务,充分发挥巡店的作用,避免巡而无用、查而无果、督而无效的现象出现。首先要制定巡店计划。

巡店计划的必要性表现在:有效地将时间和任务结合在一起;更准确地分配和利用时间;区分事情和任务的轻重缓急;避免任务遗漏;有利于控制工作进度。

2. 计划的组成

工作计划必须包括时间、任务与预期结果,一项好的巡店计划必须包括:巡店的店铺安排;巡店时间安排;要达到的目的;需要巡查的事项;特别标注。

(1)巡店的店铺安排。巡店店铺的安排要遵循以下原则:根据公司的要求,确保定期完成所有管辖店铺的例行巡查;问题商店需重点巡查;根据店铺相隔距离的远近,安排按地域巡查。

(2)巡店时间安排。巡店时间的安排要遵循以下原则:保证周期性例行检查;存在紧急和重要问题的店优先巡查;店铺地理位置也是安排巡店先后的重要依据之一;特殊问题需要安排特殊时间巡查;不稳定问题可采用突击巡查的方式;需进一步寻找更多问题产生原因的,可安排在不同时间段反复巡查;增加巡查力度和有效性,可以离开后再返回巡查;时间有限时要合理地放弃。

(3)要达到的目的。巡店计划中一定要明确每次巡店需要做到什么程度,达到什么目的。这些目的可以是:例行检查;上次检查整改工作跟踪;重点项目检查;培训;沟通。

(4)需要巡查的事项。事项的确定是为了保障巡店的目的最终得以落实。在确定事项时,注意:围绕目的确定事项,分清轻重缓急;选择能够有助于得到结论的检查事项;尽量选择能够影响问题发展的系列事项,避免只进行片面检查;尽量避免重复检查,从而浪费时间。面对众多的复杂问题,可以用以下方法整理巡查事项:写下必须做的事;按紧急重要次序排序;从最紧急且最重要的做起,直到完成,然后做第二件事。

(5)特别标注。在制定巡店计划的内容时,要对特殊内容进行标注:公司特别关注的问题;上级领导特别关注的问题;你自己特别关注的问题;容易反复的问题;上次检查后遗留问题;个别店的特殊问题等。

3. 排列巡店事项的轻重缓急

(1)时间管理—优先矩阵。以"重要程度"为纵坐标,以"紧急程度"为横坐标,可以建立一个时间管理—优先矩阵,如图7-6所示。

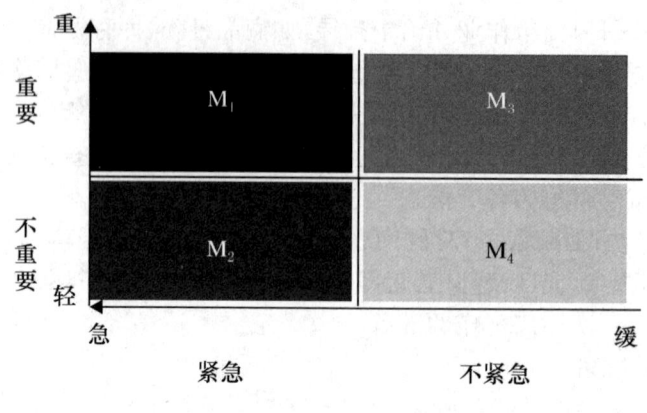

图 7-6　时间管理—优先矩阵

(2) 重要和紧急的关系。重要的事永远重要,不会因为是否紧急而影响其重要性。重要而不紧急的事,非常容易被忽视,如果处理不及时,会变成重要且紧急的事。紧急的事不见得重要,但如果处理仓促会影响结果,而导致付出更大的代价。这种事容易被人们习惯性地选择优先处理,却往往是不太重要的且是应该别人首先负责做的事。正确的排序如图 7-7 所示。

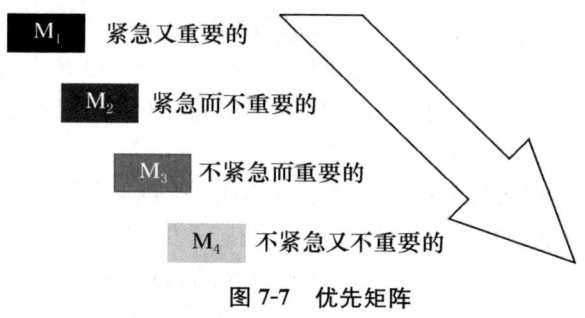

图 7-7　优先矩阵

(3) 分类对待。对 M_1、M_2、M_3、M_4 四类项目,可以按表 7-3 区别对待:

表 7-3　重要性分类表

M_1	重要+紧急	尽量削弱其紧急程度,使其变为重要而不紧急的事,并做好长远计划
M_3	重要+不紧急	成功者最应该做的事,应在没有压力时从容处理事件
M_2	紧急+不重要	平庸者经常所为,时间最容易浪费在这类事情上,尽量减少做这类事,或授权给别人做
M_4	不紧急+不重要	永远不做

(4) 督导中经常遇到的问题分类。按照上述分类,可以把督导工作中经常遇到的问题归纳为:① 影响销售的问题,往往又重要又紧急:存在严重断货问题;出入口受阻,造成顾客无法进入或无法收货;无理投诉或严重顾客纠纷,顾客蓄意在店内闹事的、影响其他顾客购物,需要现场解决;零钱储备不足,无法完成收银程序;POS 系统问题,无法收银;店内设备故障导致商品无法售出,如冷藏柜温度故障;员工严重突发性上岗不足;停电、抢

劫、火灾等安全事件,如炸弹、投毒等。② 涉及顾客或员工人身安全的问题,往往很重要,但可能紧急、可能不太紧急:商品质量问题的投诉,可能涉及其他顾客的身体健康,重要,但不一定要到现场解决;设备或其他噪音,影响周围居民(可能同时是顾客)的日常生活,这些问题重要,但不一定在现场能够解决,也不一定一次就能解决;个别顾客由于不满导致投诉或威胁员工,涉及人身安全,这类事情就显得很重要,需紧急安置员工,如调店或派保安。③ 涉及员工培训或人员评估谈话等人员管理问题,往往非常重要,但并不十分紧急:员工定期在岗培训;员工定期评估谈话;员工任何人事变动或奖惩面谈;问题发生后的必要沟通谈话;了解新员工上岗表现。④ 问题的跟踪和探究,同样非常重要,可能很紧急,也可能并不十分紧急:例行的沟通会议,重要但只需按计划执行即可;同店面员工探究一个长期不能妥善解决的问题,重要,视其影响的事务以及导致的结果而定其紧急程度;对以往的问题整改情况的跟踪检查,重要,视其影响的事务以及导致的结果而定其紧急程度。

总之,如何随时把握重点,作出巡店的正确内容安排有三个判断准则:时刻把握公司的重点,上级传达的重点,这是安排工作的风向标;时刻把握店铺的状况,顾客的感受,这是一切工作的中心点;时刻把握员工的状况,这是一切工作的基础。

(五)巡店过程的问题发现

1. 巡店过程常见问题

巡店是一项专业性很强的工作,需要经验的积累。巡店过程经常遇到的问题是:什么都看了,又觉得什么都没看,总结时很难说出看到了什么问题。结束检查时,总觉得忘了点什么,但又不知道是什么。经常遗漏一些事项,事后才想起来。本来想检查很多内容,最后却只完成了几个项目。每次检查时,总是发现同样的问题出现。有些问题长期不能彻底改正,久而久之不觉得是问题了,别人(尤其是领导)在指出时反而有一点逆反抗拒心理。

2. 巡店问题原因分析

导致上述问题的原因是:没有做好巡店前的准备;巡店时,没有使用巡查清单(上次的和这次的),没有作详细的记录;巡店时间失控;巡店计划严重脱离实际,对实际情况估计不足;重点偏离;巡店突发事件处理不当;无论多么完美的巡店计划,也不可能100%预测实际情况,不可能一次解决所有看到的问题。所以必须学会将时间花在你认为应该花的事情上,即需要懂得如何明智地放弃。

3. 巡店过程如何发现问题

(1) 按照出现次数分:新出现的问题、重复出现的同样问题、同系列同性质问题反复出现、先前已解决过的问题又反复出现。

(2) 按解决方法分:直接指导解决型;现场培训解决型;事后专题解决型;继续观察型。

4. 问题处理方式

(1) 直接指导解决型:一般为偶然发生的简单问题,如价签歪了、地面上有顾客掰的菜叶子、收银区域有顾客遗弃的小票等。解决的方式是:现场指导员工改正,甚至可以亲力亲为。如果以上问题出现的次数较多,或每天都重复出现,就不要只选择直接指导解决。

(2) 现场培训解决型:问题比较严重,显现出标准要求没有及时或完全传达到位,员工不能够完全理解,或员工缺乏正确的操作方法。例如,交代的工作完成不到位或质量不好,或员工虽然在非常努力地工作,但却使用了错误的方法。解决方法是:叫来直接负责人,当场沟通观点和提出改进的要求。此要求必须包含完成时间。此类问题应让负责人亲自观察现场,体验感受。可以让整个团队参加现场培训。

(3) 事后专题解决型:此类问题的原因比较复杂和深层,有代表性或者多次和反复出现的问题。例如,员工扎堆聊天,对顾客不礼貌,早班员工太多,高峰时间安排员工休息等。解决方法:除当场解决外,还要与相关主管或员工沟通,找出问题产生的原因,提出进一步要求,确定解决办法,并持续追踪指导彻底解决。如果是有代表性的问题,需要在所有店铺的会上专门强调。

(4) 继续观察型:对不能确定原因的问题或现象,可以继续观察。例如,发现货架后面出现商品空包装等。处理方法:首先处理好现场。然后根据现有的条件进行一定的推断,以便在后面的巡店中重点观察解决。

(六) 信息处理

通过巡店会获得来自各方面的信息,必须加以分类处理:包括公司信息的处理、督导文件夹的应用、巡店检查单的运用、随身记录本的使用和各种电话信息的处理。

1. 公司信息的处理

(1) 公司信息分为:会议纪要(备忘录)、上级谈话记录、上级巡店记录、上级电话指示记录、接口部门通知等。

(2) 处理方法:① 标出必须传达给下属的要求,及时传达,并在记录上做标记确认已传达。必要时,让被传达者签字确认已获悉。② 对于领导提出的新的期望和目标,制定可行的执行方案以及检查计划,及时落实。③ 对于必须立即整改的事项,除马上要求下属执行外,还必须立即安排检查监督实际落实情况,并及时向领导汇报。

2. 督导文件夹的应用

(1) 督导文件夹的内容:店面地址、电话;结构布局图、各部位面积、商品布局图;店面设备设施、消防设施系统、安防系统布局图;各店销售数据、盘点损耗数据;店面人员组织结构图、人员名单;各店用工人数、排班表、劳动生产率数据;公司相关部门业务联系人及电话(如拓展、工程、维修、行政等)、店面各社会关系联系人;各类空白人事表格及其他重要的空白表格;有关最新销售数据、盘点结果、商品信息、新品进场与退货信息、促销信息、人事变动信息、公司的标准和要求的最新动态等会议纪要。

(2) 应用注意事项:督导需随身携带该文件夹;随时更新文件夹的内容;随时清理不用的信息;分类放置文件,建立索引以便查询;需要存放历史资料的信息,按时间倒序存放。

3. 巡店检查单的运用

巡店检查单的使用应注意:巡店前在巡店单上确定所有需要检查的事项是否齐全;检查巡视过程中,针对存在问题的事项作记录;检查后,与责任人确认问题点,提出希望达到的要求和标准,制定改进措施以及下次检查的时间;最后让责任人在检查单上签字,各执一份,作为下次检查的跟踪依据。

4. 随身记录本的使用

笔记本与笔(最好是分红黄蓝三种,以便记录与标注不同的状况)是督导必备的工具,随机发现的问题,暂时作快速记录。必要时可以携带照相机,以便用图像记录卖场情况。记录本的使用应注意:随机接到的公司电话、新的要求以及需要落实的事项;工作中产生的一些想法,需要随后抽时间进行归纳;计划要安排但需要找时间排定轻重缓急等。笔记本上的信息,需随后逐一归纳、总结和安排。

5. 各种电话信息的处理

在督导的工作中,电话信息虽然占据所有信息的比例不大,但往往由于非常紧急才采取电话通知的方式。所以,正确地处理非常重要。要注意:养成作电话信息记录的习惯;要马上落实的事项,立即通知所属店铺,与负责人亲自确认;如果是非常繁琐或重要的内容,可要求对方在电话中重复你所讲的内容,以确保理解正确(注意轻易不要采取别人代替通知的方法);此后,尽量对现场执行情况进行检查,确保执行的正确;需要按计划落实的,确保在现有的计划中加入该内容。

(七) 人员管理

营运督导的人员管理职责因业态不同而存在差异,大卖场的督导一般只有评估、建议权,而便利店的督导则承担着较多的人员管理责任。因而对大卖场督导来说,人员管理需要常规行政体制的大力支持和配合,并注重与人事部门的即时沟通。

1. 情境领导

每个人的信心和能力不同,必须考虑因时、因事、因地而制宜,采取不同的领导方式。

(1) 告知式:适用于没能力又无把握的新进员工,需具体指示,严格监督。

(2) 推销式:稍具信心后,解释主管的决策,给予机会表现。

(3) 参与式:有能力,没把握者,交换意见,请他辅助制定决策。

(4) 授权式:有能力,有信心,适当授权,交出决策执行权达到分层负责、分工合作的效益。

2. 适时授权

(1) 授权,就是通过其他人的努力来达到效果,而这正是管理者最基本也最重要的工具。无论你多能干,所能完成的工作仍是极有限的。以有限的资源,达成最大的效果,必须授权。

(2) 有效的授权是相乘的结果。授权不光是指派工作,而是要部属对结果负责,以及赋予他为达到这些结果,所需作出决定的范围。很多管理者,以为把工作"丢"给部属就是授权——这是极大的错误。对授权出去的工作,得随时加以监督与控制,并且担当最后的责任。授权是一项工具,而不是结束。

(3) 授权要有良好的心态、习惯与技术。① 心态:透过别人来完成目标。对部属,善用其才能,善待员工。不应在部属背后吆喝,是引导他们的努力以提升结果的层次。② 习惯:努力养成授权的习惯。养成授权的习惯,授权就会变成自动的过程。③ 技术:因人因事作调整与磨炼。要选对授权的对象和工作,并做好工作指派。

(4) 授权要有反馈制度。授权是履行责任的一种方法,不是逃避责任。对上司负责,要部属负责。不能指着部属,对上司说"这全是他的错"。授权不是放弃管制,不是让部属自生自灭,不是让部属扛起全部责任,不是袖手旁观。适当的跟催管制是用来强化授权的过程。如果欠缺良好而有效的管制体系,那就不是有效的授权。

3. 保持沟通

沟通是改善人际关系的基本途径,沟通过程应注意:避免高高在上的不平等沟通;体会部属的看法,及时开导、协调;理解部属的误解,发扬团队精神;共同讨论部属的前程,激励士气,但不随便给予职务或升迁承诺。

4. 培育下属

主管若害怕部属成长,表示对自己没有信心。其实部属越"厉害",主管也会跟着水涨船高。所以,主管要以培养下属为己任。

(1) 如果期望自己带领的部门要有好的绩效就必须培育部属。做主管的人心胸要宽大:员工的成长,能使员工自己与公司共同受益。

(2) 除非主管本身能力不足,表现差,又不肯重用部属,才有可能让部属超过自己。

(3) 异常现象:有些主管,平常欠缺对部属的培育,一旦碰上强的部属就想强留在身边,妨碍了部属的升迁,反而造成员工士气低落。

身为主管,不仅要培育部属,更要为部属的出路、升迁着想。

好的人才需要不断地训练与琢磨,好的机器需要不断地创新与改善,好的制度需要不断的更新与维护。将人才、机器、制度三者搭配运用产生最大效果,则需要良好的管理与控制。

(八) 事务协调

督导须具备较强的协调能力,以便协调公司各部门,以及社会各部门有可能发生的关系。督导应该做到:清晰了解每个协调部门的职责、业务负责人以及联系方式;保持良好的沟通和交流;遇到问题时清晰表达,友善提出建议;遇到任何触犯本部门或公司利益的事件或要求,必须上报解决。

四、沟通与交流

德鲁克说"人无法只靠一句话来沟通,总是得靠整个人来沟通。"有效沟通,已经成为各类机构(营利的/非营利的)的管理者和员工最为关心的问题。在互联网时代,对于企业而言,信息已远远过载。研究显示,企业员工每天平均要接发178条信息和文件,71%的雇员认为信息多得难以承受。但同时,由于沟通媒介泛滥,导致经理人无所适从,以至于组织内部的沟通隔阂反而因此扩大了。

沟通需要构建通信设施,如电话、计算机、会议、电视等,同时,还要完善和理顺组织内部的沟通渠道。但这些只是形成了沟通的客观条件,沟通的关键还是人的因素。

一家公司的管理层相信,他们和员工进行了成功而充分的沟通,并且员工对公司也很满意。而经过咨询顾问仔细的调查测试之后发现,员工的实际感应恰恰相反。员工认为管理层除了提高企业利润和改善他们自身利益之外,对其他任何事情都漠不关心。这就是说管理层并不真正关心员工的福利。员工们尤其觉得,经理们待遇优厚,但工作却非常舒适和轻松。而经理人完全没有意识到这些潜藏着的不满。

(一) 沟通法则

沟通失败的根本原因在于，缺乏对沟通的实质和目的的了解。所以非常有必要了解德鲁克提出的有效沟通的四个基本法则。

1. 沟通是一种感知

禅宗曾提出过一个问题，"若林中树倒时无人听见，会有声响吗？"答曰："没有"。树倒了，确实会产生声波，但除非有人感知到了，否则，就是没有声响。沟通只在有接受者时才会发生。与他人说话时必须依据对方的经验。如果一个经理人和一个半文盲员工交谈，他必须用对方熟悉的语言，否则结果可想而知。谈话时试图向对方解释自己常用的专门用语并无益处，因为这些用语已超出了他们的感知能力。接受者的认知取决于他的教育背景、过去的经历以及他的情绪。如果沟通者没有意识到这些问题的话，他的沟通将会是无效的。另外，晦涩的语句就意味着杂乱的思路，所以，需要修正的不是语句，而是语句背后想要表达的看法。有效的沟通取决于接受者如何去理解。例如，经理告诉他的助手："请尽快处理这件事，好吗？"助手会根据老板的语气、表达方式和身体语言来判断，这究竟是命令还是请求。

无论使用什么样的渠道，沟通的第一个问题就是："这一信息是否在接受者的接收范围之内？他能否收得到？他如何理解？"

2. 沟通是一种期望

对管理者来说，在进行沟通之前，了解接受者的期待是什么显得尤为重要。只有这样，才可以知道是否能利用他的期望来进行沟通，或者是否需要用"孤独感的震撼"与"唤醒"来突破接受者的期望，并迫使他领悟到意料之外的事已经发生。因为人们所察觉到的都是期望察觉到的东西；我们的心智模式会使我们强烈抗拒任何不符合其"期望"的企图，出乎意料的事通常是很难被接受的。

一位经理安排一名主管去管理一个生产车间，但是这位主管认为，管理该车间这样混乱的部门是件费力不讨好的事。经理于是开始了解主管的期望，如果这位主管是一位积极进取的年轻人，经理就应该告诉他，管理生产车间更能锻炼和反映他的能力，今后还可能会得到进一步的提升；相反，如果这位主管只是得过且过，经理就应该告诉他，由于公司精简人员，他必须去车间，否则只有离开公司。

3. 沟通产生要求

一个人一般不会作不必要的沟通。沟通永远都是一种"宣传"，都是为了达到某种目的，如发号施令，指导，斥责或款待。沟通总是会产生要求的，它总是要求接受者要成为某人、完成某事、相信某种理念。换言之，如果沟通能够符合接受者的渴望、价值与目的的话，它就具有说服力，这时沟通会改变一个人的性格、价值、信仰与渴望。假如沟通违背了接受者的渴望、价值与动机，可能一点也不会被接受，或者是受到抗拒。

宣传的危险在于无人相信，这使得每次沟通的动机都变得可疑，沟通的信息最后无法为人接受。全心宣传的结果，没有造就狂热者，却引出讥讽者，这时，沟通起到了适得其反的效果。

一家公司员工因为工作压力大、待遇低而产生不满情绪，纷纷怠工或准备另谋高就。

这时,公司管理层反而提出"今天工作不努力,明天努力找工作"的口号,将会招致员工反感。

4. 信息不是沟通

公司年度报表中的数字是信息,但在每年一度的股东大会上董事会主席的讲话则是沟通。当然,这一沟通是建立在年度报表中的数字之上的。沟通以信息为基础,但和信息不是一回事。

信息与人无涉,不是人际间的关系。它越不涉及诸如情感、价值、期望与认知等人的成分,它就越有效力且越值得信赖。信息可以按逻辑关系排列,技术上也可以储存和复制。信息过多或不相关都会使沟通达不到预期效果。而沟通是在人与人之间进行的。信息是中性的,而沟通的背后都隐藏着目的。沟通由于沟通者和接受者认知和意图不同显得多姿多彩。

尽管信息对于沟通来说必不可少,但信息过多也会阻碍沟通。"越战"期间,美国国防部陷入到了铺天盖地的数据中。信息就像照明灯一样,当灯光过于刺眼时,人眼会瞎。信息过多也会让人无所适从。

5. 用目标管理有效沟通

除了以上四个法则,德鲁克还认为,目标管理提供了有效沟通的一种解决办法。在目标管理中,老板和下属讨论目标、计划、对象、问题和解决方案。由于双方都着眼于达到目标,这就有了一个共同的基础,彼此能够更好地了解对方。即便老板不能接受下属的建议,他也能理解其观点。下属对上司的要求也会有进一步的了解。沟通的结果自然得以改善。如果绩效评估也采用类似办法的话,同样也能改善沟通。德鲁克提出的四个"简单"问题,可以用来自我检测,看看你是否能在沟通时去运用上述法则和方法:必须知道说什么;必须知道什么时候说;必须知道对谁说;必须知道怎么说。

(二)交流方法

交流是做任何生意的基础。善于利用交流,你将成为高效率的经理。交流可以分为口头的与非口头的。

(1)倾听忠告。在倾听之前,你应该首先准备一些问题,然后与大家一起讨论。这些问题包括:什么事必须要做?怎样做?期待怎样的结果?怎样把事情做得更好?你对此感受如何?我怎样才能帮助你?然后才是倾听。

(2)教导。员工会告诉你什么方面需要你的帮助,于是你可以教导你的职员正确的方向或行动的途径。

(3)持久贯彻。你不可能总是满足别人的要求,但你必须向他们阐明你的立场与观点。

(4)培训。要达到目的可以采取两种方式:一种是吓唬人强迫人,这是消极的方式。另一种是培训,这是一种积极的方式,可以使你的员工清楚自己的职责以及完成任务的方法。

(5)委派。你必须授权员工承担责任,而不可能事事都亲力亲为。你将一项工作委派给员工时,必须表达或暗示以下几点:员工必须完成的事项已经交代清楚;赋予员工完成工作必要的职权,有需要的话可以采取相应的步骤;你一定要让员工对完成任务负有责任。授权以后,你的责任是:一项工作完成的最终责任;对工作结果的质量负有责任。

委派中应该注意的问题是:① 选择合适的人选:是否具备完成工作的技能与知识?如果否定,能否通过学习而及时获得?是否有时间来完成任务?如果否定,其他事情是否可以延迟?② 完整地说明要做的事情:这项工作什么时候完成?需要什么别的信息、工具或人力?他们遇到问题的时候怎么办?期望中的质量标准是什么?③ 确定员工是否明白:让他们把工作内容向你说一遍,重复或重新阐明不明确的地方。

(6) 销售区巡视。巡视必须每天进行,在新员工区以及问题多发地,更应该加强巡视。记录:库存短缺;商品排面不好;特色展示;区域划分;清洁情况;货架顶端分区存货;标签与标牌;库房利用;检查为顾客服务而设置的区域。

(7) 会议。商店的会议包括:每日会议;每周商场高级管理人员会议;收货部门会议(有些公司是通宵收货)。要开有组织的会议,会议资料要预先分发给相关的部门或人员,发言人事先准备好发言材料。

(8) 电话。口头交流的另一种形式是电话,你必须首先利用商场的资源。

案例资料 7-2　我国零售的六根"钉子"

研究发现:古罗马人遗骸中的铅含量严重超标,他们惯用瓶、杯、壶等铅制器皿和含铅化合物的化妆品,如用铅粉加入葡萄酒中以消除酸味使酒更醇香甘美,把蜂蜜加入铅容器中加热用来止泻治病。这些习惯导致罗马贵族慢性铅中毒死亡,最后由于寿命缩短、贵族人数减少而导致罗马帝国的衰亡。

我国零售是不是也已经慢性中毒?怎么才能扭转困局?失败是成功之母吗?但是,因为成功所以失败的例子并不鲜见。过去成功不等于未来成功,过去好运不等于未来好运。一个帝国的毁灭也许起因于一根"钉子",那么,中国零售的"钉子"在哪里?

我国小型零售根本没有"战马",更没有什么"装备"。它们轻装上阵,无牵无挂,既没有什么"钉子"可丢,也没有什么放不下的既得利益,不管环境怎么变,肯定能适应环境求生存。问题是我国的大型零售,一旦缺钱,供应商就能在一夜之内把巨大的零售企业折腾死,如果供应商不买账,再大的零售商也非死不可。所以,供应商是零售商的终结者。从企业内部来分析,我国零售有以下六根"钉子":

第一颗钉子——战略。有些人说中国零售没有战略,这样的说法并不符合实情。中国零售的发展就是靠战略领先取胜的。但过去的零售战略主要是"方向性战略",是一个粗略的、大致的、目标型的战略,缺乏对实现战略目标的路径研究,是走一步看一步的战略。在需求扩张、跃进式发展的年代,只要敢于"发展",就能占据一席之地。但未来战略应该是技术性战略,零售最重要的是要与"顾客"和"厂商"协同发展。而这两点也恰恰是我国零售最不屑一顾、最不熟悉的。

第二颗钉子——营运。营运就是把作业活动工具化、公式化、简单化,从而获得高效率。中国人最不习惯的就是受约束、被管制,也许是几千年来被统制、被愚弄、被压迫得太深重的缘故,也许是中国文化本来就不是人们通常所说的"中庸",而应该是——应变。事实也表明:中华民族是一个特别喜欢变化的民族,这一点与中国历史的发展一点也不像在零售业也可以看到：有些公司的店铺业绩几乎完全取决于店长的能力。其实,这与营运管理的"工具化思维"是背道而驰的。未来竞争主要就是"营运竞争",但很多零售企业现在连"以商品为中心"的经营模式还没有建立起来,更不要说"以营运为中心"了。丢了"营运"这根钉子,就活不长久。面对复杂多变的消费者与无穷无尽的竞争者,如果比别人站得高、看得远、想得多,称为"战略竞争";如果比别人更有效率、成本更低、质量更优、服务更好,这叫"营运竞争"。营运竞争的优势来源于对顾客的服务,通过有效的营运管理,产品生产过程与服务过程更能体现顾客的需求,这需要依靠一套体系、技术与方法的支撑。

第三颗钉子——对等。总部与店铺不应该是上下级关系,而应该是功能互补的两个对等部门,受制于最高管理机构。总部负责执行最高层的决策与计划,并通过设计使决策和计划具体化为行动方案,完成除店铺以外的一切业务营运工作;店铺负责商品销售和现场服务。总部不是警察局,是提供服务的机构;供应商第一、员工第二、顾客第三;内部满意度决定顾客满意度。实际上,总部成了真理的化身,门店成了"应声虫",知情的一线管理者没有多少话语权,高高在上且不知情的总部管理者却牢牢掌握着话语权与规制权,这种不对等的局面导致企业越来越官僚化,这是低满意度与低效率的根源。另外,广大员工与基层管理者,付出太多,所得太少,企业没有建立一种可以让员工分享企业总成果的机制,现代企业完全应该实施股权分散的产权结构,通过散财而聚人。

第四颗钉子——评价。谁来评价员工？怎么评价员工？这是十分关键的问题。有话语权的人常常会出于各种目的而"忽悠"高层,无论是古代皇宫还是现代企业,这样的事情总是不断出现。原因其实很简单:没有建立数据分析与风险评估机制。也就是说,没有一套系统化的指标与数据来衡量实际状况,评判状况没有标准,谁能说会道就占上风,他的观点与建议就最有可能被采纳。这种办法主要是运用制度、标准、流程、人员监督与考评、奖惩等手段,其最根本的缺陷是无法控制人的主观性与情感对考评的影响。如果用系统与技术来管理,就能将人的主观随意性控制在最小范围内。

第五颗钉子——融资。过去的零售不需要资本平台,以后的零售则要有强大的资本平台的支撑,融资水平决定着未来零售商的路能走多宽多远。我国零售在过去60年中,前30年基本上没有自有流动资金,完全靠银行短期融资,后30年主要是依靠规模扩张获得供应商的支持与占用消费者的预付款,如日益膨胀的电子消费卡。总的来说,零售商长期以来都不需要融资平台,依靠自身的经营业务就可以活得很滋润。未来的零售,需要在更大范围寻求合作,以供应链组织为基础在更广阔的地域发展,以自身的品牌与专有技术,实现自营专营。这样的发展战略必须建立在强大的资本平台支撑下才能运作。现在有不少企业觉得资金充裕,也根本不把银行等金融机构放在眼里,更不想上市以免受管制。企业当家人如果自我封闭、故步自封、坐井观天、孤芳自赏,将会失去未来30年的发展机遇。其实,商品流通最根本的就是货币流通,只有商品市场与金融市场相结合,才会创造更多的机会。

第六颗钉子——投资。投资什么？怎么投资？这是两个关键问题。过去几乎投一个成功一个,这有点像在牛市里做炒股,只要买进就赚钱,这使经营者的自信心极度膨胀,总以为自己与巴菲特差不离了,越来越相信自我感觉。只觉得敌人一天天烂下去,自己一天天好起来！有一天跨出家门一看,发现了问题所在:外资比内资做得专业,外地比本地做得精细。于是想寻找所谓的"蓝海",找一块缺乏竞争的"净土"。实际上这是一种"逃亡战略"。便利店、折扣店、乡镇超市、标准超市、生鲜超市、大卖场、购物中心、酒店……样样都干,不把鸡蛋放在同一个篮子里,这样的投资布局直到目前仍然是比较成功的,但却不能保证永远成功。其最大的缺陷是——没有一样做到精细与极致,背离了专业化发展原则,就不可能成为行业的领先者。

> **点评** 我国零售商千万不要被自己虚胖的身躯挡住了视野,技术性战略、营运竞争、对等的管理机制、客观的评价机制以及融资与投资,这些支撑未来零售的"钉子",一定要用好材料去打造,以铸造我国零售业的未来辉煌。

零售业绩的提高有赖于营运管理的专业化,但这不仅仅是营运本身的问题,应该从战略与营运竞争高度来认识营运管理。零售虽然具有很强的抗震力,但面临环境的变迁,一定要有转型与创新的紧迫感。不进步就会被淘汰。即使是内行也会变外行。零售的转型与创新,大致有三个层次需要考虑:一是战略层面,低成本运作模式已经难以维持;二是业务层面,业态转型、商品结构、营运管理等问题直接影响着经营业绩,提升业绩需要及时转型;三是保障层面,人力资源政策需要适时调整,要让员工更有职业荣誉感,要让管理者更有专业自信与职业自尊。人力资源政策的调整是经营业务转型的前提,店长以及中层、基层管理人员和一般员工应该获得更多的尊重与回报。只有这样,顾客才能更满意。未来的一切问题,既是经济问题,更是社会问题与文化问题。

问题与探讨

1. 连锁店铺出现以下现象说明什么问题?
(1) 各连锁店实际表现参差不齐,个性化较强。
(2) 店铺的业绩几乎完全取决于店长的能力。
(3) 一个店长往往意味着一个班子,调动意味着伤筋动骨。
(4) 各连锁店对公司的统一政策执行的正确性、全面性、深入度、时效性等差异很大。
(5) 员工培训不到位,制度等执行结果五花八门。
(6) 对技术和方法等的创新缺乏及时捕捉和推广的能力,八仙过海,各显其能。
(7) 店铺信息上报不及时、不真实,甚至存在隐瞒和扭曲事实的现象。
2. 营运督导的作用主要体现在哪些方面?
3. 营运督导体系由哪些部分组成?营运部的主要职责与工作有哪些?
4. 督导人员的任务与主要工作是什么?为什么大卖场与便利店的督导人员具有不同的功能?
5. 督导作业包括哪些工作?如何做好巡店与信息处理工作?

第8章　店铺营运管理基础

　　就员工而言,店铺业绩来自员工业绩;就商品而言,总体业绩来自部门业绩。因此,发挥团队合力,合理配置商品,这就是店铺管理最重要的两项工作。
　　店铺可以是单店、连锁店或特许加盟店,不同的组织形态虽然在管理方式上有一定的差异,但从服务顾客、提升业绩来分析,基本要求是一致的。店铺管理的发展趋势是连锁与加盟,本章主要从营采分离的连锁体制来介绍店铺管理。

引导案例　人　与　商　品

　　眼看着自己工作了十多年的工厂越来越不行了,小王在《新民晚报》上看到了一则连锁公司的招聘广告。经过初试与复试、面试与笔试,他进入公司举办的强训班学习。学习两个月以后到门店见习,从最基本的清洁、理货、收银等工作做起,从领班、主管、副店长到店长,掌握了店铺营运中前场、现场、后场等各个环节的工作流程与管理技能,不到4年时间就被晋升为大卖场经理和管理近30家门店的区域经理。小王在接受晋升考核时回答的其中一个问题是:如果让你去管理一个有问题的店铺,你首先考虑什么？小王说:我先要观察人员状况,如果人没问题,那问题多半出在商品上。

> **点评**　你认同小王的观点吗？为什么？做店长一定要从最基本的清洁、理货、收银开始吗？店长是整个店铺的总管,既要有实操能力,更要有组织能力。只有发挥团队的力量,激励全体店员的工作热情,才能使店铺更好地服务顾客,在竞争中立于不败之地。

一、店铺管理概述

(一) 店铺管理的基本特点

　　连锁门店的管理有以下三个基本特点:
　　(1) 执行多于创造,但又不得不面对各种变化着的环境、人员与事件。如果你热爱这份工作,就更要全身心地投入,因而就会始终面临巨大的心理压力和身体压力,甚至会因为工作而放弃家庭和朋友,从而承受来自家庭和朋友的压力。可见,这是一个"六亲不认"的行业。
　　(2) 付出与回报常常会不一致。有些店铺轻松经营就有好的回报,有些店铺不管你如何想方设法去经营,业绩始终难以有较大的提高。因为一家店铺的成败往往取决于多种因素,甚至有些店铺从一开始就是注定没有希望的(如选址失误)。但问题在于:当你接手这样的"烂店"时,你仍然有责任使其"咸鱼翻身"。于是,你就会十分困惑。你的建议可能很有建设性,但上级就是没有采纳你的建议,这还不能怪上级,只能怪你没有能力说服上级。

(3) 资源有限,责任无限。因为店长既代表公司,又代表员工,是店铺业绩的第一责任人,所以,店长承担着店铺经营管理的全部责任,但是,他们手中的资源与权限是十分有限的,总部对店铺有一系列的控制。

(二)店铺管理的基本要求

店长是店铺管理的核心人物,必须做好以下工作:

(1) 有预算地控制,包括销售的预算以及为实现销售而必须支付的各种费用、成本、周转、库存的控制。

(2) 掌握重点要素,包括商品与人。日常管理,重点中有重点。例如,一个店铺的商品可以分为低价促销的"形象商品"、大量销售的"销量商品"和高毛利低周转的"效益商品",作为店长特别应该关注的是全店的形象商品(还有部门形象商品)。就人的管理而言,店长个人的作为是各部门作为的综合,所以,要使各部门都关心本部门的业绩,就需要发挥各个团队的作用,指挥和激励各个团队的负责人就是店长在人员工作方面的重点。

(3) 工作要细心,要善于发现问题。店铺管理是细节化的工作,一不小心就会出大问题,甚至会出人命。要做到细节化,避免工作失误,尽可能减少不必要的损失,有一些最基本的、重要的方法:① 用数据与事实说明问题。询问经营情况时绝对不要问这样的问题:今天的经营情况如何?而应该问:今天的销售是多少?今天比昨天增长多少?为什么今天的销售下降了?店长用数据提问,部门主管、组长也会越来越有数字概念,最终就会形成数字化管理的氛围。② 要亲自动手,并且学会"走走看看"的工作方法。这种方法从美国的Jcpenny百货公司开始,后来成为沃尔玛的管理原则,被优秀的管理者普遍接受。走走看看的好处之一是给下属一种压力,之二是发现现实中的问题,之三是指导和纠正业务工作,之四是形成务实的工作作风。这也是一种自我加压的方式,店长比下属更精通、更细心、更专业、更投入、更有办法,才能实施有效领导。③ 严格执行工作规范。连锁店的作业标准往往都是连锁企业"血的教训"的积累,违规操作最终将受到失误的惩罚。④ 树立纠正预防观念。出问题并不可怕,可怕的是同样的问题重复出现。出现问题,先应该解决问题,然后了解原因,采取纠正措施或预防措施。这才是正确的工作方法。

(4) 任何时候都不可以有畏难情绪,而应该向更高的目标努力。区域内需求数量相对固定的观点与事实不符,服务状况和价格高低会导致区域内商品需求数量、购买频率的变化。

(5) 注意自身的形象,防患于未然。治人必先自治。如果你私用店铺的物品,如果你上班迟到,如果你在节假日休假,如果你对顾客不敬,如果你做了不该做的事情,员工的眼睛是雪亮的,他们就会跟着你一起做不该做的事。如果这是个别员工的行为,不管是谁,都应该立即制止,否则就会蔓延。当个别行为变成了习惯甚至众人的行为时,就成了一种店铺的风气和氛围,你想改变就更难了。如果你不想得罪人,你将得罪所有的人,最终你自己就无法"守位",可能连工作也难以保证。所以,好的习惯、好的氛围、好的风气,一定是从店长的作风开始的。

(6) 要尽心尽职培养下属。店长应该学会做员工的老师、教练、训练师、心理顾问,同时也必须承担起宣讲公司文化的责任。把自己的下属培养成为可以替代自己职位的优秀员工,这是一项伟大的事业。

(三) 店铺管理的基本内容

连锁店铺是连锁总部各项政策、制度、标准规范的执行单位,其基本内容是商品销售与服务,其管理重点是:环境、商品、人员、金钱与情报。

1. 环境管理

环境管理包括店头外观与店铺内部环境两方面。

(1) 店头外观。由于交通、住宅动迁、调职等原因,店铺的老顾客都会有一定比例的流失,同时又会有新的潜在顾客进入店铺的商圈范围内。用什么手段来吸引每年新增的潜在顾客呢?据调查,有78%的消费者是凭感觉而进入店铺的,其中给这些顾客的第一印象便是店头外观。所以,店铺必须每日对店头进行检查,并加强维护与管理。例如,橱窗是否明亮?视野是否良好?废弃纸箱叠放是否整齐、妥当?废物箱是否干净、卫生?门口道路是否清理、畅通?海报张贴高度是否合适?是否有过期海报?店头看板、招牌是否干净、牢固?灯光是否明亮?雨伞架是否干净、就位?橱窗招贴是否变色、脱落?等等。

(2) 店铺内部环境。例如,走道是否畅通?货架是否按商品配置图表来放置?有无擅自增减货架、网架、端架、吊架等情况?各种设备是否清洁卫生?发生故障的设备是否及时进行维修?店铺内的气氛是否良好?空调、音响、POP广告等是否合适?等等。

2. 商品管理

商品管理包括商品陈列、商品质量、商品损耗、商品销售状况等方面。

(1) 商品陈列管理。商品陈列管理首先必须严格按照连锁总部所规定的统一标准;其次要做到满陈列,以便最有效地利用店铺空间;再次要注意陈列商品的及时整理,使商品陈列的方式、高度、宽度、陈列量、排面等符合商品陈列表的要求。

(2) 商品质量管理。商品质量管理首先必须重视商品的包装质量及商品标签;其次要加强对商品保质期的控制;再次要对生鲜食品进行鲜度管理。

(3) 商品损耗管理。商品损耗管理首先要防止商品的动碰损耗;其次要加强防盗、防窃工作;再次要重视商品盘点。此外,对商品保质期的有效控制,以及促销活动的有效配合,也是控制商品损耗的有效途径。

(4) 商品销售状况管理。商品销售状况管理首先必须掌握商品的销售动态;其次要根据销售动态及时作出反应,如及时补充货源、及时处理滞销品、在总部的指导下及时调整商品陈列位置及商品价格等。

3. 人员管理

店长也是店员,这是人员管理的基础。人员管理包括对员工的管理、对顾客的管理以及对供货者的管理。

(1) 对员工的管理。对员工的管理是人员管理的核心。其管理的重点是:按公司规定控制人员总数及用工时数;培养全体店员的团队合作精神;合理分配工作任务,并要求员工严格执行公司总部所制定的作业规范;树立全体员工的礼仪精神,做好服务工作;根据营业状况排定班次,做好考勤工作;应照顾到员工的身体状况及应有的权利。

(2) 对顾客的管理。对顾客的管理主要是指对顾客的了解、引导和适当的控制。例如,了解顾客的类型、各类顾客的需求特征;通过调查掌握社区内常住顾客的基本资料;在店铺内设置醒目的指示性标志,以便于顾客选购商品;对顾客的行为依法实施必要的限制,如明确告示顾客店内不准吸烟、不准饮食、不准拍照、不准抄价、进入店铺必须存包等;妥善处理顾客的投诉。

(3) 对供货者的管理。无论是厂方人员还是公司内部的配送人员,送货或是洽谈业务,都必须在指定地点按规范程序执行,如果需进入店铺,也必须遵守有关规定,如佩带特殊的标志。

4. 金钱管理

金钱管理包括收银管理及凭证管理。

(1) 收银管理。收银作业是店铺销售服务管理的一个关键点,收银台是店铺商品、现金的"闸门",商品流出,现金流入都要经过收银台,因而,稍有疏忽就会使经营前功尽弃。从金钱管理角度来看,收银管理应把握以下重点:控制收银差错率;防止收入假币及信用卡欺诈行为;分清各班次收银员的经济责任;营业款要及时解缴;要严防内外勾结的舞弊行为。

(2) 凭证管理。对连锁超市门店而言,会计工作由总部负责,但对于基本的凭证仍需要妥善管理,如销售发票、退货凭证、进货凭证、现金日报表、现金投库记录表、交班日报表等。有些凭证(如退货凭证、进货凭证)是日后结算付款的依据,与现金具有同等效力,更应妥善保管与处理。

5. 情报管理

连锁店铺既是各类经营情报的发送者(信源),又是情报的接收者(信宿),因此,加强情报管理便成了连锁店铺的一项重要工作。连锁店铺的情报管理主要包括:店内经营情报、竞争店情报、消费者需求情报。

(1) 店内经营情报。这是连锁店铺情报管理的重点,主要包括:销售日报表、商品销售排行表、时间带别销售报表、供应商别销售报表、异常销售分析表、促销商品分析表、销售毛利分析表、ABC分析表等。此外,还包括员工的意见、建议以及他们的心理和行为状态等情况。

(2) 竞争店情报。连锁店铺有责任对附近的竞争店情况进行调查,内容包括:与竞争店的距离、交通条件、商品质量及价格、商品结构、店铺规模、顾客购买行为等。

(3) 消费者需求情报。消费者需求情报包括:消费需求的总体趋势、社区内消费者的总体规模、收支水平、购买特征等。其中,顾客投诉情况的分析应作为了解消费者需求的一个重要途径。

强大的连锁企业需要有一个强大而灵活的总部;店铺的工作越简单越好;如果店铺一呼百应,总部就百呼不应;店铺也应该有创新活动。

二、店铺管理工作项目

店铺管理以商品管理为重点,围绕商品,涉及店铺气氛、陈列技术、环境清洁与卫生、顾客服务、组织和团队学习、人事管理、领导统率、数据管理、顾客管理、商圈管理、危机管理等12类项目,每一类项目又包含若干项工作。以此可以来测评店长的管理水平。

(一) 连锁店杰出店长关键成功因素

衡量店铺管理工作的70项要素分别如下。

1. 商品管理

(1) 商品与服务标签(价格与说明)十分清楚。
(2) 从无缺货、货架上没有空无一物的状况。
(3) 从无过期产品及破损商品。
(4) 从无变质商品。
(5) 商品的进、销、存、退很适宜。

2. 店铺气氛

(6) 店铺播放音乐适宜、音量很适中。
(7) 灯光明亮、冷气适宜。

3. 陈列技术

(8) 材料或用品摆设整齐从无欠缺。
(9) 促销或特价品的标签非常清楚。
(10) POP、海报、旗帜等干净从无破损。
(11) 货架干净、商品摆设非常整齐。
(12) 设备、器材干净且摆设非常整齐。
(13) 员工商品展示与陈列技巧非常熟练。
(14) 除了配合公司促销活动外,经常运用各种促销手法。

4. 环境清洁与卫生

(15) 各种摆设保持清洁整齐。
(16) 杯盘碗筷等干净从无破损。
(17) 骑楼非常通畅且干净。
(18) 店铺地板非常干净且走道畅通无阻碍。
(19) 店铺天花板及墙面非常干净。
(20) 窗及橱窗玻璃非常明亮干净。
(21) 店铺内外的照明灯、广告灯清洁且经常保持正常。
(22) 垃圾桶周围保持非常干净。
(23) 收银区干净且物品放置非常整齐。
(24) 化妆室保持干净无异味且清洁用品无欠缺。

5. 顾客服务

(25) 本店服务人员面带笑容,穿着干净整齐。
(26) 服务人员能积极主动或迅速招呼客人。
(27) 员工对只逛不买的客人也能详细说明。
(28) 员工非常了解商品项目及所在。
(29) 服务人员接听电话时礼貌周到。
(30) 服务人员喊欢迎光临时注视顾客。

(31) 员工结账时没有一边结账一边做其他事。
(32) 服务人员商品解说很清楚,商品知识丰富。
(33) 员工都很熟悉店内各项信息工具的操作和使用。
(34) 员工提供很亲切的顾客服务。

6. 组织和团队学习

(35) 全体员工把"持续学习"作为首要工作。
(36) 员工能够以广泛的、系统的方法来思考及行动。
(37) 干部经常训练及教导服务人员学习"如何学习"。
(38) 本店干部经常鼓励服务人员彼此相互学习并且以各种方式来分享学习经验。
(39) 全体服务人员经常接受"如何在团体中工作和学习"训练。
(40) 全体员工都支持并且认识到学习的重要性。
(41) 为了改进门市营运绩效,我们承诺持续的学习。
(42) 我们从失败及成功的经验中获得学习。
(43) 我们奖励并帮助同仁学习。
(44) 各项营运作业、计划与学习机会相结合。
(45) 干部授权的程度、范围与服务人员的责任、学习能力相对应。
(46) 店长与店员、计时工一同参与工作、共同学习及解决问题。
(47) 店长经常扮演教练、教师、顾问、心理医生的角色,并协助部属学习、成长。
(48) 店长经常通过观测外界以了解本店以外的连锁店发展趋势。
(49) 同时追求营业目标、团队合作及员工个人的价值及成长。

7. 人事管理

(50) 服务人员流动率很低。
(51) 很合适地安排服务人员的轮班与轮休时间。
(52) 业绩奖金都合理地分配给全体服务人员。
(53) 很鼓励并训练服务人员拥有多样技能或第二专长。

8. 领导统率

(54) 非常公平、公开地办理服务人员绩效评估、奖励与惩罚。
(55) 在工作上给予员工适当的激励,并能达到令人满意的工作绩效。
(56) 干部与员工之间的沟通与协调良好。
(57) 很明确地安排服务人员的每日工作内容与职责。

9. 数据管理

(58) 设计了一项简易的系统,经常来收集内部及外部的信息。
(59) 店长经常利用门市数据资料(营业额、毛利率、营业成长率、利润、单品销售统计等)分析营运状态。
(60) 干部很熟悉 POS 资料的分析、解释及运用。
(61) 对于门市各项费用支出的控制非常好。

10. 顾客管理

(62) 员工主动与顾客分享信息,了解其观念与看法以改进服务品质,经常收集顾客意见并反映给上级单位。

(63) 经常收集并建立顾客基本资料。

(64) 干部经常研究顾客的购买行为。

11. 商圈管理

(65) 干部非常熟悉商圈内竞争商店的动向。

(66) 本店与左邻右舍关系非常良好。

(67) 附近居民大多数认识店长。

(68) 经常办理商圈评估。

12. 危机管理

(69) 员工很适当地处理顾客抱怨。

(70) 对危机应变及处理技巧的训练或经验很丰富。

(二) 店铺管理水平测评标准

评分标准为：回答者就各题的叙述分别以 1 表示完全不符合，2 表示有一点符合，3 表示中度符合，4 表示大部分符合，5 表示完全符合，各类中的小题分数分别加总除以其题数，表示类别特性，分数越高表示该类工作做得越好。将由上述 70 个项目组成的调查所获得的数据汇总如表 8-1 所示。根据排名可以判断哪些工作做得较好，哪些工作还有改善的空间，同时也可以通过排名，分析店长的管理工作是否抓住了重点，其管理的方式是否符合现代化管理的要求。

表 8-1　测评数据汇总表

关键成功因素平均	总　　分	平　均　分	排　　名
1. 商品管理			
2. 店铺气氛			
3. 陈列技术			
4. 环境清洁与卫生			
5. 顾客服务			
6. 组织和团队学习			
7. 人事管理			
8. 领导统率			
9. 数据管理			
10. 顾客管理			
11. 商圈管理			
12. 危机管理			

三、店铺管理实例

小王从工厂转岗应聘进入连锁店，首先接受公司内部的强化培训，然后到店铺见习，从小门店店长一直晋升到大卖场经理。

(一) 上班下班

现代大公司的员工既有激情又从容,既灵敏又守则,既能享受又能忍受。

(1) 小王明天就要上任做店长了,心情有点激动。

(2) 小王想:明天就要上任了,今晚必须再努力一番,与员工见面时的讲话一定要通俗易懂,条理清晰,精神振作。(很对!)

(3) 平时不太做梦的小王在上任前的那天晚上居然也做了一个美梦:梦见自己从王店长变成了大卖场的王经理。(人应该有上进心,向更高的目标努力,努力必会有成果!)

(4) 小王梦见自己面对员工的时候,竟然把想好的台词忘记了,急得满头大汗。(平时缺乏讲演锻炼哦!)

(5) 小王醒来的时候天刚蒙蒙亮,做了一夜的梦,觉得有点疲惫,刚醒来就又睡过去了。

(6) 再次醒来的时候天已大亮,一看表,吓了一大跳,已经是早晨 7 点钟了。

(7) 顾不上吃早点,闪!闪!闪!急速赶到门店。好险!正好 8 点。(要牢记:上班应该提前 15 分钟到达,做好工作准备。)

(8) 没有进入店铺就看见有顾客在等候开门,想:公司的生意真好,应该与顾客打个招呼:大家早上好!让大家久等了,我们马上开门营业。(热情,不冷落顾客,这是对顾客的尊重。有很多顾客等候开门,是不是应该考虑把营业时间提前一点?)

(10) 进门的时候看到地上有些空的易拉罐,便随手捡起,放进垃圾桶。(店铺的门面非常重要,王店长做得很好,以身作则,先做示范。)

(11) 上班的标志是指纹考勤,只要按照提示操作,四步完成。(不要忘记:离店也要有考勤记录。)

(12) 做好考勤,王店长本来准备召集大家开一个会,由于没有吃早饭,于是就拿出面包在办公室吃早点。(这是不良的风气,千万要不得。绝不能在办公室吃早饭。这是店长的禁忌!切记!)

(13) 王店长接管的是一家 E 类门店,公司的门店分 A、B、C、D、E 五种类型。

(14) 店长要亲自主持早训。(注意:自己讲话的时候不要说"我亲自……"而应该说"我马上……")

(15) 今天是王店长上任的第一天,首先是区域经理把王店长介绍给全体员工,然后是王店长讲话。

(16) 店长说:"大家早上好!让我们先一起高呼两遍企业精神……"(企业精神重在领会与实践!)

(17) 王店长还说,店铺好比一个船队,我们是这个船队的一员,我是其中一条船的船长,我将跟随船队使这条小船保持正确的航向与航速,并与大家同甘共苦,希望大家齐心协力,工作有声有色,生活有滋有味。大家开工吧,不要忘记顾客早已在等着我们了,不能冷落顾客呀!(王店长的这段话表达了四层意思:第一,公司是一个大家庭,要有整体意识。第二,表明自己的责任与态度。第三,表明团队合作的重要性和对员工的要求。第四,要用实际行动尊重顾客。)

(18)第一天做店长真累啊!终于到了5点半的下班时间了,准备下班了!(店长不是公务员,店长的作息时间要跟着顾客的需求走,要时时刻刻关心店铺,更何况是新店长。)

要点:上班提前一刻钟到岗是常识,准时下班的店长不是好店长。

(二)店铺基础工作

店铺经营从基础工作开始。每天重复的基础工作是:清洁卫生、商品搬运、整理整顿、商品验收、数据录入、补货整理、设备保养。

(1)清洁卫生。王店长到店的第一件事情就是看看门面干净不干净,并随手处理。(门面就是脸面,门面不干净,顾客就不会进店。因此,清洁卫生工作要定期与即时相结合。)

(2)商品搬运。商品到店,王店长总是自己带领店员一起卸货、验收、搬运、上架。(一个小店10余个人,当班店员就5、6个人。店长只有以身作则,凡事都比别人走在前、多尽责、做得好,才能获得店员的认同与尊重。)

(3)整理整顿。王店长上任以后渐渐适应了工作环境,还总结出了一套简便易行的工作方法,他总是随身带着一个小本子和三色笔,用小本子记录问题与体会,用三色笔区分"优良、警示、不良"或"一般、重要、紧急"等不同状况,分别加以处理。他还规定了器具、备品等的放置场所,贴上放置物品的标识,用完后放回指定位置。这称为"分类与定位管理"。(经营店铺也像经营家庭,会料理的家庭总是井井有条,而有些家庭则由于没有养成良好的生活习惯,家里总是乱哄哄的。整理整顿,定位管理,体现管理水平。注意:既要整理物品,又要整顿思想!)

(4)商品验收。检查商品数量、品质、规格与"验收单"是否相同。数量:注意箱装、盒装商品是否有拆封迹象;品质:商品包装、有效期限、进口商品的中文标识;规格:大小规格是否符合。验收无误或修改完成后将验收单加盖门市章、当班职员两人签名后交给厂商。(验收需要掌握各类商品的验收标准、验收方法与验收重点。)

(5)数据录入。商品实物验收以后要将单据及时录入电脑系统,做到:当日进货当日验收,当日销售当日进账,当日库存账实相符,当日数据当日上传。(店长是确保数据及时、完整、准确地录入系统并上传总部的第一责任人。)

(6)补货整理。为了防止缺货,保持排面整洁,必须及时补充商品上架。(店铺是枪,商品如弹。在既不积压又不脱销的前提下把生意做大,这就是店铺的核心能力,也是店长的首要任务。)

(7)设备保养。王店长在接收店铺的清单中有一份"设备清单",他对照这些设备的操作程序与保养要求,将设备保养工作落实到小组与责任人,并定期检查,日常巡查。(设备设施要完好,始终处于正常使用状态,否则就会影响生意。)

要点:店铺基础工作无论谁做,要求和标准都一样,必须严格遵守操作步骤与作业标准。

(三) 店铺管理要素

人与商品是店铺管理的核心要素。但是,推动这两个核心的动力则是:资产与财务。没有设备资产的投入,店铺经营就没有"枪",而没有良好的财务产出,就会导致经营亏损。从事经营活动,一要盈利,二要发展,这是根本的道理。

(1) 王店长勤奋好学,看了不少管理书籍。他发现几乎所有的管理学者在讲到管理的时候都提到了三件事情:计划、组织与控制。

(2) 前不久王店长想请员工到社区了解居民需求,并将自己的想法告诉了员工。员工也都认为这是个好注意。一周以后,当王店长问员工了解到哪些新情况时,员工说在等店长的具体安排!

(3) 有时候,王店长也具体布置了任务,还规定了责任人与完成时间,但由于新的事情与状况不断涌现,过了规定时间也没有去过问,不仅店员忘记了店长布置的任务,连店长自己也淡忘了。

(4) 这样的事情发生多了,店员就越来越不在乎王店长的话了。

(5) 王店长在实践与思考中渐渐领悟了一个道理:实践中的管理学只有两个字——验证!制定计划,组织落实,效果来自验证,要通过验证提醒下属你在时刻关注工作的进展情况。

(6) 以验证为核心手段去管理"资产、人力、商品、财务",向更高的目标努力。这是店长的神圣使命。

(7) 管理资产必须掌握资产的基本资料,如平面图、资产清单、大型设备定时检查表等。必须保证员工或专业人员能够熟练操作每一件设备。资产定位与定期保养十分重要。资产的添置必须考虑发展性与适应性。

(8) 新人培训。与人事部门确定新员工的到职;查看履历表,了解基本信息;进行单独的开放式会谈,增进了解,传达信息;将他介绍给每一位同事;明确告诉他工作的职责;如果是新手,应安排培训计划;解释工作中的细节,并做相应的示范动作;进行练习以巩固所学知识,如有必要可以进行测试。

(9) 人员的日常管理。进行合理分工,保持工作量及职责的平衡。随时了解每位员工的工作状况,并进行督导。列出职务代理人,你不在时不会让事情落空。必须做好交接记录,以提醒其他员工。及时传达各种信息,并注意信息反馈。每月统计生产力,并与以往水平进行对比。核对每位员工的考勤及薪资。定期召开部门会议,并在会议上解决问题。安排员工培训月度计划。

(10) 领导。经常参与辅导每位员工的工作;经常鼓励每位员工提出建议;定期与每位员工进行简单的良性沟通;总是明确地发出指示;总是善意地说服与批评;总是友善地尊重每位员工;总是对每位员工细小的进步进行表扬;总是坚持工作原则。

(11) 商品:配合采购。商品验收总是先看质量;新商品引进依照原则陈列;准确并及时通知采购人员市场调查所取得的结果;依照促销计划,完成促销活动;与采购人员保持良好沟通,平和处理矛盾。

(12) 商品:零商关系。供应商是零售商的上帝和朋友;要善待供应商;礼待供应商;要用数据与事实说话;要坚持自己的原则与要求。

(13) 商品:管理备忘。任何商品的引进或撤销必须与采购人员沟通;排面调整(包括单品调整和分类调整)按照规定实施;不良商品绝不出现在排面上;对于顾客,价格便宜永远重要。

(14) 财务:财务控制重点。商品损耗、人力成本、耗材、能源费用、营业外收入、毛利、库存等,是控制重点。

(15) 财务:财务报表。店铺应按规定定期制作、上报与保留各类报表,如收银缴款报表、销售报表、进销存报表、盘点损益报表等。此外还应该注意其他经营报表:厂商进货明细表、库存明细表、绩效表、营业外收入明细表、每日用电登记表、耗材领用报告等。

要点:店铺管理要素一定要全面把握,抓住重点,时刻验证,动作一定要快。

(四) 店铺管理心态

商业经营,需要具备三种经验:一般经验、特殊经验与个体经验。一般经验写在书上,特殊经验存在于企业实践中,个体经验在每个实践者的头脑里。将这三种经验融合起来,便能缩短学习进程。要成为一名优秀的连锁店店长,必须具备三种基本素养:一是要有良好的职业心态;二是要有生意意识和刻苦勤奋的事业心;三是要有管理基本功。

王店长虽然常常犯错,但他对人生、对生活、对家庭、对朋友、对工作、对事业都有自己的独特看法,并身体力行,不断实践与纠正。

(1) 人生是一个过程。要诚实守信、激情工作、激情生活。人生本来的意义就在于不断发现人生的意义。

(2) 处理好"人我关系"。虽然很难做到毫不利己专门利人,但也不能太自私,必要的时候要有自我牺牲精神。真正做事业的人都具有自我牺牲精神,否则是做不好事业的。

(3) 总是积极向上地看问题。如果丢了一只鞋,能想到还有断了腿的人,那就会有好心情与好心态。

(4) 人的一生要经历四次考试。求学阶段是学业考试,告别学生时代要接受职业考试,进入社会以后要经历更多的职场考试,成家以后要面对婚姻考试。四种考试组合成整个人生过程。

(5) 懂得感恩的人才是幸福的。感恩亲人的养育之恩,感恩社会的关爱之恩,感恩师长的教诲之恩。当我们发现有那么多可以感恩的机会,那我们就发现了人生的价值。

(6) 水箱与油箱。油箱是肉体需求;水箱是精神需求。肉体极大满足以后不见得得到精神满足,甚至更饥渴。

(7) 朋友是最大的"财富"。当朋友与金钱矛盾的时候,选择朋友。当朋友与事业矛盾的时候,选择事业。没有了事业就没有了一切,尤其是在年轻的时候。

(8) 不要吝啬赞美。当我们赞美我们的社会、赞美我们服务的机构、赞美我们周围的人群时,我们不仅给他人带去了快乐,而且自己的快乐也得到了放大。

(9) 不能做过头。做人做事都要把握一个度,一是讲话不能绝,二是树敌不能多,三是聚财不能贪。激情而平和地做人做事,你就会发现更多的快乐。

第8章 店铺营运管理基础

(10) 不要忘乎所以。人们常常希望自己站在墙上而显得高大和荣耀,但也会常常忘记自己是站在墙上才这么高大、这么荣耀的,所以,一旦到了墙下,就承受不起失落。

(11) 要有付出。人的一生,要有付出。通过付出,即使没有取得理想的成就,但自身素质会提高,经验得到了积累,就更有机会把握机遇。不管有钱没钱,不管当官不当官,努力付出,积累经验,提高自身素养,这是非常重要的事情。

(12) 贡献大于所得才有希望。只有贡献大于所得,让老板真正看到你的能力大于位置,才会给你更多的机会替他创造更多利润。

(13) 接受、适应与超越。这是融入社会的三部曲。

(14) 下属绝对不能去做有悖"企业文化"的事情,每一位下属,首先感谢老板,其次要感谢顾客,再次要相互欣赏。

(15) 老板为员工打工。贵为老板的领导总是承担着最终的、最大的责任,这是做下属的应该充分理解的。做下属的往往不理解老板,说是为老板打工。其实是老板为员工打工。不理解这一点,就做不好下属,就不会在老板领导的企业里有自己的前途。

(16) 做会听话和会办事的下属。领导对下属一般有两点要求:一是要听话;二是会办事。老板说得对,你就听他;老板说错了,你就帮他。怎么帮?"把领导说错的做对"就是了。

(17) 办法比想法更重要。老鼠们在一起开会,商讨怎样才能不被猫抓住。其中一只老鼠提议,在猫的脖子上挂一个铃铛。全体老鼠欢声雷动——"这个主意太好了!"但当有鼠问大家,怎样才能将铃铛挂到猫的脖子上的时候,全体老鼠鸦雀无声。这个故事告诉我们:方法比想法更重要,没有方法应对的想法是没有价值的。

(18) 毕马龙效应。毕马龙擅雕刻,迷恋上自己所雕的少女像,感动了爱神,于是,将他的雕像赋予了生命,让两人得以结合。可见,一个人的期望会影响另一个人,态度决定前途。

(19) 勤快带来明亮。有一家商店总是灯火通明,有人问:"你们店里用的是什么灯管?如此耐用!"店主回答说:"我们的灯管也常常坏,只要常常更换就行了!"原来保持明亮的方法很简单,只要勤快一点就行了。

(20) 习惯决定一生。有一个人去应征工作,随手将走廊上的纸片捡起来,放进了垃圾桶,被路过的考官看到了,他因此得到了这份工作。原来获得赏识很简单,养成好习惯就行了。

(21) 帮人家就是帮自己。有个小弟在脚踏车店当学徒。有人送来一部坏了的脚踏车,小弟除了将车修好,还把车子擦拭得漂亮如新,其他学徒笑他多此一举。车主将脚踏车领回去的第二天,小弟被挖到他的公司上班。原来出人头地很简单,吃点亏就行了。

(22) 没有无原因的结果。有一个钓鱼者,他钓到了很多鱼,但是,他每钓到一条鱼就用尺子量一量,只要比尺子大的鱼,就扔回河里。有人很奇怪地问他:"每个人都想钓大鱼,你为什么却把大鱼丢回河里呢?"那人很轻松地回答:"因为我家的锅只有尺子那么大,太大的鱼装不下。"

（23）小店铺没有理货员与收银员之分，即使店长也是店员，大部分时间都在服务岗位，甚至在服务台做收银和面售服务。如果店长对店铺作业不熟悉，在作业方面还不如其他员工，就很难管理好店铺。店长必须是业务上的全才与高手，店长必须从基础做起，了解各种技术，才能解决基层问题。

要点：态度决定前途；习惯决定人生；细节决定成败。

（五）店长职责

王店长觉得书上所说"店长职责"太复杂，他的体会很简单很直接：店长是店铺管理的第一责任人，连锁门店的一切活动都应该体现公司总体的利益。因此，店长应该以执行公司总部的指令和贯彻公司总部的标准为行动准则。王店长在实践中总结了店长的八项工作职责：

（1）创造店铺适当的销售利润。控制店铺存货水准；确保店铺商品价格正确及商品信息充分告知；确保店铺商品品质；切实掌握商圈特性并了解顾客需求；配合执行公司各项促销活动；及时反应厂商供货问题并提供改善建议。

（2）控制适当的费用成本。合理控制店铺各项费用（可控费用）；将盘点损失控制在合理范围。可控费用是指盘损、人事费用、水电杂费、报损等；不可控费用是指租金、折旧摊提等。

（3）维护优良的商店形象。维持店铺整洁，塑造顾客舒适的购物环境；确保店铺机器设备正常运转及定期清洗、维修、保养；确保店铺商品不缺货及商品陈列的整齐、清洁、丰富；向顾客提供亲切、有礼、快速、专业的服务。

（4）塑造团结和谐的工作环境。店铺管理公正、公平、公开，并保持适当的授权；主动处理员工问题，激励员工士气；协调好员工之间的关系，创造良好的店铺工作气氛。

（5）培育部属的工作能力。负责店铺员工排班及辅导员工完成分配的工作；确保店铺员工完成教育训练，熟悉店铺一般作业流程；考核店铺员工的工作绩效，向主管推荐优秀员工的提升。

（6）完成主管交付的任务。按时提交各项报表，配合后勤作业；随时向督导报告有关店铺运作事项；定期召开店铺会议及参加公司各项相关会议；完成督导交办的工作。

（7）执行公司的政策规范。遵守公司政策规定及作业规范，发挥最大工作效率；执行商品行销策略（商品引进、清场、POP 张贴、平面配置、商品陈列等）；有好的建议要及时报告。

（8）代理店员处理各项事务。因为店长首先是一名店员，所以，店长应该更有能力操作店员从事的具体作业活动。

要点：店长职责的要点是——围绕目标，注重实效，依靠店员，服务顾客，执行标准，不忘创新。

(六) 店长应避免的行为

身为店长就必须时刻注意自身的言行,要不断追求卓越,以免成为劣质或恶质店长。王店长总结了应该避免的以下十二种不良行为:

(1) 高高在上,开口骂人,甚至伤及员工的自尊与人格。这类店长不会有凝聚力,员工会寻找一切机会与店长"暗顶",甚至会不断地向总部检举店长的不良行为,这样的店长必然会被员工"怨气"而淹死。这是自寻死路的店长。

(2) 遇事消极对待,先找客观原因(如竞争店的影响),甚至责备总部的选址有问题或私下批评经营者。这类店长经常推卸自己的责任,却忘记了自己的责任就是在既定的条件下把事情做得更好。这是消极的店长。

(3) 得过且过,不求上进,小富即安,不富也安,既不报喜,也不报忧。其目的是为了安于现状,不要引起公司的注意,不要调动现有的岗位。这种店长在工作上不会给自己和员工设定更高的标准,对店内存在的不足也不努力改善,最终会失去顾客和员工的信任。这是安于现状的店长。

(4) 好大喜功,作风浮夸,隐瞒实情,报喜不报忧。为了自己的利益有可能使公司丧失及时纠正错误的机会,这是十分严重的道德问题。这是作风浮夸的店长。

(5) 问题意识、忧患意识和危机意识太强烈,往往看不到优势而十分关注自己的劣势,常常是报忧不报喜,看起来是对公司负责,实际上会影响集体的士气和斗志。这也是极不负责的行为。这是理想化的店长。

(6) 称兄道弟,朋友义气,亲疏有别,不讲原则。这是十分危险的行为,其结果可能会极大地损害公司的利益。这是危险的店长。

(7) 有危险就退缩,有责任就逃避,没有保护下属、勇于承担责任和勇作贡献的意识。这是不合格、不负责的店长。这是不可重用的店长。

(8) 控制知识、经验与信息,成就一人独享,没有团队意识,不知道用分享成功的喜悦来激发员工的工作热情。这是自私的店长。

(9) 不了解连锁组织的运作,爱好单兵作战,自行其是,缺乏合作意识,结果会偏离公司的整体要求。这是无知的店长。

(10) 不知道培育下属,所以,后继无人,自己也得不到晋升。这是可悲的店长。

(11) 对人有成见,只看到下属的缺陷,却不会发掘下属的亮点。这是孤独的店长。

(12) 做老好人,你好我好大家好,凡事不得罪人,没有大错,也没有作为。这是好好店长。但好好店长也是不合格的店长。

王店长逐渐感悟到:店长应该具备五个力,即激情力、感悟力、控制力、影响力、激励力。① 激情力。优秀的管理者应该具有爆发的激情,激情是把经营推向成功彼岸的原动力,有激情就会上下求索,这是考验求索者智慧的过程。② 感悟力。悟性比任何专业知识与经验更重要,重大的突破往往不是靠常规的思维,而是靠超常规的悟性,依靠这种悟性,往往能从无序中看到有序,从细微的变化中洞察到未来的巨变,当大家都不看好时先下手为强,而等到大家都看清了,随之而来的便是恶性的竞争。感悟的结果是洞察先机与危机,随时找出突围的最佳捷径。③ 控制力。管理者至少应该具有控制大局、控制目标、控制过程与结果的能力,否则就不是一个合格的管理者。④ 影响力。善于运用自己的内在魅力营造团队氛围并使自己成为这个团队的导航者,不仅能够设定明确的目标并督导完成,而且更能诱导大家愿意为未来而奋斗,从而营造出积极向上的团队氛围。这就是比控制力更有力也更持久的影响力。⑤激励力。管理者有两项核心的管理工作,一是组织,二是激励。管理者应该成为激励专家。人是活在掌声中的,每个人都希望获得别人的赞美。

要点:店长只有修身自律,才能不令而行。

(七) 王店长每日工作流程

王店长所在的店铺,营业时间为早上8点30分至晚上9点30分,总计13个小时。王店长通常是早上出勤,早训前到店,工作时间实行弹性制,即根据门店的营业情况来决定休息时间。王店长下班后由副店长、部门主管或领班代理店内管理工作。

1. 开门前的工作

(1) 顾客抱怨开门时间太晚,经过调查,王店长将开门时间提早到了7点,同时提前了闭店时间。(公司规定只允许提前开门,不允许提前关门。区域经理在巡查中及时发现,责令王店长及时纠正。)

(2) 王店长把一天的时间划分为营业前、营业中、营业后,以及营业高峰与高峰前后等不同状况,分别安排前场(收银机外)、现场(收银机内)与后场(收货仓库、办公生活区域)的工作。

(3) 王店长要求自己:工作有计划,检查有方向,办事有重点,问题有对策。(这样才会有工作效率!)

(4) 王店长不仅按照公司要求主持早训,还坚持带领员工在商店附近晨跑。(晨跑既能增强员工体质,振作精神,又能展示店铺形象,是一个很有意义的活动。)

(5) 在早训与晨跑中,王店长也顺便确认了人员到岗情况和仪容仪表。

(6) 王店长发现小李今天没有来上班,早训以后就立即打电话去询问。原来是身体不适。下班以后王店长从店铺买了些水果去看望。(任何出店商品都要经过收银,店铺支出按照规定手续报销。)

(7) 每天都要以整洁明亮的形象来迎接顾客!(千万不要忘记前场和厕所的清洁卫生工作!)

(8) 每天都要事先注意公司总部的各种通知,预先做好准备,开门前再次予以确认。(特别是系统调整价格以后,牌卡和POP也要同步调整。)

(9) 收银台与服务台是两个创造收入的重要部位,要密切关注,尤其是零币常常比较紧张,要做好准备。

(10) 店铺经营的核心还是商品,必须确认店铺的商品供应状况。

(11) 还要确认一下昨天的营业状况,了解:营业额、来客数、客单价、客品数、品单价等,同时进行比较,列出未完成部门。

2. 上午的工作

(12) 开门的时候顾客比较少,到11点钟进入营业高峰,一直到12点半。

(13) 在 11 点钟以前要将昨天未解交的余款存入指定的银行。

(14) 每天要通过公司内部网络查阅公司文件与通知,网上还有其他门店的经营经验可以学习。

(15) 每天上报前一日营业额、客单价等数据。

(16) 根据销售与库存状况,及时向供应商与配送中心订货,保证货源充足。(备货不足是销售不理想的重要原因。)

(17) 对竞争店的价格、品种、营销等情况进行调查。按照店铺巡视要求,检查店铺工作。

(18) 检查脱销情况,向总部或供应商落实订货。

(19) 面对中午销售高峰,对店铺的商品、陈列、环境、温度等进行检查。

(20) 营业高峰时段要加强指挥调度,及时掌握各部门销售状况,并加强活动广播。

(21) 午饭期间要指定专人负责店铺现场管理。

3. 下午的工作

(22) 下午 3 点半以前营业比较清淡,可以做一些调查、会议、培训、文书、计划等工作。

(23) 下午 4 点半开始营业出现第二个高峰,一直到 6 点半。这期间要特别关注后台与前台的配合与调度。

(24) 营业高峰时可考虑增开收银机,安排其他人员协助收银。

(25) 营业高峰时期要督促各部门员工加强防盗。

(26) 傍晚前要将当日营业款解交银行,收银员也要及时将收银款上缴财务室。

(27) 营业高峰时期要保持光灯整洁、明亮,傍晚要打开门头招牌灯。

(28) 店长离店以后委托副店长或领班代理指挥店铺工作,并交代晚间营业注意事项。

4. 晚间要做的工作

(29) 营业结束以后,要做好商品收纳、整理整顿、清洁卫生、店铺巡查、安全检查、关闭门窗、制作文件、备忘记录、现金保管、次日准备等工作。

要点: 店长要遵守业务流程和操作规程,根据现场情况应变处理。

(八) 王店长每日检查项目

王店长通过日常检查发现问题,改进工作,提高业绩,实现目标,达成理想。他每日检查的项目如表 8-2 所示。

(1) 王店长问大家:今天生意怎样? 领班答曰:蛮好! 于是,王店长也蛮高兴。

(2) 有一次王店长看到领班也以同样的方式问店员:今天生意怎样? 店员答曰:蛮好! 于是,领班也蛮开心。

(3) 王店长想:什么是"蛮好"?

(4) 后来,王店长用另一种方式问领班:今天的销售做多少了? 领班沉默! 大家模糊惯了,谁也不清楚今天的生意做了多少。

表 8-2　店长每日检查项目表

时段	类别	项目
开店前	人员	1. 各部门人员是否正常出勤？ 2. 各部门人员是否依照计划工作？ 3. 是否有人员不足导致准备不充分的部门？ 4. 专柜人员是否准时出勤？准备就绪？ 5. 工作人员仪容服务是否依照规定？
	商品	6. 早班生鲜食品是否准时送达无缺？ 7. 鲜度差的商品是否已拿掉？ 8. 各部门特价商品是否已陈列齐全？ 9. 特卖商品POP是否悬挂？ 10. 商品是否即时做100%陈列？ 11. 前进陈列是否已做好？
	清洁	12. 入口处是否清洁？ 13. 地面、玻璃、收银台清洁是否已做好？ 14. 厕所是否清洁干净？
	其他	15. 音乐是否控制适当？ 16. 店铺灯光是否控制适当？ 17. 收银员零找金是否已准备？ 18. 开店前5分钟广播稿及音乐是否准备播放？ 19. 购物袋是否已摆放就位？ 20. 购物车、购物篮是否已准备就位？ 21. 前一日营业速报是否已发出？
开店中	营业高峰前 商品	1. 是否有次品？ 2. 商品鲜度是否变差？有无定时检查？ 3. 端架陈列量感是否足够？ 4. POP与商品标价是否一致？ 5. 商品陈列是否足够？是否要补货？
	卖场整理	6. 投射灯是否开启？ 7. 通道是否畅通？ 8. 是否有阻碍通道或导致阻挡商品销售的情形？ 9. 面售是否有人当班？ 10. 是否有突出陈列过多的情形？ 11. 店铺地面是否维持清洁？
	营业高峰中 销售态势	12. 是否定时播放店内特卖消息？ 13. 各部门是否派人至店铺招呼客人或叫卖？ 14. 顾客是否排队太长要增加开机？ 15. 是否要后场部门来收银台支援？ 16. 是否需要紧急补货？ 17. 是否有工作人员聊天或无所事事？ 18. POP是否脱落？
	营业高峰后 卖场整理	19. 店铺是否有污染品或破损品？ 20. 是否要进行中途解款？ 21. 是否有欠品需要补货？ 22. 是否确认时段别营业额未完成原因？ 23. 陈列架、冷冻(藏)柜是否清洁？ 24. POP是否陈旧？或遭污损？ 25. POP粘贴位置是否适当？ 26. POP书写是否正确？大小尺寸是否合适？ 27. POP诉求是否有力？

(续表)

时段	类别	项目
开店中	时常性 商品	28. 价格卡与商品陈列一致吗？ 29. 是否仍有厂商在店内陈列商品或移动商品？ 30. 是否有滞销品陈列过多、畅销品陈列面太小？ 31. 是否定期检查商品有效期限？
	服务	32. 店铺是否听到礼貌用语？ 33. 是否协助购物多的顾客提货出去？
	清洁	34. 厕所是否维持清洁畅通？ 35. 厕所卫生纸是否足够？ 36. 入口处是否维持清洁？ 37. 地面是否维持清洁？
	设备	38. 冷冻(藏)柜温度是否定时确认？ 39. 傍晚时分招牌灯是否开启？ 40. EGM(背景音乐)是否正常播放？ 41. 标签机是否由本公司员工自行操作使用？
	后场	42. 进货验收是否照规定进行？ 43. 空纸箱区是否拆开堆放整齐？ 44. 空篮存放区是否堆放整齐？ 45. 标签纸是否随地丢弃？ 46. 退换商品是否定位整理整齐？
	其他	47. 畅销品或特卖品是否足够？ 48. 店铺标示牌是否正确？ 49. 交接班人员是否正常运作？ 50. 前一日营业额是否解缴银行？ 51. 有无派部门人员对竞争店调查？ 52. 关店前店铺音乐是否播放？
开店后	卖场	1. 是否仍有顾客滞留？ 2. 店铺音乐是否关闭？ 3. 卷帘是否拉起？ 4. 招牌灯是否关闭？ 5. 店门是否关闭？ 6. 冷气空调是否关闭？ 7. 购物车(篮)是否定位？ 8. 收银机是否清档完毕？
	作业场	9. 生鲜处理设备是否已关闭及清洁完毕？ 10. 作业场是否清洁完毕？ 11. 作业人员是否由后门离开？ 12. 是否仍有员工滞留？
	现金	13. 开机台数与解缴份数是否一致？ 14. 专柜营业现金是否缴回？ 15. 作废发票是否签字确认？ 16. 当日营业现金是否全部锁入金库？

(5) 渐渐地,提问的方式改变了,思考问题的方式和工作方式也相应地改变了,从店长到领班,从领班到店员,脑子里都装着各式各样的数据。

　　(6) 再后来,每当营业状况发生变化,就会在脑子里立即发出警示。这就是层层抓数据的好处。

　　(7) 王店长发现新情况总是及时向上级报告,有好的经验则在区域会议上介绍,因而被公司授予"诚信管理奖"和"学习创新奖"。

　　(8) 公司为了表彰王店长的工作业绩,给王店长一周时间的出国考察。回国那天,王店长下飞机就直接去了店铺,他有一颗时时牵挂着店铺的心。

　　(9) 节日里王店长也总是与员工一起战斗在业务第一线。

　　(10) 有一次王店长突然病倒,员工下班以后自发去看望店长,一张写满员工名字的祝愿卡使王店长深受感动。

　　(11) 王店长想:我真好运,有这些好店员!

　　(12) 店员们说:我们真幸运,遇到了一个好店长,销售节节上升,收入年年攀高,店长时时想到我们!

　　(13) 相互感恩,那是一幅多么美好的景象!

　　(14) 只有员工满意,才有顾客满意!

要点:用数据与事实来组织经营。

(九) 塑造和谐的工作氛围

　　王店长用心塑造店铺的工作氛围,工作环境和谐大家的工作也就很愉快。团结和谐愉快的工作环境,将是人才留任的重要因素之一,而店长是塑造团结和谐工作气氛的灵魂人物。

　　(1) 店员在营业现场与顾客吵起来,王店长总是及时出面解决。先向顾客道歉,再请员工离开现场,以便于处理顾客抱怨。事后再教导员工处理顾客抱怨的方法及态度,并给予鼓励。

　　(2) 店员甲、乙在仓库吵架,王店长知悉后,先私下了解店员吵架原因,再找甲、乙店员分别询问双方吵架的缘由,王店长自己保持中立立场,并协调解决,最后缓和气氛,请双方握手言和。

　　(3) 上早班的甲店员略带抱怨的口吻告诉晚班的乙店员:店长太可恶了!每次进货都只站柜台,也不帮忙搬货,上班又喜欢迟到早退,我来当店长都比他强。喜欢打小报告的乙店员,一五一十地将甲店员所说的告诉店长。

　　(4) 王店长听了小报告以后问乙店员:你同不同意呢?

　　(5) 乙答:不同意。

　　(6) 王店长再问乙店员:你有没有出面阻止或为我辩解?

　　(7) 乙答:没有。

　　(8) 王店长问乙店员:下次如果有这种抱怨,你若同意,要来告诉我,谢谢你的提醒!你若不同意,要替我说明。

　　(9) 王店长利用一切言语的机会给人以鼓励,他相信,领导者扮演的角色是给他人期望,而不是给予训示。

(10) 要用"心"+"言语"+"行动"赞美店员。

(11) 店长关心店员,就如同家长关心子女。王店长常常这样问候店员:你声音沙哑了,感冒了是不是? 要记得加件衣裳多喝开水多休息。关心早班:早餐吃过吗? 先吃早餐再继续忙吧! 你今天不太说话喔! 是不是有什么心事,可以告诉我吗? 或许我可以帮上一点忙!

要点:领导能力的发挥,套句广告词:我是在当了爸爸后才学习如何当爸爸的;管理者也是相同,团结和谐的工作气氛并非一朝一夕能养成的,需要点滴的付出方能塑造团结和谐的工作气氛。

案例资料8-1　如何将销售业绩提高25%

如果你管理的是一个大店,现在的业绩还不错,那么,无论你愿意还是不愿意,你的周边在不久的将来就会出现"强势"的竞争店,这是无法避免的事实。因此,依靠地段优势或想独占市场,那是不可能的事情,你只有通过踏踏实实地去做细化的经营,才能提升业绩。当然地段优势也非常重要。

(1) 树立目标。外资的营运成本高,内资的营运成本低。你销售1个亿就有盈利,外资销售1个亿就要亏损。这就是差距,也是优势,更是潜力。我们的目标是"销售提高25%,周转控制在20天"。为什么要关心周转? 因为做零售没有多少资本,毛利率又低,全靠周转创造利润。业绩提高了,提前收回投资,当外资进来竞争的时候,你就只有日常的营运成本与之竞争,那时候与新的竞争对手"打仗",不管是"沃尔玛"还是"易初莲花",都会心有余悸。

(2) 怎么"打仗"? 先不要责怪任何人,要尊重现实,关键是从自己做起。当门店创造了一种模式,得到总部的肯定,就迅速推广复制。这就是连锁最关键的能力。店长如果不积极主动地工作,连最基本的数据也不知道,那就是没有用心经营。如果你也没有培养出有能力的人接替你的工作,老板怎么提升你? 这不是老板的错,是你自己不用功、不努力,是你自己的错。做自己能够做的事情,用数据、业绩与具体的对策发声音、写报告。你不发声音是你的错,你发错声音也是你的错。所以,关键在自己。(注:这是一种积极的经营思路,店长应该是最有发言权的人,但现在有许多店长不愿意发声音,他们怕讲错,怕讲错了对他们带来不利。有话语权的人常常不知情,而知情的人则没有话语权,或者不愿意话语。所以,问题常常重复出现,始终解决不了。)

"打仗"要做很细致的准备工作,主要的工作有:第一,卖得好的商品要多卖一点;第二,卖得最差的商品要及时清理掉;第三,使邮报(DM)发挥更大的作用;第四,确定需要下属做的事情;第五,确定下属门店配货的品种和配货的方式。

(3) 把卖得好的商品多卖一点。多卖的前提是AA类的畅销商品要有足够的库存;要摆在好的位置;要选择最好的促销员在现场"吆喝"。做好了这件事情,就可以提高销售。这并不是很难的事情。不要叫促销员、理货员去擦商品上的灰尘,要让顾客去擦商品上的灰尘。如果每天有12 000名顾客进你的店铺,你的商品就会很干净。这就是叫"让顾客擦灰尘"。

(4) 把卖得最差的商品拿掉。在3~4月份,应估计卖不动的东西有多少,列一个清单出来。或者说,60天销不出去的东西有多少?拿出库存中最不好销售的100万元库存,对销售有什么影响?销售在1亿元左右的门店,按照进价计算库存商品,在3~4月份一般的销售情况和品种情况如下:① 这些门店的品种总数为13 000~15 000种。② 库存累计到100万元(按照销售从小到大排列,销售最不好的商品)的品种为4 600~5 000种;按照库存累计200万元计算,品种数就上升到了7 500~8 200种。③ 这些销售很少的商品在3~4月份中的销售情况是:库存累计100万元的商品销售额为15万~44万元之间,占这个时期总销售额的1.4%~2.7%;库存累计200万元的商品的销售额为52万~152万元之间,占总销售额的5.1%~9.3%。

淘汰大量的不太出销售业绩的商品,到底对销售有没有很大的影响?这个问题在理论上来说,有一个"商品替代成本"与"商店选择成本"的比较问题。如果顾客想买A商品,店里没有,顾客有两个选择:第一,用同类商品替代;第二,到其他商店购买。很多顾客往往会选择替代。当然不同类别的商品与不同顾客,由于对品牌的忠诚度不一样,替代强度就不一样。但是,有一点是清楚的:不能满足所有人的所有需求,否则,库存又将上升,周转就不可能控制在20天。让顾客放弃一点选择的自由度,可以降低库存,加快周转,提高业绩。晚上营业即将结束的时候还要做到让顾客能够买到所有品种的牛奶吗?也许只需要留一种顾客最需要的牛奶就可以了。这就是品类选择与优化。这件事情,没有系统也可以做,不要过分依赖系统与软件,有些事情没有软件照样做。只要把每个时段的销售记录下来,特别是营业结束的时候的销售记录下来,几周以后你就明白了,什么东西订货多了,什么东西少了。在营业结束以前实在还卖不出去的,就做促销:买满40元或50元,你就送一袋牛奶,并且让供应商送。

淘汰商品涉及面很广泛,要心中有数才能做,并要明白几点:① 食品与非食品的占比是70/30或是80/20。② 洗化类商品放在食品类统计,因为这类商品与食品的性质一样,也是快速周转的品类,都要求快速周转才能出效益。③ 加快周转要多放心思在食品上,提高毛利要多放心思在非食品上,这是常识。解决库存就得靠这两个方面。提高销售额要多往食品上下工夫,食品周转慢的话,非食品的周转就更慢。大家要靠"周转"来做生意。

退货要有退货的理由,这是对的,不能想退就退。否则,退货会越来越多。如果刚把卖得差的货清理好了,订货订得不好,新的订货又会回到库存积压的恶性循环上去。

因此,店长应该"发声音"。因为卖东西的人最有发言权。可能不是采购有意要强力推广某一个产品,如果门店没有声音,采购可能以为这些产品就是好产品。这样对公司是不利的。所以,店长要客观地凭数据与事实"发声音",就是要"报告情况,提出建议"。

(5) 让DM发挥更大的作用。确定DM商品及其价格是促销的重要工作。可以预测竞争对手下一期DM出什么商品、什么价格,你比对手更早、更低,你就成功了一半。订货备货是最基本的工作,没有货就没有办法做生意。关键是怎么订货?这就要深入基层,发动主管一起讨论,仔细地分析,认真地做,决策就会比较准确。DM 是店铺与顾客最重要的、也可以说是唯一的通道。但是,实际上到底有多少 DM 真正到达了顾客手里?即使到了顾客手里,又有多少顾客记住了 DM 的商品呢?答案是可悲的,整个行业都在做低效甚至无效的 DM。提高 DM 的效率,要明确一些数据,即 DM 商品的销售占总销售的多少?只有 10% 的话,那是很低的;20% 以上才是比较好的。为此,要做以下几件事情:

一是弄清楚 DM 发给顾客的渠道。实际上,有 40% 以上的 DM 扔到垃圾桶里去了。你也不能叫报纸夹送,门卫派送也存在很多问题。直接送到信箱也往往是不管有没有人住,就往里面塞。结果没有任何效果,真正的顾客还是不知道你的 DM 商品。这是沟通与信息传递上的问题。你要花心思自己想办法,叫店里的人送。再看送了 DM,来的顾客有没有增加,靠收银员问,并用调查表记录下来;也可以在 POS 机上设定一个顾客键,记录数据,事后统计分析;还可以让员工在居民做早操、跳舞的时候去发 DM。渐渐地,员工会与社区建立起一种友善的亲近关系,这是竞争获得胜利的重要保证。

二是让顾客知道哪些东西是 DM 商品。顾客不可能带 DM 来商店。到商店的时候他已经不知道哪些商品是 DM 商品了。通常的办法是:门口再放 DM。但一般一次 DM 总共也就发 5 000~10 000 份,外面发、里面发,很快就没有了。让员工把顾客用过的 DM 回收起来,这是一种办法。另外,可以用更简单的办法,如在 DM 商品前面放上一个标志。开始的时候可能是全部在公司规定的 DM 商品前放标志,等过了 3 个月,顾客认可了,你就加上店铺自己促销的标志。

三是把"销售"与"库存"这两项数据每天记录下来,就可以发现订货应该是多少。如果今天的销售 14,而库存只有 6,那你的生意肯定没有做足。所以,大店的店长要有一个助理,每天帮你计算好这些数据,做一段时间后,他们也就懂了,既能建立管理体系,也能培养人。你不仅要知道每天的总体情况,而且要知道各个部门的 DM 销售情况,这不仅可用来对店铺部门经理作考核,而且也可作为向总部采购部门提出自己意见与建议的依据。关键的一点是——DM 商品的决定,零售要有主动权,而且要与供应商互动,不能让供应商说了算。店长有时候可以先下班回家吃饭,吃完饭在营业结束前再到店里去看,并制定明天的策略。部门主管根本不用什么办公室,做营运的就应该在现场,可以备一个箱子,放一本本子,做数据记录。

四是要把促销计划做到每一天。例如,客单价现在是 30 元,你把客单价提高到 50 元就送 1 斤黄瓜,送蔬菜很能吸引顾客。今天送黄瓜,明天送番茄,后天送萝卜。掌握了规律后,一、三、五或二、四、六送,一周三天送。每天准备拿出 5 000 元价值的东西来送,一年 185 万元,如果销售上去了 2 000 万元,那就非常合算了,竞争店的销售下降了 10%,你的市场占有率提高,顾客对你的依赖性增强,满意度提高,这样,你的店铺就会越做越好。你也可以把积压的、保质期还有最后 3 个月的巧克力、咖啡作为赠品。千万不要以为商品可以退货就在快到保质期的时候退给供应商,这样做的话,你实际上是增加了供应商的成本,以后就得不到供应商的更多支持,为供应商着想,往往也是为自己着想。但有一点必须记住:我们做的任何经营活动都必须有利可图,这是生意原则,也是与社会公益活动的区别。

> **点评** 人有很多自己能做的事情，要持续地想自己能做的事情，不要老是责怪人家做得不好，要先看看自己能做的事，做得怎么样。也不要老是抱怨系统不好，以前根本没有系统，也在做细化的零售，靠账簿照样能把商品记录得很清楚。积极面对竞争与压力，这是我们唯一要做的事情，也是事业和人生走向成功的关键。

要成为一个合格的店长需要较长时间的实践磨炼。店长是一种特殊类型的管理者，他既是店铺的全面负责人，但又不具有独立的决策权。连锁店铺的一切活动都应该体现公司总体的利益，因此，店长应该以执行公司总部的指令和贯彻公司总部的标准为行动准则。但在实践过程中，往往存在两种倾向：一是总部的标准不够具体，导致门店各行其是；二是虽然有标准，但在执行过程中由于种种主客观原因而走样。解决上述问题的办法是：一要善于总结，把经验及时提升为标准；二要加强教育训练，培养员工按标准行事的习惯；三要加强督导，及时纠正偏差；四要依靠社会力量来监督店铺的日常行为，如航空公司的飞行检查；五要利用电脑系统消除操作中的人为因素。但是，最重要的还是店长要以身作则，严格执行规范与标准要求。店长素质决定着店铺的素质和员工的素质。

要想成为一名杰出的连锁店店长，需要具备良好的心理素养、业务水平和管理能力。心理素养是基础，所谓"态度决定前途"，就是指一个人的心态往往会决定其发展；业务水平实际上是"生意经"，是买卖能力与买卖技术，这是店铺的核心竞争力，如果对生意缺乏兴趣，把生意作为一种任务而不是爱好，就很难成为一名杰出店长；管理能力不在于你掌握了多少管理理论，而在于实践、在于适应环境、在于互动应变。在中国目前的环境条件下，软弱的管理者肯定不会是一个好的管理者，但是，学习他人的管理研究成果却十分有必要，可以拓宽管理思路。

问题与探讨

1. 连锁店与单店相比有哪些管理特点？
2. 为什么说管理就是验证？
3. 店铺管理的具体要求是什么？
4. 店铺管理包括哪些基本内容？
5. 简述杰出店长关键的成功因素。
6. 店长每日在不同时段的检查内容主要包括哪些项目？
7. 王店长的事例有什么启示？
8. 根据所学知识，总结提高销售的各种方法。

第9章 顾客服务

美国零售业有句名言:"你永远要牢记,顾客随时都可以到隔壁的店里去买他喜欢的东西。"我国的零售业也面临着这样的竞争环境,只有让顾客满意,才能吸引顾客惠顾。因此,顾客服务是零售业持续发展的一项"战略工程"。

收银作业是门店销售服务管理的一个关键点。收银台是门店商品、现金的"闸门",商品流出、现金流入都要经过收银台,稍有疏忽就会使经营前功尽弃;收银台是门店的"掌门人",在短暂的收银结账服务中,集中体现了整个门店的服务形象;收银作业也不只是单纯的结账服务而已,收取了顾客货款,并不代表整个销售行为的结束。

引导案例 人性化服务

东京迪士尼乐园一名餐厅服务员讲述:

一天,一对老夫妇抱着一个特大号毛绒米老鼠走进餐厅,虽然平日里可以见到很多狂热的迪士尼迷,但眼见抱着这么大毛绒米老鼠的老人还是第一次。

我走到他们身边与他们打招呼:"这是带给小孩儿的礼物吗?"听到我的询问,老妇人略显伤感地答道:"年初小孙子因为交通事故死了。去年的今天带孙子到这里玩过一次,也买过这么一个特大号的毛绒米老鼠。现在孙子没了,可去年到这里玩时,小孙子高兴的样子怎么也忘不了。所以今天又来了,也买了这么一个特大号的毛绒米老鼠。抱着它就好像和孙子在一起似的感觉。"

听老妇人这么一说,我赶忙在两位老人中间加了一把椅子,把老妇人抱着的毛绒米老鼠放在了椅子上。然后,又在订完菜以后,想象着如果两位老人能和小孙子一起用餐该多好啊! 就在毛绒米老鼠的前面也摆放了一份刀叉和一杯水。

两位老人满意地用过餐,临走时再三地对我说:"谢谢,谢谢! 今天过得太有意义了,明年的今天一定再来。"

> **点评** 规范服务是企业对服务人员的基本要求,却不一定是顾客对服务人员的要求。规范至多只能使顾客没有不满意,真正能感动顾客并超越顾客期望的往往是"人性化服务",也可以说是"感性服务"。

案例资料9-1 做一个关爱员工的店长

有店长讲述:

在门店经常会碰到一些不讲理甚至无理取闹的人,我们的服务人员基于服务宗旨,常常处于十分被动和委屈的境地。在这种情况下，店长必须挺身而出，关爱员工，保护员工，给员工讨回公道。

有一天晚上9点左右，来了一位剃着光头、满嘴酒气的顾客，将商品随意丢放乱抛，到收银处还要插队，收银员叫他排队结账，他不但不听，还动手打了收银员两个耳光。这时，女领班马上揪住他不放，并打110报警，周围顾客也群情激愤地纷纷指责这个如此不讲理的人。到派出所以后，发现民警都认识他，相互之间的关系也比较暧昧。民警协调解决的结果是向该收银员赔偿50元。但事后光头顾客又到店里威胁员工。这时我赶到店里，询问了情况以后，领着收银员再次来到派出所要求验伤，验伤报告把案情写成是"纠纷"，我马上严正指出这不叫纠纷，而是侵权、是肇事，要求肇事者当面赔礼道歉。通过有理有节的交涉，民警态度也有很明显的转变，并让肇事者向我们作了保证，也向当事人赔礼道歉。从而使员工正当权益得到了保护，员工在精神上得到了安慰，心情也平静了许多，也避免造成其他的后果。

> **点评** 维护员工的合法权益，也是店长应尽的职责；做一个关爱员工的店长，这是每一位店长提高自身素质的一个重要方面。在员工无助的时候，在员工委屈的时候，在员工困难的时候，身为一店之长，就应该义无反顾地急员工所急，想员工所想，把安全让给员工，把危险留给自己。

一、基本服务与增值服务

从总体上来说，零售业提供给顾客的不仅是商品，还是向顾客提供满意服务的行业，如为顾客选择商品，进而选择合适的地点，以适当的方式、适当的价格、适当的时间，将商品提供给顾客，并使顾客获得满意。所以，服务并不是简单的人员服务或服务项目，它应该包括商品的开发以及与顾客满意相关的一切活动，我们可以把这些活动称为"零售业的整体服务"和"综合满意度"。通过整体服务提升顾客的综合满意度，这就是零售业的使命。

便利店以服务和便利为特色，这已经成为行业的共识。但对以低价为亮点的超市和大店铺来说，有一种观点认为：这本来就是自助服务的业态，增加服务将增加成本，最终会动摇这种业态的生存基础。这种观点不是没有一点道理，因为低价必须以低成本为基础。但是，低成本并不能以低服务为代价。

既要做到低成本，又不能降低服务水平，两者之间如何平衡呢？这就应该分清基本服务和增值服务两个基本概念。

所谓基本服务是指以诚信为基础的安全、便利、准确、合法、没有不满意的服务状态。基本服务的关键点分为三个层次：一是依法服务，如出售商品必须是经过验证合格的产品，商场的购物环境安全卫生，按照法律法规规定向顾客提供售后服务，计量器具符合国家法律规定并做到计量准足等；二是诚信服务，把法律法规所规定的要求变成企业的自觉行为，没有诚信的服务就是违法的服务，更不可能获得顾客的满意；三是体贴服务，服务人员要寻找一切机会向顾客提供他们真正需要的适当服务,包括服务态度、招呼顾客、话语应答、提供帮助、表示关心和感谢等,这其中大部分项目只要服务人员主动一点、热情一点、体贴一点,就可以使顾客满意,并且是不花钱的服务。

所谓增值服务是指针对业态特征、营销目标、顾客需求而向顾客提供的附加服务,其目的是实现顾客满意。例如,百货公司可以向顾客提供从形象设计、量身定做、代客选购、送货上门、无条件退货等一系列全程服务。现在的大型超市也十分注重新的服务项目,例如,如果顾客发现购物时被多收款,超市除退还多收款外,另外补偿多收款项1倍的货款,而且当场兑现;顾客对购买的商品不满,在一定期限内可凭收据退货,绝不询问退货理由。一些顶级大超市正计划向高消费者推出特殊服务,不仅可以使他们远离结账处的长队,还可订购特价商品,并享受免费送货服务,而这种服务只有5%持有金卡的顾客才能享受。他们大部分是中等以上收入者,因为统计显示:正是那一部分的顾客(约占20%)为商家带来80%的利润,零售商咨询机构的专家则预言:这就是商业的未来趋势,实际上是利用数据分析对顾客实施有效的管理。

基本服务是依法经商,增值服务则是服务营销。无论什么服务,都必须树立正确的服务理念,制定适当的服务规范,提高人员的服务素养,改善整体的服务行为。

二、服 务 理 念

零售业作为服务人的行业,关心人,服务人,使人放心,使人满意,这是没有止境的,需要十分辛劳与精细,才能做得更好。零售业未来竞争的焦点之一就是看谁的服务好,这是实施差异化经营的基本手段。例如,超市虽然是一种以自助服务为特征的零售业态,但随着市场竞争的加剧,差异化经营已成为发展经营的重要策略,所以,服务也将成为超市的生存之本,是超市经营管理的核心内容之一。因此,完善超市服务功能,提高超市服务质量,改善超市服务形象,是超市增强竞争力的一项十分迫切的任务。

(一)服务意识:变被动为主动

服务意识的树立,一般都有一个由灌输到理解再到运用的过程,也就是有一个由被动接受到主动地自觉运用的转化过程。

现在到超市购物,基本上都能听到如"欢迎光临""您好""对不起"等礼貌用语,但大多数都是一种程式化的应付,有一种言不由衷的感觉,更有甚者,说礼貌用语时看都不看你一眼,这样还不如不说。因此,说礼貌用语是件容易的事,但把这变成一种意识,一种理念,那是一项非常艰难的"工程"。因为只有发自内心,出于真诚的问候,才能让人感受到温暖。

金色的拱门,微笑的服务,在全球有着几万家餐厅的"麦当劳",给数以亿计的顾客以快乐。那么,这些快乐的源泉在哪里?"只有拥有快乐的员工,才会拥有快乐的顾客"。他们通过五大驱动要素,营造一种快乐的企业文化,并通过员工把这份快乐传染给他们所服务的顾客,这样才会有100%的顾客满意度。"麦当劳"的微笑是出自内心的自然流露,给人一种亲切的感觉。

服务不应该被动应付,而应该主动"奉献"。谁对顾客"奉献"了真诚,谁就能赢得顾客的信任,从而赢得市场。

(二)服务基础:商品知识和整体观念

顾客在商店经常会遇到这样的情景:当问到某种商品的性能或如何使用时,员工一问三不知;问某种商品放在什么位置,也常常得不到准确的指引。前者缺乏商品知识,后者没有全局观念。

店铺要做好服务,每个员工都必须具备做好服务的条件。首先,员工对自己管理的商品,不但摆放位置清楚,告知准确,而且对商品的性能、使用等应说得明白。如果不能做到这一点,顾客的购买热情就会受到影响,并会因购买心情差而影响其他商品的选购,甚至造成不必要的损失。比如,一位顾客想买一瓶糟卤,超市内正好断货,理货员就介绍他买虾油露,说味道差不多。结果顾客按照糟卤的烹调方法使用虾油露,烹调出来的食品上有一股很强的腥臭味,根本无法食用。虾油露有独特的烹调方法,烹调出来的食品也不是人人都能适应的。所以服务人员应把对商品知识的学习当作一项基本功来训练。其次,员工必须具备全局观念。所谓全局观念,就是员工要把整个商场作为整体来认识,不仅对自己管理的部位心里有数,而且对整个商场的布局也要了如指掌。什么商品在哪个位置,如何行走,都要能为提出询问的顾客介绍清楚,切不可认为那不是自己的管辖范围,就可以说不清道不明,甚至不负责任地随便把顾客打发走。因为对顾客来说,每一个服务人员都代表着门店的整体形象,如果冷落顾客,特别容易破坏顾客的购物情绪,受影响的不仅仅是商场的某一部分,而是商场的整体形象。

那么,为什么有些店铺做不到这些呢?经分析有以下两个原因:一是服务定位错误。就是管理者没能把服务作为市场竞争的重要手段,而仅仅把其作为一种被动型的"职责"。这种定位上的错误,不可避免地降低了对服务的要求,一些店铺的员工把自己的"职责"仅看做是防盗,只要商品不丢失,就算"尽职尽责"了,根本谈不上对顾客的服务,更不必说高质量的服务。在店铺中常可以看到这样的场面:店铺员工或站在视野开阔处,双眼警惕地观察着顾客,或在店铺走来走去进行巡视。这就是服务定位不对的典型表现,店铺员工的主要"职责"应该是悉心为顾客服务,而不是"保安"或"保管"。二是员工综合素质低。有的店铺员工只经过短期应急培训就上岗工作,有不少服务人员文化素质不高,缺乏专业知识,接受新事物的能力差,影响了他们服务意识的树立和服务技能的提高。

(三)服务规定:以顾客为本

有一位客户每季度都要订购1万元左右的商品,作为单位发放的劳防用品,过去曾经到个体户商店购买,由于质量得不到保障而放弃。随后到一家外资大店铺购买,由于单位采购使用的是支票,一般3天后才能提货,而且是自己派车去提,因此采购一次商品起码得去两次,如果碰到订购的商品中有断货现象,必须进行商品的调整,因为支票的金额是事先开好的,为此又得去一次。调整好的商品也不一定有现货,只能再等待。所以感到不够及时和不够方便。最后他选择了一家内资超市,因为到这家超市采购商品只要去一次,带好支票,选购好商品并约定好送货日期就可以了,到时直接送货上门,如发现断货现象,电话联系,进行调整,无须再过来一次。这个例子说明,小型超市在市场竞争中,更要突出细心服务和方便顾客,处处为顾客着想,为顾客提供方便,才能赢得顾客的信任和惠顾。

每一家店铺在服务方面都有自己的规定,但有些规定却不尽合理,它体现出来的是"以己为本"的观念,而不是"以顾客为本"的思想。店铺是为顾客开的,没有顾客光顾,店铺哪有效益?因此,店铺在服务规定上一定要以顾客为本,以方便顾客为宗旨。这就要求商业服务走向人性化。

三、人性化服务

自社会生活领域开始有了"商业"这一名词,与商业紧密伴随的就是服务。服务在美国市场营销学会(AMA)下的定义是:用于出售或随同产品一起进行出售的活动、利益或满足感。

服务发展可分为三个阶段:

第一,优质服务阶段。这一阶段的服务明显地带有计划经济的烙印。"顾客是上帝""顾客第一"的标语虽然悬挂在店堂里,但由于商品短缺,营业员更像"西太后",具有很浓的营业员个人特色,没有形成规范,没有把服务视作企业的品牌。

第二,规范服务阶段。进入市场经济以后,由于产品丰富,企业间竞争加剧,服务就被上升到"规范服务"。要求企业的全体员工用规范的行为、举止、语言接待和服务顾客,用服务创品牌、创效益。

第三,温馨服务阶段。我们提供的服务,今天的顾客是满意的,明天就可能是不满意的。随着市场细分,顾客不断追求个性化的加强,服务将提升为"温馨""温情",即把帮助顾客得到期望的需要作为每一位员工的工作宗旨。

随着消费水平的日益提高,呼唤人性、呼唤爱心的要求越来越高。连锁业态不仅仅是要满足消费者的最基本的购买欲望,同时还要让消费者感到一种享受,一种在家也得不到的温馨。顾客对商场的各种促销方式已经有厌倦的迹象,连锁业应该就服务进行整体的变革定位。只有提供舒适的环境,宽松的空间,丰富的商品,才能令其动心。

(一) 设施服务

(1) 有条件的门店在店门前设计几把椅子,以便于顾客休息,目前已经有很多店铺增加了这方面的设施。

(2) 在存包台上,如果写着:"背包的师傅们,您辛苦了,请允许我替您存包。"这样给顾客的感觉不再是"免费存包,贵重物品,随身携带"的死板感觉。对于部分不愿存包的顾客应予以谅解,让其背包选购。如今,已经有部分超市实施无障碍购物,为背着包的顾客提供购物方便。存包是一项便民服务,是为了顾客更好地在店内购物,不是人人必须遵守的规章制度,这种方式在执行上过于古板,不利于顾客购物,盗窃行为与背包购物没有直接的关联。

(3) 店铺内不允许顾客吸烟,可以在醒目的地方写一些幽默的话,以劝其熄灭香烟。如"注意!请您熄火后进店"或"请您熄熄火"等,使一种防火制度变成一句问候,既可提高店内的档次,活跃气氛,又给顾客留下美好的印象。

(4) 在门店的一些墙壁上张贴一些问候语,如在店铺入口贴上"您有人爱吗? ××超市永远关心您!"一些个性化的货架旁贴"我喜欢,有什么不可以?"面包区张贴"你吃了吗?"出口为"我把心都给您了,您呢?"这样的话语会大大增加购物的轻松气氛,鼓励个性化的消费,从而延长顾客在门店的逗留时间,增加门店的销售。

(5) 对于不能让顾客试穿和试用的商品,不再是"请勿打开",而改为"为了您和他人,请您不要打开商品。"

(6) 对于店内的死角和失窃率较高的货架,写道"您一时的冲动,对于您和我们都将是血本无归"等。这样的超市,不仅充满人性,而且避免了"偷一罚十"或"本店有监控设施"等容易产生与顾客敌对情绪的情况发生。

(二) 人员服务

(1) 收银员的服务在有些细节上便可给顾客以温情。例如,向顾客打招呼,在顾客购物完毕后,帮助顾客将不好拿的商品整理好,大宗的货物送到车上(包括个人购物)。在结完款后,将电脑小票和找钱递到顾客手中,而不是扔在收款台上,让顾客自己收拾零钱。事情虽小,但往往是你一句"您慢走,欢迎您再来!"使他成为门店的忠实顾客。这一点对于小型便利店尤为重要,便利店的商圈很小,固定客户有限,人性化的服务,会使门店销售得到更加稳定的提升。

(2) 理货员在导购时,要注意做好"无干扰服务"。例如,老年人和中年人一般比较习惯有人帮助,而青少年人群的独立性强,自主意识坚定,不喜欢被人参与购物。对这些服务分寸的把握,需要详细研究和分析总结。例如,一位中年人问给孩子吃什么奶粉好,就应根据情况介绍,依据其经济实力和孩子年龄段合理推荐,同时在了解了孩子情况后,再介绍一些诸如儿童蜂蜜、米粉、纸尿裤等,使其对门店有一个整体的了解。

(三) 执行服务规范的人性化

规范是死的,人是活的,顾客的需求更是多样化的。所以,在执行服务规范时也应该体现人性化的要求。

(1) 不论碰到多么不讲理的客人,还是以满足顾客需求为原则。规则定得死,执行时必须活用,曾经有人拿了吃了一半的吐司面包到店铺退货,理由是不新鲜,消费者坚持,业者也照退不误,避免争执与误会,以求维护形象。

(2) 真心服务不附带条件。很多服务都有附带条件,也使得消费者利用机会少之又少。例如,最常见的退换货服务,有国际连锁超市估计,只占整体营业额的1‰左右,可见,有退换货需求的消费者并不多。又如,免费送货服务,其实有的规定了送货距离、有的要达到一定购买金额以上才享受免费送货。买贵退差价服务也有很多细节规定,如要同县市,要拿别的店铺 DM(没 DM 就有点难),有的规定不可比促销价,而有的却规定要比就是促销价。繁琐之下,消费者哪里这么有耐心?如果不是噱头,是真心服务,就应该少一点限制,多一点便利。

(3) 实际执行才是重点。口号很漂亮,落实才重要,消费者的眼睛是雪亮的,让消费者更方便,绝对是服务的真谛。

四、顾客服务管理

顾客服务管理工作主要由顾客服务部承担,职责范围包括总服务台和存包处。工作内容涵盖商品售后服务、顾客投诉处理、退调货管理、各种便民服务、赠品发放管理、店内广播管理、咨询服务、顾客意见处理等。顾客服务工作的好坏，直接影响店铺的整体形象与销售业绩。

(一) 总服务台工作标准

顾客前来购物时，往往需要商家提供购物之外的服务，以增加所购物品的附加值。总服务台位于店铺的出入口，是店铺为顾客提供服务的主要场所。

1. 电话服务

(1) 电话铃声响起的三声之内，必须接听电话。

(2) 电话接听的声音须轻柔(但不要娇媚)，语速中等，不要太快。

(3) 接听电话时，必须备好纸笔，将接听的重要内容作记录。接听顾客投诉电话时，必须做好顾客投诉记录，记下顾客的联系方式，便于追踪。

(4) 接听电话的态度要亲切礼貌，使用标准的电话接听用语。例如，"您好！某某店铺服务台，请讲！"经常使用"请""谢谢""对不起""请稍等""让您久等了"等礼貌用语。

(5) 找人的转接电话应请对方稍等，并稍后确认是否已经接通，如果超过一分钟无人接听时，应向对方说明情况，请对方稍后打来或留下对方姓名，询问是否有急事，并请对方留下回电号码，以便被寻访者回来时回电。

(6) 接听电话的过程中，应适时作出回应，或适当地重复对方的话，以便让对方明白你正在仔细聆听。

(7) 通话完毕后，应将听筒轻声放下。

2. 提供顾客咨询服务

顾客咨询的问题一般包括：店铺的经营功能、商品的位置、投诉等。要为顾客提供良好的咨询服务，服务人员必须首先对店铺的布局、功能、服务、商品等相关信息有充分的了解，才能为顾客提供及时、准确的信息。回答顾客的咨询应做到：

(1) 语言清晰简单。

(2) 面带微笑、体姿端正，必要时使用手势。

(3) 态度积极、有耐心、热情。

(4) 回答完毕时感谢顾客。

3. 接受顾客投诉

总服务台的员工负责接受顾客的电话投诉和当面投诉，并有责任处理一般性的顾客投诉。如果是电话投诉，应向顾客讲明回复顾客投诉的时间。较难处理的顾客投诉，应移交顾客服务办公室进行处理。

4. 其他服务

(1) 广播找人，如协助找回丢失的儿童。

(2) 协助顾客寻找失物。

(3) 失物招领。① 商品的招领：在收银区发现顾客已经结账但未拿走的商品。② 一般物品的招领：属于商场内客人丢失的物品。③ 贵重商品的招领：如皮包、手机、钱包、首饰、手表、支票、重要文件和证件等。

(4) 代收公用事业费等。

（二）存包处工作标准

1. 寄包须知

存包处的员工要提醒顾客注意以下事项：

（1）顾客进入商场购物，必须将包闭合后交寄包柜保管，领取并核对寄包牌或存入电子寄包柜、领取密码条。

（2）顾客包内的货币、有价证券、金银饰品及其他贵重物品，请随身携带，自行保管。

（3）严禁寄存易燃、易爆等危险物品。

（4）顾客应凭牌取包。

（5）顾客遗失寄包牌或电子寄包柜的密码条，必须等商场营业结束以后凭本人身份证，经核对无误后领取，并要求顾客在失物登记簿上签收。

2. 存取包的规定（人工寄包或电子箱寄包）

（1）顾客应遵守公共秩序，凭存包牌取包。

（2）顾客应在当日营业结束前领取寄存物品。

（3）丢失存包牌，顾客应立即通知存包处。

（4）贵重物品自行保管。

（5）不接受敞开包裹的寄存。

（6）对丢包设定最高赔偿金额。

3. 存包处工作人员的服务规范

（1）保持区域内的整洁，营业开始和结束时做好清洁卫生工作。

（2）应确保每一张存包牌都与柜子的号码保持一致，营业开始和营业结束时对存包牌进行核对，及时补充丢失、破损的牌子。

（3）在顾客存取包时保持面带微笑、热情积极、礼貌用语、动作迅速。

（4）接待顾客时，要问候"您好！"送走顾客时，要关照"请拿好！""欢迎下次再来！""谢谢！"等，不能沉默不语，不打招呼。

（5）存包牌要递到客人手中。

（6）对顾客寄存的物品要轻拿轻放。

（三）商品退换货及发票管理

1. 退换货的含义

（1）退货：顾客在购买商品后的一定时间内，对确有质量问题的商品要求店铺给予退掉商品，退还等价现金。

（2）换货：顾客以某种理由要求商场予以更换商品，或商场对顾客购买的有质量问题的商品按国家有关法律规定作换货处理。

2. 退换货的标准

（1）退换货的时限：一般商品在购买30天内可办理退换货，家电商品自售出7天内，发生质量问题，可以退货；8～15天内有质量问题可以换货；超出15天一般作代理保修处理。

（2）退换货的一般性标准：按国家有关规定："有质量问题的商品，在退换货的时限内"允许退换；"有质量问题的商品，超出退货的时限，在换货时限内"允许换货；"一般性的商品无质量问题,但不影响销售的"允许换货。

(3) 家电商品的退换货标准:家电商品的退换货必须遵照国家1995年颁布实施的《部分商品修理更换退换责任规定》,执行国家有关"三包"产品的规定。客服部的人员必须清楚国家有关"三包"的规定实施细则,这样才能在国家规定的范围内进行灵活的处理:
① 产品自销售之日起 7 天内,发生性能故障,消费者可以选择退货、换货或修理。退货时,销售者应按发票金额一次性退清货款。② 产品自销售之日起 15 天内,发生性能故障,消费者可以选择换货或修理。换货时,销售者免费为消费者提供同型号、同规格的产品。③ 在"三包"期内,修理两次仍不能正常使用的产品,凭修理者提供的修理记录和证明,由销售者为消费者免费调换同型号、同规格的产品或退货。④ 在"三包"期内,符合换货条件的,因销售者不能提供同型号、同规格的产品,消费者不愿意接受其他型号规格的产品而要求退货,销售者应予以退货;有同型号、同规格的产品而消费者不愿意调换、要求退货的,销售者应予以退货,按规定收取一定的折旧费。⑤ 换货时,凡是残次商品、不合格商品、修理过的商品,不能提供给消费者。

3. 退货流程
(1) 受理顾客的商品、凭证:接待顾客,并审核顾客是否有本店的收银 POS 单或发票,购买时间与所购商品是否属于家电商品或不可退换商品。
(2) 听取顾客的陈述:细心平静地听顾客陈述有关的抱怨和要求,判断是否属于商品的质量问题。
(3) 判断是否符合退换货标准:结合公司政策、国家的法律以及顾客服务的准则,灵活处理,说服顾客达成一致的看法,如不能满足顾客的要求而顾客予以坚持的话,应请上一级管理层处理。
(4) 同顾客商量处理方案:提出解决方法,征求顾客的意见。
(5) 达成协议:双方同意退换货。
(6) 填"退货单"或"换货单",复印顾客的收银 POS 单或发票。
(7) 若为退货,则现场退现金:执行退货程序,并将交易号码填写在"退货单"上,其中一联与收银 POS 单或发票的复印件钉在一起备查。若为换货,则由顾客凭"换货单"到店铺选购更换的商品。
(8) 退换货商品的处理:将退换货商品放在退换货商品区,并将"退货单"或"换货单"的一联贴在商品上。

4. 商品保修
(1) 保修商品的含义:对于确实有质量问题的家电、电脑、五金交电类的属于国家有关法律规定在一定的购买时限内保修的商品。
(2) 保修方式:① 顾客自行保修:商场提供保修的地址、电话,顾客可自行联系厂家的保修部,让其提供保修业务。② 商场代理保修:顾客将需要保修的商品送到商家,由商家负责保修。

5. 发票管理
(1) 发票由专人负责领取、开具、归还,每日营业结束前必须归还发票到现金室。
(2) 客服部只能开普通销售发票,增值税专用发票以及其他专用发票由财务部门开具。

(3) 发票只有在顾客购物付款后凭小票才能开具。

(4) 凭收银POS单在一周内可以开具发票。

(5) 开发票时,必须按由小到大的号码连续开,不能跳跃开发票。

(6) 开发票时按实际的品名、金额、数量填写,不能虚开发票或开空白发票。

(7) 发票必须有开票人签名,用蓝色或黑色的圆珠笔填写,符合发票书写规范。

(8) 作废的发票必须全联保留,加盖"作废"章,并粘贴在原发票联上。

(9) 发票遗失不补办。

(10) 发票不能涂改、划破、粘贴。

(11) 发票一旦遗失,迅速上报管理层及财务部,以便及时到税务部门办理遗失手续和遗失声明。

(四) 赠品管理

赠品是销售者或供应商为促进某商品的销售,对购买一定数量该商品的顾客给予奖励性质的搭赠物品。赠品发放通常有两种形式:供应商店外发放和顾客服务部发放。

1. 赠品发放原则

(1) 赠品的发放必须以告示及传单所公布的发放方法为准。

(2) 店铺内不许任何厂商现场发放赠品及广告活页。

(3) 赠品凭购买POS单发放。

(4) 赠品也必须符合质量标准。

(5) 赠品的发放须有台账记录,有相关人员及顾客的签名。

2. 供应商提供赠品的发放流程

(1) 由供应商提出发放赠品的申请和方案,报采购部门批准。

(2) 采购部批准后,将赠品清单及方案提前一周传到营运部门。

(3) 收货部根据采购清单及订单进行赠品收货,在商品上贴赠品标签后填写"赠品携入/携出明细表"。

(4) 收货部将赠品和明细表中的客服联送至客服部,客服部清点后归仓。

(5) 顾客凭POS单领取赠品,客服部人员划线盖章,注明"划线商品赠品已发"。

(6) 活动结束后,客服部当日与部门主管核对赠品数量,剩余赠品由供应商取回,供应商如未取回的,移交店内有关部门处理。

3. 商场提供赠品的发放流程

(1) 由总公司采购部或店长批准促销活动所需赠品的品项、数量、价值。

(2) 如果赠品是商场售卖商品,部门经理须执行库存更正程序,商品贴标签后,与客服部作实物交接。

(3) 客服部按活动规则发放赠品。

(4) 活动结束后,若有剩余赠品,由客服部将商品返回,申请库存更改,去掉标签,由部门经理收回继续销售。

4. 赠品仓的管理

(1) 赠品的出入库管理。赠品进出仓库必须有清单记录,做好每日进出账,进以收货清单为准,出以发放记录为准。每日营业结束后,根据电脑中的销售数据,核对发出的赠品数量是否一致或小于销售数。每日营业结束后,核对仓库的库存数量是否与发出的数量一致。

(2) 赠品仓库的制度。赠品仓库随时保持清洁、整齐,赠品按供应商进行分类,注意商品保质期。赠品仓库由客服部赠品发放处人员专门管理,严禁外人进出。赠品仓库必须符合安全、消防的要求。

(五) 店内广播管理

1. 播音原则

(1) 使用普通话播音。

(2) 播音员必须经过专业训练。

(3) 播音音量适中,语速中等,音质明亮柔美,语言流利。

(4) 顾客请求与紧急事件优先播音。

(5) 使用礼貌用语。

2. 播音内容

(1) 常规内容:包括开店、关店广播以及每日店内背景音乐的播放等。

开店播音示范:亲爱的顾客,早上好!某某店现在开始营业,欢迎各位光临。今天是×月×日,星期×,今天的天气……本店全体员工竭诚为您提供优质的服务。祝您购物愉快!

关店播音示范:各位顾客,晚上好!这里是××店,现在离本店营业结束时间还有××分钟,请已选购好商品的顾客抓紧时间到收银台结账,以免影响您的购物。亲爱的顾客,本店全体员工衷心感谢您的惠顾!

(2) 促销短讯:商场的促销活动、特价商品促销、部门的促销活动等。

(3) 紧急内容:包括火警、儿童丢失、紧急疏散、雷阵雨、停电等。

(4) 安全广播:包括提醒顾客关于防盗、看护儿童等。

(5) 其他广播:包括顾客寻人、部门找人等。

3. 申请播音

凡属于非日常播音的内容,必须经过申请,由顾客服务部经理批准后才能广播。

4. 广播室的管理

(1) 日常工作制度。播音室实行全部工作时间值班制。任何时间,广播室必须有人值班。电话铃响在三声内接听。早晚班进行交接班制度,包括清洁卫生和设备的交接。

(2) 进出管理制度。除广播室工作人员及授权人员,其他人员不得进入广播室。

(3) 器材管理制度。广播室专用器材要登记造册,每日检查功能是否正常。广播室专用器材的日常保养、清洁卫生由播音员完成。操作广播室专用器材要有培训上岗资格。

(六) 顾客抱怨与投诉处理

顾客抱怨既是店铺经营不良的直接反映,又是改善店铺销售服务十分重要的情报来源之一。顾客抱怨和纠纷处理不当会损害企业形象,流失老顾客;处理得当,不仅能留住老顾客,而且能带来新顾客。所以,应该把顾客抱怨和纠纷处理纳入整个服务体系,建立处理程序,既要有统一的处理规范,又要培养服务人员及有关管理人员的处理技巧。

1. 顾客满意的 250 效应

"不满意的顾客会跟竞争对手联盟,成为企业最头痛的敌人","满意的顾客会带来 25 位顾客",以上是企业最常听到的忠言。美国有一位营业人员一直对于"满意的顾客会带来 25 位顾客"这一数字表示怀疑。于是他亲自去核对这一个数字到底合不合理?后来他发现原来不止 25 位,应该是这一个数字的 10 倍也就是 250 位。他是怎么发现的呢?原来他先想:"一个人最起码有多少人际关系?亲戚、朋友、同事、邻居……""一个人去世时会有多少人来参加丧礼?"于是他参加很多葬礼,发现每一个人去世时参加葬礼的人数平均是 250 位。后来他又去统计参加婚礼的人数。在美国,通常都是男女双方合办结婚大典,结果参加婚礼的人数平均为 500 人,男女双方合办,所以除以 2,又是 250 人。于是他终于大胆地宣布"满意的顾客会带来 250 位顾客"。营销管理课程所探讨的"口头传播"(Mouth Publicity),就是利用"人言可畏","好事、恶事都会传千里"等人类心态作为宣传的技术。在某镇,有两家鱼丸店并排在一起,甲店客稀少,乙店则连楼上都客满,外面还有客人排长龙等候,两店一天的业绩恐怕要相差几十倍。问等候的人为什么不到甲店去,回答说:"朋友说这一家才是正统的店。"可见真的是"人言可畏",每个人背后口碑力量是不可忽视的。不管是上门拜访顾客还是"守株待兔"般等候顾客光临,如何让顾客获得满意,然后由他们带来 250 位顾客,都应是企业努力的方向。

2. 顾客抱怨和纠纷处理系统

连锁公司应该对顾客抱怨和纠纷处理进行系统规划,主要应做好以下工作:

(1) 建立受理顾客抱怨和投诉的通道,如投诉电话、投诉柜、意见箱、意见表等。

(2) 制定处理各类顾客投诉的准则。

(3) 明确各类人员处理顾客投诉的权限、报告程序以及变通范围。

(4) 将抱怨和投诉进行档案化管理,并由专人负责整理、归纳、分析、评估和报告。

(5) 要根据分析和报告,采取相应的控制、纠正、预防等改进措施。

(6) 要通过教育与训练提高服务人员化解和处理顾客投诉的能力。

(7) 对抱怨和投诉事件要及时通报,并对有关责任人员作出相应的处理。

3. 顾客抱怨的种类与原因

(1) 商品不良引起的纠纷。商品不良包括商品品质不良、商品标志不全、商品有污损、破损等。虽然商品不良往往是制造商的责任,如衣服洗后缩水、褪色或罐头里有异物,但商场必须先行负责。为了保证商场售出商品的质量,商场在进货时应严把质量关,在陈列时注意商品的保护,在销售时向顾客详细介绍商品的使用、保养方法,避免因顾客使用不当而引起商品损坏,甚至引发事故。

(2) 服务方式不当引起的纠纷。这里所指的服务方式是指商场营业员接待顾客时的服务方式。顾客对营业员服务方式的不满主要表现在以下几个方面:① 营业员态度不当。例如,营业员只顾自己聊天,不理会顾客招呼;营业员因顾客购买金额不多而冷淡、应付,或者不屑一顾;营业员在顾客准备买商品时,热情相待,倘若顾客决定不买,营业员马上板起面孔,甚至冷嘲热讽;还有些营业员会与顾客发生争吵。这些行为很容易引起顾客不满。② 营业员工作失误。例如,因计算错误而多收顾客钱款;介绍商品不准确,使顾客买错商品等。③ 顾客对营业员产生误会。例如,顾客认为营业员为他挑选商品不够耐心,尽管营业员已经尽了最大努力。

(3) 使用不习惯引起的纠纷。如新型的衣服、衣料在使用过程中出现的问题。由于新型衣料不断增加,在使用、洗涤、保存方面产生的问题也越来越多。例如,近几年流行的羊绒衫,轻便保暖,但是在洗涤时如果用一般的洗涤用品,羊绒衫就会缩水、变形。

(4) 顾客期望超越服务能力而引起的纠纷。有时候,顾客要求的服务水准太高,令商场来不及安排,或者根本无力提供。这时候,如果营业员只简单地说声"不",不作任何解释的话,也会引起顾客的不满。对待这种情况,营业员应该首先如实告诉顾客商场的局限,然后主动帮助顾客寻找解决问题的方法。例如,当顾客要求某种商场不提供的服务时,不要说"不,我们没有这种业务。"而是说:"没问题,虽然我们没有这种业务,但我知道哪些单位能提供这种服务。"然后把有关单位的地址和电话号码介绍给顾客。如果商场没有这些资料,可以告诉顾客到哪里能查到有关内容。如果这样做了,虽然顾客没有得到他所需要的服务,也会对商场有好的印象。

4. 顾客抱怨和投诉的处理原则

(1) 处理各种顾客抱怨和纠纷时,要掌握两大基本原则:

一是顾客至上,永远把顾客的利益放在第一位。

二是迅速补救,把顾客的每次抱怨看作商场发现弱点、改善管理的机会。只有这样,才能重新获得顾客的信赖,提高商场的业绩。

(2) 在处理理念上要坚持七项原则:

一是感谢,对顾客的抱怨不能光表示道歉和同情,而应该首先表示感谢,应该把抱怨和投诉看做是顾客对商店的关心和爱护。

二是尊重,诚恳地倾听顾客的诉说,并表示你完全相信顾客所说的话,千万不要话还没有听完就指责顾客或为自己辩解,这最容易引起顾客的反感。

三是迅速,当顾客有抱怨时就应该马上作出反应。倾听抱怨,事后立即作出处理或在约定时间内给予答复。

四是谨慎,在处理顾客投诉时,既要迅速,又不能轻率地承担责任,如当事人无法作出决定时应该请主管人员来解决。

五是应变,通过改变人物、环境、时间、处理办法等应变方法,对特殊问题作出特殊处理。

六是一致,处理同类抱怨问题的方式要基本保持一致,所以,在处理抱怨时要适度利用先例,处理人员要学习以往的处理案例。

(3) 在具体处理过程中要注意以下操作原则:

一是有章可循,要有专门的制度,而且任何企业内部的制度都必须有法可依。

二是分清责任,不仅要分清造成顾客投诉的责任部门和责任人,而且需要明确处理投诉的各部门、各类人员的具体责任与权限以及投诉得不到及时圆满解决的责任。

三是通力合作,对于顾客投诉,各部门应通力合作,迅速作出反应,而不能把内部部门之间的问题转移给顾客。拖延或推卸责任,会激怒投诉者,将问题复杂化,所以,内部协调对提高处理顾客投诉的效果具有十分重要的意义。

四是留档分析,对每一起投诉及其处理要有详细的记录,包括投诉内容、处理过程、处理结果、客户满意程度等。通过记录,吸取教训,总结经验,为以后更好地处理投诉提供参考。

5. 顾客投诉的处理程序

顾客的抱怨、投诉如果没有妥善处理,就会引起顾客纠纷,处理顾客纠纷一般分四个阶段。

(1) 详细倾听顾客的抱怨。当发生顾客投诉时,商场工作人员首先要仔细聆听顾客的抱怨,让他把心里想说的话全部说完,这是最基本的态度。如果工作人员不能仔细听完顾客的陈述而中途打断,会引起顾客更大的反感。顾客既然会产生不满情绪,表明他的精神或物质上受到了某种程度的损害,因此,他在提出抱怨时很可能会不太理智,甚至可能说出一些粗鲁的话来。工作人员应该理解顾客的心情,切不可与之发生冲突。

(2) 向顾客道歉并弄清原因。在听完顾客的抱怨之后,应立刻向顾客真诚地道歉,以平息顾客的不满情绪,并对事件的原因加以判断、分析。有些顾客可能比较敏感,喜欢小题大做,遇到这种情况,千万不要太直接地指出他的错误,应该婉转地、耐心地向他解释,以取得顾客的谅解。

(3) 提出解决问题的方法并尽快行动。在听完顾客抱怨、向顾客道歉,并对问题产生的原因加以说明之后,就应该提出解决问题的方法。在提出解决方法时,应该站在顾客的立场,尽量满足顾客的要求。与顾客达成共识后,商场必须迅速采取补救行动。

(4) 改进工作,不让同样的问题再发生。商场处理顾客纠纷,不能满足于消除顾客的不满,更重要的是通过顾客的不满找出商场工作上的薄弱环节,并加以改进。否则的话,虽然通过补救措施消除了这个顾客的不满,但同样的抱怨还会发生,这个问题实际上还没有解决。

6. 解决消费纠纷的五种途径

我国《消费者权益保护法》规定了解决消费纠纷的五种途径:

(1) 与经营者协商和解。

(2) 请求消费者协会调解。

(3) 向有关行政部门申诉。

(4) 根据与经营者达成的仲裁协议,提请仲裁机构仲裁。

(5) 向人民法院提起诉讼。

7. 应对投诉的心理准备

(1) 企业。① 在得失问题上要有深谋远虑:顾客的抱怨是期待与实际获得之间存在差距的结果,要想再次得到顾客的信任,必须付出更多的努力。② 要准备在短时间内迅速处理顾客投诉:在处理顾客投诉的问题上,与通常的规律相反,时间拖得越长,顾客的抱怨不但不会渐渐消减,反而会越积越大,处理起来更加棘手。因此,要采用"速战速决"的战术。③ 以诚动人:"诚意"是打动各种各样顾客的法宝,准备以诚动人的企业通常都能在顾客投诉处理中取得良好的效果。

(2) 服务人员。① 要时刻提醒自己,我不代表我个人,而是代表企业。因为企业的利益要求服务人员在投诉发生时不仅要安抚不满意的顾客,探究投诉的原因,更要对企业其他服务人员引起的错误道歉,进行协调,要做到这一点,没有员工心目中"我代表企业"的集体认同感是不可能的。② 试着以第三者的心态来看待顾客投诉。平时就加强以第三者的心态来看待顾客投诉的训练,能有效地加强服务人员在临场处理投诉的心理承受能力。③ 学会克制自己的情绪。顾客的个性多种多样,由于对商品或服务的期望落空,难免会情绪激动,措辞不当。员工必须学会克制自己的情绪,以免与顾客发生冲突,使事态扩大。④ 把投诉处理当作自我提升的一种考验。⑤ 互相鼓励,形成良好氛围。⑥ 准备诚心诚意地听取顾客的申诉。⑦ 顾客的意见,并不一定全是正确的。

8. 化解顾客投诉矛盾的技巧

许多投诉其实从一开始就是可以化解的,初期化解顾客投诉的技巧如下:

(1) 确实了解顾客反应。所谓顾客的反应,就是当业务人员与顾客交谈时,对方脸上产生的表情变化或者态度、说话方式的变化。这个关键的问题就是要尽可能抓住顾客说出的每一句话、每一个表情、身体的每一个细微变化,从中总结出顾客投诉的基本内容和主要原因,这是成功处理投诉的基础。

(2) 妥善使用"非常抱歉"的话。在接受顾客投诉时,一味地使用道歉的字眼是不够的,恰当的应对方式在很大程度上决定着道歉的效果。必须把握以下基本原则:① 不要为寻求自我解脱而欺骗顾客。② 不要一味地固执己见,认为自己总是对的。特别是当顾客因为员工的行为或态度产生抱怨,员工愈试图证明自己正确的辩解愈会使事态严重。一线员工常常未意识到这一点,他们本能地采取自我保护的第一反应是进行争辩,甚至当着顾客的面向主管诉说自己的无辜与正确,这样处理使问题变得更加棘手。而正确的处理方式应该是首先反省自己的态度和行为,向顾客表示真诚的道歉。③ 向顾客作必要说明,而不要辩白,巧妙道歉并非是让员工不分是非曲直地一味贬低自己。顾客方面该负的责任要作必要的说明,但态度要和气,用词要谨慎。④ 主管要注意员工的心理感受,作必要的安抚。

(3) 善于抓住顾客的真正意图。顾客在反映问题时,常常不愿意明白地表达自己心中的真实想法,要抓住顾客表达中的"弦外之音,言外之意"。① 注意顾客不断重复的话。顾客善于以某种原因试图掩饰自己的真实想法,但又常常会在谈话中不自觉地流露出来。这种表露常常表现为不断重复某些话语。值得注意的是,顾客的真实想法有时并非其反复话语的表面含义,而是其相关乃至相反的含义。例如,顾客一而再,再而三地反复强调"其实我并不是一定要你们赔偿我的损失"这句话,而实际上他的希望可能正是"企业方一定要赔偿我的损失"。② 注意顾客的建议和反问。留意顾客投诉的一些细节,有助于把握顾客的真实想法。顾客的希望常会在他们的反问语句中不自觉地表现出来。例如:"难道没有更好的办法吗?"表示顾客对目前的处理方法不满。"有没有这样的先例……""××企业在处理这种事情的时候"这些话是顾客对问题解决办法的建议和希望。总之,不要被顾客某些表面的东西所迷惑,要分析顾客心中的真实意图。

(4) 平息顾客愤怒。① 以理解与尊敬的态度看待顾客愤怒。要注意:愤怒的顾客也是顾客,他们要求企业把他们看作重要的顾客;透过表面现象,探明顾客愤怒的真实原因;绝不可以愤怒对愤怒。② 充分倾听。全神贯注地听,不只是听对方吐出的字,还包括观察他讲话的语气、神情、姿势、甚至呼吸。③ 平息顾客愤怒时的"禁止"法则:立刻与顾客摆道理;着急地得出结论;一味地道歉(顾客需要的毕竟不是道歉,而是令其满意的处理结果);告诉顾客"这是常有的事"(使顾客感到受轻视,更加愤怒);言行不一(只注意语言,忽视了表情和行动的配合);吹毛求疵,责难顾客;转嫁责任("请找生产厂家");装傻乞怜("刚刚来,不熟悉","否则会被炒鱿鱼"或许顾客会对你心生同情,但他们不会感到满意);打断或改变话题(不礼貌);过多使用专业术语。

 问题与探讨

1. 什么是基本服务与增值服务?
2. 如何理解人性化服务与规范服务?
3. 服务管理包括哪些基本内容?
4. 顾客抱怨与纠纷处理系统包括哪些基本内容?
5. 顾客投诉主要有哪些种类?其原因是什么?
6. 为什么必须严格控制由质量投诉转变为服务投诉?
7. 解决消费纠纷有哪些主要途径?
8. 应对投诉应该有哪些心理准备?

第10章 商品经营与促销管理

在购销分离的连锁体制下,店铺主要围绕人与商品两个基本要素,按照总部的经营管理政策开展各项工作。人包括员工、顾客以及经营相关人员;商品包括吃相关与用相关两个门类。商品经营主要应做好商品的进、销、存业务管理。店铺经营管理活动最重要的原则是:在执行总部政策与标准的前提下,跟着顾客走、围着商品转、随着市场变。

引导案例 零售促销:离顾客有多远

促销是为了促进销售,但现在的零售促销方案越来越复杂,越来越看不懂。在各类促销活动中,"直接打折""买后立减""买后送券"是三种基本方法。某些国际品牌,一般都采取直接打折的办法,有八折、六折、五折等各种折扣。如今我国盛行的却是"买后送券",这一方式虽然在部分城市已经被叫停,但在大部分城市仍然很普遍。凡开展"买后送券"促销活动的商场都衍生了"黄牛",他们在商场买卖"赠券"而获利。赠券的价格因赠送比例、通用性不同而有很大差异。商店一:A类商品买300送300,B类买300送200,C类买300送100,D类买300送30。券不通用,分类使用。"黄牛"3折收,4折出。商店二:A类商品买500送300,B类商品买300送300。券可以通用。"黄牛"8折进,8.5折出。商店三:买318送300。"黄牛"5折收,6折出。从数字来看,不同的促销方式,优惠程度很不一样,但给顾客的感觉却是:扣减越多,猫腻越大;送券越多,陷阱越深。

在上海南京东路步行街的一家著名百货公司,2009年1月17日傍晚,有人买了一件标价为2 388元的羽绒服。这件衣服的领口标签上印有"AD Design is Paris"字样。合格证吊牌标有:贴条羽绒服;面料、里料、胆料100%涤纶,填充物灰鸭绒100%,含绒量90%,充绒量120克;Acgue Demi^R 艾珂黛米(中国上海);上海缘恒服饰有限公司,上海市静安区北京西路1399号20楼C座等信息。网上未查到这家公司的网站,从上海市工商行政管理局网站的企业查询系统获悉,这家公司的注册登记处是嘉定分局,公司地址是上海市嘉定区娄塘镇嘉唐公路1518号。

这家百货公司正在开展"买318元送300元"的促销活动。在"买就送"幌子下购物,一般都可以采取多种方式,以这件羽绒服为例,列举三种不同方式:

方式一:支付全价2 388元,收银台会按照"买318送300"的规则在收款后打印出一张2 100元的购物单给顾客。购物单的处置方式有两种:一是购买商店中参加这一活动的商品,凭购物单购买商品不再享受返送优惠;二是将购物单以对折的价格(即1 050元)卖给"黄牛",但存在收到假币的风险,按此方式,该商品实际支付1 338元。

方式二:向"黄牛"购买"购物单",用购物单支付货款。购物单的收购价为五折,出售价为六折。按六折计算为 1 432.80 元,"黄牛"愿意以 1 400 元成交。顾客还价 1 200 元,未能达成交易。

方式三:把 2 388 元分拆,先叫营业员开一张 1 272 元(四份 318 元),未付货款 1 116 元,用首笔付款后获得的 1 200 元购物单支付,还多余 84 元大概可以购买一条短裤。按照这一方式,实际支付 1 272 元,并多了一条短裤。所以,卖给"黄牛"不如自己付款购买。

> **点评** 还可以衍生出更多的支付与购物方式。由于购物单当天有效,早上购物应该比较有利,一天较早时候把购物单卖给"黄牛"应该能获得一个比较有利的价格,而到晚上由于当天营业时间所剩不多,购物单的效用就自然降低。但商店与"黄牛"之间也许已经达成了某种"默契",或者干脆收购黄牛手中的购物单,这与月饼生产销售企业从"黄牛"手中收购月饼票是同一个道理。

暂且不谈这个公司以及这个品牌,关键是"原价"。原价不应该是出厂时打印在标签上的"建议零售价",也不应该是商家为了"摆噱头"而打印上去的高价,而应该是在这个商场曾经有一定时间实际销售记录的价格。

另外,如何保护消费者的合法权益?如何使消费者不被商家欺诈?如何才能使商家不敢欺诈消费者?这与法律规制有很大的关系。《价格法》《关于商品和服务实行明码标价的规定》《禁止价格欺诈行为的规定》、关于《禁止价格欺诈行为的规定》有关条款解释意见的通知、国务院关于修改《价格违法行为行政处罚规定》的决定、《零售商促销行为管理办法》等法律法规,对经营者的违法违规行为都有比较具体的处罚规定。

零售促销离顾客的真正需要有多远?他们还处于两个时代:商家在黑海时代,顾客在蓝海时代! 零售商今后也许会想到招聘"精算师"来进一步完善促销规则,但人算总是不如天算,顾客是天,是裁判,把他们惹火了惹怒了惹明白了,还有商家的好日子过吗?! 每个行业都有自己的行业法则,每个品牌都有自己的品牌底线,中国商人的底线在哪里?

一、进货管理

进货业务管理包括订货作业、收货作业、仓库作业。

(一)订货作业

订货作业是指在商品不足的情况下,向总部、供应商、物流中心所提出的订货要求的作业活动。商品订货一般分为:人工订货、自动订货两种模式。

1. 人工订货

采用人工订货的商品为:初次订购商品、特殊商品、促销和季节商品。

(1)初次订购商品。销售主管依据相关商品的销售情况及其他店铺同类商品的销售情况填写订货单,交给部门经理检查确认数量、进价、零价、订货日期和订货周期等信息后,交由单证室输入系统,在系统中生成第一张订单。初次订货需要考虑的因素有:库存预算;高于部门平均水平的毛利率;潜在的降价倾向;是否为不可退回商品。

(2) 特殊商品。特殊商品指陈列计划之外的商品,通常由于与供应商有特别协议,价格极具吸引力,一般为新商品或与竞争对手形成差异的商品;特殊商品售完后,不会再有库存,因为店铺只订购一次。在进行特殊商品订购前,要认识到以下几点:只能用人工订货;不影响常规商品的销售;毛利率不低于平均水平。

(3) 促销和季节商品。促销和季节商品可依据调研情况选定,每月根据营销部计划确定促销商品及陈列计划。

2. 自动订货

自动订货是系统依据店铺销售与存货情况自动生成建议订货单的订货方式。自动生成的建议订货单一般也需要经过人工处理,系统无法完全准确地预测销售。自动订货需要注意两个问题:

(1) 店铺的经营是动态的,虽然系统为销售部门提供了订货建议,销售主管应承担检查和核准系统建议订单的责任,并交部门经理审核批准。

(2) 建议订单依据的重要指标是库存,因此该订单的准确性与库存准确性密切相关。销售部门必须经常检查实际库存,包括货架库存、后仓库存及索赔库存,不要仅仅为了使报告正确而去调整库存数量。

补货注意事项:① 补货时必须考虑到送货所需的前置时间。② 补货需求的提出,应考虑到安全库存及订货最小批量的问题。

3. 进货策略

进货策略的关键是把握进货的时机。如果进货太早,容易造成商品积压,资金周转受阻,成本上升;假如进货太迟,又易造成商品脱销,失去商机。因此寻找进货最佳时机,乃是进货策略之核心。消费者满意度与缺货率成反比,缺货次数越多,消费者越不满意。经营者应树立"缺货也是成本""缺货会影响商店形象""缺货会流失顾客"等观念,采取缺货防止策略。

(1) 事先预防为主,制定预防措施。必须考虑以下问题:① 有库存未出样:注意在营业高峰前先补货。② 没有订货:加强店铺巡视,掌握库存动态,商品定位管理,订货周期相对稳定。③ 订货而未到:建立商品配送时间表,寻找其他替代商品,连锁店之间调拨。④ 配送中心供货量不足:进货应以门店日常销售、门店库存、总部配送中心库存等为依据,不能光看配送中心的库存量。⑤ 订货量不足:制定重点商品安全库存量表。⑥ 销售量急剧增大:做好促销前的准备工作,每日检查销售状况,参考去年节庆销售状况,注意同业销售动态,了解消费趋势报道,密切关注紧急事件的发展状况。⑦ 广告商品未引进:商品采购人员应积极引进广泛宣传的新产品,采购人员应与门店保持紧密的联系,采购人员应掌握市场商品信息。

(2) 事后及时补救。缺货发生以后要及时采取补救措施:① 向购买者表示歉意,做好缺货登记。努力与顾客保持联系,货到后立即通知顾客,最好亲自上门送货,尽力让顾客满意。② 建立缺货分析制度,定期或不定期地对缺货情况进行分析,并及时向总部反映缺货情况,以便采取有效的补救措施。

(二) 收货作业

收货是所有货物唯一的进货通道,无论是商品、自用品或店内的设施以及供应商的展示道具等，都必须从收货部进入店铺，并办理相关的手续才能进场。一般大型店铺的收货部分为收货平台、收货区域、周转仓、收货办公室、退货办公室和退货区域、叉车充电区等部分。收货平台上有多个收货口，生鲜食品与其他商品的收货口必须分开。

1. 收货部门工作职责

（1）收货区域管理：收货盘应存放在规定的区域内，确保收货区各通道的畅通，商品按部门摆放，存放适当，按先进先出的原则存放和整理商品。

（2）商品检查管理：货号、条形码、品名与送货单、实际收货单相符；重量与送货单、实际收货单相符；包装规格、总箱数与送货单相符；外观质量检查；保质期检查。

（3）文件传递的正确性：预期收货单、实际收货单、送货单上的数量一致性；修整数据后的盖章准确性；送货单数据修整后，必须有送货人签字；在预期收货单、实际收货单、送货单上规范数据修整或描述。

（4）条形码检查：检查条形码的合法性；检查条形码标贴的规范性，店内码的标贴应在单件商品的后面或右下部；条形码、店内码不覆盖重要信息；无条形码的商品，必须加贴店内码方可进后仓。

（5）配送中心到货检查：车号、随车送货单、运输人的一致性；送货单与到货商品的一致性，如遇破损、短缺应填写"商品短缺欠收单"。

（6）收货用手持终端器作业：到货商品可用手持终端计数，所有商品进货必须计数到单品；要确保生产日期、到期日期、保质期的准确性；大家电因不开箱收货，必须核对货号、品名、型号和数量。

（7）严格拒收：超过临界进仓保质期限规定的商品；三无商品（无厂名、无厂址、无品名）；无商品使用说明书、无保修卡、无合格证、无配套附件的一般家用小电器；无中文说明、无产地、无国内代理商名及联系地址电话、无食品防伪标贴的进口商品。

2. 收货总则

（1）诚实原则：收货的数据必须是真实的，不是虚假的；收货的人员必须是诚实的，不得接受供应商的任何馈赠和索要任何物品、钱财等。

（2）正确原则：收货的数据必须正确，与实际的送货相一致；错误的单据必须及时纠正。

（3）优先原则：生鲜食品比其他类商品优先收货，生鲜类食品中的优先程序是活鲜、冷藏食品、冷冻食品；退货优先原则，即先办理退货后，再进行收货程序；紧急优先原则，店铺已经缺货并等待销售的商品，可以考虑优先收货。

（4）区域原则：收货执行严格的区域原则，即未收货、正收货、已收货区域。各个流程中的商品必须在正确的区域内，如未进行收货的商品或不符合收货标准的商品必须在未收货区域内存放或处理，正在进行收货的商品只能在正收货区域内，已经完成收货程序的商品才能进入已收货区域。

（5）安全原则：收货部的整个区域执行严格的安全原则，包括叉车的运作、周转仓的商品存放、收货商品的码放与运输等，都必须遵守安全原则。

（6）当日原则：收货部执行当日原则，即当天的收货、退货必须当天完成确认的工作，不能推迟录入和确认。

3. 收货流程

收货的一般流程如下：

(1) 投单：供应商到达收货部的停车区域后，立即到收货部的单据受理处进行投单，将送货订单、送货明细交到受理处。

(2) 审单：受理处立即对订单进行审核，并审核订单是否符合标准。决定可以接收后，核发收货编号和顺序号。

(3) 卸货：轮到该供应商进行收货时，将货物按码放的原则在正确的区域内卸货。

(4) 退换货：首先办理退换货手续，并在防损员的监督下进行。

(5) 验货数量确认：将货物拉到正确的区域内，认定货物符合质量后，双方进行数量的确认程序。

(6) 防损员复查：防损员对收货的数量进行监督和必要的抽查。

(7) 录入：收货的详细信息录入电脑系统。

(8) 单据确认：核实收货单据，确认无误后，本工作日内确认本次收货。

(三) 仓库作业

仓库应按各销售部门分类布局，同一部门的商品集中堆放，按商品分类表归类，并制作仓库库位表。收货作业完成后，应尽快将商品从收货部的周转区转入各销售部门的库位，或直接转入店铺作货架商品陈列。

1. 周转仓的存货原则

周转仓，顾名思义，是收货部收货时进行周转使用的仓库。

(1) 暂存原则：收货部所收的商品，除大家电外，其他商品不得在周转仓停留 24 小时以上。收到的商品，原则上必须进入店铺或各部门的仓库。周转仓只是各部门商品的暂时存放之地。

(2) 空区域原则：周转仓的商品存放有区域划分，如退货区只能存放各部门的退货商品，家电区只能存放家电商品，其他区域原则上每日结束后，应是空区域。特别的单品种大量促销的特价商品，经批准后可以停留在此区域。

(3) 部门管理原则：收货部不对周转仓中的正常商品进行管理，各营运部门对周转仓的商品进行管理，包括商品的分类、库存整理、盘点、损坏、丢失等。

2. 仓库作业要点

(1) 安全操作要点：正确掌握向上搬货技术；正确使用和安全使用设备；登高搬运必须佩带保险带。

(2) 存取要点：先进先出；定区域、定点集中存放（同一品种）；过量库存商品用醒目标牌显示，并立即通知主管。

二、销 售 管 理

销售可以分为零售、批发、团购三类，主体是店铺的零售。零售店铺无论是百货还是超市，都由三个区域组成：商品区域、服务区域、顾客区域。传统服务方式用柜台把商品区域与顾客区域分开，现代服务方式不仅实施敞开式销售，而且越来越注重顾客的体验，依靠店铺氛围与陈列促进销售。这是现代店铺销售的基本特征。所以，商品陈列与店铺空间布置越来越重要，商业设计也因而成为一种技术。店铺销售管理的职责是执行标准，并提出改进建议，或在应变范围内适时调整。

（一）商品陈列管理

货架资源的分配以及台账图的应用，是商品陈列管理的核心要求。

1. 货架资源

货架资源的分类涉及的因素有两个：一是货架在门店所处的区域，如在店门口与在角落对销售而言自然是不同的；二是货架的空间，根据人的观看习惯和拿取的方便程度，可将货架空间分为上、中、下三种不同的段位。

有效利用货架资源的基本工具是商品陈列图。商品陈列图也称商品台账图，这不仅仅是一张图表，而是商品管理的核心技术，它是用来把商品放在合适位置的工具，同时也是为了建立均衡的商品结构，实现店铺的一致性陈列，提升店铺订货技巧，改善库存结构，剔除滞销商品，分析商品销售，引进新品的综合管理工具与技术。商品台账图执行过程，往往会走样，最后变成了开店工具，其实，它的关键作用是后续的商品管理。

商品陈列图的制作属于空间管理技术的一个有机组成部分，有成熟的应用软件，但最关键的还是执行问题。如果店铺不能动态维护商品台账图，软件再好也不能发挥作用。这项工作需要总部、IT、商品部、营运部、店铺等各个部门协同配合，才能产生实效。

2. 商品陈列的基本原则

所谓陈列，就是把具有促进销售机能的商品摆放到适当的地方。其目的是创造更多的销售机会，从而提高销售业绩。其原则如下：

（1）易见易取原则。所谓易见，就是要使商品陈列容易让顾客看见，一般以水平视线为中心的上 10 度下 20 度范围为容易看见部分。所谓易取，就是要使商品陈列容易让顾客触摸、拿取和挑选，与此关系最密切的是陈列的高度及远近。依陈列的高度可将货架分为三段：中段为手最容易拿到的高度，男性为 70～160 厘米，女性为 60～150 厘米，有人称这个高度为"黄金位置"，一般用于陈列主力商品或公司有意推广的商品；次上下端为手可以拿到的高度，次上端男性为 160～180 厘米，女性为 150～170 厘米，次下端男性为 40～70 厘米，女性为 30～60 厘米，一般用于陈列次主力商品，其中次下端须顾客屈膝弯腰才能拿到商品，所以比次上端较为不利；上下端为手不易拿到的高度，上端男性为 180 厘米以上，女性为 170 厘米以上，下端男性为 40 厘米以下，女性为 30 厘米以下，一般用于陈列低毛利、补充性和体现量感的商品，上端还可以有一些色彩调节和装饰陈列。有关远近的问题，那一定是放在前面的东西要比放在后面或里面的东西容易拿到手，为使里面的商品容易拿取，常用的办法是架设阶层式的棚架，但要考虑其安全性，以免堆高的商品掉落下来。

（2）分区定位原则。所谓分区定位，就是要求每一类、每一项商品都必须有一个相对固定的陈列位置，商品一经配置后，商品陈列的位置和陈列面就很少变动，除非因某种营销目的而修正配置图表。这既是为了使商品陈列标准化，也是为了便于顾客选购商品。应注意：一要向顾客公布货位布置图，并按商品大类或商品群设置商品标示牌，使顾客一进门就能初步了解自己所要买的商品的大概位置。我国目前大部分超市和便利商店的商品标示牌一般都是平面式的,如果能改为斜面式将更能使顾客一目了然。同时,标示牌的形式也可以灵活多样,依商品类别与陈列位置的不同而变化。二要便于消费者购买日常生活小商品,可在开架陈列区外设立"便民服务柜",实施面对面销售。三要将相关商品的货位布置在邻近或对面,以便于顾客相互比较,促进连带购买,如录像机与录像带,录音机与录音带,照相机与胶卷,果蔬、肉禽蛋、调味品与鲜肉制品等,可存放在邻近的区域。四要把相互影响大的商品货位适当隔开,如串味食品、熟食制品与生鲜食品、化妆品与烟酒、茶叶、糖果饼干等。五要把同类商品纵向陈列,即从上而下垂直陈列,使同类商品平均享受到货架上各段位的销售利益。六要把商品货位勤调整,分区定位并不是一成不变的,要根据时间、商品流行期的变化随时调整,但调整幅度不宜过大。除了根据季节以及重大的促销活动而进行整体布局调整外,大多数情况不做大的变动,以便利老顾客凭印象找到商品的位置。

(3) 前进梯状原则。它包括:前进陈列和梯状陈列。所谓前进陈列,就是要按照先进先出的原则来补货。营业高峰过后,货架陈列的前层商品被买走,会使商品凹到货架的里层,这时商场管理人员就必须把凹到里层的商品往外移,从后面开始补充陈列商品,这个动作称为前进陈列。如果暂无补充货源,也应进行前进陈列,以保持陈列的丰满。在做前进陈列动作时,应注意做好商品的收集、整理及清洁工作,商品要干干净净地呈现在顾客的面前。所谓梯状陈列就是要求陈列商品的排列应前低后高,呈阶梯状,使商品陈列既有立体感和丰满感,又不会使顾客产生被商品压迫的感觉。一般来说,过分强调丰满陈列和连续性,被商品压迫的感觉就会增强,所以,采取倾斜、阶梯、突出、凹进、悬挂、吊篮等多种方法,适当破坏商品陈列的连续性,反而能使顾客产生舒适感和亲切感。

3. 商品陈列的基本方法

商品陈列的基本方法可分为:量感陈列和展示陈列。

(1) 量感陈列。量感陈列一般是指商品陈列数量的多寡。但这种观念正在逐渐发生变化,从只强调商品数量多寡的做法改变成注重陈列的技巧而使顾客在视觉上感到商品很多。譬如,所要陈列的商品是50件的话,那么通过量感陈列会让人觉得不止50件商品。所以,量感陈列一方面是指"实际很多",另一方面则是指"看起来很多"。量感陈列一般适用于食品杂货,以亲切、丰满、价格低廉、易挑选等来吸引顾客。量感陈列的具体手法很多,如店内吊篮、店内岛、壁面敞开、铺面、平台、售货车及整箱大量陈列等。其中整箱大量陈列是大中型超市常用的一种陈列手法,即在店铺辟出一个空间或拆除端架,将单一商品或2~3个品项的商品作量感陈列,一般在下列情况下使用:低价促销;季节性促销;节庆促销;新产品促销;媒体大力宣传、顾客大量购买等。

(2) 展示陈列。展示陈列是指商店为了强调特别推出的商品的魅力而采取的陈列方法。这种陈列一般适用于百货类和食品,虽然陈列成本较高,但能吸引顾客的注视和兴趣,营造店铺的气氛。常用的陈列场所有:橱窗、店内陈列台、柜台、手不易够到的地方(如货架顶端)等。体现"展示陈列"魅力的基本要点:一是明确展示主题,弄清楚要表现什么或要向顾客诉求什么,如新鲜还是营养?时尚还是廉价?二是注意构成手法,要求商品陈列的空间结构、照明与色彩相互有机配合。例如,正三角形的空间结构给人以宁静、安定的感觉,而倒三角形则给人以动态感、不安定感和紧张感。三是注意表现手法,采用一些独特的展示手法吸引顾客的注意力。

展示陈列常用的表现手法是：突出陈列、端头陈列、岛形陈列、去盖整箱陈列、悬挂陈列、树丛式陈列、散装或混合陈列等。

一是突出陈列，即将商品放在篮子、车子、箱子或突出板（货架底部可自由抽动的搁板）内，陈列在相关商品的旁边销售，主要目的是诱导和招揽顾客。应注意的问题是：① 突出陈列的高度要适宜，既要能引起顾客的注意，又不能太高，以免影响货架上商品的销售效果；② 突出陈列不宜太多，以免影响顾客正常的动线；③ 不宜在窄小的通道内作突出陈列，即使比较宽畅的通道，也不要配置占地面积较大的突出陈列商品，以免影响通道顺畅。

二是端头陈列，端头即货架两端，这是销售力极强的陈列位置。端头陈列可以是单一品项，也可以是组合品项，以后者效果为佳。端头组合陈列应注意：① 品项不宜太多，一般以 5 个为限；品项之间要有关联性，绝对不可将无关联的商品陈列在同一个端架内；② 在几个组合品项中可选择一个品项作为牺牲品，以低廉价格出售，目的是带动其他品项的销售。

三是岛形陈列，即运用陈列柜、平台、货柜等陈列工具，在店铺的适当位置展示陈列商品。这种陈列能强调季节感、时鲜和丰富感。应注意：① 陈列工具应与商品特征相配合；② 陈列工具一般适宜于放置在店铺的前部和中部，这样就能向顾客充分展示岛形陈列的商品，如果陈列在后部往往会被货架挡住视线；③ 陈列工具不宜太高，以免影响顾客的视线；④ 陈列工具最好装有滑轮和搁板，以便根据需要而调整；⑤ 陈列工具要牢固、安全。

四是去盖整箱陈列，即将非透明包装商品（如整箱的饮料、啤酒、调味品等）的包装箱的上部切除（可用斜切方式），或将包装箱的底部切下来作为商品陈列的托盘，以充分显示商品包装的促销效果。

五是悬挂陈列，即用固定或可以转动的装有挂钩的陈列架陈列，一般适用于日用小商品，如剃须刀片、电池、袜子、手套、帽子、小五金工具、头饰等缺乏立体感的商品。

六是树丛式陈列，即用篮、筐或桶，将商品随插在里面，陈列于出入口或端头边，能使顾客产生便宜感，常用十分低廉的价格整篮、整筐或整桶出售。

七是散装或混合陈列，即把商品的原有包装拆下，或单一品项或几个品项组合在一起陈列于岛形陈列工具内出售，往往是以一个统一的价格出售，这种陈列方式也能使顾客产生便宜感。

4. 商品陈列的检查事项

商品陈列检查的主要事项有：

（1）是否按商品配置标准陈列？

（2）商品陈列是否随季节、节庆等的变化而随时调整？

（3）是否将陈列商品的使用方法一同展示出来？

（4）是否注意到商品的关联性？

（5）陈列商品是否整齐？

（6）商品的形状、色彩与灯光照明是否能有效地配合？

（7）商品的价格标签是否完整、规范？

(8) 陈列商品是否便于顾客选购?
(9) 陈列商品是否容易接近?
(10) 陈列的方式是否能突出丰富感及商品的特色?
(11) 商品是否有灰尘?
(12) 能否展现商店所经营的主力商品?
(13) 促销商品能否激发顾客的兴趣?
(14) 商品陈列的位置是否在店员视线所及的范围之内?
(15) 商品出售以后,补货是否方便?
(16) 是否有效地利用墙壁和柱子来陈列商品?
(17) 商品的广告海报是否破旧?
(18) 各部门陈列的商品,其指示标志是否明显?
(19) 引导顾客的标志是否易见易懂?
(20) 陈列设备是否与商品相称?
(21) 陈列设备是否安全可靠?
(22) 破旧的陈列设备是否仍然在使用?
(23) 员工对陈列设备的使用方法是否已详细了解?

(二)商品保质期管理

商品保质期管理要做到两点:一是保质期控制,即源头把关;二是临近保质期商品的处理,即过程监控。

1. 保质期控制

(1) 收货部在收货时,除特别规定外,所有非生鲜类商品的保质期必须执行最短保质期限的工作制度,以确保商品有足够的销售时间。

(2) 各销售部门在补货时,必须对库存商品做到先进先出。

(3) 各销售部门在补货时,要逐一检查商品保质期是否符合要求。

(4) 各销售部门在理货时,必须检查商品的保质期,对销售周期长、销售量少的商品要重点检查。

常规商品保质期如表 10-1 所示。

表 10-1 常规商品保质期

商品类别	商品名称	说明	保质期时间
酒类	普通熟啤酒	瓶装	2 个月
	熟啤酒 11°、12°	瓶装	4 个月
	葡萄酒		6 个月
	果酒		6 个月
	汽酒		4 个月
	露酒		6 个月
	黄酒	瓶装	3 个月

(续表)

商品类别	商品名称	说明	保质期时间
副食类	酱油	瓶装	6个月
	醋	瓶装	6个月
	番茄酱		12月
	油炸干果		12月
	其他副食	铁罐、玻璃瓶装	12月
饮料类	果汁、果味、可乐汽水	玻璃瓶装	3个月
	果汁、蔬菜汁饮料	玻璃瓶装	6个月
	饮料	罐装	6个月
罐头类	鱼、肉、禽罐头	罐装、玻璃瓶装	2年
	虾、蟹罐头	罐装、玻璃瓶装	1年
	蔬果罐头	罐装、玻璃瓶装	15个月
糖果类	糖果(第一、第四季度生产)		3个月
	糖果(第二、第三季度生产)		2个月
	糖果(梅雨季节生产)		1个月
	纯巧克力		6个月
	夹心巧克力		3个月
饼干类	饼干	马口铁罐装	3个月
	饼干	塑料袋装	2个月
	饼干	散装	1个月
	方便面		3个月
乳制品	奶粉	马口铁罐装	12月
	奶粉	玻璃瓶装	9个月
	奶粉	塑料袋装	4个月
	炼乳	马口铁罐装	9个月
	炼乳	玻璃瓶装	3个月

2. 临近保质期商品的处理方式

对临近保质期的商品,要采取措施,不能在商品过期后才进行处理。

(1) 临近保质期商品要进行登记,同供应商进行协商退货或换货。

(2) 临近保质期不能退货的商品,在确保商品质量的前提下,可降价处理。

(3) 临近保质期的商品,在销售完毕前,根据库存的多少,采取控制订货等措施。

(4) 临近保质期的商品,如有新货,可采取新货暂时不上货架陈列等措施。

3. 对临近保质期商品的处理程序

(1) 检查保质期:销售人员对所有处于销售区域和库存区域的商品保质期进行检查,重点检查周转慢的商品和保质期短的商品,如贵重的糖果和保鲜的饮料等。

(2) 登记:临近保质期商品登记,包括日期、数量等。

(3) 通知供应商:将登记表传给供应商,要求退货、换货或清仓降价。

(4) 执行程序:协商确认后,执行相应的退货、换货、清仓降价程序。

(5) 补订新货:同时补订新货,以保证后续商品及时到位。

(6) 新货陈列:将最新订货商品陈列在货架上销售,同时考虑是否可以通过陈列方式的改变以减少商品过期现象的发生。

(三) 补货与理货

1. 补货原则

补货应坚持以下基本原则:

(1) 商品缺货和营业高峰前、结束营业前必须进行补货。

(2) 补货应补满货架或端架、促销区。

(3) 补货区域的先后次序:端架、堆桩、货架。

(4) 补货品项的先后次序:促销品项、主力品项、一般品项。

(5) 当商品缺货但又无法找到库存时,必须首先通过对系统库存数据的查询进行确定,确定属于缺货时,将暂时缺货标签放置在货架上。

(6) 食品和有保质期限制的商品必须遵循先进先出的原则。

(7) 补货时必须检查商品的质量、外包装以及条形码是否完好。

(8) 补货时必须检查价格标签是否正确。

(9) 补货以不堵塞通道,不影响店铺清洁,不妨碍顾客自由购物为原则。

(10) 补货时不能随意改动陈列排面和陈列方式,依规定的陈列范围补货。

(11) 补货时,同一通道的放货仓板,同一时间内不能超过三块。

(12) 补货时所有放货仓板均应在通道的同一侧放置。

(13) 货架上的货物补齐后,及时处理通道的存货和垃圾。

(14) 补货时,有存货仓板的地方,必须同时有员工作业,不允许有通道堆放仓板,又无人或来不及安排人员作业的情况。

(15) 促销人员可以进行补货,但不能改变陈列的位置和方法。

(16) 当某种商品缺货时,不允许用其他商品填补,或采用拉大相邻商品排面的方法填补空位,要保留其本来占有的空位,除非新的陈列图到位。

2. 理货原则

理货应坚持以下基本原则:

(1) 货物凌乱时,需做理货。

(2) 零星散货的收回与归位是理货的一项重要工作。

(3) 理货区域的先后次序是:端架、堆桩、货架。

(4) 理货商品的先后次序是:邮报商品、主力商品、易混乱商品、一般商品。

(5) 理货时,须将不同货号的货物分开,并与其价格标签的位置一一对应。

（6）理货时，须检查商品包装（尤其是复合包装）、条形码是否完好。

（7）退货商品及破包等待修复的商品，不能停留在销售区域，只能固定存放于本部门某一库存区。

（8）每一个商品有其固定的陈列位置，理货时不能随意更动排面。

（9）理货时一般遵循从左到右，从上到下的顺序。

（10）补货的同时，进行理货工作。

（11）每日销售高峰期之前和之后，须有一次比较全面的理货。

（12）理货时，做到非销售单位、非销售包装的商品不得零星停留在销售区域。

（13）每日营业前理货时，做商品、货架、通道的清洁工作。

3. 补货、理货过程需要经常应对的问题

（1）存货不足：由于商品的存货不足无法补满陈列位置，采取纵向向前排列的方法，即将商品拿到前方与货架的边缘平齐摆放，使陈列看起来相对充实。绝不允许将商品的库存存放在库存区不进行补货而采取向前拉排面的方法进行补货或理货。

（2）缺货：正常销售的商品由于缺货而导致的空位，应放置暂时缺货标签，同时维持其原有排面。绝不允许随意挪动价签位置或拉大相邻商品的排面以遮盖缺货。若某项商品补货次数频繁，需要改变陈列面的大小，应按陈列图的更改程序进行，只有新陈列图被书面批准后，才可以更正陈列。

（3）新商品：若新商品到货，但陈列图无位置。首先第一时间更改陈列图，24 小时内进行货架的陈列。绝不允许将商品存放在库存区不进行处理。

4. 补货、理货的日常工作规范

（1）货架整理及补货工作。① 早晨开店前大量补货；② 早中班交接大量补货；③ 收市后大量补货；④ 平时零星补货。当货架上商品数量少于 2/3 时，理货员必须进行补货工作。补货前应整理货架，货品整理时，将货架上商品归位，并将未销售的商品集中于左前方。补货时应从左开始向右补货，补货时应遵循从左到右、自上而下、由后向前的原则。从左到右：即应从货架左边开始逐一单品、逐一货架向右补货。自上而下：即应从货架上层仓板向下逐一单品、逐一仓板补货。由后向前：即将货架上未售完的商品置于前方，新到商品补于后方。

（2）补货中的货架排列。补货中应严格执行商品陈列计划，绝不可因某种商品缺货而将其他商品拉排面陈列。补货数量应按照陈列计划中的数量陈列。补货时陈列商品应做到上下左右一直线，商品正面朝外。

（3）日常整理。① 营业前整理工作：做好商品排面，体现商品的量感；② 营业中整理工作：检查商品是否配齐，保持货架商品无空档，检查商品质量与卫生，保持商品清洁，符合质量要求，并及时做好商品复位工作；③ 营业后整理工作：应把商品向左集中，以便于夜班补货。

（4）顶端库存维护。顶端库存存放原则：存放商品的箱子尽量做到大小一致，并贴上标贴，标贴应贴于外箱最左下方。必须做到商品存放前后一致，原则上应做到上下对应，且箱内不混放商品。顶端库存商品应遵循先进先出原则。

（5）店铺整理工作。补货完毕后理货员应及时清理场地，做到店内无纸屑等各种垃圾。在营业中理货员必须时刻保持店内自己所在区域的地面、货架及货架上商品的整洁。在保持自己区域的整洁以外,有义务在经过非自己所在区域时保持地面的整洁,做到经过时看见纸屑及时清理。

(6) 后仓管理。后仓存放的商品必须按分类的规定在指定位置集中存放,做到同类商品归类于同一区域,同种商品应集中存放。按保质期先后存放,做到先进先出。促销人员、联销商人员不得无故进入后仓。员工如要到后仓取货,应先列出所需商品的数量、品名等清单,集中到后仓取货。

(四) 缺货分析与控制

理论上,当某一商品的库存数字为零时,即为缺货。但实际营运中,缺货包括多种状态:货架上的商品不能满足当日销售;服装、鞋类商品的颜色、规格、尺码断码;家电商品只有样机;商品陈列的外包装有瑕疵;系统显示库存有货,但实际库存为零;新商品、DM商品、赠品未到货或供应数量不足;当前库存不能满足订货期的正常销售等。

1. 缺货的危害

缺货不仅会导致店铺资源浪费,销售业绩与服务满意度下降,还严重影响店铺的诚信形象,导致顾客流失,甚至有可能引起法律诉讼。

2. 缺货的原因

造成店铺商品缺货的主要原因如下:

(1) 单品过多,货架过少。

(2) 门店后仓狭小,影响周转。

(3) 缺乏补货支持系统,导致漏订、晚订和非最优批量订货。

(4) 与供应商之间缺乏沟通。

(5) 供需双方的物流配送不及时。

3. 缺货分析

缺货分析常用指标如下:

(1) 缺货数量:缺货数量可分为部门的缺货数量和店铺的缺货数量。同时对商品大类的缺货要有统计和排名。

(2) 缺货损失的销售额:所有属于该部门的缺货商品销售损失金额的合计。

(3) 统计品项缺货率与数量缺货率、门店缺货率与配送缺货率:如果门店经营商品有2 500个品项,货架实际销售的只有2 000个品项,则门店的品项缺货率为20%;如果门店向配送中心订货200个品项的商品,结果只到货180个品项的商品,则配送的品项缺货率为10%;但在90%的到配送商品中又有一些商品数量没有满足,如果要货2 000箱,实际到货1 700箱,则配送的箱数缺货率为15%;但缺货率也应该考虑商品价值,如果订货金额20万元,实际到货16万元,则配送金额缺货率为20%。

(4) 缺货超过两周以上的商品数量:缺货两周以上的商品,按部门统计品名、销量等情况。

(5) 销售(金额/数量)前50名商品的缺货情况统计:重点监管商品的缺货数量、缺货天数、缺货损失等信息。

(6) 目前缺货且无未来订单的数量:统计目前已经缺货但无未来订单的商品数量。

4. 缺货的控制措施

(1) 部门管理层必须对所有正常商品的订货进行审核。

(2) 部门主管、经理必须对所有的缺货商品进行审核，并查实缺货状态及原因。

(3) 若重点商品缺货，则增加替代商品的补货，以减少缺货带来的损失。

(4) 及时处理缺货报告，跟踪与把握缺货状态，追加补货，但要注意销售的阶段性。

(6) 建立缺货商品标签制度。

(7) 要确保所有处于缺货状态或潜在缺货状态的商品，其系统库存的准确。

(五) 商品清仓降价管理

1. 清仓标准

清仓商品与清场商品是有所不同的，清场是零供双方的业务活动，如清退一家供应商或清退其中某些商品；清仓则是店铺单方面的业务活动，是对无法退换货的滞销积压商品、过季商品、已经淘汰品项的库存商品、家电样品、包装破损质量完好的商品、有一定质量瑕疵但不影响使用价值的商品，通过降价处理，以达到清理库存的目的。

2. 清仓流程

清仓流程如下：

(1) 确定清仓商品：销售部门人员将符合清仓标准的商品整理，确定清仓。

(2) 确定清仓价格：销售部门制定每一种商品的清仓建议价格。

(3) 清仓审批：销售部门经理审核，店经理审批清仓价格，并计算出本次清仓的降价利润。

(4) 申请清仓标签：打印制作清仓商品价格标签，销售部门人员负责更换清仓商品的价格标签。

(5) 清仓陈列销售：设立清仓商品区域，作特殊陈列，突出降价主题，将所有的清仓商品集中销售，一次清仓不能完成的，重复执行申请程序，进行两次清仓，直至销售完毕。

3. 清仓商品的陈列

清仓商品集中陈列；清仓商品区域必须有明显的"清仓区域"的标志；所有的清仓商品，按价格等级分类陈列。

(六) 商品退货管理

退货是指各销售部门将商品退给供应商，由收货部门办理所有手续。各销售部门在对退货商品进行整理时，必须明确退货商品的判断标准。

1. 可退与不可退商品

(1) 可退货的商品一般包括：① 采购部通知的退货商品，一般数量较大，如季节性商品、滞销商品等；② 被政府有关部门检查出有质量问题的商品；③ 按照合同约定可以退货的商品；④ 售后被顾客发现有质量问题的商品，如服装、鞋帽、家电等。

(2) 不可退货的商品包括：① 合同约定不可退货的商品；② 零星、小批量或金额较小的商品；③ 非供应商过错而使商品有瑕疵的，销售人员或顾客损坏的商品，如卫生用品被污染，商品被顾客开包后损失等；④ 过期的商品；⑤ 家电商品缺外包装或配件，服装不配套等；⑥ 店铺为陈列而展示的样品；⑦ 未按总部要求及时退货而遗存的商品。

2. 退货的流程

退货流程的基本原则是：进退渠道一致。如供应商直送商品就直接向供应商办理退货，而总部配送商品则向配送中心退货，如果是清场退货，一般可以集中到配送中心统一办理退货手续。退货作业必须按照制度、流程与通知的要求，在系统中操作完成：

（1）确定退货商品：销售部门将需要办理退货的商品确定下来，通知退货组等待退货办理的通知。

（2）整理退货商品：将需要退货的商品进行整理，包括按供应商进行整理、装箱等，集中堆放在本部门退货区域。

（3）与供应商、财务部确认：所有退货商品事先应征得供应商的认可，并与财务部确认该供应商是否有账款。

（4）填写退货单：将退货商品的所有内容填写清楚。

（5）与退货组交接：将退货单和退货商品一起与收货部退货组进行交接，退货组审核是否所有的商品符合退货条件，是否商品与单据一致，单据内容与电脑是否一致。

（6）通知供应商取货：及时通知供应商派车取货，或供应商送货时将退货商品取回。

三、库存管理

库存管理是店铺营运管理的关键控制点之一。库存支撑着销售，销售量与库存量存在着很强的正相关关系，在销售旺季，常常是库存量决定着销售量。库存信息如果不准确，会影响店铺的订货、销售、周转、盘点等一系列营运业务。

但现代商场的库存商品大部分处于开放的环境中，库存区的位置多，商品的销售情况及订货的不断变化，这些因素决定了店铺库存是动态库存，不可能像传统的商业管理模式中采取的库存管理方法，用柜台三级账或库存三级账去实现库存的控制和损耗管理，应采取与经营业态相适应的库存管理方式。

（一）库存的基本概念与维护

1. 基本概念

库存管理必须分清几个基本概念：

（1）库存金额：在单品进价核算体制下，所有库存商品都按照进价计算库存金额。

（2）实际库存：店铺中的所有实际陈列或存放在库存区的商品。

（3）系统库存：电脑系统中记录的商品库存数量与金额。

（4）库存区：用来存放商品的非销售区域，货架顶部以上空间、周转仓、后仓等都属于库存区。

（5）库存周转：商品库存与销售相比而形成的数据。

2. 系统库存的维护

（1）系统库存维护的原则：系统库存维护的基本原则是系统中的库存数据必须与实际库存数据一致。

（2）影响系统库存的因素：收货部门点数错误；收货部门所收的商品中混有其他商

品;退货组未能及时扣除退货商品;商品被盗窃或被损坏而未被发现或发现后未执行商品库存调整程序;销售部门在盘点时的错误点数;销售部门将条形码贴错,导致商品库存错误;收银结账时,在多个同类商品过机时发生扫描错误;收银结账时使用数量键发生错误;无条形码商品在销售时导致的错误。

(3) 库存更正程序:① 发现库存差异:销售部门管理层通过电脑系统警告或营运盘点等手段发现某些商品品项的库存异常,即该品项电脑系统的库存数据与实际库存数据不相符。② 确定库存差异与原因:对发现的库存差异,必须通过非营业时间的盘点来确定此差异是否真实存在,并查找造成差异的原因。③ 库存更正申请:在一个工作日内,销售部门填写库存更正申请表。④ 库存更正的审核:所有的库存更正必须经过部门经理的审核。⑤ 店经理批准:所有的库存更正必须经过店经理的批准。⑥ 电脑部执行系统更正:电脑部在接到库存更正申请单后,核查批准的权限无误后,在规定的时间内,执行系统库存更正操作。

(4) 异常库存处理。销售部门对于商品库存的异常情况必须进行妥善处理,以及时发现和解决营运管理中的问题。对异常库存、盘点异常必须进行及时处理,对于一时不能发现原因的重大库存差异,必须上报防损部,以便查证。

(二) 库存周转与动态库存区的管理

1. 库存周转的控制

(1) 库存控制指标。库存控制指标主要有:单品库存金额与周转、部门库存金额与周转、全部库存金额与年库存周转等。库存控制指标以预算指标为标准。

(2) 库存控制措施。① 商品订货的控制,特别是对不能退货商品的控制;② 做好节假日销售的预算,特别是特价商品和节日商品,以避免存货量过大;③ 减少积压库存、滞销商品的库存;④ 改变商品的陈列;⑤ 加强商品促销;⑥ 加强季节性商品的过季处理;⑦ 对新商品采取谨慎订货的方式。

(3) 高库存异常的处理。库存过大会导致:库存空间被滞销品占用,利用效率降低;资金积压,损耗与损失加大,周转变慢;浪费人力资源。库存过大的原因是:系统的库存数据不准确,导致订货不准确;库存管理不当,因库存商品堆放混乱造成重复订货;实际销售量低于销售预计量;季节性商品过季后滞销;订购了滞销商品;商品陈列存在缺陷,与商品周转不成比例,商品的最小订货数量与商品周转不成比例,导致库存数量过大等。

(4) 库存过大单品的控制。正常情况下,对于销售面积1万平方米左右的店铺,若基本的送货周期可以维持在每周一次,干货食品以及百货(季节性商品除外)商品的库存不能超过3周的销量,否则为库存过大,周转时间超过90天的为异常库存。库存过大的处理:将所有库存过大的商品列出清单;对库存过大的原因进行分析,如商品滞销、订货过多、过季等;采取降低库存的措施,如退货、降价、改变陈列位置等。某部门经理对库存过大的分析和改进措施如表10-2所示。

(5) 库存周转异常的商品大类和中类。这是指:库存周转的比例超过公司的预算标准、公司的平均标准以及整个店铺的去年同期的周转标准。库存异常的商品大类,必须进行分析,将库存过高的异常单品及时处理。

表 10-2 库存过大改进措施

货号	品名	库存/销量	周转天数	原因	改进措施
2752	雷达电蚊片	535/132	122	因夏季来临,订货过多	退部分货
4607	亮晶洗洁净	109/35	93	促销预估数量过大	退部分货
4646	保柔衣物柔顺剂	112/32	105	同竞争对手比较,价格过高,并且已进入销售淡季	退部分货,降低售价
1611	电话防菌剂	105/32	98	商品太小,供应商的单箱商品过多	调整排面,加多一个挂钩陈列
2409	立得清拖把	98/4	735	新商品需要做促销,备货	
2612	蓝月亮丝绸宝	74/20	111	排面的位置太大,可容 60 瓶	缩小陈列位置
3793	666 印影杀虫剂	136/24	170	商品滞销	退部分货,降价清仓删除

2. 动态库存区的管理

(1) 动态库存区的管理原则。① 对应原则:商品存放与商品陈列原则上要相互对应,即某一货架的商品库存应存放在该商品陈列位置的附近。如货架上方的库存区。② 分类原则:商品存放要符合商品分类的原则,与商品陈列的分类原则相同。③ 唯一原则:商品库存的区域原则上维持唯一区域的原则或某一小范围内唯一区域的原则。④ 标志原则:商品库存区的所有库存都必须有明确的标志,包括分区标志与货卡标志。⑤ 安全原则:商品库存的存放必须符合安全原则。如堆放的高度和稳定性等。⑥ 调整原则:商品库存区的各种商品库存是不断变化的,必须定时进行调整,以增加空间的利用效率。

(2) 动态库存区的调整。为充分利用有限的库存空间,便于营运的各项作业,需要对库存实施动态调整。调整方法:① 将货物数量不足的两板或几板货物并在一起,将大小组类的或相关类别的货物进行归类码放。② 补货频率高的商品优先放在低位库存区,商品体积大的优先放在高位库存区,商品品项较多的类别优先放在低位库存区。③ 部门之间的调整由部门主管提出计划,部门经理批准,即可执行。部门经理监督调整目标的达成。整个店铺内调整由部门主管提出调整计划,部门经理审核,店长批准后组织实施,部门经理负责调整目标的达成。

(三) 盘点管理

1. 盘点的含义

所谓盘点就是定期或不定期地对店铺内的商品进行全部或部分的清点,以确实掌握该期间的实际损耗。

盘点作业,是加强商品管理、考核商品资金定额执行情况的重要环节,既可以掌握各种商品的实存数量,落实库存,摸清家底,为有效的商品配制,积极组织货源提供可靠依据,而且可以从中发现库存结构是否合理,找出经营管理方面存在的问题。因此,盘点不仅仅是为了反映店铺实际营运情况,更重要的是通过商品盘点提高经营管理水平。

店铺的盘点有多种,生鲜部门每月两次盘点;家电精品部门每日进行特别商品的台账盘点;食品干货、百货部门为维护电脑库存准确而每季度进行周期盘点;整个店铺年末进行的年度盘点(大盘点);新店开张3个月内进行一次新开张盘点等。

2. 盘点的目的

店铺在营运过程中存在各种损耗,有的损耗难以统计和计算,如偷盗、账面错误等,需要通过盘点来核实盈亏状况。通过盘点,可以达到如下目标:① 确认毛利,了解损益状况;② 了解周转率,避免资金积压;③ 掌握最准确的目前库存金额,将所有商品的电脑库存数据恢复正确;④ 查实损耗较大的营运部门、商品大类以及个别单品,以便在下一个营运周期加强管理,控制损耗;⑤ 发掘并清除滞销品、临近过期商品;⑥ 整理环境,清除死角。

3. 盘点的原则

盘点必须坚持"十字原则":① 真实——主观上要具有真实反映一定时期经营状况的诚信意识,不能弄虚作假;② 合作——组织上要发扬团队合作精神,不能各自为政,要实施交叉盘点;③ 完整——商品与单据必须完整,不能有遗漏;④ 规范——盘点必须按照规定的流程与方法实施;⑤ 正确——点数、记录、输入等都必须正确无误。

4. 盘点的计算公式。

盘点公式的应用要注意:① 盘点的金额是按成本的价格为基础进行计算的。② 盘点的实际库存=Σ单品盘点数×单品成本价格。③ 转出本店的成本为"减";转入本店的成本为"加"。④ 盘点周期的总销售金额与库存成本必须同时是不含税或同时是含税的金额。

盘损率(%)=(账面库存-盘点实际库存)÷盘点周期的总销售金额×100%

账面库存=上一次盘点库存+盘点周期的采购成本±分店转货成本-盘点周期的销售成本

5. 盘点流程

盘点分四个环节,即盘点基础工作、盘点前准备工作、盘点中作业、盘点后处理。

(1) 盘点基础工作包括:盘点方法、账务处理、盘点组织、奖惩规定等。如盘点组织,一般都由店铺自行负责,总公司相关部门则予以指导和监督。随着连锁规模的扩大,盘点工作也需专业化,一般是建立专业的盘点小组,连续进行盘点。商品盘点的结果一般都是盘亏,即实际库存金额小于账面金额。但只要在合理范围内均视为正常,盘亏情况能反映店铺的管理水平,所以要建立损耗标准与奖惩制度。盘点前除把握由公司总部所确立的盘点基础工作规范外,还必须做好盘点前的准备工作,以利盘点作业顺利进行。

(2) 盘点前准备工作包括:人员准备及工作分配、告知顾客、盘点前指导、盘点区域的编号、商品整理、盘点工具准备、通知厂方、残次商品处理与报损、单据整理与账务处理等。

(3) 盘点中作业,一般可按照以下顺序实施:先点仓库、冷冻库、冷藏库,后点卖场。信息化管理系统的发展,使盘点工作不断改进,一般可使用盘点机进行盘点。

(4) 盘点后处理工作主要包括:盘点结果的确认以及善后工作。将陈列区、库存区的所有盘点数据输入电脑进行处理,并对差异报告进行分析、重盘等,最终确定本次的盘点库存金额,由财务部计算盘点损耗率。营运总部认可盘点结果后,电脑中心进行库存调整程序,用盘点的库存数据代替电脑数据库中的数据。财务部进行账务调整,并出具盘点报告。盘点结束后,立即进行开店营业的恢复工作,包括系统恢复、收货恢复、店铺陈列区恢复以及盘点小组的收尾工作等。

6. 盘点分析

(1) 损耗标准。对新开张店的盘点和营运正常分店的盘点,制定出一定范围内的损耗标准:损耗率处于正常范围内的,接受盘点结果,对损耗超过标准的部门提出改进措施。损耗率处于异常范围内的,不接受盘点结果,核对盘点流程和营运的重大失误,于3个月后重新盘点,损耗依然处于异常范围内的,则追究失误责任。

(2) 盘损原因。引起盘损的主要原因有:账存数有误、由于工作疏忽和品种数量上的差错、盘点报表计算错误、管理不善和有关人员工作失职、营私舞弊和盗窃侵占等。若发生重大差异时,首先检查盘点是否存在问题,如输入的单据是否完整等,其次由管理层分析可能存在的盘损原因,并制定改进措施。

(3) 盘点的结果:营运总部认可盘点结果后,电脑中心进行库存调整程序,用盘点的库存数据代替电脑数据库中的数据;财务部进行账务调整,并出具盘点报告。

四、促 销 管 理

销售促进(Sale Promotion,SP),是企业运用现代沟通方式向消费者传递营销信息,促进消费者对企业及其产品与服务产生兴趣、好感与信任,进而作出购买决策的活动。店铺应该在总部统一规划下,通过持续不断的促销活动,创造销售热点、亮点,关键是要让顾客有兴奋点,能满足目标客层的真正需求。

(一) 促销计划

整个公司与店铺每年应制定年度促销计划,使公司总部统一的促销活动以及店铺自行安排促销活动有计划地进行。制定促销计划应考虑:促销目的、促销时期、需求特征、促销商品、促销主题、促销方式、促销预算、政策法令与道德等因素。

1. 促销目的

促销的一般目的是通过向市场和消费者传播信息,以促进销售,提高业绩,如扩大营业额、提高毛利额、稳定老顾客、增加新顾客、提高客单价、提高公司知名度等。然而,企业在某一时期还会有促销活动的具体目的。促销目的不同,促销方式也不尽相同。例如,为获得广泛的传播效果,宜采取广告促销方式;为获得长期效应,宜采取公共关系促销;为了在短时期内击败竞争对手,宜采取低价促销方式等。所以,在制定促销计划时,首先要明确具体的促销目的,这样才能有的放矢,事半功倍。

2. 促销时期

促销时期包括两个方面的问题:

(1) 促销活动的延续时间。一般将延续时间在1个月以上的促销活动称为长期促销活动,其目的是希望塑造商店的差异优势,增强顾客对商店的向心力,以确保顾客长期来店购物,如延长营业时间、提供免费停车、购物满一定额可享受免费送货、经常向顾客免费赠送资料等。另外也有3~7天的短期促销活动,其目的是希望在有限的时间内,通过特定的主题活动来提高来客数及客单价,以达到预期的营业目标。如周末大特价、免费大赠送、国庆节大减价等。长期性促销活动应持之以恒,从开始到结束应始终如一,以利树立稳定的良好形象;而短期性促销活动则不宜将时间拉得太长,否则会使顾客缺乏新鲜感而影响促销效果。

(2) 促销活动所处的季节及节令。不同的季节和节令、气候、温度,顾客的行事习惯和需求都会有很大的差异,一个良好的促销计划应与季节、月份、日期、天气、温度、节令、行事等相互配合。

3. 需求特征

消费者的需求特征因购买力、购买习惯、购买商品类别、需求目标等方面的差异而不相同,在制定促销计划时对需求特征的考虑应注意以下三个方面:

(1) 顾客在购买频率及购买时间选择上往往有较强的计划性。如购买生鲜食品,有些家庭每天购买,有些则是周末购买,有些是早上购买,有些则是下班后购买。顾客在购买商品品项的选择上往往事前无计划,看到合适的就购买。

(2) 购物前预先规划好商品品项的顾客只占平均购物者的35%,而据日本流通经济研究所的调查,在日本该指标值仅为8.5%。来自店面的决定一般会超过60%。因而,特定的促销活动对引导顾客的购买行为具有十分重要的作用。

(3) 不同区域的顾客的需求特征会有很大的差异。例如,有一家地处高级宾馆附近的超市,进口商品及一次性用品的销售量特别高,其主要原因是该类商品能适应宾馆旅客需求。

4. 促销商品

顾客的基本需求是能买到价格合适的商品,所以促销商品的品项、价格是否具有吸引力,将影响促销活动的成败。一般来说,促销商品有以下四种选择:

(1) 节令性商品。例如:元旦、春节选择礼盒、香烟、糖果、零食、南北货、玩具、火锅商品、清洁品、调味品;元宵节、情人节选择汤圆、热食、花灯、礼盒、文具、热饮、巧克力等;妇女节选择美容品、保健品、热食、热饮等;儿童节、清明节选择糕团、玩具、旅游用品、糖果、饮料等;劳动节、母亲节、端午节选择礼盒、粽子、母亲卡、调味品、美容品、雨具、婴儿用品等;夏季、暑期及父亲节选择饮料、旅游用品、礼盒、父亲卡等;教师节、国庆节、中秋节选择饮料、调味品、罐头、月饼、烟酒、礼盒、零食、文具等;秋末及初冬选择冷冻食品、热食、热饮等;冬至及圣诞节选择汤圆、火锅食品、圣诞卡、糖果、酒等。

(2) 敏感性商品。敏感性商品一般属必需品,市场价格变化大,且消费者极易感受到价格的变化,如鸡蛋、大米等。选择这类商品作为促销商品,在定价上稍低于市场价格,就能很有效地吸引更多的顾客。

(3) 众知性商品。众知性商品一般是指品牌知名度高、市面上随处可见的商品,选择此类商品作为促销商品,往往可以获得供货商的大力支持,门店的促销活动与大众传播媒介的广泛宣传相结合,如化妆品、保健品、饮料、啤酒、儿童食品等。

(4) 特殊性商品。特殊性商品主要是指商店自行开发、使用自有品牌、市面上无可比较的商品,这类商品的促销活动主要应体现商品的特殊性,价格不宜订得太低,但也应注意价格与品质的一致性。

5. 促销主题

一个良好的促销主题往往会产生画龙点睛的震撼效果,所以应针对整个促销内容拟订具有吸引力的促销主题。促销主题的选择应把握两个字:一是"新",即促销内容、促销方式、促销口号要富有新意,这样才能吸引人;二是"实",即简单明确,顾客能实实在在地得到更多的利益。

按照促销主题来划分,促销活动可分为以下四种:

(1) 开业促销活动。开业促销是常见的促销活动之一,因为它只有一次,而且与潜在顾客是第一次接触,顾客对商店的商品、价格、服务、气氛等印象,将会影响其日后是否再度光顾商店的意愿。所以经营者对开业促销活动都十分重视,希望能通过促销活动给顾客留下一个好的印象。通常开业当日的业绩可达平日业绩的5倍左右。

(2) 年庆促销活动。年庆促销活动的重要性仅次于开业促销,因为每年只有一次。对此供应商一般都会给予较优惠的条件,以配合商店的促销活动。其促销业绩往往可达平日业绩的1.5~2倍。

(3) 例行性促销活动。例行性促销,通常是为了配合国定节日、民俗节日及地方习俗等而举办的促销活动。一般而言,超市每月均会举办2~3次例行性促销活动,以吸引顾客光临。促销期间的业绩可比非促销期间提高2~3成。

(4) 竞争性促销活动。竞争性促销活动往往发生在竞争店数量密集的地区。当竞争店采取特价促销活动或年庆促销活动时,通常均会推出竞争性促销活动。

6. 促销方式

促销方式从市场营销学的角度来划分,大体上有人员促销、广告促销、特种促销、公共关系促销、企业形象促销五种。

7. 促销预算

确定促销预算的总的原则是:因促销而为企业增加的贡献应当大于促销费用的支出。制定促销预算的常用方法有如下四种:营业额百分比法、量入为出法、竞争对等法、目标任务法。

在确定促销总预算之后,还必须考虑经费负担问题。由于食品、日用品在超市及便利店中的销售比例日益上升,厂商与商店共同负担促销经费的方式已成趋势。其主要办法如下:

第一,厂商的促销活动融入商店的促销计划内。如由厂商提供样品和赠品;举办推广特定厂商商品的促销活动;配合厂商在大众传播媒介的促销活动,在店内开展优惠促销活动,并由厂商贴补促销费用等。

第二,厂商向商店租用店铺特定位置、使用权或设备,以推广其商品。如租用端架或大量陈列区;支付购物袋背面印刷广告的权利金;支付利用店内灯箱做广告的权利金等。

8. 政策法令与道德

促销活动的策划者应当熟悉有关法律及政策对零售企业促销活动的制约。随着我国法律法规的健全,对促销活动的法律约束也会越来越严格。对目前尚未制定约束条款的促销行为,经营者应从商业道德角度来判断合理与否。

(二) 促销注意事项

(1) 明确三种促销。一是怎样使顾客对特定品牌的店铺有好感，这种好感可能是整体的，也可能是部分的，这需要长期的努力才能做到，实际上是品牌与特色的问题。所以，对连锁公司来说，最重要的是优化品牌与树立特色。这可以称为"品牌促销"。二是怎样使顾客对特定品牌的特定店铺有好感，并且愿意关注这个店铺的动态，经常光顾这个店铺。这就需要给消费者提供实在的利益，并建立良好的沟通渠道。这可以称为"推广促销"。三是消费者到了特定店铺以后，使消费者在店铺的逗留时间更长，买的东西更多。这就需要用陈列、POP、店铺气氛、人员服务、设施配置等吸引顾客。这可以称为"环境促销"。

(2) 促销与消费者活动相结合。直接以促进销售为目的的活动称为"促销"，但是，有许多活动和设施虽然不是直接促进销售，但有利于改进店铺形象，扩大顾客群，会间接地影响销售。这样的活动可以称为"消费者活动"，可以说是一种"隐蔽的促销活动"。

(3) 供应商的促销与零售商的促销相结合。供应商往往会举办一系列的促销活动，如新品推广、季节性促销、节日活动等。零售商也会自行组织促销活动，如年庆活动、常规的DM促销、生鲜节等。两者可以相互配合，但有一点必须注意，那就是零售商一定要有自己的计划，不能为了促销费用而让供应商单方面说了算。

(4) 实施差异化的促销计划。由于不同地区的消费水平与消费习惯不同，对促销活动的反应也不尽相同，有些地区的消费者就是喜欢赠品，没有赠品就少买甚至不买，甚至认为没有赠品就不正常。而有些地区的消费者则喜欢折扣，喜欢会员制折扣方式。但特价让利则是任何消费者都喜欢的。所以，在制定与实施促销计划的时候一定要对当地的风土人情、消费需求、竞争状况进行详细的调查。

(5) 陈列就是促销。超市与便利店都是依靠陈列把商品卖出去的，所以，陈列本身就是促销。与陈列紧密关联的是POP广告，这是商品展示自己的有效办法，必须与陈列相配合。

(6) 促销要保持在时间上的领先。顾客对特定商品在特定时期的需要量、特定公司对特定产品的促销支持力度基本上是一个常量。所以，对零售商来说，谁先做促销，谁就更有利。

(7) 促销时间不宜太长，也不宜太短。促销时间一长，顾客就习以为常了，对销售不会有刺激作用，促销价被顾客看作正常价了。两次促销间隔周期太短的话，也容易引起多方面的问题，如积压与缺货并存。

(8) 促销活动要与社会活动相结合。社会上出现重大事件，一定要积极响应，以显示与社会互动的时代精神，迎合公众心理。

(9) 促销并不是向供应商要钱的活动，而是工商联合共同创造价值。只有为供应商创造好的业绩，才能获得供应商更多的支持，也只有零售商有利可图，才能支持供应商做各种形式的产品推广活动。互动、互利，才能和谐发展。

(10) 促销评估不可缺少。促销评估是贯穿促销全过程的活动，而不仅仅是促销活动结束以后的事情。促销效果好坏应该注意商品的综合性考虑(促销品与非促销品)，评估时间的综合性考虑(促销前、促销中、促销后)，效益的综合性考虑(销售、毛利、净利、品牌效应等)。

(三) 促销方法

除人员促销、广告促销、公共关系促销、企业形象促销四种常规的促销方式外,店铺最常用的促销方式是营业推广。

1. 特价

所谓特价就是利用商品降价以吸引消费者增加购买量,如某商品原价6.80元,特价4.50元。"价格合理"是消费者认为理想店铺最重要的条件,许多店长也认为特价是最佳的促销方式。因此,商品降价特卖是最常用的促销方式。运用这种促销方式应注意:

(1) 坚持商业道德。从现实促销活动中可以看到,有的企业的特价促销活动带有一定的欺骗性。其主要表现是:① 在广告中以商品的正常价格与现行价格相比,诱使消费者相信现行价格比正常价格大幅度减少。而实际上,在此以前已很少按这里所说的"正常价格"出售,因此实际的节省并没有广告上所说的那样大。② 特价出售某种商品,从而诱使顾客购买昂贵商品。当顾客被广告吸引进商店时就会发现:真正有价值的特价品数量很少,或这些商品的质量比较差,因此,虽然价格较低,也并无多大实惠。结果,在无意识中购买了不少其他非特价的高价商品。企业在采用特价促销时应避免上述两种不道德的商业行为。

(2) 商品品项要精选。品项选择的基本原则是质量上乘、顾客需要;要配合促销主题来选择品项,如春节促销活动以礼盒、年货等商品为主,而冬至促销活动则以汤圆、火锅食品、保健品为主;品项不宜太多,促销时间也不宜太长。

(3) 特价品的供应数量要充足。大部分特价品,如购买频率高、购买数量大的商品,都应该无限量地供应。这样做既能扩大销售、增加毛利总额,又能充分满足顾客的需求,使顾客真正获得实惠。当然,少部分价格特别低廉的商品也可以实施限量供应策略,但此策略的运用必须符合有关促销约束的法律条件。

(4) 特价促销必须与广告媒体相配合。常用的广告媒体有平面媒体广告、店头海报、宣传单、店内POP广告和广播等。

2. 折扣优惠

折扣优惠是让消费者在购物中直接得到价格优惠。具体方法又分为多种类型:

(1) 折扣券,即顾客凭商店发行的优惠券购物,可享受一定的折扣金额。如某商品原价145元,凭折扣券购买只需付119元。折扣券还可以与抽奖、赠送等活动相配合。这是商店普遍采用的促销方式。运用折扣券促销时应注意:第一,折扣券的设计力求简单明确,折扣券上应清楚地标明折扣的商品、折价的金额、何种赠品、兑换地点、兑换期限等;第二,折扣券实施期限通常为3~7天;第三,宜选择周转率高的商品为折扣商品;第四,要有较大的折让率,否则回收率会很低;第五,常采用报纸或宣传单附送折扣券。

(2) 购买折扣,即当消费者购买商品时,按商品的标价直接给消费者一定数量的折扣。运用此方法应注意:第一,不能虚构原价,如原价100元的商品,却标示"原价150元,折价60%";第二,不能用"全面打折"的招贴;第三,折价活动结束后应及时取下打折招贴,以免发生纠纷。

(3) 数量折扣,即按消费者购买数量的多少,分别给予大小不同的折扣。购买数量越大,折扣越大。具体方法有两种:第一种,累计数量折扣,即顾客在一定时期内,购买商品达到一定数量或一定金额时,按其总量大小给予不同的折扣。其目的在于稳定客源,并有利于掌握进货进度。第二种,非累计数量折扣,即按顾客每次的购买量来折价。其目的是鼓励顾客一次性大量购买。

(4) 免服务折扣,有些商品价格中含有一定的服务费,企业对没有条件享受服务或自动放弃服务享受的顾客,给予一定的价格折扣,这就是免服务折扣。如保修费退回、送货费退回等。免服务折扣不仅有利于保护消费者的合法权益,而且有利于增强对顾客的吸引力,提高企业声誉。

(5) 有效期折扣,即按商品离有效期时间的长短而给予不同的折扣。如鸡蛋、牛奶等食品可按离保质期限时间的长短来确定价格。

(6) 限时折扣,即在特定的营业时段提供优惠商品,以刺激消费者狂热购买。如限定下午4~6时,某种生鲜食品五折优惠。运用此办法应注意:第一,以宣传单预告或利用店铺尖峰时段,以广播方式刺激消费者购买特定优惠商品;第二,价格优惠必须在三成以上。

3. 奖励活动

这是一种以奖促销的方式。常用的具体方法如下:

(1) 抽奖,即购物满一定金额即可凭抽奖券立即兑奖或到指定时间参加公开抽奖。这项活动可激发消费者以小搏大的乐趣,所以实施效果良好。应注意的问题是:第一,决定顾客参加抽奖的消费金额,通常是以平均客单价为基准再向上适当增加,如平时客单价为68元,则可设定80元或100元;第二,决定抽奖商品的金额,通常抽奖商品的金额多为此次促销活动预估增加营业额的5%~10%,或根据厂商赞助情况而定;第三,决定奖励方式及项目,较大的奖励项目(如免费旅游、高档家用电器等)一般用定期公开抽奖方式,较小的奖励项目一般用立即摸彩兑奖的方式,用购物券作奖励也是一种很有效的方法,但购物券不能限额使用。

(2) 赠送礼品,即消费者免费或购买一定金额时即可获得赠送礼品。其具体方式有三种:一是免费赠送,只要进店就能免费获得一件小礼品,如气球、面纸、盘子、开罐器、玻璃杯、春联、鲜花等;二是买后才送,即购物满一定额度才能获得礼品,如酱油、色拉油、洗洁精、玩具等;三是随商品附赠,如买咖啡送咖啡杯、买酒送酒杯、买生鲜食品送保鲜膜等。

(3) 竞赛活动,即组织特定比赛,提供奖品,以吸引人潮。如母亲节画妈妈比赛、喝啤酒比赛、象棋比赛、卡拉OK大赛、猜谜比赛等。这类比赛项目应着眼于趣味性及顾客参与性。

(4) 交易印花,即顾客通过购买而得到的一种特殊类型的赠奖,当顾客将交易印花积累到一定数量时,可以向任何一家连锁店领取某些特定商品。

4. 售点陈列和商品示范表演

销售现场有效的商品陈列、厂商联合组织促销活动以及示范表演或免费品尝等都是十分有效的促销方式。

(1) 展示台与广告牌,即针对某一种特定商品,搭一个展示台,上面陈列该商品的盒子,并配上大型的广告图片及相应的POP广告,以吸引顾客的注意力。这种方式一般由厂商承担全部费用以及支付一定的权利金。

（2）面对面销售，即由店员通过柜台直接向顾客面对面销售商品。常用于鲜鱼、鲜肉、熟食、散装水果、香烟等商品。实施这种方法时要注意：面对面销售区常设于生鲜部或其附近；要选择销售经验丰富的店员从事面对面销售工作；强调商品的鲜度及人员的亲切服务。

（3）现场示范或提供免费品尝，即在店铺示范商品的使用方法或食品的烹调方法，并提供免费样品供消费者品尝，如免费试吃香肠、水饺等。这是提高新产品销售量的有效方法。

（4）量感陈列，即在店铺辟出一个空间或将端头货架拆除，将单一品项或2～3个品项作大量的整箱陈列。此活动通常配合商品降价同步实施，而且所选定的商品必须是周转率高、知名度高且有相当降幅的商品，以充分达到促销效果。同时，与量感陈列相配合的POP广告要特别强调有吸引力的价格。

5. 会员制促销

会员制促销，即消费者只需缴纳少量费用，或达到一定的购买量，即可持有会员卡，成为连锁公司的会员。会员一般享有多种优惠：① 会员在购物时可以享受比非会员更大的价格折扣；② 会员在购物时可享受保险及送货上门等服务；③ 会员持卡购买大宗昂贵物品时，可享受分期付款的优惠；④ 视会员在商店内的消费总额和企业的盈利情况，年底给予一定的分红或返还；⑤ 会员每2周或1个月有机会参加商店组织的联谊活动，可以彼此沟通信息，并获得商店的一份礼物；⑥ 对会员每半个月或1个月中有1天优惠购物日；⑦ 会员每2周或1个月即可获得一份印刷精美的商店最新商品信息，并享受电话订货和送货上门服务。会员制的具体形式如下：

（1）公司会员制(Corporation Membership)。消费者不以个人名义而以公司名义入会，商店向入会公司收取一定数额的年费。这种会员卡适宜于入会公司内部雇员使用。在美国，日常支付普遍采用支票，很少用现金结算，故时常发生透支现象，所以，公司会员制实际上是入会公司对持卡人购买的一种信用担保。公司会员制的会员在购物时可享受10%～20%的购物优惠和一些免费服务项目。非会员购物时不能以个人支票支付，只能用现金结算。

（2）终身会员制(Lifelong Membership)。消费者一次性向商店缴纳一定数额的会费，成为该店的终身会员，可长期享受一定的购物优惠，并且长年可以得到店方提供的精美商品广告，还可以享受一些免费服务，如电话订货和免费送货等。

（3）普通会员制(Common Membership)。消费者无需向店方缴纳会费或年费，只需在商店一次性购买足额商品便可申请到会员卡，此后便享受5%～10%的购物价格优惠和一些免费服务项目。

（4）内部信用卡会员制(Internal Credit)。适合于大型高档商店。消费者申请某店信用卡后，购物时只需出示信用卡，便可享受分期支付货款或购物后15～30天内现金免息付款的优惠，有的还可以进一步享受一定的价款折扣。

6. 消费者活动

开展消费者活动的主要目的是保持商店与消费者之间的良好关系，具体包括以下四个方面：① 建立商店与消费者之间的双向沟通渠道，以情感来促进销售。② 向消费者提供多元化的信息服务,丰富消费者的日常生活,并增加其惠顾频率。③ 掌握消费动态,培养忠实的长期顾客。④ 树立良好的企业形象。

收集消费者资料是开展消费者活动的基础性工作。一般而言,消费者资料可以运用活动的方式来收集,具体方法是:① 利用开业或节庆促销时的 DM 剪角,填写顾客基本资料来兑换纪念品。② 利用抽奖活动的奖券来收集顾客资料。③ 利用累积数量折扣券来收集顾客资料。④ 利用申请会员卡来收集顾客资料。⑤ 利用商圈住户拜访来收集顾客资料。⑥ 利用居委会的现成资料来收集顾客资料。

消费者活动的方式多种多样,下面介绍几种常用的方式:

(1) 消费者意见访问。其做法是:设置意见箱、人员访问或电话访问。意见箱可长期实施,人员及电话访问则根据需要而不定期实施。应注意的要点是:要重视消费者提出的意见或建议,及时改正和采纳;意见箱要定时开启,长期实施,否则就不要轻易设置;向消费者征求意见的访问要有明确的主题,以便于消费者有针对性地回答;对提供意见者要给予奖励,每月抽奖并公布姓名,以鼓励参与者。

(2) 提供生活信息。其做法是:在店铺内特定商品的前方制作 POP,说明商品特色、用途或食用(使用)方法;在服务台免费派送消费信息印刷品;利用固定的公布栏提供日常生活信息。应注意的要点是:以定期的方式,如每周或每月更新一次为宜;所提供的资料要有知识性、科学性和趣味性;要控制成本;有计划地长期实施,并不断更新。

(3) 恭贺问候。其做法是:根据消费者资料寄发生日卡、节庆贺卡。应注意的要点是:卡片一定要由店长亲笔具名,不可用印刷方式;贺卡应在特定日期前一日或当天寄到,不要逾期;卡片形式要每年更换;贺卡寄出后,最好在特定日期当天,再由店长以电话方式恭贺。

(4) 成立商圈顾问团。其做法是:由店长邀请商圈内经常购物的消费者或公开召集热心提供意见的顾客担任顾客团成员;由店长担任召集人,定期举行咨询会议。执行要点是:每月举办一次,每次 2 小时;会议之前要将主要议题告知与会者,以便于准备;主持要引导讨论,并记录各成员意见,不要下结论,每次会议前公布前一次采纳意见的实施成效;要向参与者赠送纪念品。

(5) 举办公益活动。其做法是:发起慈善公益活动,如献血、救济;关心环保公益活动,如认养动物、树木等;关心社会公益活动,如赞助当地消防队救火器材、赞助当地学校等。执行要点:选择与本企业经营理念相符合的项目来实施;鼓动附近商店或其他公益团体共同举办;以新闻的方式加以宣传;掌握社会热门话题。

7. 其他促销方式

除上述促销方式外,尚有下列促销方式可供选用:

(1) 一价制,即将若干个品项的商品堆放在岛式陈列架上,以统一价格出售或把几个品项组合起来销售。例如,拼装一塑料桶商品 50 元,并陈列于出入口、端头或其他显眼的地方。这种方式能使顾客产生便宜感而促进销售。

(2) 适量包装,即根据不同消费者一次消费量的大小来确定单元包装量。例如,适合单身人士的小盒包装;适合三口之家晚餐的叶菜包装以 350~400 克为宜。

(3) 提供生活情报,即定期向消费者提供日常生活信息,如菜谱、保健常识、商品知识、饮食动态、居家生活小常识等。

（4）DM广告，即将DM广告在商圈范围内挨家挨户分发，顾客凭剪角便可获得一份日用的礼品。

（5）服务性促销，即推出一系列服务性商品，向顾客提供多种服务，既能满足消费者潜在与实际的需求，同时也能为企业创造意想不到的利润。例如，代缴公用事业费、附设付费电话、代售电话卡、代售电影票、代售邮票、代售旅游区门票、车辆充气、家用五金工具出租、附设自动提款机、冲洗相片、代送包裹、代收/送洗衣物、传真服务等。这项促销手段的运作原则是：只要能解除居民的烦恼、提供方便、增加快乐的项目都可以开发。

（四）DM广告

DM简称邮报，是发放给潜在顾客或在店铺内供顾客取用的刊载商品促销信息的内部刊物。连锁公司一般都会定期制作DM广告，以促进门店的销售。在行业实践中，门店在进行DM促销活动的操作过程中，必须遵循一定的规则和流程，以保证促销活动的正常有序进行。

1. 营运程序

门店在执行总部的DM广告促销活动计划时，其营运程序如下：制定商品促销陈列计划→核实DM商品的到货→申请POP或价格牌→撤下前期DM商品→陈列本期DM商品→更换价格标志→检查商品售价与广告价是否一致→检查上期DM商品价格是否复原→销售本期DM商品。

2. 到货审查

广告开始的前两天，开始核实到货情况；主要核查订货是否已到，量是否充足；如货量少时，则可将两种商品并列陈列；对货量多且价格有优势的品牌商品，可多做一个端架或堆头等；如没有到货，要及时与采购或供应商联系，并用其他商品替代，待有货时，再恢复该品项的陈列。

3. 陈列执行

（1）陈列规则。制定DM广告商品的陈列计划时，一般应注意：每一个端架或堆头上陈列的商品品项要集中；不可有空端架，如DM商品数量不足，则应事先考虑其他替换商品；陈列美观、活泼、饱满，DM商品的销量较大，为及时补货，必要时注明商品的库存存放区域等。

（2）陈列时间。更换端架的时间，为此期DM的前一天营业结束后，所有商品的陈列应在档期DM第一天营业开始前完成。

（3）陈列方法。先撤下前期DM商品，将其补充到货架上使排面丰满，剩下的商品分箱装好，填写库存单，存放在库存区，清洁端架或堆头的地面，陈列本期DM商品，要保持周边区域的卫生并及时清除空纸箱等杂物。

（3）标志。撤除上期DM广告商品价格标签，不能有遗漏，更换本期DM商品的价格标签。

（4）检查。本期DM开始当天的营业前，销售部门人员必须逐一检查本期DM商品的电脑售价与DM广告、价格标签三者是否一致，如有错误，立即更正，同时检查上期DM商品的价格标签是否与电脑系统的价格一致。具体检核项目和内容如表10-3所示。

表 10-3　促销活动检核表

类别	检　核　项　目	是	否
促销前	1. 促销宣传单、海报、横幅、POP是否发放及准备妥当？		
	2. 店铺人员是否均知道促销活动即将实施？		
	3. 促销商品是否已经订货或进货？		
	4. 促销商品是否已经通知财务及收银部门变更手续？		
促销	5. 促销商品是否齐全，数量是否足够？		
	6. 促销商品是否变价？		
	7. 促销商品陈列表现是否吸引人？		
	8. 促销商品是否张贴POP？		
	9. 促销商品品质是否良好？		
	10. 店铺人员是否均了解促销周期及做法？		
	11. 店铺气氛布置是否到位？		
	12. 店内人员是否定时广播促销做法？		
促销后	13. 过期海报、POP、横幅、宣传单是否撤下？		
	14. 商品是否恢复原价？		
	15. 商品陈列是否调整恢复原状？		

(五) POP 广告

POP 是英文 Point of Purchase 的缩写，POP 广告俗称店头广告或销售时点广告。POP 广告的目的是：诱导顾客至店内，使顾客容易选择商品，以促进销售。因此 POP 广告被称为"默默工作的销售员"。

1. POP 广告的种类及摆设位置

POP 广告大体上可分为两种基本类型，即来自厂商的 POP 和商店自制的 POP。来自厂商的 POP 有两种类型：一是固定式的，如冰箱上的贴纸、附于包装内的卡通图片等；另一类是非固定式的，如企业宣传广告和商品宣传广告等，一般都由业务员送至店内悬挂或张贴。这些 POP 都是免费提供的，连锁店应积极配合，否则会影响厂商参与商店促销活动的积极性。商店自制的 POP 是配合新店开业、年庆或举办促销活动而制作的，大型的促销活动一般都由连锁总部制作 POP，例行性的促销活动则往往由连锁店自行制作。POP 的具体类型及位置分以下五种：

(1) 海报。其功能是向顾客告知促销活动的内容，贴于商店外的橱窗，或在商店外悬挂红布条。必须注意的是，POP 绝不能胡乱张贴，而且要汰旧换新，以免日子一久，褪色的 POP 损害店头外观，损害商店印象。

(2) 店内悬挂物。其功能是配合节令或促销活动，以增强商店的生活气氛，一般是悬挂于天花板上。必须注意的是，悬挂物的色彩一定要鲜艳，保持整洁卫生，并要控制悬挂物的数量。

（3）定点广告宣传。其功能是宣传由厂商推荐的特定商品，由展示台、展示品及相应的店内海报、购物说明等组成，一般位于大型超市收银台外的空余场地内。必须注意的是，不要影响顾客进出通道的畅通。

（4）店铺指南。其功能是向顾客展示店铺的商品配置及商品区分，常见的有店铺商品配置图、划分各大类商品区域的吊牌、特定商品群的指示牌以及"入口处""电话""禁烟""厕所"等指示牌。

（5）标示价格及说明商品的POP。其功能是激发顾客对特定商品的购买欲望，这是最重要的POP广告，如特价品POP、说明用POP、推荐品POP等。这类POP位于商品陈列处，或在商品陈列处上方天花板悬挂，再配合陈列位置的POP。这类POP应包括三项重要内容：第一是价格，要让顾客知道商品很便宜；第二是价值，告知商品的特色、成分、质量等；第三是提供使用（食用）方法。

2. 制作POP应注意事项

POP的制作是一项艺术性的工作，应注意以下几个方面：

（1）制作POP广告所需的用具。制作POP时必须的用具有：厚而大的三角板；直尺一把，长尺一把；美工刀；羽毛刷；圆规；平头笔；粗细不同的铅笔；各种广告颜料；小盘子；橡皮擦；洗笔盒；剪刀；画板；胶带等。

（2）树立POP广告的特色。不同国家或地区的POP广告有一定的差异，大体上可分为三种类型：第一种，美国式POP，突出数字（价格），且以印刷为主，同时比较注重强烈的颜色，以大型的POP为主，小POP皆由商品价格卡取代；第二种，日本式POP，注重商品特卖价格及商品料理方法的介绍，往往是大型POP与小型POP相结合；第三种，中国台湾式POP，文字说明及数字大体各占POP的一半位置，是介于美国式与日本式之间的一种特殊形式。

（3）制作POP应考虑的因素。POP用纸以白色横长形较好，使用有颜色的纸张时，以浅色较合适；书写方法以由左向右横写为原则，也可使用有意识的纵写；文字要说明商品特征、使用方法、价值等内容；色彩的使用要与季节、商品相配合；不要有错字、繁体字、脱字、别字等情形；装饰不要太复杂等。

（4）特价POP的常规内容。特价POP应明确、活泼，且具有引导性，一般应包括八项基本内容：说明文，说明特价的原因；特价品的插图，以卖什么画什么为原则；必要的装饰；特价日期，即特价的起始日期；厂商名或产地；品名；原价，应用较小的字体；特价，应用较大的字体。

（5）数字的价格印象。据研究，数字给消费者的价格印象是："0"与"5"是价格适中的印象；1～4是贵的印象；6～9是便宜的印象。所以，在制作POP广告时，价格尾数使用频率最高的数字是6～9，约占85%，其次是"0"，约占10%，使用频率最低的是1～4，约占3%。

进、销、存是店铺商品经营的三项基本活动，促销在很大程度上决定了商品经营活动的有效性。零售商要从供应商那里取得一个特别低的价格是有难度的，因为供应商一般不愿意得罪其他零售商。但供应商愿意配合特定的零售商做促销活动。所以，供应商的促销支持力度就十分重要，这取决于零售商的促销策划。公司应该变被动促销为主动促销,根据公司的策划,向供应商提出促销配合的要求。

 问题与探讨

1. 进货管理、销售管理、库存管理各包括哪些基本内容?
2. 人工订货与自动订货的主要区别与依据是什么?
3. 为什么说商品台账图是商品经营的核心技术?
4. 商品陈列有哪些原则与方法?
5. 临近保质期商品如何处理?
6. 补货、理货过程需要经常应对的问题有哪些?
7. 什么是缺货?缺货率如何计算?控制缺货有哪些措施?
8. 如何制定库存过大的改进措施?
9. 盘点有哪些基本环节?各应该做好哪些基本工作?
10. 促销计划包括哪些内容?

第 11 章　安全与防损管理

零售店铺由于营业时间长、现金交易、开架陈列等原因,特别容易产生各种损耗、不安全状况以及潜在的危险因素。管理者不仅要考虑财物与人身安全问题,还要把商品安全纳入安全管理的范畴,商品安全不仅仅是食品安全也包括非食品的安全。控制损耗与提供安全保障,是一项整体性管理工作,公司总部设立防损部负责对各店防损员进行统一的招聘、培训、考核及工作安排,并负责对各店的防损、安全工作进行指导和检查。

引导案例　沃尔玛的"资产保护部"

2006年5月中旬,沃尔玛"防损部"正式更名为"资产保护部"。更名后"资产保护部"也是总体负责食品安全管理的部门。资产管理部有一支质量审核专家团队,负责制定、推动、实施商场食品安全管理程序以及开展供应商审核(Quality Performance Review, QPR)。沃尔玛"防损部"曾以"独立性"著称,如原沃尔玛大中华区的防损总监的职位等同于沃尔玛大中华地区的总裁职位,他直接隶属于亚太区和国际公司防损部总监。从"防损部"的组织架构来讲,它不受经营干扰,不受所在地区的行政领导人的干扰,形成了非常简洁明了、反应迅捷的防损组织体系。据说沃尔玛总部的"防损部"总监来自美国联邦调查局,他在防损管理上使用了很多先进的仪器和设备。例如,每一个采购人员的电话号码都是公司发放的,而且公司一再重申采购员的业务电话必须使用公司的电话,上班时间只许讲与业务有关的内容,公司会经常不定时地对采购员的业务通话进行信号拦截,并审查对方的电话号码。如今,由从"防损部"更名而来的"资产保护部"来承担食品安全管理的重任,自然也继承了"防损部"的独立性。实际上,除了"资产保护部"总管食品安全以外,还有公共事务部与营运部门在实施食品安全管理。沃尔玛的食品安全体系不仅具有独立性,更具有相互牵制性,是一个网络状的管理架构。

> **点评**　防损与内控是营运效率得以保证的重要部门,防损部独立监管有利于不受任何部门的干扰,铁面无私地处置一切不经济行为。食品安全之所以需要有多个部门合力监管,那是因为通过相互牵制才能发现真正的问题所在,以便及时纠正与预防,加强源头与全程的管控。

一、安全管理机制

(一) 损耗的定义

美国食品营销协会(FMI)对"损耗"的定义是:损耗是店铺接收货物时的商品零售值

与售出后获取的零售值之间的差额。例如,如果某一商店收到了价值10万元的零售商品,完全出售后,商店只实现了9.9万元的收入,商品的价值减少了1 000元,那么就存在1%的损耗。

对这个定义有以下几点需要说明:

(1) 损耗是商品的进与销全过程所发生的一切损失,大致可以分为五类,即偷窃、作业错误、生鲜处理不当、意外损失和其他损耗。

(2) 导致损耗的最主要原因是偷窃,包括顾客偷窃与员工偷窃。但也不可忽视其他因素引起的各种损耗,如厂商偷窃、验收作业差错、未及时退货、收银作业差错、盘点作业差错、厂商调整价格导致库存商品价值损失等。

(3) 损耗范围因企业而异。在丢失、破损、过期、未知损耗、销毁、削价等六个类别中,仅部分企业包括销毁与削价而导致的损耗,大部分企业并没有将这两项列入损耗范围。

(4) 计算损耗的方法主要有两种,即进价计算法与售价计算法。售价计算法方便易行,但会受价格变动的影响,相比而言,进价计算法能更准确地反映实际损耗程度。

(5) 由于厂商提供补损,实际损耗率往往大于账面损耗率,损耗率特别低的部门不一定是损耗控制得特别好的部门,应该更加严格地进行核查。

(6) 除显著的损耗外,实际上还存在一系列潜在的损耗,如因缺货引起的销售减少而导致的损失。

(二) 安全管理机制的评价因素

为了控制损耗,提供人、财、物的安全保障,企业都建立了一定的组织机构,如防损部、安保部等,这些机构都从事着损耗控制与安全保障的工作。但是否发挥了有效的作用,需要对下列因素加以评价:

(1) 负责安全的人员是否接受过安全方面的训练?是否具有必要的安全知识与技能?

(2) 负责安全的人员是否与其他机构保持经常性的联系与合作?并能获取最新的专业动态信息?

(3) 防损或安保部门是否有明确的目标与任务?其他部门的经理是否清楚这些安全目标与任务?是否参与设定安全目标?

(4) 负责安全的人员对店铺的业务运作,包括采购、接收、定价、支票兑付等是否有全面的了解?

(5) 主要针对业务人员的培训项目有没有安保人员参加?

(6) 涉及新店选址、新设备购置、货送中心改造、商店停业、员工解聘、员工招聘、增加夜班人员和延长商店营业时间之类的营运变动等事务的会议,安保人员是否参加?

(7) 是否制定了书面的安全程序和规章并不断更新?各部门执行情况如何?

(8) 损失事故记录是否被完整地保存下来?

(9) 必要的话,安保经理愿意并能够担负其他的防损责任吗?包括员工和顾客的安全、防火损坏控制与存货控制。

(10) 是否建立了意外事件的反应程序(应急预案)?

(11) 安保经理能否在公司内部建立有效的沟通联络?

(12) 管理高层积极支持安全机制吗?各部门是否知道管理高层对安全机制的态度?

一般来说,大型购物中心、商场、超市都建立了安全管理机制,如消防工作组织结构图、消防安全工作委员会、应急预案、定期演练等,对偷盗行为也严加防范。但是,损耗率与事故发生率仍然居高不下。为什么?从企业内部来说,安全机制的专业水平、全体员工的认知程度、作业活动的操作规范至关重要。

(三)安全管理小组

安全管理应注重事前防范,除安全设施和措施外,最重要的是要有组织保证,通常是在店铺内成立安全管理小组,事先明确各类人员的任务分工及处理办法,一旦发生突发事件,就不至于发生混乱。安全管理小组一般由以下人员组成:

(1)总指挥一人,由店长担任。负责指挥、协调现场的救灾作业,掌握全店员工的动态,并随时将灾害的发展状况及应变处理作业向上级主管单位报告。

(2)副总指挥一人,由副店长担任。负责截断所有电源,并协助总指挥执行各项任务。

(3)救灾组。负责各种救灾设施和器材的检查、维护与使用,水源的疏导,障碍物的排除,以及灾害抢救等任务。各项救灾设施及器材应予以编号,并指定专人负责。

(4)人员疏散组。灾情一旦发生,应以妥善方式组织疏散,并迅速打开各安全门和收银通道,协助顾客疏散到安全地带。要避免引导恐慌。同时要警戒灾区四周,以防偷窃。

(5)通讯报案组。负责对外报案及内外通报联络等任务,并由专人负责。

(6)医疗组。负责伤员的抢救及紧急医护等任务。

以上各小组应各设组长一名,负责各组人员的任务指派。店长则应将安全管理小组列成名册,并特别注明总指挥、通讯报案人以及重要工作的代理人姓名。同时将"防灾器材位置图"和"人员疏散图"张贴在店内指定位置。

(四)安全管理作业

安全管理应做好事前、事中、事后三个阶段的工作,每个阶段的作业重点及原则如下。

1. 事前作业

关键是事前预防,事前作业应做到:妥善规划,即根据各项安全管理项目,做好事故预防、处理及善后作业的详细步骤和注意事项;定期检查,即定期检查各项安全设施及使用器械,对于老旧、损坏或过期的,应立即修复或更换;定期教育,即定期举办员工安全管理课程,以充实员工的安全常识,加强灾害意识;定期演习,即定期举办各种演习,以测验员工的安全管理能力,以及临场的应变经验;培养员工的警觉心,即养成员工及时发现问题,并能立即反映情况的习惯。

2. 事中作业

事中作业应做到:沉着冷静,不管发生什么情况,必须保持沉着冷静的态度;迅速而适当地处理。

3. 事后作业

事后作业应做到:要仔细分析事故发生的原因;要追查责任人和责任单位;要建立补救措施,以免日后发生类似的事件。

(五)安全防范意识

有关人员应该树立的基本意识如下:

(1)规程意识:如发生事故的时候什么应该做?什么不应该做?发生事故的时候第

一件事做什么?

(2) 报告意识:如填写顾客事故报告单。

(3) 预防意识:发掘员工的预防意识及防止潜在损失。

(4) 服务意识:多给顾客一些人性化的服务。

(5) 代表意识:面对顾客的每一位员工都代表着公司的整体形象。

二、损耗的预防与控制

店铺中的损耗有多种,如事故损耗、账面损耗、商品损耗等。商品损耗又分数量损耗和价值损耗。数量损耗是商品在数量上的损失,如商品被偷盗;价值损耗是商品在价值上的损失,如清仓使商品价值贬值。数量损耗与价值损耗往往是同时发生的,如商品被盗,既有数量损耗,又有价值损耗;而降价、清仓等,商品数量上没有减少,但商品价值减少;缺货也会引起损失,因缺货会导致潜在销售的损失。所以商品的损耗不只是单纯的商品实物的损耗,也应包括商品未来销售的损失。店铺营运管理中商品损耗是不可避免的,但是可以通过管理措施将其控制在正常的或较低的水平。

(一) 商品实物损耗

1. 商品实物损耗的原因

造成商品实物损耗的原因有:零星散货、顾客遗弃商品没有及时收回造成损耗;未遵守先进先出原则,食品过期或变质;陈列不当、理货不当,导致商品损坏;破包、破损商品未及时处理,又不能退货;卫生用品被拆包后导致无法销售;供应商在收货时带走商品;叉车没有安全操作,损坏商品;商品收货时点数错误,未能更正;贪污赠品或赠品发放错误;收银员没有将购物车内所有商品逐一扫描;员工内盗和顾客偷盗;保洁人员偷用清洁用具、用品;顾客在店铺里随意吃东西,特别是小孩子;老鼠咬坏商品等。

2. 报损标准

报损就是把失去销售价值的商品实施报废处理。报损的基本标准是商品是否能销售,是否还具有使用价值。一般标准如下:

(1) 商品已经损坏,失去使用价值,不能再销售,如被打碎的灯泡、曝光的胶卷等。

(2) 商品已经损坏,经过维修依然不能恢复使用。

(3) 商品具有使用价值,但包装损坏,不能销售,如卫生卷纸的包装破损,不能再销售或降价销售。

(4) 商品被污染,不能再销售,如破包装的食品等。

(5) 被顾客使用过的商品,如被顾客修改过的服装等。

(6) 被污染或使用过的卫生用品。

(7) 超过保质期的商品等。

3. 报损流程

报损一般程序是:

(1) 确定报损商品:销售部门确定需要执行报损的商品,及时报损,不能积攒后才处理。

(2) 整理报损商品：将报损商品进行整理，包括装箱等。

(3) 填写库存更正单：销售部门填写库存更正单，并注明报损原因。

(4) 管理层审核：管理层对库存更正单进行审核。

(5) 修改电脑库存：销售部门将审核确认后的单据交相关部门（如数据管理部门）修改库存。

(6) 与防损部一起确认报损商品：销售部门将审核确认后的单据及商品交防损部门，并一起确认报损商品的名称、规格、数量等。

(7) 销售部门人员将审核确认后的单据交财务部作记账凭证。

(8) 商品报损库存更正单一般一式四联，销售部、电脑部、防损部、财务部各一联。

4. 实物损耗的控制

(1) 零星散货的处理。零星散货必须及时处理，特别是生鲜食品和冷冻食品的散货，更要在第一时间处理。所有的员工在店铺任何地方发现生鲜、冷冻食品的零星散货，都有责任在第一时间将其复位。不属于本部门陈列区域的商品，一旦发现，部门人员有责任将其从货架上收起，集中存放，并交给相关部门的同事进行处理。所有本部门的零星散货，必须当日将其回归本来的陈列位置。

(2) 商品破包装的处理。商品的包装破损后，若破损很小，且不影响销售质量，销售人员必须进行包装修复；食品的包装破损后，必须退货，不得进行修复；破包装的修复必须采用透明胶带进行修复，不能采用黄色或有印刷公司标志的胶带进行修复；属于复合包装损坏的，必须重新用热塑机进行修复，不能使用胶带捆绑修复；破包装修复后，要检查条形码是否有效；商品的开包装，同样属于破包装修复的范围。

(3) 商品的价格标志。商品价格标志的错误也常常会引起人为的损耗，主要有以下几种情况：商品在系统中的售价不正确；商品在价格更改后，特别是提价后，店铺的价格标签、价格标志牌未及时更新；同类商品不在正确的位置陈列；营业期间进行竞争价格的恢复，导致顾客投诉；广告彩页的价格与系统中的销售价格不一致；商品的条形码贴错或生鲜食品的计价错误，导致价格错误。要避免因价格标志导致的损耗，应注意：必须对当日所有变价商品的价格进行核对，检查系统价格与标签的价格是否一致；必须对广告彩页商品的价格进行核对，检查彩页价格与系统价格、货架价格标签的价格是否一致。

(4) 其他损耗控制。如商品安全管理（存放、陈列、补货、理货、展示等）不当导致损耗：商品陈列必须遵循安全、稳固、交叉码放的原则，以免货物倒下伤人；安全使用叉车和工具，不要伤及人员和商品；贵重商品在补货时，必须小心谨慎，避免损坏，造成损失；在铝梯或货架上作业时，员工须轻拿轻放商品，注意货物安全，切不可从货架上往下扔货，以免造成商品损耗和人员伤害；所有需存放于高货架的库存，每仓板需要用缠绕膜固定货物以免滑落；贵重商品的仓库或柜台管理必须有进出账制度，与每日销售都能一一对应；进行商品试吃或展示时，所使用的电器插座、电线是否存在安全隐患；商品的样品或特殊陈列的商品，是否在陈列货架上已经固定好，如婴儿车或自行车等。再如试衣间的管理：试衣间必须设置人员进行管控和服务顾客；试衣间人员负责对顾客带入的商品进行检查，对服装的总件数发放牌子，顾客试衣完毕后收回牌子并进行核对；提醒顾客不要将非服装类商品带入试衣间；提醒顾客不要将自己的物品遗留在试衣间；如提供更改裤脚的服务，要消除电器方面的隐患。

（二）重点区域的监管

易发生偷窃的场所是：成为死角，看不见的场所；易混杂的场所；照明较暗的场所；通路狭小的场所；商品陈列杂乱的场所。以下是应该重点监管的场所。

1. 收银出口处的管理

收银出口处必须设立安保员岗位，在营业时间内实行不间断的值班制度。可设立检票制度，由安全员检查出门商品是否和收银条上一致，也可在收银出口处设立电子防盗监控系统。监管要点有：

（1）收银出口处的监管在于正确、快速、满意地解决防盗报警问题。

（2）维护好收银出口处顾客的秩序，保持收银通道畅通，保证所有顾客能从进口进、出口出。

（3）监管人员要了解店铺中的商品情况，当班时保持思想集中。

（4）注意收银区前手推车是否堵塞，设备有否损坏。

2. 员工出入口处的管理

员工出入口要设置安保员岗位。只要员工通道打开，安保员就要实行连续值勤制度。员工出入口处可安装防盗电子门用来防止员工偷盗商品的行为，设置密码锁储物柜为外来（顾客、来访）人员暂时安全存放物品。

（1）员工出入口的监管要点：① 检查员工是否按规定执行考勤制度，检查非工作时间的员工进出店铺是否符合规定。② 禁止员工携带私人物品进入店铺，如属必须带入店铺的物品，要进行登记。③ 防止员工偷盗商品。特别是在防盗门报警时，严格检查是否将禁止带出店铺的物品带出。④ 对外来的来访人员要按规定进行电话证实、登记、检查携带物品等。⑤ 对在本通道携带出的所有物品要进行检查。主要有人员的提包（判断是否属于私人所有），属于店铺的物品是否有管理层的书面批准等。

（2）员工出入口的管理规定：① 外来人员进入店铺要登记，除指定的财务人员外，不准带包进入店铺，必须携带物品的，应办理登记手续，出来时需主动出示，接受检查。② 在工作时间，所有当班员工（含促销人员）必须且只能从商场的员工通道出入（特别授权者或授权岗位者除外）。③ 所有进出人员都必须主动配合安全人员的安全检查，尤其是防盗电子门报警或在安全人员提出检查的要求时，要予以配合。④ 员工的进出、物品的携出（归还）必须有管理层的书面批准，安全员核实后放行。

3. 收货口的管理

收货口应设置安保员岗位，只要收货通道打开，安保员就要实行连续值勤制度。收货口卷闸门设置防盗报警系统，如未经密码许可而强行打开，则报警。

（1）收货口的监管要点：① 收货门的打开和关闭须由店铺安保员协同收货部门主管负责。② 安保员负责维护收货现场秩序，对送货车辆进行商品、车号的基本了解，指定卸货位；安排各送货车辆有序进出；车辆进入收货区，督促驾驶员不准离开收货区。③ 查处收货员和供应商的各种不诚实、作弊、贿赂或接受赠品的行为。④ 外来人员必须在指定的范围内，超出范围或需进出店铺楼面必须办理登记和出入安全检查手续。⑤ 非收货人员（除授权员工和授权岗位人员）不能进入收货区。⑥ 全面掌握并督促收货员的收货程序;保证货单同行,数量、品名正确,观察已收商品进仓库的情况;负责看管好生鲜箱格,清点数量,察看是否有遗留物,供应商取回箱格,需登记备案。⑦ 商品必须由本店铺员工亲自点验称重,避免重复点数称重。⑧ 供应商的赠品、道具等进出,必须执行正确的收货程序。⑨ 对退换货必须核实品名、包装单位和数量,换货品种是否正确以及货单是否一致。⑩ 大单送货必须逐单核查,签字确认;并目送商品离开收货口。

(2) 收货口的管理规定:① 收货的员工和供应商人员必须诚实作业,不得有故意作弊和损害公司利益的行为。② 所有员工不得接受供应商任何形式的贿赂和馈赠。③ 收(退)必须按流程,商品必须分别放置在不同的区域。④ 供应商人员进入已收货区必须办理登记手续,并进行安全检查。⑤ 非商品收货,必须有赠品的标签和"道具携入/携出清单"。⑥ 安保员对退换货、出货、物品离场都要进行检查,对收货进行抽查,特别是精品、家电、化妆品等贵重物品,对所有已经收货的商品必须监督是否在已收货区。

4. 精品区的管理

精品区及其出口处应设置安保员岗位,营业时间内实行连续值勤制度。精品区出口处设置电子防盗门系统和门禁系统,前者对偷盗商品进行报警;后者则对无密码开门进行报警。

(1) 精品区的监管要点:① 顾客只能从进口进,从出口出。② 顾客不能将非精品区的商品带入精品区内,只能暂放精品区外。③ 顾客在精品区内购买商品,必须在精品区内结账。④ 检查顾客所持发票是否与商品一致,特别是包装是否符合精品包装要求。⑤ 监督贵重物品员工的实物盘点。

(2) 精品区的出口管理规定:① 电子防盗门报警程序。② 结账商品的包装、发票处理必须符合精品销售的有关规定。③ 柜台(展示柜)在非销售时,须随时上锁处于关闭状态。④ 外放贵重样品,应采取防盗措施。⑤ 柜台销售商品采取先付款后取货的销售方式。

5. 大家电商品提货区的管理

大家电检测提货处应设置安保员,营业时间实行不间断值勤制度。大家电检测提货口设置防盗报警系统,如未经密码许可强行打开,则报警。其监管要点有:

(1) 提货的大家电商品,必须有安保员检查签字。

(2) 安保员检查顾客是否有收银发票,发票是否有异常,商品品名、型号、货号、数量是否一致,已提商品的发票是否盖有提货章,商品的包装是否封好。

(3) 提货的顾客秩序是否良好,顾客是否站在规定的提货台区域外。

(4) 监督其他出门商品是否进行检查登记。

6. 容易引起偷盗的商品举例

店铺中比较容易引起损耗的商品,要么是高单价商品,或是包装很小,或是比较贵但又很刺激消费的品种,主要有:贵重酒类,如洋酒、中国酒;贵重保健品;香烟类;贵重化妆品;精品百货(手表、照相器材、贵重笔等);小家电;电池;小糖果、巧克力;牙刷、洗发水、牙膏;各种小文具、精品文具;进口婴儿奶粉;卫生用品;毛巾、袜子、短裤、文胸等。

(三) 员工偷盗的防范

1. 内部员工偷盗行为

员工通过不正当或违法的行为使店铺财物受到损失,手段多种多样,主要行为有:

(1) 直接偷窃店铺的商品、赠品和用品。
(2) 直接偷窃同事或顾客的私人财物。
(3) 未按规定程序而故意丢弃店铺商品以逃避责任。
(4) 与员工或外人勾结，策划或协助进行盗窃。
(5) 偷吃店铺的商品或未经过许可"试吃"。
(6) 员工利用改换标签或包装，将贵重商品以低于规定价格结账。
(7) 未经过正常程序，故意将价格标低，使自己的朋友或亲属受惠。
(8) 未按规定程序，私自将店铺内作为商品的文具、工具、用具拿来自己用。
(9) 未经过许可，私自使用或拥有供应商提供的赠品。
(10) 员工贪污公款、携款潜逃。
(11) 收银员从收银机中盗窃钱款。
(12) 收银员为亲属、朋友等少结账、不结账或少收多找。
(13) 利用退货、换货等手段偷窃钱款。
(14) 私自接受供应商的回扣、礼品、招待、用餐、消费及旅行等各种形式的馈赠。

2. 内部偷盗的防范手段

内部偷盗防范是店铺管理中非常重要的一环，是每一位管理者的重要工作之一。可以说，诚实的良好品德是从事商业，特别是零售营运领域工作人员最重要、最基本的道德要求。管理者要降低损耗、控制损失，必须在内盗的防范上实施有效的管理。

(1) 员工的预防教育。对员工从上岗开始就进行不间断的素质教育，采用开会、板报、活动等多种方式从正面、反面等多种方式阐明：① 店铺具备严格的管理制度和监视系统。② 店铺对偷盗严厉打击的措施和处罚方法。③ 员工应具备在本行业工作的最基本的道德规范。④ 员工因偷窃将会给个人和家庭带来严重后果，包括承担刑事责任。⑤ 偷盗不仅损害企业利益，也损害同事的利益与福利。

(2) 建立内部举报制度。控制损耗是每一位员工的责任和工作内容，因此要鼓励员工检举偷盗行为，设立内部举报奖励制度，调动员工的积极性，弘扬正气。① 内部举报必须是实名举报，不接受匿名举报。公司对举报者的举报姓名、内容予以保密。② 设立举报电话、员工信箱，接受内部员工的举报。③ 查证举报事件由安保部在规定的时间内完成。④ 对于经查证属实的举报者，给予一定的经济奖励。可根据所挽回的经济损失，决定具体奖励的数额。

(3) 内部安全检查和监控。为严厉打击内盗，安保部要进行每日安全检查。安全检查不仅仅是案件发生后或接到举报后进行的取证工作，也包括日常工作中随时对正在进行的偷盗行为予以制止和查处。对以下列举的异常迹象，尤其需要提高警觉，防患于未然。① 员工背大包上下班。② 员工在工作时间内未从员工通道进出。③ 员工在操作间、洗手间、电梯间吃东西，附近无管理人员在现场。④ 夜间作业员工的场所，发现较多的商品空包装。⑤ 员工表情过于紧张或异样。⑥ 员工与某顾客熟悉并亲自为其挑选商品。⑦ 员工特意为某顾客到仓库取商品。⑧ 员工在仓库对原包装商品进行更换包装。⑨ 员工购买大包装商品。⑩ 贵重商品的销售与电脑库存不能一一对应。⑪ 家电的提货与收银发票的商品品名不符。⑫ 员工特意在某一收银机付款结账。⑬ 收银员擅自离开岗位或未到下班时间中途下班。⑭ 收银员执意要求上某一台收银机。⑮ 收银员经常有小差额的收银差异。⑯ 收银员为其亲属、朋友结账。⑰ 收银员违反收银程序,如不扫描但进行商品消磁。⑱ 收银员某一时段有过多的"作废"或"删除"品项。⑲ 收银员有大金额的收银短账行为等。

（四）顾客偷窃的防范

1. 顾客偷窃行为

（1）顾客利用衣服、提包等藏匿商品,不付款带出商场。

（2）顾客更换商品包装,用低价购买高价的商品。

（3）顾客在大包装商品中,藏匿其他小包装的商品。

（4）顾客未付账白吃商场中的食品。

（5）顾客撕毁商品的标签或更换标签,达到少付款的目的。

（6）顾客与店员相互勾结,进行盗窃活动。

（7）盗窃团伙的集体盗窃活动。

2. 顾客偷窃的手段

（1）顾客不买任何商品,利用衣服、提包藏匿进行盗窃。

（2）顾客买少量商品,利用衣服、提包藏匿进行盗窃。

（3）顾客更换包装、标签等进行盗窃。

（4）顾客利用大包装商品盗窃商品。

（5）顾客组成盗窃团伙,协同进行盗窃活动。

3. 顾客偷窃的防范

（1）设置便衣安保员。设置便衣安保员是有效防止和发现顾客盗窃的有效手段,他们的隐蔽性好、专业反扒能力强,是商场防盗的主力军。通常安保员可以通过如下异常现象来发现外盗：① 购买的商品明显不符合顾客的身份或经济实力；② 购买商品时,不进行挑选,大量盲目地选购商品；③ 在店铺开始营业或结束营业时,频繁光顾贵重商品区域；④ 在商场中走动,不停地东张西望或到比较隐蔽的角落；⑤ 拆商品的标签,往大包装的商品中放商品,撕掉防盗标签或破坏商品标签；⑥ 往身上、衣兜、提包中放商品；⑦ 几个人同时聚集在贵重商品柜台前,向同一售卖员要求购买商品；⑧ 顾客表情紧张、慌张、异样等。

（2）采用防盗系统。① 防盗安全门系统；② 监视系统；③ 张贴各种警示标语；④ 商品的安全标签。

4. 顾客偷窃事件的处理方法

（1）在认定偷窃之前给予顾客有表示"购买"的机会。具体的办法是对隐藏商品的顾客说："您要××商品吗","让我替您包装商品"等。若在收银台时则说："您是否还有忘了付款的东西","还有其他的东西需要结账吗"等,再一次提醒顾客"购买"。

（2）如果提醒之后顾客仍无购买的意思,则要以平静的声音说"对不起,有些事情想请教您,请给我一点时间",将其带入特别室,请求主管一同参与,并作适当的处理。

（3）在处理偷窃事件时,不要把顾客当作"窃贼",讲话要冷静、自然,尽可能往顾客"弄错"的角度去引导其"购买",不要以"调查"的态度来对待顾客,不要让店内的其他顾客有不愉快的感觉。

(4) 如果误会了顾客,应向顾客郑重地表示道歉,并详细说明错误发生的经过,希望能获得顾客的理解,必要时应亲自到顾客家中致歉。

此外,还必须加强商品进、销、存各个环节的制度化管理,以防止由作业错误而导致的商品损耗。

三、消防管理

消防是指防止火灾(水灾)及灭火和其他灾情处理的专门工作。店铺消防工作的重点是:执行消防管理制度,做好消防安全检查,并及时纠正、整改与预防。

(一) 消防知识

1. 燃烧

燃烧,俗称"着火""起火"。燃烧有着火、自燃、爆炸等多种形态。燃烧要同时具备一定的条件并结合在一起才能发生,即:

(1) 一定数量的可燃物:可燃物是指能在空气中燃烧的物品,如可燃建材、化纤棉制品、塑料橡胶制品、高度酒、文化用品和日用品(如发胶)等。

(2) 一定数量的助燃物:助燃物是指帮助和支持燃烧的物质,如空气等。

(3) 达到一定温度和热量的着火源:着火源是指能引起或导致可燃物燃烧的能源,如明火、电火花、烟蒂、火柴梗等。

店铺失火原因主要是电器陈旧老化失修,随便拉接电线超负荷运行,吸烟乱扔烟蒂,火柴梗或违章操作明火,照明灯具与可燃物距离过近等。因此,必须有针对性地采取预防措施。

2. 常用灭火方法

(1) 隔离法:把着火的物质与周围的可燃物隔离开来,或把可燃物从燃烧区移开,燃烧会因缺少可燃物而停止。

(2) 窒息法:阻止空气流入燃烧区域,或用不燃烧的惰性气体冲淡空气,使燃烧物因不能得到足够的空气而自动熄灭。

(3) 冷却法:用水或干冰等冷却剂直接喷射到燃烧物上,降低燃烧物的温度至其燃点以下,使燃烧停止。

(4) 抑制法:用含有氟、氯、溴的化学灭火剂喷向火焰,使其在参与燃烧的反应中起抑制作用,从而使燃烧停止。

(二) 消防管理总原则

(1) 店铺开业前必须通过消防部门安全检查合格验收。

(2) 各部门要认真执行国家有关消防方面的法律法规及公司的有关消防安全管理规定,做好消防教育工作,提高员工的防火自觉性,形成"人人重视,群管群防"的局面。

(3) 消防管理要贯彻"预防为主,消防结合"的方针,贯彻"谁主管,谁负责"的原则,各部门负责人是消防安全的第一责任人。

(4) 消防工作实行逐级防火责任制,各部门应该把预防火灾作为整个管理工作的一个重要部分,使防火工作经常化、制度化、档案化。

(5) 店铺要按照消防安全自查表定期进行消防安全自查,对不符合要求的,开具《安全隐患整改书》,限期整改并复查。

(6) 员工必须掌握消防器材的性能及使用方法,消防器材不得挪作他用,不得擅自移动,消防设施周围和配电箱(板)前不准堆放物品,配电箱内不准存放杂物,门店通道必须畅通。

(7) 积极参加各项消防工作和活动,认真执行本岗位的防火责任制,对违反防火安全管理行为的,人人有权予以制止和纠正。

(8) 严禁在门店内私自使用各种电热工具和私拉乱接临时电源线,严禁擅自动用明火和在商场、仓库内吸烟。

(9) 严禁将易燃易爆、有毒有害物品带入公司、商场、仓库内,发生火灾时立即报"119"火警,并立刻组织力量扑救,疏散顾客,本部门员工不准擅自离岗。

(三) 店铺消防工作的组织结构

作为消防重点单位的店铺必须有专门的消防工作责任人,建立负责消防工作的部门,并建立消防档案,使消防工作由专人和专门部门负责,并做到人人知晓,人人有责,从组织、制度上确保消防工作的有序进行。

店铺消防工作实行"店铺→商品部→商品小组(柜)"三级管理责任制,店铺、各商品部和各商品小组的主要负责人是各级消防的第一责任人,安保部是消防工作的责任部门。

(1) 建立消防安全工作委员会。委员会全面负责整个店铺的消防工作,制定消防工作的有关规章制度和与政府消防部门的协调工作,店铺总经理为主任,下设人员有副主任和委员若干。

(2) 各商品部设立消防小组,部门经理为组长,小组成员由消防安全员和部门骨干人员组成,实行岗位责任制,随时对店铺消防安全隐患进行监督和检查。

(3) 各商品小组(柜)设消防安全员,督促消防工作的执行,第一时间掌握消防情况和应对突发事件。

(四) 店铺日常消防工作

消防安全工作委员会要定期组织消防员参加消防学习和训练,定期组织店铺灭火演练和消防演习,每月进行消防安全检查和召开消防安全例会,消防小组每周进行消防检查,消防员每日进行全场的消防巡视。消防安全委员会负责与各部门签订《防火安全责任书》,承租厂商进场前要与之签订《引进商户防火安全责任书》,全面管控外来经营商户的消防安全工作。安保部必须制定可行的应急预案,落实专人督促消防工作的执行。

(五) 店铺消防制度

(1) 店铺实行逐级防火责任制,做到层层有专人负责,各部门要签订《防火责任书》。

(2) 要设立店铺防火档案,制定紧急灭火预案,进行消防培训,举办消防演习,将各种消防宣传教育资料归档备案。各商品部须具备完整的日常防火检查报告和电器设备使用规定等资料。

(3) 店铺内要张贴各种醒目的消防标志,设置消防门、消防通道和报警系统,组建义务消防队,配备完备的消防器材与设施,做到有能力迅速扑灭初起火灾和有效地进行人员财产的疏散转移。

（4）制定和健全消防安全日常检查制度，用火用电和易燃易爆物品的安全管理制度，消防器材放置和维护保养制度以及事故调查、处理和报告等制度。

（5）对新老员工要普及店铺消防知识，加强对消防器材使用的培训，特别是对专兼消防员要进行专门的消防训练和考核，做到经常化、制度化。

（6）店铺内所有区域全部禁止吸烟和动用明火，存放大量商品和物资的仓库与场地，须设置明显的禁止烟火标志。

（7）禁止擅自接装电源插座、乱拉电线、私自拆修开关和更换灯管、灯泡和保险丝等，如需要，必须由工程人员、电工进行操作，所有临时电线都必须有明确记录，并在期限内改装。

（8）店铺内所有开关必须统一管理，每日的照明和电梯统一由安全员关开，其他电力系统的控制由工程部负责。如因工作需要而改由其他部门负责，则管理人员和实际操作人员必须就如何正确使用接受培训。

（9）营业及工作结束后，要进行电源关闭检查，保证各种电器不带电过夜，各种该关闭的开关处于关闭状态。

（10）必须按规定操作和维修各种电气设备、专用设备，操作人员持相关《操作证》上岗作业。

（11）货架商品存放要与照明灯、整流器、射灯、装饰灯、火警报警器、消防喷淋头、监视头保持一定间隔。

（12）销售易燃品，如高度白酒、果酒、发胶等，只能适量存放，要保持通风，发现泄漏、挥发或溢出的现象要立即采取措施。

（13）店铺各部门（区域）要按照"谁主管，谁负责"和"谁在岗，谁负责"的原则，建立消防安全和日常检查制度。

（14）要与承租厂商和进场的装修（建筑）商订立消防安全责任协议。

（六）店铺消防系统

1. 消防标识

消防标识是指店铺内外设置的、国家统一规定的有关消防标识。标识可以是文字或图案，如"禁止吸烟""危险品""紧急出口""消防设备"等。店铺全体员工要熟记消防标识。

2. 消防通道和紧急出口

消防通道是建筑物在设计建造时留出供消防、逃生使用的通道；紧急出口是店铺若发生火灾或意外事故时，紧急疏散人员时能以最短时间离开店铺的出口。店铺员工要熟悉自己岗位最近的消防通道和紧急出口的位置。通道和出口必须保持通畅干净，紧急出口只能使用专用门锁关闭，平时不能使用。每天营业前，店铺安保部要指定专人检查，确保落实。

疏散图是店铺（各个层面）紧急通道、紧急出口和紧急疏散通道的标识图。它提供危险发生时指示人员逃生的途径，指示行动的方向、通道和出口。疏散图必须悬挂在商场明显的位置，供员工和顾客使用。

3. 消防设施和器材

消防设施是指用于火灾报警、防火排烟和灭火的所有设备。消防器材是指用于扑救初级火灾的专用轻便灭火器材。消防设施和器材是人身安全的重要保证，必须保证性能灵敏可靠,状况良好,必须建立档案登记,包括位置分布图,严禁非专业人员私自挪用,并对相关人员正确使用消防设施和器材进行培训。店铺主要的消防设施和器材有:

(1)火灾警报器:当发生火警时,警报系统发出火警警报。

(2)烟感、温感系统:对店铺温度、烟的浓度进行长时间测试,当指标超过警戒时,则系统发出警报。

(3)喷淋系统:火警发生时,喷淋系统自动启动喷水灭火。

(4)消防栓:发生火警,打开消防栓的水阀,取水灭火;平时不得使用。

(5)灭火器:当火警发生时,要使用灭火器进行灭火,迅速扑灭初级火灾。因此,平时应教会员工正确使用店铺所配备的各种灭火器,明确其适用范围,这对控制火势、减轻火灾非常关键。

(6)防火卷帘门:当火警发生时,放下防火卷帘门隔离火源,阻止烟及有害气体蔓延,缩小火源区。

(7)内部火警电话:当火警发生时,所有人员均可以打内部火警电话报警,便于迅速组织灭火工作。

4. 监控中心

监控中心是店铺设置的监控系统的电脑控制中心,可控制店铺消防系统、保安系统、监视系统。监控中心通过图像、对讲系统,24小时对店铺各个主要位置、区域进行监控,第一时间处理各种紧急事件。

5. 紧急照明

火警发生时,当店铺内的所有电源被切断时,可启动紧急照明系统。

6. 火警广播

当火警发生时,广播室必须立即进行火警广播,稳定顾客情绪。火警广播应有规定的播音内容。

(七)门店消防安全自查

门店消防安全自查内容如表 11-1 所示。

表 11-1 门店消防安全自查表

门店:　　　　　　　　　　　　　　　　　　　　　　　　　　　　　日期:

项目	检查内容	检查结果
建筑工程	建筑总面积、层数、单层建筑面积、建筑高度、外开窗总面积	
	建筑工程是否经过消防审核验收	
	已经审核、验收合格的建筑有否擅自改变使用性质	
	消防车道是否畅通,防火间距是否被占用	
	有无破坏防火分隔的现象	
	仓库、厨房等特殊场所与其他区域是否进行防火分隔	
	常闭式防火门是否处于开启状态,是否损坏	
	防火卷帘下有否堆物,启动是否正常	

(续表)

项目	检查内容	检查结果
安全疏散	安全出口、疏散通道的数量多少，是否有消防用安全通道出口	
	安全出口营业期间是否上锁或不能保证畅通	
	疏散通道上是否堆物或不能保证畅通	
	安全出口的门采用何种形式，是否朝疏散方向开启	
	疏散指示标志是否完好，是否按要求悬挂，有无被遮挡	
	应急照明采用何种形式，是否完好，照度是否满足	
安全管理	是否确定消防安全归口部门、消防安全责任人、消防安全管理人，是否明确职责	
	消防安全责任人是否有法人授权书	
	是否与公司签订安全管理责任协议书	
	是否建立了各项消防安全管理制度和消防安全操作规程，内容是否健全	
	是否与专柜、招商签订防火安全协议	
	是否制订灭火疏散预案并定期进行演练	
	消防安全责任人、管理人、消防设施操作人员是否持证上岗	
	新进员工（包括促销员）上岗前是否经过消防安全教育	
	是否建立义务消防队伍	
	特殊工种人员是否持证上岗	
	是否有门店消防安全通道示意图，并张贴在商场显著位置	
	消防控制室是否24小时有人值班，人数多少	
	临时用电是否有归口管理部门，是否及时拆除	
	有无乱拉乱接电线、随意增设电器现象	
	是否有施工现场，有无专人管理	
	明火区域是否有专人管理	
	动火作业是否有分级审批制度，是否严格落实	
	仓库物品堆放是否符合规范要求	
	仓库内使用何种灯具	
	仓库内有无使用明火或电加热器具	
	厨房内使用燃气还是用电，有无超负荷用电	
消防设施	消防几路进水，几路进电	
	室外消火栓、水泵接合器的数量多少，是否完整好用	
	是否建立消防器材台账，消防器材的增加、加液与报废是否有记录，有无消防器材分布图	

(续表)

项目	检查内容	检查结果
消防设施	灭火器的配置类型是否相符,数量是否满足	
	灭火器材有无损坏、剂量不足或药剂过期	
	灭火器材、固定消防设施是否落实专人负责检查、维护、保养,档案资料是否完整	
	室内消火栓的出水压力是否符合要求	
	消防水泵使用是否正常,处于手动还是自动状态	
	主备电源、主备消防泵是否能够自动切换	
	消防控制室能否正常启停消防泵	
	消火栓按钮能否直接启泵	
	消火栓箱内部件是否齐全好用	
	喷淋泵使用是否正常,处于手动还是自动状态	
	主备电源、主备喷淋泵是否能够自动切换	
	消防控制室能否正常启停喷淋泵	
	喷淋头布置是否存在盲区	
	末端试水装置是否动作正常	
	湿式报警阀动作是否正常	
	火灾报警系统运行是否正常,处于手动还是自动状态	
	报警是否联动控制非消防电源、防火卷帘、警铃、广播、排烟等	
	报警是否与城市火灾报警系统联网	
	报警探头是否存在盲区	

四、突发事件的处理

店铺在正常的营运作业过程中突发事件时有发生,其危害之大是不可估量的。因此,为减少和降低财产损失和人员伤亡,迅速有效地处理紧急事件,进行抢救作业,是店铺经营管理人员,特别是重点负责此部分工作的安保部必须具备的能力和素质。

(一) 突发事件的种类

(1) 火灾:店铺内发生的火灾,一般有火警和重大火灾之分。
(2) 恶劣天气:指对店铺正常经营有影响的台风、暴雨或高温等天气。
(3) 人身意外:指顾客或员工在店铺内发生的人身意外,包括意外伤害、中毒、电击和人员昏厥等。
(4) 突然停电:在没有任何预先通知的情况下,营业时间内突然停电。
(5) 抢劫:抢劫现金行为。

(6) 示威或暴力：各种原因引起的示威或过激暴力行动。

(7) 骚乱：店铺内或店铺进出口处发生的骚乱、打架和人员非正常集聚。

(8) 爆炸物：商场内发现可疑物件或爆炸物。

(9) 威胁（恐吓）：店铺收到信件、电话等威胁或恐吓。

（二）突发事件的处理原则

紧急事件突发性高，且多属于意外事件。因此，店铺要有应对突发事件的专门人员和预案，这样才能使"突发"事件不"突然"。店铺要成立由总经理任总指挥的突发事件应对小组，并对成员进行明确分工和有针对性的培训，真正做到突发事件前有防范，事件中及时制止，事件后妥善处理。

(1) 预防为主，计划为先：做好店铺日常安全工作，消灭隐患，以减少紧急事件的发生。

(2) 处理迅速、准确、有序、有重点：紧急事件发生后，要保持镇静，按预案有序处理，要责任清晰，岗位明确，反馈迅速，一切行动听从指挥，随时调整策略以应付情况的变化。

(3) 以人为先，减少伤亡，降低损失：救援的重点是保全和抢救人的生命，然后才是减少财物损失。

紧急情况应对预案是店铺安全工作的重要组成部分。它是以书面形式制定的紧急情况防备和发生时如何应对的预备方案。计划包括紧急小组的成立和人员名单，各个岗位的具体责任和任务，发生各种情况的处理程序，发生紧急事件时可以提供援助的机构或可以求援的机构组织名称和联系方法等。

（三）突发事件的处理程序

1. 火灾

(1) 火警的级别：店铺内发生火灾，有一般火灾和重大火灾之分。根据店铺内实际情况，火警可分为三级：一级，有烟无火；二级，有明火初起；三级，火势从时间和空间上难以控制。

(2) 各级火警的处理程序为：一级火警：上报消防主管、安全主管到达现场处理。二级火警：上报消防主管、安全主管、安保部经理以及以下管理人员。白天：店长、副店长；夜间：值班经理；节假日：值班经理、副店长。三级火警：上报消防主管、安全主管、安保部经理，工程部、店长、副店长或在场最高负责人。

(3) 拨打"119"报警应由店长下达指令，但在紧急情况下可由副店长、安全经理或在场最高负责人下达，其后向店长汇报。

(4) 一级、二级和重大火灾应按预案采取不同的灭火程序。一级、二级火灾由安保部组织现场人员，用就近的消防器材进行灭火。火灾扑灭后，安保部要负责保护现场不被破坏，并拍摄照片存取证据，迅速查访知情人，查找火灾起因。重大火灾通知店长后，立即拨打119报警电话。

(5) 突发事件应对小组人员听到消防警报后，迅速赶到安保部，按预案确定行动方案，快速行动，各司其职。

(6) 全店铺各部门在完成各自职责后，服从"处理小组"的统一指挥和调配，协同配合进行灭火、疏散、救助工作。

2. 台风、暴雨、高温等恶劣天气

店铺安保部必须每日关注天气情况,不仅是为了防范恶劣天气带来的灾害,更是为了改善服务。在接到热带风暴的预报后,应该做好以下工作:① 将天气预报的告示在明显位置贴出;② 检查户外广告牌、棚架等是否牢固;③ 检查水渠是否通畅,保证排水系统良好通畅,下水道不堵塞;④ 撤销广场外促销活动的展位;⑤ 门口铺设防滑垫;⑥ 密切注意低洼区域。

3. 人身意外

顾客或员工在店铺内发生的人身意外,包括意外事故伤害、中毒、电击以及因个人健康导致突发性昏厥、休克等。处理要求是:

(1) 当发生意外时,要在第一时间报告,顾客意外要报告安保经理,员工意外要报告员工所属部经理和店铺安保主管。

(2) 如顾客晕倒、突然发病,应立刻通知相关人员进行必要的急救处理,尤其是老年人、残疾人、孕妇及儿童,应迅速拨打急救电话120,请派救护车,由店内人员送顾客到医院。

(3) 发生重大伤害时,员工应立即到医院就医,顾客应在安保经理陪同下立即到医院就医。并把情况及时上报店长和总部,以便更好地处理善后赔偿事宜。

4. 突然停电

在营业时间内的突然停电,应采取如下措施:

(1) 立即起用备用发电机,保证店内照明和收银机作业。

(2) 只能使用紧急照明、手电筒,不能使用火柴、蜡烛和打火机以及任何明火。

(3) 如收银机不能运转,收银员立即将收银机抽屉锁好,并坚守岗位。

(4) 停止收货。

(5) 现金室停止工作,现金入库并锁好。

(6) 安保员对店铺进出口进行控制,在暂时不知道停电时间长短时,可先劝阻顾客暂不进入商场。

(7) 启动广播安抚稳定顾客,维持现场秩序,避免发生混乱和抢劫等,如需要停业关店的,则进行有序疏散工作。

(8) 所有电力设备作关闭电源处理,冷库立即封门。

(9) 所有人员坚守岗位,各部门要派人员对本区域内的零散商品进行聚集处理。

(10) 工程部应立即检查停电原因,了解停电时间长短,店长根据实际情况决定是否停止营业。

5. 匪徒抢劫收银台的金钱

(1) 收银员须谨记:没有任何金钱比你的生命更重要,不提倡个人英雄主义,保全生命是第一位的。

(2) 保持冷静,不要作无谓的抵抗,尽量让歹徒感觉你正在按他的要求去做。

(3) 尽量记住匪徒的容貌、年龄、衣着、口音、身高等特征。

(4) 尽量拖延时间,等待其他人员的救助。

(5) 匪徒逃离后第一时间拨110报警。

（6）立即凭记忆用文字记录，填写《抢劫叙述登记表》。

（7）保护好现场，待警察到达后清理现金的损失金额。

在匪徒抢劫收银台时，安保员应在发现收银员被抢劫时，趁歹徒不注意时拨打110报警；对持有武器、枪支的匪徒，不要与其发生正面冲突，保持冷静，在确认可以制胜时，等待时机将歹徒擒获，尽量记住匪徒的身材、衣着、车辆的牌号、颜色、款式等；在匪徒逃离后，保护现场，不能触摸歹徒遗留的任何物品；将无关的人员、顾客疏散离场，将受伤人员立即送医院就医。

6. 骚乱、打架行为

（1）如发现店铺内有人捣乱，立即通知安保人员到场。

（2）阻止员工和顾客围观，维持现场秩序。

（3）拨打110，将捣乱人员带离现场，必要时交公安机关处理。

（4）对由此造成的损失进行清点，由警察签字，作为索赔的依据。

（四）设置紧急"通讯录"

为保证突发事件的及时汇报和处理，各店铺必须设立有关管理人员"通讯录"，以备在紧急状况下及时联络。"通讯录"包括：① 店长办公室电话（直线、分机）、家庭电话和手机号码；② 安保经理的办公室电话、家庭电话和手机号码；③ 公司报警电话、店铺内部报警电话；④ 最近医院的急救电话和地址；⑤ 所辖本区域警署电话、联系人、地址等；⑥ 店铺各部经理的姓名、家庭电话、手机号码。此"通讯录"由店铺人事部负责编印，存放于店长办公室、安保部控制中心、人事部，同时分发至经理以上人员。

损耗控制会直接影响净利润。零售商的销售净利润率仅为3%左右，而商品损耗则按照常规标准3‰计算，就相当于净利润的10%。所以，防损就是增加利润。防损部不仅包括外盗与内盗的防范，更要建立系统性安全管理机制，做到管理制度与管理技术相结合，才能全面控制与降低损耗率，妥善处理各种突发事件。

问题与探讨

1. 为什么要建立安全管理机制？如何评价安全管理机制？
2. 商品实物损耗有哪些原因？
3. 如何防范内部偷窃？
4. 如何防范外部偷窃？
5. 消防管理主要包括哪些内容？
6. 突发事件主要包括哪些类型？如何应对突发事件？

第12章 经营数据分析

从经验管理向数据化管理转型,这是商业营运管理发展的基本趋势。有话语权的人常常会出于各种目的而"忽悠"高层,无论是古代皇宫还是现代企业,这样的事情总是不断出现。原因其实很简单:没有建立数据分析与风险评估机制。也就是说,没有一套系统化的指标与数据来衡量实际状况,评判没有标准,谁能说会道就占上风,他的观点与建议就最有可能被采纳。

这是一种"语文管理"的方法,主要手段是制度规范与人员监管。其最根本的缺陷是无法控制人的主观性与情感对考评的影响。改变"语文管理"的办法就是"数学管理",即用系统与技术来管理,这样做对人人平等,把人的主观随意性控制在最小范围内。

系统建设不能光依靠技术手段,要把"技术系统"与"业务系统"结合起来考虑,企业本身就已经存在着一个系统,如果传统的业务系统不能从根本上实现改变,再好的技术系统也无法充分发挥作用,反倒会因为采用新的系统而导致原有系统的混乱。信息化是一场挑战自我的持久战,是一门不断制造遗憾的艺术。

尽管有很多理由说服管理者要相信人,但作为管理者仍然不得不"疑";尽管下属一直有很好的表现,也从来没有欺骗过领导,但那只是过去,在将来某一天,他们还是会受到诱惑而犯错,管理者仍然不得不"防";有制度比没有制度要好,但制度的致命缺陷是无法依靠制度自身来克服的,管理者不得不将制度缩减了再缩减;尽管系统建设困难重重,风险无限,还是不得不依靠系统与技术,用"数学管理"来改进"语文管理"的办法。把人当"傻瓜",用标准化、技术化、信息化、数据化的业务流程来管理;把人当"坏蛋",用可以衡量的规则来防范。这就是现代的数据化管理。

移动互联网的发展,给商业数据化管理提出了新要求,如何把握移动消费需求?如何实施电子商务中的数据化管理?如何利用会员信息实施精准营销等,都是当下任何商业活动都必须关注的问题。

引导案例　信息部的起源、立足与未来

信息部也被叫做电脑部、IT部等,是我国零售业中一个比较年轻的部门,在20世纪90年代中后期才出现。起初,大家对电脑和信息化非常不理解,多数把他们看做是手工收银的替代品而已。所以,信息部在公司基本没有什么地位,往往依附于财务部,或者归财务总监管。

今天的信息部,则应该是由公司总经理直接领导的,最终可以指导经营、提升管理和提高效率的一个重要部门。

信息部的起源——技术与发展

信息部起源于收银的电脑化,以及商品数据化管理的需求。但收银只是信息部最基础的工作,而不是全部。信息部是零售业商品管理数据化的内在推动力。

最简单的一个实例是超市商品条形码,产地在哪里?零售价是多少?是否是促销商品?库存是多少?这些都包含于条形码中,信息量很大。(编者注:条码编码的原则是:唯一性、无含义性与稳定性。但条码与特定的流水码匹配以后,就可以区分单店、单品的交易明细信息。)

百货连锁化的实践也受益于信息部的发展。举一个简单的例子,当我们只有单一门店的时候,某个品牌在某个节点的销售额相对容易查找。但是如果是两家甚至更多呢?这就需要信息部将这些复杂的数据放在特定的位置,方便检索。

原始数据是信息部立足的根本,但总设计师只能是总经理。你可以把它看做是总经理让信息部将他的经营思路翻译成了电脑能识别的语言。

信息部的立足——数据与利用

原始数据要准确、及时和完整,而且必须同时满足这三个特征。很多公司的数据是碎片化的,是滞后的,这样的数据价值很有限。因为我们收集数据的目的是整理、分析,从而利用它们。

沃尔玛终端到后仓都已实现自动化,当卖场销售出一个商品,库存马上就会有所体现,订货和物流各个环节快速响应。系统之所以可以做到精准,是数据分析和利用的结果。

在数据利用方面,超市数据对经营的指导价值相对较高,依赖性也更强,因此信息部在超市中也较为重要,如沃尔玛和欧尚。

目前,零售企业为什么觉得会员管理遇到了瓶颈?那是因为会员信息的准确、及时和完整性先天不足。不仅如此,顾客的情感和思维都没办法精准地数据化,这对后期的数据整理和分析来说是很大的难题。有时候,即使做了分析,也是有偏差的。

零售公司会员信息客观上存在很难利用的问题,谁能突破这些难题,谁就有希望将零售企业对人的管理带到一个新的高度。

信息部的未来——渗透到企业经营管理的各个方面

目前,很多企业将信息部局限于收银的电脑化,也有企业走在前面,可以将前端数据进行收集、整理和分析,但实际上,信息部的发展空间仍然很大,可以渗透到企业经营管理的各个方面。

多少年来,我们提到的无钞化办公,人力资源电脑化管理,大部分企业其实都没有做到,还有很长的路要走。

我们都知道传统行业+互联网之后,会发生很多变化,甚至预感到它的发展空间大到无法想象。但是在这阵发烧之后,大家应该想到,"加"必须是有机的"加"。

目前传统企业+互联网遇到瓶颈,同样,电商发展也碰到瓶颈,可以说,大家对信息化的理解还有很大的不足。

我一直认为做企业要从日报表开始。2009年开始做顾问的十几家企业中,大部分都拿不出一份像样的日报表,而我的顾问工作通常从日报表开始。我会花费10~20天时间,把日报表进行全新的改造。当我拿着日报表给老板时,他们通常会说,这正是我想要的。

而最让我诧异的是,这些做企业十几年的老板,从来没有对这张日报表进行过研究、讨论,提出需求。

所以,我现在去评价一个企业的好坏,行政管理我会看清洁;经营管理水平,我就看它的日报表。

企业经营管理的基础是日销售数据。之前我一直强调,总经理是一个企业所有部门的总设计师。当然,日报表也应该由总经理来架构。日报表中暗含了企业一把手的经营管理策略和理念。

最早零售企业都是手工收银,日报表的数据管理比较粗放,没有延展性。举例来说,哪个品牌哪个单品销售最好?哪些品类销售最好?哪些楼层销售最好?仅凭总营业额数据是分析不出来的。

我刚到银泰百货的时候,应销金额、实销金额、商场折扣、供应商折扣、总折扣、含税毛利等将近10个数据项出现在日报表中。仔细研究你会发现,这些数据,最终指向只有一个维度,对后期销售提升指导作用非常有限。不仅如此,因为统计口径多变,日销售累加的数据与月销售、年销售也会出现偏差。

我向信息部提交了新的需求,将各品类今日、昨日和去年今日销售数据纳入监测体系,横向纵向维度很多,数据就变得更立体。

这张表不仅向我们展示了当下的问题、品类各自的问题,以及调整的方向在哪里,还让我们后期的销售目标制定有据可依。

我经常说,零售企业一天销售好不算什么,最好的状态是每天都有好销售。

从优化后的日报表直观地看出,当月、当年日销售100万元的天数有多少?日销售300万元的天数有多少?那我们后期的目标就是,减少甚至消灭日销售低的天数,最终的目标是提高日销售。提高日销售,累计起来全年的销售额就提升了。

后来,我将品牌管理的思想也融入了日报表。

第一梯度60个Leading Brands(主导品牌),第二梯度100个Main Brands(主流品牌),第三梯度100个Third Brands(三类品牌)。这样一来,我就掌握了将近300个品牌,占当时银泰百货品牌总数的25%左右。

这些品牌是商场的销售担当,掌控了它们的销售,就相当于掌控了整个商场的销售。

和品类一样,同梯队的品牌是共同体,也有竞争关系,谁也不想屈居人后,你追我赶的同时,销售也就提升了。

大部分企业的日报表都存在问题。

一是数据不准确,统计口径不一致就容易出现这样的错误。

二是数据不能延展,这一定是因为企业一把手的架构能力和管理策略出了问题。

三是数据不能深化,因为数据初始化不够精确。

从以上来看,日报表是企业经营管理的起点。另外,它也是企业各项管理的第一步,如营销策略管理、人事管理、KPI管理、成本管理等。

(来源:联商网厉玲半月谈,作者:厉玲)

> **点评** 商业企业的信息部最初是由电脑工程师组成的,当时他们的主要任务是搭建一个软硬件系统,通常称为"电脑部",以实现购销存的电脑化与信息化处理。后来,这个系统首先与财务系统、采购系统、外部供应链系统对接,实现了内外部信息共享。于是,信息分析成为重要的功能,因此有些公司从电脑部派生出"信息部",专业从事数据收集、备份、整理、分析与发布等工作,为业务部门提供信息服务,也为公司创造了价值。在互联网时代尤其是移动互联网时代,IT(信息技术)逐渐转变为DT(数据技术),物流与数据成了企业竞争力的核心要素。未来零售必然是智慧零售。

一、数据分析与应用的目标

在互联网产生之前,零售数据分析主要是基于单品销售数据,并配合市场调查,做相应的营销策划与营运管理。如今由于互联网的发展,尤其是移动互联网与大数据技术的应用,能做到用户数据交叉与综合分析,进而能发现连用户自己也不知道的"需求"。例如,可以根据用户购买衣服的颜色、其他彩妆来判断用户对口红颜色的需求,最终确定某个用户最喜欢的是"暗色系的口红"。所有分析工具与分析数据应用的目标就是要比用户自己更了解用户的潜在需求。

但女孩买口红的逻辑不仅受制于个人因素与心理因素,还会受到文化因素和社会因素的影响,尤其是会受到社会因素中的相关群体的影响。如韩剧火爆的时候,连女主角的口红也变成了脱销款。这种消费趋势尽管也可以通过电视剧的收视率等指标来进行预测,但在生产、库存与配送等方面的配合上存在很多风险。

喜欢暗色系口红,是由"人"指向特定的"货";喜欢韩剧女主角的口红,则又把"货"指向特定场景,即"场"。前者是个人心理需求;后者是群体心理需求。网红的出现正是反映了这种群体心理需求。但即使是网红产品,也必须考虑需求功能、商品结构和经营形态,否则就很有可能是昙花一现的产品。

从前的数据分析,基本没有涉及"人",更没有仔细去分析"场",如今的数据分析,应该以"人"与"场"为导向,以"货"为基础。

盒马鲜生创始人侯毅说:新零售企业的三大核心指标是会员数字化、交易数字化、商品数字化;而这些数字化的关键,就是无现金支付。会员数字化是"人"的问题;交易数字化是"场"的问题,商品数字化是"货"的问题。所以,零售数据分析要紧紧围绕着三个方面来展开。

例如,某服装品牌店,营业面积268平方米,平均月销售62.3万元,客单价呈U型曲线,下半年的客单价应该呈现上升趋势,但2015年9月份的客单价却突然下降。五个主管对客单价下降的原因分析如下:主管A:促销打折力度太大;主管B:新员工多,销售技巧问题;主管C:9月上新品价格低;主管D:主打商品缺货;主管E:9月份天气太热。A、E是场的问题;B是人的问题;C、D是货的问题。

商业分析的关键是要理清商业逻辑,发现内在关系。第一层次是:人、货、场、仓;第二层次则可以将人、货、场、仓进一步细分,如人可以分为员工与顾客,员工又可以分为老员工与新员工，顾客则可以分为普通顾客与会员顾客；场可以细分为卖场、渠道、促销等；货可以分为商品、价格等。几乎每一个商业问题都可以用"人、货、场、仓"思维导图来剖析。

更为重要的一个趋势是：由于技术对零售的影响越来越大，导致销售、促销、传播、引流、数据积累等要素都能有机结合在一起。例如，"智能现磨自助咖啡机"的消费场景设计就是一个新零售的典型代表。

通过与具有高顾客流量的便利店合作，将智能现磨自助咖啡机摆放在24小时便利店门口，咖啡机主体颜色为醒目的红色、黄色、亮黑，设立醒目灯光和喇叭，晚上可成为街区亮点。

（1）用户通过操作机器获得咖啡：操作机器触摸屏，选取咖啡，扫描二维码，支付，60秒后出一杯咖啡；用户在扫码支付后，系统自动赋予一张微信会员卡，并附分享优惠券，用户分享后，可以领取一张，朋友也可以通过分享领取优惠券。

（2）用户通过外卖获得咖啡：用户在美团外卖点咖啡，美团人员到机器，输入取货码，获得咖啡送给客户。

（3）用户在街区其他商户的消费，可以获得咖啡机的优惠券、免费试饮券等。优惠券核销：点击咖啡后，输入4位数核销码，获得优惠，支付。免费饮料券：输入取货码，获得指定咖啡。

这个案例，有哪些值得关注的问题？

二、数据化管理的要求与流程

（一）数据化管理的要求

收集和分析适当的数据，是为了评价经营绩效，并识别改进机会。如果你是店长，如何提高销售额？提高毛利率？如果你是采购经理，如何开发新商品？如何考评供应商？如果你是督导，如何指导门店订货？如果你是总经理，如何评价各部门业绩？如何考核采购业绩？如何实现差异化？如何陈列商品？如何抓住重点用户？如何和IT部门打交道？通过数据分析能为解决上述问题提供依据与思路。数据化管理除用于日常统计分析、财务核算、业绩评估外，主要有以下三个要求。

1. 建立常模

常模是指数据正常变动的模式。例如，大型超市周六、周日是销售高峰，而小型超市与大型超市相比每天销售额变动较小。又如，便利店一天中各班次的销售额也存在一个常模，一般通过连续6周的数据采集与分析，就可以获得便利店早、中、晚各班次销售的常模。透过常模的建立与分析，可反映营业额、来客数、客单价、销售数、误打次数等信息，作为异常管理的工具。

2. 关注重点

任何经营业务都具有一定的结构，人们通常用20/80来作结构性分析，实际上并不是所有项目都符合20/80分割规律。要找出业务重点就必须作经常性的数据分析，如商品结构分析、盈利结构分析等。例如，某连锁公司通过比对标准超市与折扣店的销售数据后发现：折扣店品类比超市集中，动销品种不到2 200个，其中前10名商品的销售额占比超过30%，食品是主导商品，销售额最大的商品依次是蛋、菜、肉、奶、油、酒、米。同类超市

3 400个单品中的前 10 个销售最大的单品占比不足 30%的销售额,其中香烟有 5 个单品,销售额占比超过 15%。

3. 挖掘数据

由于 IT 的普及,系统地收集数据已成为行业常态。在互联网与大数据背景下,海量数据靠常规报表难以发现数据内在的联系规律,这就需要在"常模"之外建立一种能依靠 IT 进行数据挖掘的工具,这一技术正在形成并将广泛应用于商业领域,这就是商业智能(Business Intelligence,BI)。

数据化管理也可以分为业务指导管理、营运分析管理、经营策略管理、战略规划管理四个层次。

(二)数据化管理流程

数据化管理一般可以分为七个阶段:

(1) 数据采集:按照规格采集数据。
(2) 数据存储:云端还是本地。
(3) 数据提取:从哪里取何时取怎么取。
(4) 数据挖掘:数据价值提炼。
(5) 数据分析:如何揭示数据背后的问题。
(6) 数据展现:可视化展示给业务部门。
(7) 数据应用:沟通能力、业务推动、项目工作等。

在实践中,数据分析人员会遇到来自各个方面的挑战,应该从"工具掌握程度"与"业务理解程度"两个方面提高自己的分析能力。如图 12-1 所示。

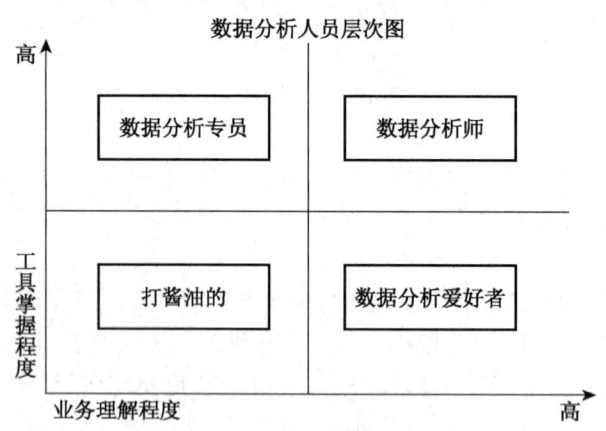

图 12-1　数据分析人员层次图

常用的数据挖掘工具包括:一是数据库的算法工具,如 Oracle、微软 SQL Server;二是统计分析软件 SPS;三是开源的语言,有现成的挖掘算法库,如 R 语言和 Python;四是大数据分布式的平台 hadoop spark 上面会有一些开源的挖掘工具。

(三)数据分类与建档

数据可以按照各种标志进行分类,如按照品牌划分,联合利华这个品牌下有三大系列:家庭及个人护理用品类有洁诺、夏士莲、力士、旁氏、多芬、凡士林、奥妙和金纺等品牌;食品类有家乐、立顿等品牌;冰淇淋类有梦龙、百乐宝、可丽波、可爱多、和路雪等品牌;每个品牌下面又分出若干单品。也可以按照区域、客层、供应商、畅销程度等进行分类。零售企业的基本分类是按照商品类别(品类)进行分类,一般分为大类、中类、小类、品项等四个层面。

零售商为了满足销售与数据分析的要求而建立自己的分类标志,并要求在引进供应商、引进新品、新品介绍、商品促销、建立台账图等业务中建立统一的主档。

商品相关主档包括系统生效日、配送分类、中分类、品号、品名、小分类、交叉分类、供应商统编、供应商厂编、商品种别、商品等级、条码种类、条码、条码检测、税别、最大订货量、外箱数量、订货方式、付款方式、销售方式、特殊商品别、退货区分、商品特性、单品规格(深度、高度、宽度、重量)、单位、保持期限、允收期限、批发价、箱价、外箱规格(深度、高度、宽度、重量)、其他通路售价等。

(四)数据分析实例

店员:"老板,我刚刚卖了一件新上柜的风衣,应该给公司赚了180块钱吧?"

老板:"你怎么知道赚了180块钱?"

店员:"这个简单啊,我算的。这一款风衣定价500元,我好像听您说是150元拿的货,商场扣点20%,我卖出1件衣服,商场赚500的20%,也就是100元;我们公司呢,先扣除150元的进价,再减去商场100元的扣点,剩下250元的毛利;接下来,再扣除装修、水电、我们的工资等摊销费用,我估计是零售价的6%,也就是30元,还剩220元。如果您是靠银行贷款来周转,还要扣除利息,当然您如果没有贷款,我就假定为失去储蓄利息的机会成本,这样算保守一些,一般为零售价的6%~8%,即40元(取8%),还剩180元。所以我算下来,这一单,商场赚100元,公司保守估计赚180元。"

老板:"真是聪明,你知道我一共进了多少件吗?"

店员:"好像是100件。"

老板:"好的,我们虽然卖出了1件,可是库房里还有99件,你能保证接下来99件都能卖掉?如果卖不掉,那我就赔死了。你知道这几年我压了多少货啊?"

到底是赚了还是赔了?

现代商业企业不仅要依靠进销存内部数据进行分析,更要依靠移动化地理信息、社交信息、会员信息等来把握消费者的动态需求,以实现精准营销,如图12-2所示。

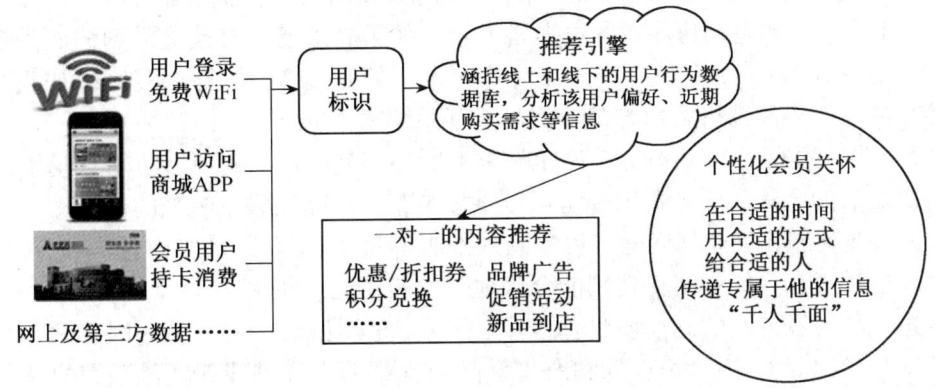

图12-2 步步高百货大数据应用:精准促销与推广

三、数据分析方法

能够很好地将毛利管理和周转管理结合起来的商品经理,就能够获得好的业绩。所以,在了解经营分析方法之前必须对周转、毛利与利润有一个基本认识,而这些指标又在很大程度上取决于商品结构的优化,所以,要提高业绩,关键是要不断优化商品结构,并配合适当的促销活动。

(一) 周转与利润

1. 周转

要确保一个商店以最佳的周转速度营运是很困难的,但它却又是推动企业向高业绩目标前进所必需的。不过,周转不是业绩的衡量标准。商品周转快能使企业减少一些费用,周转越快,所需平均库存越低。低库存显然只要较少的资金,因而企业的利息费用就较低。另外,周转快也可能增加费用。平均库存商品少,企业在一定时间内需要更频繁地订货,这样会损失一定的数量折扣,运输成本、通讯费、管理费、办公费也会增加。同样,随着库存减少,保险费、商品税金、仓位费也会相应减少。

因此,周转虽然是零售企业获利的关键,但并不意味着周转越快利润越高;也不是周转越慢,利润越低。如果企业能够知道年周转速度为 6 次,平均库存 100 000 元,那么企业每年就能创造 600 000 元(6×100 000)销售额。如果零售企业预测的销售额是 500 000 元,根据经验,此时周转速度为 4 次比较合理,那么,企业需要按零售价计算的库存是 125 000元(500 000÷4)。因此,假设企业走一个极端,每年只订一次货,那么订货成本很低,但因为平均库存大,相应的库存成本就高。再假设企业走另一个极端,每周都订一次货,那么订货成本较高,但平均库存以及与此相关的费用就相对较低。

2. 利润

商品购销存业绩最终的衡量标准不是周转速度,而是利润。一个零售企业可能销售很好,因而周转不错,但这不是目的。零售企业管理者的任务是管理需求和供应诸因素,以实现能维持生存和未来发展的投资回报。库存商品投资影响供应(成本)函数和需求(销售)函数。零售企业的商品管理对获得利润有多大帮助?为了回答这个问题,需要对利润进行界定。商品经理在评价商品经营业绩时可以用三种利润标准。

(1) 毛利。毛利是销售净额减去所售成本。如果除了能够直接追溯到该商品上的成本以外没有其他费用,那么这是一个很好的标准。但是,有时情况不是如此,如我们不可以直接将所有广告和销售费用与某一商品线联系起来。

(2) 贡献毛益。贡献毛益是销售净额减去所售商品的成本和所有可直接追溯到该商品的费用之后的余额。广告费用等是可以直接与某一商品线联系起来的。

(3) 营业利润。营业利润是销售净额减去所售商品成本、直接费用、所有间接费用的分摊额。这种方法只能在间接费用能合理地分摊的情况下使用。

在这几种可以使用的利润衡量标准中,毛利率是用途最广的。其原因有两个,首先,这个数字是最精确的,因为销售额和所售商品成本都是由商品线或商品项目直接计算出来的。这是毛利率法相对于贡献毛益率法和营业利润率法的一个最大的优点。后两者都要确定哪些费用(除所售商品成本)应该从销售净额中减去。其次,许多行业协会定期公布商品线的毛利率数据,使企业可以将自己的业绩与其他企业作比较。

(二) 常用的分析方法

常用的分析方法主要有比较分析法、动态分析法、时间序列分析、结构分析法、因素分析法等。

1. 比较分析法

比较分析法是通过经济指标的对比,来确定指标间差异,并进行差异分析的一种方法。比较分析法可运用绝对数和相对数两种指标,前者反映差异的数量,后者反映差异的程度。

$$绝对数指标 = 实际数 - 参照数 = 差异数$$

$$相对数指标 = 差异数 \div 实际数 \times 100\% = 差异程度$$

2. 动态分析法

动态分析法是用同一经济指标对不同时期的两个数值进行比较,用来观察这一指标在时间上的变动情况,以揭示这一经济指标发展趋势的一种方法。

$$发展速度 = \frac{实际数据(报告期数值)}{基期数值} \times 100\%$$

$$增长速度 = \frac{实际数值 - 基期数值}{基期数值} \times 100\%$$

3. 时间序列分析

时间序列分析是指以时间为序,对事物发展过程的分析,是零售业较为常用的分析手段。可以针对一个对象也可以针对多个对象作时间序列分析。时间序列分析,对揭示季节性因素、节假日因素、气候因素等对商品销售影响的规律具有重要的作用。

根据表 12-1 可以直观地发现:某店 1 月、6 月、7 月、8 月为可口可乐的销售高峰,其中 8 月份销售额最高。这些数据可以为编制生产、配送、进货、销售计划提供依据,也可以利用历年销售记录来制定销售计划或推算销售趋势。例如,某商品年销售计划为 2 400 万元,已知各月的季节指数,则可以根据季节指数制定各月的销售计划,如果 7 月份的季节指数为 1.78,则按照全年销售计划,7 月份应实现销售 356 万元(2 400÷12×1.78)。

表 12-1 某商场可口可乐销售记录

月份	1	2	3	4	5	6	7	8	9	10	11	12	平均
销售	5 000	2 300	1 800	1 600	1 580	4 500	5 800	6 800	3 000	3 200	2 200	2 000	3 315
指数	1.508	0.694	0.543	0.483	0.477	1.357	1.75	2.051	0.905	0.965	0.664	0.603	

4. 结构分析法

结构分析法是以某个指标的各个组成部分占整体指标的比重来分析的。结构分析可以分为数量结构、销售金额结构、利润贡献结构等多种形式。ABC 分析法也是一种结构分析法。

ABC 分析法又称为"帕累托"分析法。它是根据事物有关方面的特征,进行分类、排队,分清重点和一般,有区别地实施管理的一种分析方法。习惯上常把主要特征值的累计百分数达 70%～80% 的若干因素称为 A 类，累计百分数在 10%～20% 区间的若干因素称为 B 类，累计百分数在 10% 左右的若干因素称为 C 类。

ABC 分析法在采购决策和销售中的分析实例如表 12-2 和表 12-3 所示。

表 12-2　ABC 分析在采购决策中的实例

等级标准	占总的采购数量的比重	占总的采购金额的比重
A 级产品	10%～20%	70%～80%
B 级产品	30%～50%	10%～20%
C 级产品	40%～70%	10%～20%

表 12-3　ABC 分析在销售中的实例

商品	销售金额占比	金额占比累计	所属 ABC 类
商品 1	35%	35%	A 类
商品 2	20%	55%	A 类
商品 3	15%	70%	A 类
商品 4	12%	82%	B 类
商品 5	8%	90%	B 类
商品 6	4%	94%	C 类
商品 7	3%	97%	C 类
商品 8	2%	99%	C 类
商品 9	1%	100%	C 类

5. 因素分析法

因素分析法又称因素替代法，它用实际数和基数的差额来寻找差异。

步骤：列出算式(分析对象的确定)、因素替代、找出差异、汇总结论。以毛利额为分析对象，其影响因素如表 12-4 所示。

表 12-4　毛利额影响因素表

项目	计划	实绩	差异
销售	380 000	400 000	+20 000
毛利率	12%	12.5%	+0.5%
毛利额	45 600	50 000	+4 400

实绩比计划增加毛利额＝50 000－45 600＝4 400(元)

毛利额的增加受两个因数的影响：

销售额×毛利＝毛利额

380 000×12%＝45 600(元)

400 000×12%＝48 000(元)

48 000－45 600＝2 400(元)(由于销售额增加而影响的毛利额)
400 000×12.5％＝50 000(元)
50 000－48 000＝2 000(元)(由于毛利率提高而影响的毛利额)
2 400＋2 000＝4 400(元)(综合影响)

6. RFM 模型

客户数据库中有三个神奇的要素(RFM)：① 最近一次消费(Recency)；② 消费频率(Frequency)；③ 消费金额(Monetary)。传统的客户关系管理(CRM)注重用户的贡献度分析，RFM 分析则关注客户行为分析，这也是移动互联网背景下所产生的分析思路与方法的重大转变。由此，衡量用户忠诚度的指标也相应地发生了变化，把忠诚度描述为：顾客与品牌及零售商互动的方式，相应的衡量指标有四个：购买金额(在我们店铺与品牌的购买)、交流(怎么评价)、参与(对营销活动及媒体的反应)、偏好(对特定品牌与产品的爱好，而不是其他竞争者)。

7. 畅销商品分析法

对商品畅销程度的分析，以往经常用 20/80 来划分，即 20％品项能实现 80％的销售额，即为畅销品。但这种数据结构从实践来看正在被打破，常常是更符合 30/70 规则，即 30％的品项实现 70％以上的销售额。另一方面，20/80 划分仅考虑销售情况，没有考虑库存情况，而实际上，库存对销售有巨大影响。例如，某个商品在上一期的销售中排名第三位，理所当然就是畅销品，但是这款商品目前的库存只能支撑两天的销售，如果继续把它作为畅销品的话就会出问题。所以商品营运人员眼中的畅销品定义是二维的，包含销售和库存两个维度。只有销售不错并且能持续提供库存支持的商品才是畅销品。所以，从销售与库存两个维度来分析畅销品更有应用价值。如图 12-3 所示。

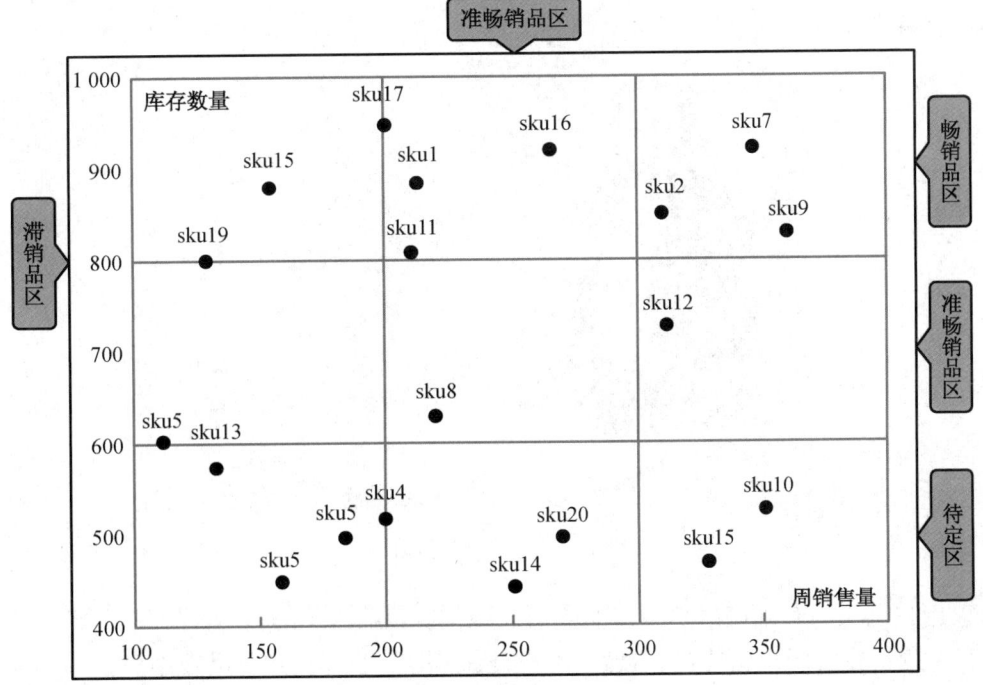

图 12-3　畅销品九宫图分析

(1) 准畅销品区：右边一个指的是销售不错，库存居中的商品，如果畅销品区的商品过少的话可以利用准畅销商品区的商品补充。最上一个也可以作为畅销品的一个补充。

(2) 待定区属于销售不错但是库存偏少的商品，要根据未来一段时间到货情况来确定是否可以升级为畅销品。如果不能补货就继续待定，如果有库存补充进来则可以升级为畅销品。

(3) 滞销品区就是销售不好但是库存偏大的商品。注意最上的那个准畅销品区的商品也可能是准滞销品，常规销售的商品，要根据未来的销售确定最终分类。

8. 用户画像

1990 年 12 月 25 日，Tim Berners-Lee 在 CERN 和他一起成功通过 Internet 实现了 HTTP 代理与服务器的第一次通讯。因而，罗伯特·卡里奥是公认的万维网（World Wide Web）发明人。20 年后的 2011 年，互联网真正走向"大数据时代"，并经历了 2012 年与 2013 年两年热炒以后，个性化技术成为了一个重要落地点。

相比传统的线下会员管理、问卷调查、购物篮分析，大数据分析能更精准、快速地分析用户行为习惯、消费习惯等。伴随着对人的了解逐步深入，一个新概念悄然而生：用户画像（UserProfile）。

什么是用户画像？男，31 岁，已婚，月收入 1 万以上，爱美食，团购达人，喜欢红酒配香烟。

这样一串描述即为用户画像的典型案例。如果用一句话来描述，即：用户信息标签化。用户画像是一个十分复杂的过程，但用户的基本属性、消费偏好与消费能力是三个基本的分类维度。

如果用一幅图来展现，如图 12-4 所示。用户画像需要静态数据与动态数据的结合，如图 12-5 所示。

图 12-4　用户画像

以用户画像为基础可以实现精准营销（Precision marketing）：

（1）分析原有用户属性，找出忠实用户、核心用户、目标用户与潜在用户。

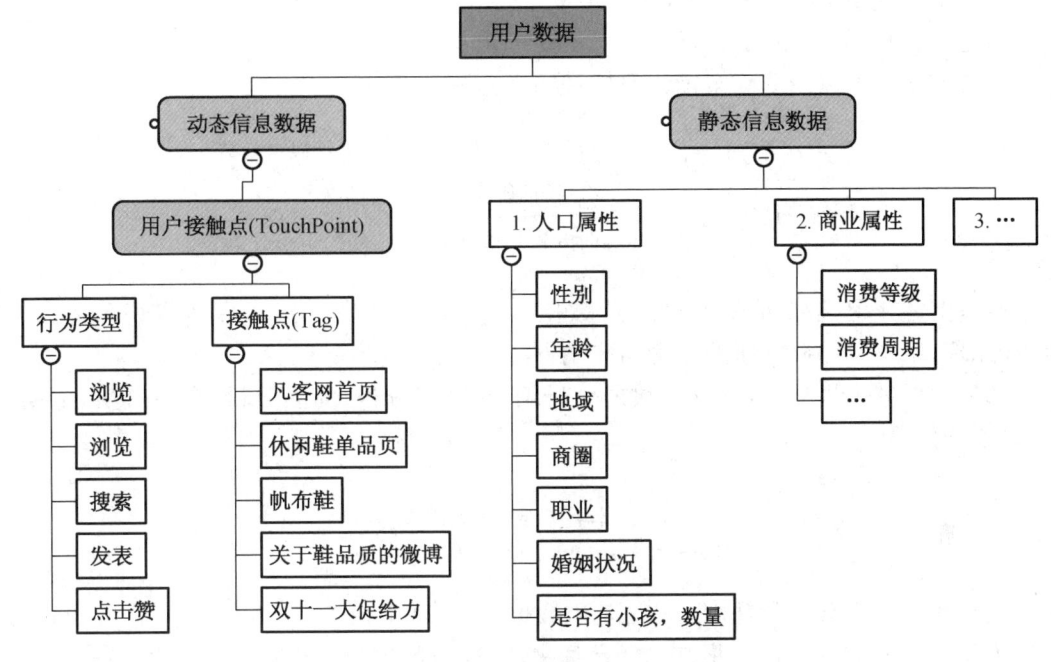

图 12-5 用户数据

(2) 利用数据管理平台进行用户行为数据收集,搭建并完善用户画像模型。
(3) 寻找迫切需求信息的匹配人群,精准推送相应的营销广告或服务信息。
(4) 营销信息投放一段时间后,剖析用户反馈行为数据,使营销更加精准。
(5) 不断丰富与优化用户画像模型,从而最终达到个性化营销与服务推送。

9. 关联分析与交叉分析

关联分析主要用于发现不同事件之间的关联性,即一个事件发生的同时,另一个事件也经常发生。比如,可发现某商品总是低销售而高库存,说明该商品的库存应该削减,考虑将该商品打折促销。

有了数据分类,即可以根据分类标准去交叉查询分析,得到所需要的数据。一个典型的三维交叉分析由商品(主要查询条件)、地域和时间(辅助查询条件)构成。在实际操作中,辅助查询条件可能更多。比如,可以进一步引进客层限制条件和促销方式限制条件及不同渠道的限制条件,形成多维的交叉查询。

10. 销售对比法

2017 年 8 月 27 日的销售数据,应该与 2016 年 8 月的哪一天比较?同比是常用的方法,但问题不少。新方法是单位权重法。

单位权重销售值=销售额/权重指数(某个时期)

权重指数就是销售占比,如果周销售 10 元,周一销售 1 元,周二 1.2 元,周三 1.3 元,日权重指数就分别是 1、1.2、1.3。

某店周日销售 330 万元,周一销售 200 万元。日权重指数分别是 1.7 和 0.9。

周日单位权重销售值=330/1.7=194

周一单位权重销售值＝200/0.9＝222
结论是：周一的销售比周日好！
这种方法也可以用于确定销售目标和销售预测：

$$确定日销售目标 = 月销售目标 \times (日权重指数 / 月权重指数)$$

$$预测月销售 = \frac{\sum 日销售额}{\sum 日权重指数 / 月权重指数}$$

通过上述介绍，应该能够掌握商业数据分析的基本流程、方法，懂得零售营运的人、货、场原理，以及单位权重值的概念与应用方法。

如果想再进一步学习，可以将数据分析细分：销售分析、商品分析、会员分析、电商分析、财务分析等。

四、销售分析

经营数据分析有三个基础：一是基础数据；二是基本报表；三是分析系统。来自店铺POS系统的交易明细数据是最基本的数据来源，这些数据每日汇总后构成销售日报表的基础数据，由此可以生成销售周报表、销售月报表、销售季报表和销售年报表。销售数据与进货、库存等数据结合以后，还能生成进销存报表、销售分析报表、库存周转报表、TOP300报表等。

报表是进行经营数据分析的基本工具，一般可以分为常规报表与自定义报表两类。常规报表是按照既定的格式与要求而由相关部门定期编制的报表，如销售日报表、进销存报表、收银差错报表等；自定义报表是根据特定的需要而生成的报表，如按照供应商的品牌分类形成"各品牌销售占比表"，按地区分类形成"各地区销售占比表"。

企业可以通过开发或引进以信息技术为支撑的"数据分析系统"，各用户使用自己的用户账号登录系统，并对不同级别的用户设定权限，系统每天对前一天的销售数据进行接收并预处理，也可以建立实时系统，以便用户可以实时查询各类销售数据，并根据需要生成各类销售分析报表。

（一）用数据追踪销售

销售都是追踪出来的，下属不会主动做你希望做的事情，他们只会做你监督和检查的事情。应该这样做：成立一个追踪小组，负责追踪各种销售目标的完成情况，尤其是要追踪库存积压情况；追踪并提醒团队成员各种销售异常情况；监督及检查各种项目计划的执行进度；通过数据持续地给团队压力。

追踪的前提是目标与标准。没有目标就没有销售的最大化，没有标准就没有追踪的依据。标准可以分为：特定标准（经验值、平均值、理论值）；计划标准（年度计划、月度计划、周计划、天计划、时段计划、部门计划、单品计划、线上线下计划等）；时间标准（同比、环比、定基比）；空间标准（国内国外、同城异城）。

追踪的形式有：数据对比，如前述的绝对值和相对值比较，通过比较发现差距，形成压力与动力;极值追踪,建立一个包括极大值与极小值的"极值库",如单日最大销售额、历史最低销售额等。要激励员工不断打破销售极值,挑战更高的目标。如突破最大值,庆功吃饭,低于最小值,电话汇报。还可以用单位权重曲线和预测值来追踪销售。

（二）销售增长分析

销售增减变化受多方面因素的影响,销售分析不仅要看总量,更要看结构。影响销售的主要因素如下：

（1）店铺状况。首先,店铺增加是销售增加的主要原因。例如,我国大型零售企业2009年的销售额20年来首次出现负增长,最主要的原因是投资减少导致新店开发减少,从而影响了销售增长。其次,店铺一般可以根据开业时间的长短分为可比门店、成长型门店与新门店三类。新门店是指当年新开门店;成长型门店又可分为开业时间不足1年的门店与开业时间较短的门店;可比门店是指开业时间较长的老门店。老门店销售增长缓慢甚至会出现负增长,后两类门店的销售增长较快。再次,店铺改造也会影响销售。停业改造店铺不仅会影响销售还会流失顾客,一般采取不停业改造店铺的方法,通过店铺改造,改善环境,引进新的经营项目,往往能提高销售。

（2）物价水平。物价水平总是呈现上升趋势,某些商品因为价格上涨会导致销售额出现大幅度提高,从短期分析,主要有两个原因：一是价格变动的直接影响;二是受"买涨不买跌"心理的影响,越涨价销售越好。

（3）社会事件。非典时期,消毒类产品销售大幅度上升,禽流感时期,烤鸡、生鲜类的半成品鸡鸭销售下降,但其他肉类产品销售上升。

（4）商圈环境。城市规划、交通、办公楼、停车场、购物环境、竞争店、休闲娱乐设施、公寓住宅等商圈环境的变化,将会对销售产生不同程度的影响。

（5）商品结构。商品结构或经营项目的调整往往会对销售产生显著的影响,例如,有些超市实施差异化经营策略,改造成为生鲜超市或生活馆,销售额大幅度上升。

（6）促销活动。促销的目的是为了促进销售增长,但并不是每一次促销活动都能达到预期的目标,促销对销售的影响应该综合分析,如分析促销前、促销中、促销后三个阶段销售情况。

（三）基础性销售指标（人）

销售指标：

（1）成交率＝成交顾客数/流量×100%。

（2）销售完成率＝销售完成数/目标数×100%。

服务指标：

（3）平均成交时间＝每一位顾客成交的时间总和/成交顾客数。

顾客平均逗留时间＝($\sum$顾客离场时间－$\sum$顾客进场时间)/顾客人数。

计数器：网上商店对顾客计数是轻而易举的事情,但线下商店的计数则需要利用技术。目前常用的计数方法有：红外感应计数器、视频计数器、用WiFi技术计数。

（4）投诉率＝投诉的顾客总数/顾客总数×100%。

管理指标：

（5）定编满足率＝实际员工总数/标准配置人数×100%。

(6) 员工流失率 = $\dfrac{\text{流失员工总数}}{(\text{期初员工总数}+\text{期末员工总数})/2} \times 100\%$。

(7) 员工工资占比＝员工工资总额/销售额×100%。

顾客指标：

(8) 客单价＝销售总金额/有交易的顾客总数×100%。

(9) 件单价＝销售总金额/销售总数量。

(10) 连带率＝销售总数量/成交总单数(附加值、效益比、平均客件数、购物篮系数)。

会员顾客指标：

(11) 新增会员数＝期末会员数－期初会员数。

(12) 会员增长率＝新增会员数/期初有效会员数×100%。

(13) 会员贡献率＝会员销售总金额/销售总金额×100%。

(14) 会员回购率＝有交易的老会员数/期初有效会员总数×100%。

(15) 会员流失率＝流失会员数/期初有效会员总数×100%。

(16) 会员回购频率＝会员消费次数/有效会员总数。分母可以是期初有效会员总数、或加上新增会员总数、有交易会员总数、有交易老会员总数。

(17) 平均年龄＝每个时点会员年龄总和/有效会员总数。

(四) 基础性销售指标(场)

销售额可以分为不同时段，如日、周、月、季、年等，并可以设定预测额。

(1) 进店率＝进店人数/路过人数×100%。

(2) 上楼率＝本层向上的顾客数/进入本层的顾客数×100%。

(3) 接触率：消费者和商品接触的比率。

试穿率＝试穿顾客数/进店人数×100%。

试用率＝试用顾客人数/进店人数×100%。

触摸率＝触摸商品的人数/路过某商品的人数/进店人数×100%。

(4) 成交率＝成交顾客数/进店人数×100%。

(5) 完成率＝完成数/目标数×100%。

(6) 大宗交易指数＝大宗购买金额/总销售额×100%(要追踪，大宗交易往往暗藏玄机)。

分析指标：

(7) 增长率(如上，基数为上期、同期、定基)。

效率指标：

(8) 销售坪效＝销售额/店铺面积(月，年等)。

(9) 销售人效＝销售额/员工数。

(10) 每平方米租金＝租金/面积。

(11) 租金赔率＝销售额/租金。

竞争状况：

(12) 市场占有率。

(13) 竞品指数＝本公司销售额/量÷竞争对手销售额/量。

促销指标：

(14) 费销比＝促销费用金额÷促销期间销售额×100％。

(15) 目标完成率。

(16) 同比增长率。

(17) 促销爆发度＝促销期间的平均权重销售额－促销前的平均权重销售额)÷促销前的平均权重销售额×100％。

(18) 促销衰减度＝(促销期间的平均权重销售额－促销后的平均权重销售额)/促销前的平均权重销售额×100％。

(19) 品牌参活度＝参与促销活动的品牌数/卖场品牌总数×100％。

(20) 会员参与率＝参与促销活动的会员/有效会员总数×100％。

渠道拓展分析：

(21) 净开店率＝(开店数－关店数)/期初店铺数×100％。

(22) 渠道结构占比(销售)。

(23) 重要客户占比(销售)。

财务指标(部分)分析：

(24) 销售利润率。

(25) 回款率＝回款金额/欠款金额×100％。

贸易条件分析：

(26) 联营扣率。

(27) 租售比＝租金/销售额×100％。

(五) 销售报表分析

1. 分类商品销售表

分析各个分类(大、中、小类)的销售、品项及占比情况。每一个大分类可以分出若干中类，中分类可以分出小类。销售分析要注意从小类发现问题。如表 12-5 至表 12-7 所示。

表 12-5　大分类结构表

序号	大类号	大类名	品项	品项占比(％)	销售额(元)	销售占比(％)
1	11	冷冻食品	1 135	3.11	23 107 565	3.58
2	12	生鲜副食品	787	2.16	36 059 955	5.59
3	21	粮油制品	671	1.84	40 446 519	6.27
4	22	糖果糕饼	2 427	6.66	53 858 708	8.35
5	23	一般食品	5 069	13.90	161 425 723	25.03
6	31	洗化	2 911	7.98	87 019 930	13.49
7	32	文体用品	1 900	5.21	2 989 565	0.46
8	33	家具用品	3 438	9.43	27 976 979	4.34
9	41	服装鞋帽	3 807	10.44	20 423 469	3.17

(续表)

序号	大类号	大类名	品项	品项占比(%)	销售额(元)	销售占比(%)
10	51	五金交电	2 956	8.11	31 249 802	4.84
11	61	专柜	10 048	27.56	75 098 994	11.64
12	62	特许品	1 313	3.60	85 378 515	13.24
大分类合计			36 462	100.00	645 035 724	100.00

表 12-6 冷冻食品中分类结构表

序号	中类号	大类名	品项	品项占比(%)	销售额(元)	销售占比(%)
1	1101	点心	353	31.10	9 218 787	39.90
2	1102	冷饮	249	21.94	1 994 996	8.63
3	1103	火锅	114	10.04	787 738	3.41
4	1104	熟菜	131	11.54	5 989 492	25.92
5	1105	真空包装	139	12.25	2 204 033	9.54
6	1106	水产品	54	4.76	1 082 004	4.68
7	1107	蔬菜类	39	3.44	818 852	3.54
8	1108	禽类	41	3.61	622 102	2.69
9	1109	肉类	15	1.32	389 561	1.69
11 大类(冷冻食品)合计			1 135	100.00	23 107 565	100.00

表 12-7 点心小分类结构表

序号	小类号	大类名	品项	品项占比(%)	销售额(元)	销售占比(%)
1	110101	饺子	78	22.10	2 940 497	31.90
2	110102	包子	74	20.96	2 176 396	23.61
3	110103	馄饨	41	11.61	671 045	7.28
4	110104	速食饭	39	11.05	350 802	3.81
5	110105	春卷	10	2.83	156 006	1.69
6	110106	汤圆	59	16.71	1 747 393	18.95
7	110107	粽子	7	1.98	259 634	2.82
8	110108	其他	45	12.75	917 014	9.95
1101 中类(点心)合计			353	100.00	9 218 787	100.00

2. 销售日报表

通过销售日报表可以了解日常销售工作的动态、进度，及早发现销售活动中所出现的异常现象及问题，便于及时解决。其主要目的是通过对销售过程的追踪与监控，确保销售目标的实现。

销售日报表并不是单纯的销售记录,它的功能包括:搜集市场与竞争对手的信息;作为员工管理、自我管理的工具;对目标达成程度进行评估;作为销售效率分析的资料,也可以作为销售统计的资料;记录各项活动,作为督导员对门店活动评估、改进的依据。

销售日报表的内容包括"当日销售"、"当月累计销售及同比"、"当年累计销售及同比"、"约当月人效和地效"等指标。还可以对当日销售进行同比,但由于各年同日在一周中处于不同的日期,可比性不是很大,这就需要用周报表来对比。每周的销售变动有一定的规律。表12-8是根据大型综合超市某年2月6日(农历十二月二十八日)的销售记录编制的销售日报表。

表12-8 销售日报表(a)

业态	地区	门店	当日销售(元)	当日客流(人次)	当日客单(元)
HM	001	A店	514 710	3 460	149
HM	001	B店	710 003	4 940	144
HM	001	C店	1 122 542	8 028	140
HM	001	D店	2 021 364	11 660	173
HM	001	E店	2 889 248	15 163	191
HM	001	F店	2 067 951	12 415	167
HM	001	G店	1 648 591	12 358	133
HM	001	H店	1 392 031	8 258	169
HM	001	I店	1 303 055	8 514	153
HM	001	J店	1 182 502	7 589	156
HM	001	K店	2 161 143	12 385	174
HM	001	L店	5 255 145	19 283	273
		001 合计	22 268 285	124 053	180

表12-8 销售日报表(b)

业态	地区	门店	当月累计销售及同比					
			当月销售(元)	销售同比(%)	当月客流(人次)	客流同比(%)	当月客单(元)	客单同比(%)
HM	001	A店	2 042 423	—	19 935	—	102	—
HM	001	B店	3 341 583	—	27 785	—	120	—
HM	001	C店	5 358 004	—	45 567	—	118	—
HM	001	D店	9 030 711	—	56 383	—	160	—
HM	001	E店	12 742 547	238.54	82 384	68.12	155	101.37
HM	001	F店	10 124 601	191.40	69 937	38.85	145	109.87

(续表)

业态	地区	门店	当月累计销售及同比					
			当月销售（元）	销售同比（%）	当月客流（人次）	客流同比（%）	当月客单（元）	客单同比（%）
HM	001	G店	8 020 850	150.72	62 234	46.59	129	71.04
HM	001	H店	5 788 929	180.29	47 168	38.99	123	101.67
HM	001	I店	4 871 236	179.33	46 670	32.77	104	110.38
HM	001	J店	5 907 745	237.07	43 363	50.33	136	124.22
HM	001	K店	11 003 700	188.62	67 871	27.59	162	126.21
HM	001	L店	21 632 933	239.71	105 883	25.04	204	171.68
	001 合计		99 865 262	281.46	675 180	78.79	148	113.35

表 12-8　销售日报表(c)

业态	地区	门店	当年累计销售及同比					
			当年销售（元）	销售同比（%）	当年客流（人次）	客流同比（%）	当年客单（元）	客单同比（%）
HM	001	A店	8 904 889	—	127 925	—	70	—
HM	001	B店	12 467 524	—	130 926	—	95	—
HM	001	C店	21 497 124	—	243 327	—	88	—
HM	001	D店	30 397 120	—	275 761	—	110	—
HM	001	E店	44 931 100	1.33	410 358	9.82	109	−7.73
HM	001	F店	38 751 676	8.96	365 681	5.97	106	2.81
HM	001	G店	30 090 428	−6.00	302 560	−0.55	99	−5.48
HM	001	H店	22 119 969	6.28	255 435	12.63	87	−5.64
HM	001	I店	16 586 072	−11.28	248 441	−4.07	67	−7.51
HM	001	J店	21 994 673	6.88	218 735	2.99	101	3.78
HM	001	K店	39 259 967	−16.40	337 083	−16.39	116	−0.01
HM	001	L店	75 536 983	14.69	580 583	4.90	130	9.34
	001 合计		362 537 525	27.28	3 496 815	30.59	104	−2.53

表 12-8　销售日报表(d)

业态	地区	门店	约当月人效和地效						
			人数	面积	人效	环比	同比	地效	环比(%)	同比(%)
HM	001	A店	—	6 500	—	—	—	1 571	−6.19	—
HM	001	B店	—	7 000				2 387	56.33	

(续表)

业态	地区	门店	约当月人效和地效						
			人数	面积	人效	环比	同比	地效	环比(%)	同比(%)
HM	001	C店	—	5 970	—	—	—	4 487	32.98	—
HM	001	D店	—	7 500	—	—	—	6 020	75.79	—
HM	001	E店	—	10 850	—	—	—	5 872	62.68	226.86
HM	001	F店	—	8 325	—	—	—	6 081	73.60	181.35
HM	001	G店	—	6 100	—	—	—	6 574	62.67	142.07
HM	001	H店	—	4 380	—	—	—	6 608	55.62	170.63
HM	001	I店	—	3 400	—	—	—	7 164	85.10	169.70
HM	001	J店	—	5 440	—	—	—	5 430	59.86	225.45
HM	001	K店	—	4 900	—	—	—	11 228	97.89	178.67
HM	001	L店	—	7 340	—	—	—	14 736	88.96	228.00
	001 合计		—	77 705				6 426	68.88	268.30

3. 销售周报表

销售周报表不仅可以比较销售额的变化情况,还可以比较客流量、客单价等经营情况的变化。如表12-9所示。

表 12-9 销售周报表

大区	中区	本周销售		年累计销售		可比门店	
		本周销售(元)	销售同比(%)	销售累计(元)	累计同比(%)	本周销售(元)	销售同比(%)
X	X1	15 371 229	25.8	18 831 970	20.6	13 826 965	13.2
	X1	21 778 779	16.3	27 770 611	6.4	21 172 888	13.1
	X3	13 096 498	5.3	15 770 846	−3.4	12 859 168	3.4
	X4	13 690 757	7.7	16 695 865	3.3	12 422 721	0.3
	X5	17 653 866	1.6	22 302 282	−3.8	17 297 992	−0.4
	X6	21 789 033	6.1	26 736 581	1.1	21 567 284	5.0
	X7	15 754 716	5.6	18 596 851	0.1	15 405 217	5.9
	小计	119 134 878	9.4	146 705 006	3.0	114 552 235	5.9
Y	Y1	5 059 395	12.1	5 976 096	7.1	4 389 036	−2.8
	Y2	4 430 316	59.7	5 407 829	48.2	3 078 070	11.0
	Y3	9 373 433	31.2	11 679 929	24.0	7 034 306	−1.5
	Y4	8 789 844	4.9	10 974 615	1.1	7 959 843	−5.0

(续表)

大区	中区	本周销售		年累计销售		可比门店	
		本周销售(元)	销售同比(%)	销售累计(元)	累计同比(%)	本周销售(元)	销售同比(%)
Y	Y5	5 523 048	51.9	6 771 974	38.5	3 497 702	−3.8
	Y6	9 802 224	18.2	12 038 602	12.1	8 812 066	6.3
	小计	42 978 260	23.7	52 849 045	17.1	34 771 023	0.1
Z	Z1	8 831 918	24.6	11 134 287	23.0	6 421 468	−9.4
	Z2	2 015 773	0.6	2 430 403	−5.9	2 015 773	0.6
	Z3	1 085 544	45.6	1 314 291	46.1	634 960	−14.8
	Z4	1 667 013	11.2	2 017 857	3.9	1 315 592	−12.2
	Z5	2 295 115	13.6	2 957 634	3.6	2 047 604	1.3
	小计	15 895 363	19.0	19 854 472	14.6	12 435 397	−6.9

4. 单品销售排行表

销售分析不仅要有总体分析还要有结构分析,不仅要有分类分析,还要有单品分析。单品销售排行,可以针对一定时期某个分类的单品销售,按销售金额、销售数量计算20/80商品,20商品以红色序号标出,80商品以黑色序号标出,以便判断哪些是重点商品。在20商品中,可以建立一个用于常规分析的TOP300销售报表,该报表可以按销售区域划分,每周统计。如表12-10所示。

表12-10 TOP300销售额排名报表

序号	货号	品牌	名称	规格	部门	销售额	毛利率	数量
1								
2								
3								
300								
TOP300商品销售额合计									
全部商品销售额合计									
TOP300商品占总销售额的比例									

5. 促销效果分析

促销商品的销售额占比既不是越低越好,也不是越高越好。占比太低,说明促销效果不佳;占比太高,往往是促销品范围太广,容易引起顾客对商场促销的"视觉疲劳",反而效果不好。如表12-11所示。

表 12-11　促销商品的销售额和销售比例

部　门	销售额(元)	销售比例(%)	其中促销销售额(元)	促销比例(%)
水产	18 927.00	15.73	3 677.25	19.42
肉类	25 987.29	21.59	1 887.87	7.26
蔬果	18 573.89	15.43	8 788.13	47.31
日配	22 387.45	18.60	872.28	3.90
熟食	17 937.95	14.91	4 629.12	25.81
面点	16 534.80	13.74	1 877.38	11.35
生鲜食品	120 348.38	15.03	21 732.03	18.06
……				
销售总额	800 892.34	100.00	148 823.26	18.58

6. 价格结构分析

货架上待销商品的价格结构是否与顾客的购买水平存在差异？比率太高或太低，都会影响门店的价格形象。比率太高说明商圈内的消费者不接受这些高价格、高档次的商品，需要适当引进价格实惠的中低档商品；比率太低则需要调整商品结构，适当提高商品档次，提升价格形象。如表 12-12 所示。

表 12-12　价 格 结 构 表

代　码	分类名称	已售平均单价(元)	待售平均单价(元)	比率(%)	说　明
	白酒	25.57	79.34	310.29	太高
	红酒	52.32	47.92	91.59	偏低
	啤酒	8.90	9.58	107.64	偏高
	果酒	37.18	17.19	46.23	太低
	……				

销售分析还可以按供应商、品牌、新产品等标志与店铺、区域、类别、时间等要素组合以后进行交叉分析。

五、商　品　分　析

商品分析是人、货、场中的重要一环。在实体店中，从前最突出的问题是商品多与少、价格高与低的矛盾，如今这两个问题还没有从根本上得以解决，又出现了一系列新问题。如消费升级了，商品与服务没有升级，价格提高了，品质没有改善，环境改造了，服务格调并没有改观。

人、货、场是平行关系；进、销、存是前后关系。人、货、场是基于业务的分析关系；进、销、存是基于商品的流程管理。从商品视角来分析，包括五个环节：生产、采购、物流、销售、售后。

(一) 采购环节

采购环节首先要根据商店定位，确定商品数量。在此基础上定品、定价。要把握"采购三度"，即广度、宽度、深度。

(1) 广度＝采购的商品品类数。这是指商店实际采购的商品品类总数，与市场上可供采购的商品品类总数比较，构成广度比。

(2) 广度比＝采购的商品品类数/可采购的商品总品类数×100%。例如，某专卖店，当季可采购的商品有30个品类，采购人员实际采购了24个品类，则广度为16，广度比为80%。商品的广度体现了商品的丰富程度。广度与店铺的消费群体和定位有关，并不是越大越好。

(3) 宽度＝采购的SKU总数。宽度是指具体的商品个数，这个值进一步反映了消费者对商品的选择余地。SKU数越多，选择余地就越大。但也应该看到，真正满足消费需求的不仅仅是SKU的数量，更与SKU结构相关。

(4) 宽度比＝采购的SKU总数/总SKU数×100%。宽度比是自己的SKU与竞争对手、自己的目标宽度或上游供应商品宽度的对比值。如果本店的SKU是800个，竞争店是1 000个SKU，那么本店的宽度比就是80%。如果竞争店2 000平方米，本店1 400平方米，表12-13反映了什么问题？

(5) 深度＝采购的商品总量/采购的SKU总数。这个指标说反映的其实就是库存量，深度值越大，库存越高，就越是不会缺货。如果某店有200个SKU，采购了1 000件商品，则深度为5。

(6) 深度比＝深度/采购目标深度×100%。

表12-13　清洁产品宽度(SKU)与宽度比

项目	洁面用品	润肤露	沐浴露	洗发露	护发用品	牙膏牙刷	香皂	洗衣粉	洗洁精	其他	合计
本超市	130	68	54	119	68	158	86	68	27	104	882
竞争对手	169	176	67	218	85	144	90	74	16	158	1 197
宽度比	76.9%	38.6%	80.6%	54.6%	80.0%	109.7%	95.6%	91.9%	168.8%	65.8%	73.7%

(7) 覆盖度＝有某款产品销售的店铺数/适合销售该产品的店铺总数×100%。覆盖度也称为铺货率，铺货率越高，市场占有面越大，市场占有率也会相应提高。

(8) 购销匹配度(采销匹配度)：这不是一个指标，而是比较采购占比与销售占比。如销售300件，其中90件裤子，占比30%，但库存采购占比20%，不太匹配。

(二) 供应链环节

1. 服务指标

(1) 订单满足率＝订单中能够供应的商品数量总和/订单商品数量总和×100%(侧重商品)。

(2) 订单执行率＝能够执行的订单数/总订单数×100%(侧重运输)。

(3) 准时交货率＝准时交货的订单数/能够执行的订单总数×100%（准时标准的确定）。

(4) 订单响应周期＝收货时间－下单时间（从订货到收货的完整流程）。

2. 管理指标

(1) 库存周转率＝出库量/((期初库存量＋期末库存量)/2)（量或金额）。

(2) 物流成本比＝物流成本/(期末库存金额＋期中出库金额)×100%。

(3) 客户投诉率＝投诉订单数/订单总数×100%。

3. 库存指标

(1) 平均库存。平均库存的常规计算方法是：(期初库存＋期末库存)/2。单按照这此方法计算的库存一般是一个偏小的库存。

(2) 库存天数＝期末库存金额/(某个时期的销售金额/销售期天数)。库存天数是一个很重要的库存管理指标。

(3) 库销比＝期末库存金额/销售金额(某个时期)。这个指标数反映的是库存水平，如有些服装生产企业的库销比特别高，未来压缩库存，回笼资金，用野蛮促销的方式降库存。

(三) 销售环节

1. 商品指标

(1) 货龄＝商品的年龄。对有保质期的商品来说，货龄就是保质期，从商品出厂开始计算，保质期管理不仅涉及商品损耗等经济方面的问题，更涉及商业信誉问题。所以，对临近保质期的商品(临保商品)尤其要加强管理。对没有保质期的商品，也有一个"鲜度"问题，商品上架与促销或撤离的时机非常重要。对于过保质期商品，要按照有关法律法规的要求，制定详细的操作流程与操作规范。

(2) 售罄率＝某段时间内的销售数量/(期初库存数量＋期中进货数量)×100%。这个指标一般用于经销制商品，是衡量库存消化速度的一个指标。

(3) 折扣率＝实收金额/商品标准零售价金额×100%。在实际操作中，由于价格虚高，实际折扣率往往要小于名义折扣率。

(4) 动销率＝某段时间内销售过的SKU数/(期初有库存的商品SKU数＋期中新进商品SKU数)。传统店商比较重视这个指标。

(5) 缺货率＝缺货记录商品数/(期初有库存的商品数＋期中新进商品数)×100%。缺货会直接影响销售，所以，缺货率要控制在一定的范围。

2. 结构指标

(1) 品类结构占比。首先可以通过大分类占比，分析商品销售状况，但结构占比分析要细分到小分类才能发现相关问题。

(2) 价位段占比＝某价格段销售额/总销售额×100%。从这个指标可以看出店铺的经营档次。

(3) 正价销售占比＝正价商品销售额/总销售额×100%。正价销售商品就是按照标准零售价销售的商品，与之相对应的是折扣商品或特价商品。

3. 价格体系指标

(1) 商品现值：商品现值就是商品在当前的市场价值，有些商品的现值总是不断下跌，如手机、服装。但有些商品的现值则会因时间的延长而增值，如茅台酒。

(2) 需求价格弹性指数：这是价格变动对销售量的影响程度，如价格下降1%，销售量上升10%。

4. 畅滞销分析

该分析主要有：前十大销售及占比、前十大库存及占比、滞销商品销售或库存占比等。

(四) 售后环节

(1) 退货率＝退货数/销售总数×100%。退货率与商品本身的质量、服务、退货政策等多方面因素的影响。值得注意的是：本期退货并不一定是本期销售的商品，所以，对退货率的处理要做综合分析。

(2) 特殊服务率＝特殊服务的顾客/总销售顾客数×100%。有些企业会向顾客提供一些特殊的服务项目，如家电企业以旧换新服务。

(3) 残损率＝残损商品数/商品总数×100%。残损会直接影响企业的利润，不仅是一个分析指标，更是一个跟踪指标。

(五) 库存分析

我国零售店铺普遍存在：畅销商品断货、库存品种和库存量膨胀、滞销商品长期积压、库存周转率低下、差错率高、库存账不准等问题。缺货可以说是门店最大的困惑。

为什么店铺的商品品种数越来越多，库存量越来越大，商品周转越来越慢，但门店缺货率反而越来越高？

(一) 缺货与积压原因分析

盈利模式与采购体制是造成上述问题的重要原因。采购是一种代顾客购买商品的活动，因此，评价一个新产品的基本标准是商品的销售力。然而，当大型零售企业纷纷引入"进场费"与"通道费"等概念时，采购变成了一种十分简单的行为，进场费付得越高就越有可能被接受，否则，即使是好的产品也很难进入销售网络。在通道费的诱惑下，零售店铺的货架上可有可无的商品越来越多，排面越来越紧，商品越来越杂乱，品类无法优化，消费者无所适从。销售不好的商品也往往无法即时淘汰。通道费在公司总部所表现的是巨额的利润，而在门店则像一种瘟疫削弱着连锁店的生命力。

采购员要学会运用两种影响力：一种是由公司的销售力所赋予的，只要你作为一个采购员，就会有这种影响力；另一种是靠自身的努力而形成的影响力，包括对产品的了解，对市场的分析，对产品销售力的判断，以及良好的仪表与沟通技巧。总之，如果你离开一家大公司仍然能做一个出色的采购员，你的身价才得以体现。

以某超市店铺某年9月份销售情况分析为例，常年陈列的商品有13 405个，而日销售在4件以上的商品品种只有3 600个，仅占品种总数的27%。大量资金被积压商品所占用。

(二) 缺货分析

缺货除体制上的原因外，最主要的是订货不恰当。所以，订货合适是防止缺货的基本途径。

（1）水、果汁、方便面、啤酒、鲜奶、卷筒纸、沐浴露等七类商品属于"高缺货率、缺货会带来高损失率的商品"。这是门店必须予以高度关注的商品，在其订货和补货过程中应当高度重视。

（2）牙膏、洗发护发、卫生棉用品，属于"低缺货率、缺货会带来高损失率的商品"。因为负责此类商品的促销人员较多，补货工作相对较好。

（3）碳酸饮料、洗衣粉、食用油属于"低缺货率、缺货带来低损失率的商品"，这些商品有较强的商品替代性，消费者在购物的过程中可以通过调整采购计划来满足需求。

（三）积压资金分析

通过分析门店积压资金的构成，能为减少门店的积压资金提供参考。

$$总积压资金商品 = 有盘点无销售商品 + 周转天数大于60天的商品$$

积压资金 A：有盘点无销售的商品。
积压资金 B：周转天数大于60天的商品。

$$A 的积压资金率 = 积压资金 A 的金额(有盘点无销售的商品)/盘点金额$$
$$B 的积压资金率 = 积压资金 B 的金额(周转天数大于60天的商品)/盘点金额$$
$$积压资金率 = A 的积压资金率 + B 的积压资金率$$

或 积压资金商品金额/盘店商品金额

$$积压商品 A 的品种比例 = \frac{积压商品 A 的品种数(有盘点无销售的商品)}{盘点商品品种数}$$

$$积压商品 B 的品种比例 = \frac{积压商品 B 的品种数(周转天数大于60天的商品)}{盘点商品品种数}$$

$$积压商品品种比例 = 积压商品 A 的品种数 + 积压商品 B 的品种数$$

或 积压商品品种数/盘店商品品种数

表 12-14 是一个资金积压的典型例子：积压资金率最高的大类是文体用品，积压资金占整个盘点金额的 92.08%；其次是家具用品，占 85.70%；服装鞋帽排第三，积压资金率为 84.26%；五金交电类排名第四，积压资金率为 83.34%；五金交电有盘点无销售的商品的比例却达到 54.82%。

表 12-14 资金积压分类表

大类	积压资金 A	积压资金 B	积压资金率
32 文体用品	31.94%	60.14%	92.08%
33 家具用品	25.78%	59.92%	85.70%
41 服装鞋帽	19.74%	64.51%	84.26%
51 五金交电	54.82%	28.52%	83.34%
31 洗化类	7.10%	65.66%	72.75%
23 一般食品	14.33%	53.96%	68.29%
22 糖果糕饼	9.12%	57.25%	66.37%

(续表)

大类	积压资金 A	积压资金 B	积压资金率
62 特许品	17.09%	46.03%	63.12%
11 冷冻食品大分类	4.72%	47.45%	52.18%
12 生鲜副食品大分类	11.10%	37.09%	48.19%
21 粮油制品	2.32%	34.35%	36.67%
平　均	19.26%	53.33%	72.59%

 问题与探讨

1. 为什么高层领导常常被忽悠？为什么要进行数据分析？
2. 选择一项业务活动，建立常模。
3. 制作一张人、货、场思维导图。
4. 什么是 BI？实施 BI 需要具备哪些条件？我国零售企业实施 BI 面临哪些困难？
5. 在熟悉周转、毛利、利润等概念的基础上，掌握数据分析的基本方法。
6. 熟悉零售业人、货、场相关的基本指标。

参 考 文 献

[1] 周勇.新编管理理念与实务[M].上海:立信会计出版社,1995.
[2] 周勇.连锁超市运作规范[M].上海:立信会计出版社,1997.
[3] 周勇.连锁超市经营[M].北京:中国商业出版社,1997.
[4] 周勇.连锁店经营管理基础[M].上海:立信会计出版社,2004.
[5] 周勇.连锁店经营管理实务[M].上海:立信会计出版社,2004.
[6] 周勇.连锁经营原理[M].3版.北京:高等教育出版社,2015.
[7] Avinash Kaushik.精通 Web Analytics 2.0——用户中心科学与在线统计艺术[M].郑海平,邓天卓,译.北京:清华大学出版社,2011.
[8] 黄成明.数据化管理[M].北京:电子工业出版社,2014.
[9] 李卫华,陈琦.零售数据分析与应用[M].北京:高等教育出版社,2016.
[10] 池丽华,朱文敏.市场营销学[M].上海:立信会计出版社,2011.
[11] 国家经贸委培训司.运营管理[M].北京:中国经济出版社,2002.
[12] 叶守礼.企业运营管理[M].北京:高等教育出版社,2006.
[13] 肖庆国,武少源.会议运营管理[M].北京:中国商务出版社,2008.
[14] 史蒂文森.运营管理[M].8版.张群,译.北京:机械工业出版社,2005.
[15] 理查德·B·蔡斯,F·罗伯特·雅各布斯,尼古拉斯·J·阿奎拉诺.运营管理[M].9版.任建标,等,译.北京:机械工业出版社,2007.
[16] 罗伯特·约翰斯顿.运营管理案例[M].3版.北京:经济管理出版社,2005.
[17] 拜伦·J·芬驰.当代运营管理[M].杨东涛,等,译.南京:南京大学出版社,2009.
[18] 陈容秋,马士华.生产与运作管理[M].北京:高等教育出版社,2004.
[19] 季建华.营运管理[M].上海:上海交通大学出版社,2008.
[20] 小塞缪尔·J·曼特尔,杰克·R·梅瑞狄斯,斯科特·M·谢弗,等.项目管理实践[M].林树岚,邓士忠,译.北京:电子工业出版社,2002.
[21] 卢向南.项目计划与控制[M].北京:机械工业出版社,2004.
[22] 南兆旭,滕宝红.让数字管理[M].广州:南方日报出版社,2003.
[23] 宋祥彦.六西格玛管理质疑[M].青岛:青岛出版社,2005.
[24] 迈克尔·布拉萨德,戴安娜·里特.记忆唤起指南Ⅱ[M].[出版地不详]:GORL/QPC,1994.
[25] 陈良猷.管理工程学[M].北京:北京航空航天大学出版社,1995.
[26] 施礼明.生产与作业管理[M].北京:中国财政经济出版社,2000.
[27] 杨文士.质量管理学[M].湖北:武汉大学出版社,2000.

［28］李建中.工业企业质量管理［M］.北京：北京航空航天大学出版社，1995.
［29］冯根尧.营运管理［M］.北京：北京大学出版社，2007.
［30］刘伟，王文，赵刚.供应链管理教程［M］.上海：格致出版社，2007.
［31］李全喜.生产运作管理［M］.北京：北京大学出版社，2007.
［32］宋克勤.生产运作管理教程［M］.上海：上海财经大学出版社，2007.
［33］唐纳德·J·鲍尔索克斯，戴维·J·克劳斯.物流管理——供应链过程一体化［M］.林国龙，宋柏，沙梅，译.北京：机械工业出版社，1999.